全国高等教育自学考试指定教材
计算机信息管理专业（独立本科段）

软件开发工具

（含：软件开发工具自学考试大纲）

（2011年版）

全国高等教育自学考试指导委员会 组编
主　编　陈　禹　方美琪
副主编　蒋洪迅

机械工业出版社

本书分理论篇和实践篇。理论篇介绍了软件开发工具的基本知识、软件开发过程及其组织、软件开发工具的理论基础、软件开发工具的技术要素、软件开发工具的使用与开发、软件开发工具的现状与发展。实践篇介绍了 Eclipse 入门、Eclipse 工作台、使用 Eclipse 进行 C/C++开发、调试程序、Eclipse CDT 开发常用功能、CVS 的安装及使用、Eclipse 插件的使用与开发和常用建模工具。

图书在版编目(CIP)数据

软件开发工具/陈禹，方美琪主编；全国高等教育自学考试指导委员会组编. —北京：机械工业出版社，2011.4(2024.11 重印)

全国高等教育自学考试指定教材　计算机信息管理专业

ISBN 978-7-111-33711-9

Ⅰ.①软… Ⅱ.①陈… ②方… ③全… Ⅲ.①软件工具—高等教育—自学考试—教材 Ⅳ.①TP311.56

中国版本图书馆 CIP 数据核字(2011)第 040095 号

机械工业出版社(北京市百万庄大街 22 号　邮政编码 100037)
策划编辑：何文军　责任编辑：李　宁
责任校对：常天培
北京盛通数码印刷有限公司印刷
2024 年 11 月第 1 版第 15 次印刷
184mm×260mm・16.75 印张・415 千字
标准书号：ISBN 978-7-111-33711-9
定价：49.00 元

电话服务　　　　　　　网络服务
客服电话：010-88361066　机　工　官　网：www.cmpbook.com
　　　　　010-88379833　机　工　官　博：weibo.com/cmp1952
　　　　　010-68326294　金　书　网：www.golden-book.com
封底无防伪标均为盗版　机工教育服务网：www.cmpedu.com

组编前言

21世纪是一个变幻难测的世纪，是一个催人奋进的时代，科学技术飞速发展，知识更替日新月异。希望、困惑、机遇、挑战随时随地都有可能出现在每一个社会成员的生活之中。抓住机遇，寻求发展，迎接挑战，适应变化的制胜法宝就是学习——依靠自己学习，终生学习。

作为我国高等教育组成部分的自学考试，其职责就是在高等教育这个水平上倡导自学、鼓励自学、帮助自学、推动自学，为每一个自学者铺就成才之路。组织编写供读者学习的教材就是履行这个职责的重要环节。毫无疑问，这种教材应当适合自学，应当有利于学习者掌握、了解新知识、新信息，有利于学习者增强创新意识、培养实践能力、形成自学能力，也有利于学习者学以致用、解决实际工作中所遇到的问题。具有如此特点的书，我们虽然沿用了"教材"这个概念，但它与那种仅供教师讲、学生听，教师不讲、学生不懂，以"教"为中心的教科书相比，已经在内容安排、编写体例、行文风格等方面都大不相同了。希望读者对此有所了解，以便从一开始就树立起依靠自己学习的坚定信念，不断探索适合自己的学习方法，充分利用已有的知识基础和实际工作经验，最大限度地发挥自己的潜能，以达到学习的目标。

欢迎读者提出意见和建议。

祝每一个读者自学成功！

全国高等教育自学考试指导委员会
2010年11月

编者的话

从本书最初出版到现在，十几年时间过去了。值得高兴的是，本书的基本理念已经经受住了历史的考验。事实证明，对于软件工具的掌握和应用，今天已经成为对于软件工作者的基本的要求。我们的软件工作人员不但需要掌握最新的软件工具，而且应该对于软件开发工具的一般概念和发展趋势有所了解。这次修订也表明了实际工作在这方面的迫切需求。

作为一种技术，软件的生产与开发只是近几十年的事。但是，它的发展变化却是非常迅速的。可以设想，如果一位20世纪70年代的软件工作者，突然处于今天众多的开发环境和工具面前，他将会是怎样地吃惊和激动！所以，作为21世纪的软件工作者，必须在掌握必要的基础知识(如数据结构等课程)的同时，认识与了解软件技术发展的全貌及趋势，以便在日新月异的技术进步的大潮中，始终站在发展的前沿，处于主动的地位。

然而，要做到这一点是不容易的，除了相关资料的数量极大、各种分支之间错综复杂的交叉结合之外，最主要的难点就在于把握"变动中的不变"，即在纷繁的变动中，抓住那些不变的、基本的趋势与原则。许多资深专家指出，基于人们对软件及其开发过程的理解与认识，充分利用计算机本身处理信息的巨大潜力，为软件开发工作的效率与质量的不断提高提供支持，这就是软件技术发展的总的目标和趋势。这种发展趋势，在一定的意义上，也可以体现和归结为软件开发工具的不断改进与发展。正是基于这一点，本专业列入了这门课程。

从上面的简单介绍中，可以很自然地引申出以下两个基本观点。

首先，这门课程是学生在掌握基本的软件开发技术的基础上，扩大视野，加深认识，向参与或主持大型软件开发的水平前进的重要台阶。由于在目前的本专业课程设置中，没有软件工程或软件开发方法学，本课程应当承担起这样的任务：在从初学的程序员向参与大型软件系统的开发的提高过程中发挥作用。

其次，本课程的学习重点是基本的理念和发展趋势，而不是具体的某一个软件。如果只把本课程当做多学一种或几种具体软件的课程，那就无法达到上述目的了。

然而，我们又不能空讲理念，那样做同样不能达到提高学员水平的目标。如果随便选择软件，那么由于软件工具的种类繁多和不断更新，学员将无所适从，组织者也无法考核。更重要的，学员也无法真正理解课程所要传授的理念，失去学习的意义。因此我们采取的办法是，选取当前比较流行的某种软件工具作为实践篇，而把前面的理念介绍作为理论篇。

时间过了十几年，实践篇(第7章到第14章，在前两版中称为附录)的内容无疑必须换成新的软件；而理论篇(第1章到第6章)则基本上还是原来的内容，因为这些基本理念和发展趋势并没有改变。

本书的内容就是按上述思路安排的。在理论篇中，头两章介绍了软件开发工具的由来，并着重讨论了软件工作的困难及克服途径。这里虽未具体讲软件开发工具，但是它为下面的讨论提供了背景和基础。第 3 章与第 4 章是全书的核心。这两章从理论基础和实际技术两方面，讨论了软件开发工具的基本理念和要点，具有一定的普遍性。第 5 章则从实际工作的需要出发，概述了选择、使用以及自行开发中的各种具体问题。第 6 章提供了现状及发展的若干材料，供学生进一步研究之用。

本书的第 3 版中，理论篇基本保留了原来的内容。第 2，3，4 章由陈禹教授执笔。第 1，5，6 章由方美琪教授执笔。实践篇（第 7 章到第 14 章）则由蒋洪迅副教授执笔。全书由陈禹教授统稿。

本书初稿完成后，承蒙卢炎生教授，邝孔武教授审阅。他们提出的许多宝贵意见已经在修订中加进本书之中。在全书编写过程中，上海交通大学陈敏逊教授，陈建平教授，机械工业出版社付出了大量的劳动，为本书的出版做出了重要的贡献。在此全体作者对以上各位致以衷心的感谢。

众所周知，以"软件开发工具"为题，编写这样一本一般性的教材，是十分困难的。不准确、不完善之处肯定是非常多的，加上作者学识与资料的局限，疏漏、不妥以至错误之处是必然存在的，恳请同行及广大读者不吝赐教，给予指正。

作　者
2011 年 1 月
于中国人民大学信息学院

目 录

组编前言
编者的话
软件开发工具自学考试大纲 ………………… 1

第 1 篇 理 论 篇

第 1 章 绪论 ………………………………… 21
内容提要 ………………………………………… 21
1.1 软件开发工具的由来 …………………… 21
1.2 软件开发工具的概念 …………………… 25
1.3 软件开发工具的功能与性能 …………… 30
1.4 软件开发工具的类别 …………………… 34
1.5 软件开发工具的研究与应用 …………… 36
本章小结 ………………………………………… 37
复习题 …………………………………………… 37

第 2 章 软件开发过程及其组织 …………… 39
内容提要 ………………………………………… 39
2.1 软件开发的困难 ………………………… 39
2.2 软件开发方法的发展 …………………… 42
2.3 软件开发过程的管理 …………………… 50
本章小结 ………………………………………… 52
复习题 …………………………………………… 52

第 3 章 软件开发工具的理论基础 ………… 53
内容提要 ………………………………………… 53
3.1 软件开发过程的信息需求 ……………… 53
3.2 概念模式及其作用 ……………………… 55
3.3 信息库及其一致性 ……………………… 59
3.4 人机界面及其管理 ……………………… 62
3.5 项目管理与版本管理 …………………… 64
本章小结 ………………………………………… 66
复习题 …………………………………………… 67

第 4 章 软件开发工具的技术要素 ………… 68
内容提要 ………………………………………… 68
4.1 基本功能与一般结构 …………………… 68
4.2 总控与人机界面 ………………………… 70
4.3 信息库及其管理 ………………………… 74
4.4 文档生成与代码生成 …………………… 77
4.5 项目管理与版本管理 …………………… 79
本章小结 ………………………………………… 80
复习题 …………………………………………… 80

第 5 章 软件开发工具的使用与开发 ……… 81
内容提要 ………………………………………… 81
5.1 购置与开发的权衡 ……………………… 81
5.2 软件开发工具的选择与购置 …………… 83
5.3 软件开发工具的使用 …………………… 85
5.4 软件开发工具的开发 …………………… 87
本章小结 ………………………………………… 88
复习题 …………………………………………… 89

第 6 章 软件开发工具的现状与发展 ……… 90
内容提要 ………………………………………… 90
6.1 软件开发工具的发展现状 ……………… 90
6.2 软件开发工具的发展方向与趋势 ……… 92
6.3 从计算机语言发展而来的工具 ………… 94
6.4 综合性的平台或开发环境 ……………… 96
本章小结 ………………………………………… 97
复习题 …………………………………………… 97

第 2 篇 实 践 篇

第 7 章 Eclipse 入门 …………………… 101
内容提要 …………………………………… 101
7.1 Eclipse 简介 ………………………… 101
7.2 Eclipse 的获取与安装方法 …… 102
本章小结 …………………………………… 106
练习题 ……………………………………… 106

第 8 章 Eclipse 工作台 …………………… 107
内容提要 …………………………………… 107
8.1 初识 Eclipse 工作台 …………… 107
8.2 透视图及视图介绍 ……………… 108
8.3 编辑器介绍 ………………………… 113
8.4 管理项目 …………………………… 118
8.5 常用快捷键介绍 ………………… 122
8.6 使用 Eclipse 帮助文档 ………… 124
本章小结 …………………………………… 126
练习题 ……………………………………… 126

第 9 章 使用 Eclipse 进行
    C/C++开发 …………………… 127
内容提要 …………………………………… 127
9.1 安装 MinGW ……………………… 127
9.2 第一个 C/C++ 项目 …………… 135
9.3 使用 Eclipse 重构功能 ………… 149
9.4 使用搜索功能 …………………… 156
本章小结 …………………………………… 159
练习题 ……………………………………… 159

第 10 章 调试程序 ………………………… 160
内容提要 …………………………………… 160
10.1 安装 GDB ………………………… 160
10.2 调试 C 程序 ……………………… 162
本章小结 …………………………………… 176
练习题 ……………………………………… 176

第 11 章 Eclipse CDT 开发
    常用功能 …………………… 177
内容提要 …………………………………… 177
11.1 自定义编辑器 …………………… 177
11.2 定制工作台 ……………………… 182
11.3 格式化代码 ……………………… 189
11.4 生成历史纪录 …………………… 194
本章小结 …………………………………… 197
练习题 ……………………………………… 197

第 12 章 CVS 的安装及使用 ………… 198
内容提要 …………………………………… 198
12.1 CVS 介绍 ………………………… 198
12.2 常用版本控制软件 …………… 199
12.3 CVS 的安装与配置 …………… 201
本章小结 …………………………………… 212
练习题 ……………………………………… 212

第 13 章 Eclipse 插件的使用
    与开发 ……………………… 213
内容提要 …………………………………… 213
13.1 插件简介 ………………………… 213
13.2 使用 PDE 进行插件开发 …… 214
13.3 常用插件扩展点 ……………… 222
13.4 常用插件介绍与使用 ………… 227
本章小结 …………………………………… 229
练习题 ……………………………………… 229

第 14 章 常用建模工具 ………………… 230
内容提要 …………………………………… 230
14.1 UML 建模介绍 ………………… 230
14.2 Rational Rose 建模
   工具介绍 ………………………… 236
14.3 使用 Rational Rose 建模 …… 238
14.4 EclipseUML 建模工具
   介绍及使用 …………………… 247
本章小结 …………………………………… 259
练习题 ……………………………………… 259

参考文献 ……………………………………… 260

软件开发工具
自学考试大纲

全国高等教育自学考试指导委员会制定

目　录

出版前言
一、课程性质与设置目的、要求 …………… 4
　（一）课程的性质、地位与任务 ………… 4
　（二）本课程的基本要求 ………………… 4
　（三）与相关课程的关系 ………………… 4
二、课程内容与考核目标 …………………… 4

第1篇　理　论　篇
（第1章～第6章）

第1章　绪论 ………………………………… 4
第2章　软件开发过程及其组织 …………… 7
第3章　软件开发工具的
　　　　理论基础 ………………………… 9
第4章　软件开发工具的
　　　　技术要素 ………………………… 11
第5章　软件开发工具的
　　　　使用与开发 ……………………… 13

第6章　软件开发工具的
　　　　现状与发展 ……………………… 14

第2篇　实践篇
（第7章～第14章）

三、有关说明与实施要求 …………………… 15
　（一）关于"考核要求"中有关
　　　　提法的说明 ……………………… 15
　（二）关于学习教材 ……………………… 16
　（三）自学方法指导 ……………………… 16
　（四）对社会助学的要求 ………………… 16
　（五）关于命题与考试 …………………… 17
附录 …………………………………………… 17
　附录A　实验上机方法 …………………… 17
　附录B　题型举例 ………………………… 17
后记 …………………………………………… 18

出 版 前 言

为了适应社会主义现代化建设事业的需要，鼓励自学成才，我国在20世纪80年代初建立了高等教育自学考试制度。高等教育自学考试是个人自学、社会助学和国家考试相结合的一种高等教育形式。应考者通过规定的专业课程考试并经思想品德鉴定达到毕业要求的，可获得毕业证书；国家承认学历并按照规定享有与普通高等学校毕业生同等的有关待遇。经过近30年的发展，高等教育自学考试为国家培养造就了大批专门人才。

课程自学考试大纲是国家规范自学者学习范围、要求和考试标准的文件。它是按照专业考试计划的要求，具体指导个人自学、社会助学、国家考试、编写教材及自学辅导书的依据。

为更新教育观念，深化教学内容方式、考试制度、质量评价制度改革，更好地提高自学考试人才培养的质量，全国考委各专业委员会按照专业考试计划的要求，组织编写了课程自学考试大纲。

新编写的大纲，在层次上，专科参照一般普通高校专科或高职院校的水平，本科参照一般普通高校本科水平；在内容上，力图反映学科的发展变化以及自然科学和社会科学近年来研究的成果。

全国考委电子电工与信息类专业委员会参照普通高等学校信息系统开发与管理课程的教学基本要求，结合自学考试计算机信息管理(独立本科段)的实际情况，组织编写的《软件开发工具自学考试大纲》，经教育部批准，现颁发施行。各地教育部门、考试机构应认真贯彻执行。

全国高等教育自学考试指导委员会
2010 年 12 月

一、课程性质与设置目的、要求

（一）课程的性质、地位与任务

"软件开发工具"是高等教育自学考试"计算机信息管理"专业自学考试计划中，本科段的一门专业基础课。开发软件的能力是本专业学生的必备条件之一。本课程的目的是使学生在学习了程序设计的基本知识之后，进一步了解和掌握软件开发的各类工具，从而提高软件开发能力与水平，以适应未来工作的需要。

由于这个专业的现行课程计划中没有软件工程、软件设计方法学等课程，本课程实际上承担着较为广泛的任务，即它不是只介绍若干常用的软件开发工具，使学员只是站在一般程序员的角度，而是要从软件开发的组织者的高度，全面地认识与考虑软件开发的过程、组织等问题。这将对于学员的进一步发展产生重要的影响。

本课程既有一定的理论基础，又有实际上机操作作为背景。因此，学生应当结合自己的实践经验，认真从实践提高到理论，建立软件工程与软件开发工具的思想方法。

（二）本课程的基本要求

通过本课程的学习，要求学员：

1） 系统了解与掌握软件开发过程及其管理工作，深入理解有关的概念与原则，掌握提高软件质量的基本方法与途径。

2） 全面了解软件开发工具的有关概念、功能、使用方法、开发方法等知识。

3） 通过若干具体的软件开发工具，形成对使用软件开发工具的感性认识。

4） 初步了解自行开发软件的方法与步骤。

5） 了解软件工程及软件开发工具的发展趋势，做好相应的知识准备。

（三）与相关课程的关系

学习本课程的学员应当首先学完本专业计划中的"计算机实用软件"、"程序设计"、"数据组织与管理"等课程。同时，学员应有一定的软件开发的实际经验。

本课程与"信息系统开发"、"管理信息系统"等课程之间，有一定相互补充的作用，但没有明确的先后关系，主要内容也不重复。学习中应当发挥互补的作用。

二、课程内容与考核目标

第1篇 理 论 篇（第1章～第6章）

第1章 绪论

（一）学习目的与要求

本章为全书的导言，概括地介绍软件开发工具的由来、概念、功能、性能、类别与使用环境。通过这一章的学习，学员应当超出程序员的水平，即从单纯的个人编写程序的角度，提高到从软件开发的历史，从有组织的、大规模的生产角度来看待自己的工作。只有这样才能理解软件开发工具产生的必然性，才能认识软件开发工具的价值与作用。

因此，本章涉及的内容较广，既包括历史的回顾，又包括软件开发的组织与管理。对于具有一定实践经验的学习者来说，应当结合自己的经历，进行总结与提高。对于缺乏实践经验的学习者来说，会感到比较抽象，因此需要通过一些实例的介绍或咨询有经验的人员，以便补充一定的感性知识。

作为导言，本章涉及的内容将在以后各章中展开。学习者应当在本章学习结束时对全书内容的框架有所了解，以便主动地进行后面各章的学习。对于自学者来说，这一点应当特别注意。

（二）学习内容

1.1 软件开发工具的由来
（1）软件开发工具的界定
（2）软件的产生（直接面向硬件的软件开发）
（3）程序设计语言的产生
（4）软件工作的困难
（5）软件开发过程中使用的工具
- 通用工具的应用
- 专用的软件开发工具的出现
- 一体化的软件开发环境的出现

1.2 软件开发工具的概念
（1）软件开发工具的概念
（2）深入理解软件开发工具概念
- 对软件实质的再认识
- 软件开发工作的发展过程
- 现阶段软件技术的特点
（3）对软件开发工具的不同理解

1.3 软件开发工具的功能与性能
（1）软件开发的过程
- 需求分析阶段
- 总体设计阶段
- 实现阶段
- 调试阶段
（2）软件开发工具的基本功能
- 描述系统
- 管理信息
- 生成代码
- 生成文档
- 项目管理
（3）软件开发工具的性能指标
- 表达能力
- 逻辑能力（一致性的保证）
- 人机界面的水平（易用程度）
- 防错能力（可靠性）

- 对硬件和软件环境的要求

1.4 软件开发工具的类别

(1) 按支持的工作阶段划分
- 计划工具
- 分析工具
- 设计工具

(2) 按集成程度划分
- 单项工具
- 集成工具

(3) 按与软件、硬件的关系划分
- 依赖于特定机器或软件的工具
- 独立于机器与软件的工具

1.5 软件开发工具的研究与应用
(1) 软件开发工具的研究与应用
(2) 学习软件开发工具的目的
(3) 本书的内容安排与学习方法

(三) 考核知识点与考核要求

1.1 软件开发工具的由来

1) 了解软件开发工具的发展过程，达到识记的程度。

其发展过程包括如下四个阶段：
- 工具产生之前
- 通用工具的使用
- 专用工具的出现
- 一体化工具的出现

2) 理解大型软件开发的困难及原因，达到领会的程度。

3) 理解软件开发工具产生及应用的必然性及发展趋势，达到识记的程度。

1.2 软件开发工具的概念

1) 深刻理解软件与软件开发工作的实质，达到领会的程度。

2) 了解对软件开发工具的不同认识，达到识记的程度。

3) 理解软件开发工具的概念、地位及作用，达到领会的程度。

1.3 软件开发工具的功能与性能

1) 了解软件开发的过程，达到识记的程度。

2) 理解软件开发工具的五项基本功能，达到领会的程度。

这五项功能包括：
- 描述系统
- 管理信息
- 生成代码
- 生成文档
- 项目管理

3）理解软件开发工具的主要性能指标，达到领会的程度。

这些性能指标包括：
- 表达能力
- 逻辑能力（一致性的保证）
- 人机界面的水平（易用程度）
- 防错能力（可靠性）
- 对硬件和软件环境的要求

1.4　软件开发工具的类别

1）了解支持不同工作阶段的三种工具，达到识记的程度。
- 计划工具
- 分析工具
- 设计工具

2）了解单项工具与集成工具的区别，达到识记。

3）了解依赖于机器或软件的工具与独立于机器和软件的工具的区别，达到识记。

1.5　软件开发工具的研究与使用

1）了解本课程学习的目的、范围及方法，达到识记。

2）了解软件开发工具研究与应用的状况，达到识记。

第2章　软件开发过程及其组织

（一）学习目的与要求

本章内容实际上是软件工程与程序设计方法学的基础知识。这些知识构成了软件开发工具的基础，对于深入理解与有效应用软件开发工具是不可缺少的。学生应当认真体会深入理解。这是从一般程序员向主程序员及系统分析员发展的必需的、关键的步骤。

由于软件工程和程序设计方法学的内容很多，有些也比较深，作为本科生并不要求像研究生那么高，只要达到领会即可。

（二）学习内容

2.1　软件开发的困难

（1）软件开发中的基本问题

（2）大型软件开发中的困难
- 一致性的保持
- 测试的问题
- 工作进度的控制
- 文档与代码的协调
- 版本更新带来的问题

（3）困难产生的原因
- 大系统的复杂性
- 多人协同工作的组织管理
- 领域知识与软件技术
- 时间因素及变更因素

2.2 软件开发方法的发展
(1) 结构化程序设计方法
- 结构化思想的提出
- 结构化程序设计的要点

(2) 软件工程的思想与方法
- 工程化思想的要点
- 软件工程的基本方法

(3) 面向对象的方法
- 面向对象方法的产生与发展
- 面向对象的程序设计方法的要点

(4) 即插即用的程序设计
- 即插即用的软件设计方法
- 软件组件的概念
- 标准化的软件组件与组合文件

2.3 软件开发过程的管理
(1) 软件质量的评价
- 正确性
- 易用性(或对用户友好)
- 效率
- 可靠性
- 可维护性(与可重用性)

(2) 程序员与项目组的关系
- 对单个程序员的要求
- 项目组对程序员的约束

(3) 怎样建立一个好的项目组
- 有严格的工作规范和文档标准
- 人员之间严格分工
- 每个项目有详细的时间安排并严格执行

(三) 考核知识点与考核要求

2.1 软件开发的困难
1) 了解软件开发中的两个转换过程,达到领会的程度。
2) 深刻理解大型软件开发中的困难及其产生原因,达到领会的程度。

2.2 软件开发方法的发展
1) 了解结构化程序设计的思想方法,达到领会程度。
2) 了解软件工程的基本思想与方法,达到领会程度。
3) 了解面向对象的程序设计的基本思想与方法,达到领会程度。
4) 了解即插即用程序设计的基本思想与方法,达到领会程度。

2.3 软件开发过程的管理
1) 理解软件评价的主要方面,达到领会程度。

这些方面包括：
- 正确性
- 易用性（或对用户友好）
- 效率
- 可靠性
- 可维护性（与可重用性）

2）理解程序员与项目组的关系，达到领会程度。

3）了解对软件工作组的评价，达到识记程度。

第3章 软件开发工具的理论基础

（一）学习目的与要求

本章简略地介绍了软件开发工具的有关理论基础，包括概念模式、信息库、人机界面、项目管理等。这些知识是软件开发工具的理论基础，对于深入理解与有效应用软件开发工具非常重要，应当认真体会深入理解。这一章是本课程的重点之一。

由于这些理论基础涉及的内容比较多，有些也比较深，对于本科生不宜要求过高，多数内容只要达到"领会"或"识记"即可。只有第二节中的八种概念模式，因为在实践篇要进一步综合使用，所以在本章要求达到"简单应用"的水平。

（二）学习内容

3.1 软件开发过程的信息需求

（1）软件开发过程中的信息流通

（2）软件开发过程涉及的信息类型
- 需求信息
- 设计信息
- 软件成果
- 变更信息

（3）软件开发过程中的信息管理
- 合理存储
- 正确转化
- 顺畅流通

（4）软件开发工具的理论及技术基础
- 概念模式
- 数据库技术
- 编译技术
- 人机界面技术
- 项目管理与版本管理理论
- 系统工程理论

3.2 概念模式及其作用

（1）概念模式的意义及其在认识中的作用

（2）软件开发过程中常用的概念模式

- 框图(Flow Chart)
- 结构图(Structured Chart)
- 数据流程图(DFD)
- 实体关系图(E-R)
- 数据字典(DD)
- 时序网络(Petri Net)
- 数学与逻辑模型
- 计算机模拟模型

3.3 信息库及其一致性
(1) 信息库(Repository)的概念
(2) 信息库的研究方向
- 信息库内容
- 信息库功能
- 信息库一致性

3.4 人机界面及其管理
(1) 人机界面的地位及作用
(2) 人机界面设计应遵循的原则
(3) IBM 的 AD/Cycle 关于人机界面的论述

3.5 项目管理与版本管理
(1) 项目管理的意义与内容
(2) 项目管理的目标
- 质量控制
- 进度控制
- 资源调度
- 费用控制

(3) 版本管理的意义与方法

(三) 考核知识点与考核要求

3.1 软件开发过程的信息需求
1) 了解软件开发过程中信息流通的模型,达到识记程度。
2) 理解软件开发过程中涉及的信息类型,达到领会程度。
3) 理解软件开发过程中要进行的信息管理,达到领会程度。
4) 了解软件开发工具的理论及技术基础,达到识记程度。

3.2 概念模式及其作用
1) 理解概念模式的意义与作用,达到领会程度。
2) 了解认识过程的一般框架,达到识记。
3) 掌握八种概念模型的意义,达到简单应用。

这八种概念模型包括:
- 框图
- 结构图

- DFD 图
- E-R 图
- 数据字典
- 时序网络
- 数学模型
- 逻辑模型

4）了解概念模式与软件开发工具的关系，达到领会程度。

3.3 信息库及其一致性

1）了解信息库的概念，达到识记程度。

2）了解信息库在软件开发中的作用，达到识记程度。

3）了解一致性的意义及其维护方法，达到识记程度。

3.4 人机界面及其管理

1）了解人机界面的作用及重要性，达到领会程度。

2）理解人机界面设计的原则，达到领会程度。

3）熟练掌握目前常用的人机交互方式，达到领会。

3.5 项目管理与版本管理

1）了解项目管理的含义与基本目标，达到识记。

2）了解版本管理的意义及方法，达到识记。

第4章 软件开发工具的技术要素

（一）学习目的与要求

本章综合了目前常见的软件开发工具的一般情况，介绍了软件开发工具中的各方面技术状况。本章应当是本课程学习的重点。学生应当以本章内容为框架，结合附录中的（或自己有条件学习的）具体软件开发工具去领会，从而理解软件开发工具的实质。

需要特别指出的是，学生切勿局限于本大纲所列举的几种工具。一方面，实际工作中可能遇见的工具很多，这里不过是举几个常见的例子。由于各自学习条件与背景不同，无法作统一的要求。另一方面随着技术的不断发展，新的工具必将不断涌现。学生应当举一反三，把本课程介绍的一般原则，灵活地应用于新的软件开发工具。这才是真正实现了学习本课程的目的。

（二）学习内容

4.1 基本功能与一般结构

（1）软件开发工具的基本功能

- 系统描述
- 信息管理
- 文档生成
- 代码生成
- 项目管理

（2）软件开发工具的一般结构

- 总控部分与人机界面
- 信息库及其管理模块

- 文档生成模块
- 代码生成模块
- 项目管理模块

4.2　总控与人机界面

（1）总控和人机界面的地位及作用

（2）关于总控和人机界面实现的技术考虑

- 面向使用者
- 保证信息的准确传递
- 保证系统的开放性和灵活性

4.3　信息库及其管理

（1）信息库的内容

- 系统状况
- 设计成果
- 运行状况记录
- 项目及版本管理信息

（2）信息库的组织方式

- 集中方式
- 分散方式
- 逻辑上集中，物理上分散

（3）信息库管理的主要任务

- 逻辑联系的识记与记录
- 定量信息与文字信息的协调

（4）历史信息的处理与调用

- 大容量问题
- 表达方式不一致问题

4.4　文档生成与代码生成

（1）代码生成

- 代码生成器的输入
- 代码生成器的输出

（2）文档生成

4.5　项目管理与版本管理

（1）项目管理与版本管理的核心问题

（2）实现项目管理的方法

（3）实现版本管理的方法

（三）考核知识点与考核要求

4.1　基本功能与一般结构

1）理解软件开发工具的基本功能，达到简单应用层次。

2）掌握软件开发工具的一般结构，达到简单应用层次。

4.2　总控与人机界面

1）了解总控和人机界面的地位和作用，达到识记程度。
2）掌握总体结构设计的基本考虑，达到简单应用层次。

4.3　信息库及其管理
1）理解信息库的内容与组织方式，达到简单应用层次。
2）掌握信息库管理的主要功能，达到简单应用层次。

4.4　文档生成与代码生成
1）掌握代码生成的基本方法，达到简单应用层次。
2）掌握文档生成的基本方法，达到简单应用层次。

4.5　项目管理与版本管理
1）掌握项目管理的内容与方法，达到识记程度。
2）掌握版本管理的基本内容，达到识记程度。

第 5 章　软件开发工具的使用与开发

（一）学习目的与要求

在实际工作中，人们面对的具体问题是使用或者自行开发软件工具。无论是使用现成的软件开发工具，还是自行开发工具，都需要精心组织，精心管理，充分考虑各种因素。

（二）学习内容

5.1　购置与开发的权衡
（1）决定购置还是开发的基本原则
- 从实际需求出发
- 客观认识软件开发工具的实际发展水平

（2）应当考虑的主要因素：
- 要开发什么样的软件
- 开发工作的要求
- 开发环境
- 开发人员的情况

5.2　软件开发工具的选择与购置
（1）明确目的与要求
（2）市场调查
（3）购置方法与步骤

5.3　软件开发工具的使用
（1）组织管理的必要性
（2）管理工作的内容
- 严格使用制度
- 记录使用过程
- 培训使用人员
- 经常审计评价

5.4　软件开发工具的开发
（1）自行开发工具的必要条件

(2) 自行开发工具的注意事项
- 从实际需求出发，从具体功能做起
- 注重文档及资料的积累
- 谨慎对待商品化

（三）考核知识点与考核要求

5.1 购置与开发的权衡

1) 了解购置与开发之间进行权衡的原则，达到识记程度。
2) 了解影响这一决定的主要因素，达到领会的程度。

5.2 软件开发工具的选择与购置

1) 了解对软件开发工具进行市场调查的要点，达到能够简单应用的程度。
2) 了解购置软件开发工具的工作步骤，并能简单应用。

5.3 软件开发工具的使用

1) 认识软件开发工具的应用中组织管理的重要性，达到领会程度。
2) 了解组织管理工作的内容，并能简单应用。

5.4 软件开发工具的开发

1) 了解自行开发工具的必要条件，达到识记程度。
2) 了解自行开发工具的注意事项，达到识记程度。

第6章 软件开发工具的现状与发展

（一）学习目的与要求

软件开发工具是一个正在发展中的新领域，许多技术还不完善，学生应当注意及时了解该领域的技术发展现状，掌握发展趋势，只有这样才能用好这种新技术。

（二）学习内容

6.1 软件开发工具的发展现状

（1）国外的发展情况
（2）国内的发展情况

6.2 软件开发工具的发展方向与趋势

（1）智能化、网络化、一体化、标准化
（2）三个发展阶段及其代表性的软件

6.3 从计算机语言发展而来的工具

五种代表性的工具：VB，VC，PB，C++ Builder/Delphi，JAVA。

6.4 综合性的平台或开发环境

两种最典型的平台：Eclipse 和 Visual Studio。

（三）考核知识点与考核要求

1) 了解国内外软件开发工具的当前发展水平，达到识记水平。
2) 了解软件开发工具的四个基本的发展趋势，达到识记水平。
3) 了解五种代表性的工具：VB，VC，PB，C++ Builder/Delphi，JAVA 的基本特点，达到识记水平。
4) 了解两种典型的开发环境：Eclipse 和 Visual Studio 的基本特点，达到识记水平。

第 2 篇 实践篇(第 7 章～第 14 章)

（一）学习目的与要求

实践篇与第 3 章、第 4 章一起构成本课程的核心部分。第 3 章、第 4 章讲的是一般原则，第 7 章～第 14 章则为具体体现。因此，学生应当按照理论联系实际的原则，紧密结合实例，深入领会一般的原理与方法。

对于实践部分讲解的具体软件(按照教材推荐为 Eclipse)，学生应当有一定的上机时间，以熟悉软件并能够实际应用。具体实验的要求见附录 A。

（二）学习内容

由于软件开发工具种类繁多、发展迅速，学生的条件和环境又彼此不同，所以作为一门课程，很难限定以哪一种软件开发工具作为必须学习并加以考核的内容。然而，本课程又是一门非常实际的学科，脱离实际软件，抽象地讲授一般原理，是无法学到真实本领的。综合考虑以上两方面情况，我们采取了折中的办法，即在教材中介绍目前使用比较多的软件开发工具——Eclipse 供学生选用。学生可以根据自己的情况选择使用，或另外选择，按照第 3 章、第 4 章的内容，从一般规律的角度去分析与认识这个软件开发工具。对于学生自己选定的软件开发工具，应掌握以下知识点。

1）该工具的功能是什么？属于哪个类型？
2）该工具依据的概念模式是什么？
3）该工具的人机界面状况如何？用了哪些技术？有什么特点？
4）该工具的信息库的内容和管理功能如何？有什么特点？
5）该工具有没有项目管理功能？
6）对该工具的特点及应用范围进行评价。

（三）考核知识点与考核要求

实践部分不易进行考核，这意味着考试题目中不包括完全依赖于 Eclipse 的内容。但是要求学生以具体软件为例，回答相应的问题。不管用 Eclipse 还是其他工具，都应对于以下六个问题达到识记或简单应用的水平。

1）掌握该软件开发工具的基本功能及使用方法(简单应用)。
2）掌握该软件开发工具所依据的概念模式(简单应用)。
3）了解该软件开发工具的信息库的构造与功能(识记)。
4）了解该软件开发工具的文档生成与代码生成机制(识记)。
5）如果该工具具备项目管理功能，则应对其有比较深入的了解(识记)。
6）应用第 3 章、第 4 章的一般原则，评价该工具的特点及应用范围(识记)。

在以上各点简单应用的基础上，运用该软件开发工具进行软件开发工作的实施与组织，达到综合应用的水平。

三、有关说明与实施要求

（一）关于"考核要求"中有关提法的说明

考核要求中的"识记"、"领会"、"简单应用"、"综合应用"四个能力层次具体含义如下。

1）识记：要求考生能够识别和记忆本大纲规定的软件开发工具有关知识点的主要内

容,如软件开发工具的发展过程、概念模式的意义与作用、软件开发工具的发展趋势等,并能够根据考核的不同要求,进行正确的选择和判断。

2) 领会:要求考生能够领悟和理解本大纲规定的有关知识点的内涵与外延,熟悉其内容要点和它们之间的区别与联系,如人机界面设计的原则、项目管理的内容与方法、软件开发工具的应用中组织管理的重要性等,并能够根据考核的不同要求,进行正确的解释和表达。

3) 简单应用:要求考生能够运用本大纲规定的知识和概念,分析和解决软件开发中局部性的应用问题,如总体结构设计的基本考虑、八种概念模型的意义、购置软件开发工具的工作步骤等。

4) 综合应用:要求考生能够运用本课程介绍的理论知识,以及一种具体的软件开发工具,独立地组织实施一个相对独立的软件开发项目。

(二) 关于学习教材

自学教材是《软件开发工具》,全国高等教育自学考试指导委员会组编,陈禹、方美琪主编,机械工业出版社,2011年出版。

(三) 自学方法指导

本课程是高年级的一门比较综合性的课程。它是在程序设计、计算机实用软件等课程的基础上,为进一步提高学员的水平而设置的专业基础课。因此本课程与以前各门课关系密切,难度较大,既有理论知识,又要求实际动手。为了学好这门课,学生应当注意以下问题。

1) 必须结合软件开发工作的实际。学生必须把本课程的学习与自己的软件开发实际工作联系起来,以课程内容为线索,认真回顾自己开发软件的经验与体会,只有这样才有收获,对以后的工作有所裨益。否则,只学了一些名词或空洞的概念,那就很难达到学习本课程的目的。

2) 从软件开发过程出发,深刻理解软件开发工具的必要性与作用。对软件开发过程的理解,一般是在软件工程或程序设计方法学中讲授的。但是,它们是软件开发工具产生与发展的基础。由于目前的教学计划中没有这两门课,本大纲只进行了初步的介绍,学生应当予以重视。

3) 实际动手,在使用中掌握软件开发工具。软件开发工具是非常实际的课题,学生应当把实际动手摆到相当重要的位置,这一点在课时安排和附录中还要说明。当然,如果走到另一个极端,忽略一般概念,把本课程理解为学习某一个具体软件,也同样是片面的,也是偏离本课程目标的。软件技术发展非常迅速,只有掌握一般的思想与方法,才能更为主动地、有效地面对迅速变化的技术。

(四) 对社会助学的要求

为了学习本课程,设置社会助学是必要的。为保证教学质量,各助学点应做到以下几点。

1) 熟知考试大纲对课程的总体要求以及各章的知识点。

2) 掌握各知识点要求达到的层次,深刻理解对各知识点的考核要求。

3) 助学辅导时应以指定教材为基础,以考试大纲为依据,不得删节内容。辅导时应着重引导学员刻苦自学,钻研教材,以掌握所要求的内容。

4) 教学点应创造条件,提供软件开发工具的上机条件,供学生完成上机实习任务。建议建立 Eclipse 的学习环境。如果有特殊的有利条件,使用其他软件开发工具也可以,但是

（五）关于命题与考试

1）本大纲各章所规定的知识点都是考核的内容，试题要覆盖各章，适当突出理论部分的章节（1～6章）。

2）试卷中对不同能力层次要求的比例大致是"识记"占20%，"领会"占40%，"应用"占40%。

3）要合理安排试题的难易程度。试题难度可分为易、较易、较难和难四个层次。每份试卷中不同难度试题的比例一般为2∶3∶3∶2。

4）本课程考试试题主要题型有以下五种：单项选择题、填空题、简答题、论述题、应用题。题型举例见附录二。

5）在本课程考试内容中，与具体软件开发工具无关的部分占70%（即关于一般理论知识的），与具体软件开发工具有关的（即要求学生利用自己熟悉的一种软件开发工具，回答或解决某个问题）占30%。

附　　录

附录A　实验上机方法

本课程的目的是建立对软件开发工具的一般概念，而不是着重于具体某一软件的使用。为了方便，教材中以软件开发工具Eclipse作为参考。如果具备条件，各助学点及学习者也可以选择其他软件工具。上机内容包括了解概况；试用功能；分析性能并评价；选举简单例子，试作原型。

附录B　题型举例

1. 单项选择题（在每小题列出的四个备选项中只有一个是符合题目要求的，请将其代码填写在题后的括号内。错选、多选或未选均无分。）

例：代码生成是软件开发工具的（　　）。
（A）首要功能　　　　　　　（B）主要功能之一
（C）全部功能　　　　　　　（D）唯一功能

2. 填空题（请在每小题的空格中填上正确答案。错填、不填均无分。）

例：按照所支持的工作阶段，软件开发工具可分为_____、_____和_____三种类型。

3. 简答题：用不超过200字回答。

例：选择软件开发工具应考虑哪些因素？

4. 论述题：详细论述，不少于400字，不多于700字。

例：以你熟悉的一种软件开发工具为例，说明概念模式的地位与作用（提示：从描述能力、支持作用及一致性维护等方面论述。）。

5. 应用题：应用自己的知识解决实际问题，答题应在600字左右，不多于1000字。

例：在你了解的软件开发工具中，哪一个比较接近集成工具？以开发一个成品仓库管理软件为例，说明这个工具在各阶段如何支持软件开发工作。

后 记

本大纲是根据全国高等教育自学考试指导委员会电子电工与信息类专业委员会制定的《高等教育自学考试计算机信息管理专业(独立本科段)考试计划》和全国高等教育自学考试指导委员会《关于修订高等教育自学考试课程自学考试大纲的几点意见》的精神制定的。

本大纲提出初稿后,曾聘请专家通审,并由电子电工与信息类专业委员会在北京组织召开审稿会进行审稿,根据审稿会意见由编者作了修改。最后由电子电工与信息类专业委员会定稿。

本大纲由陈禹教授(中国人民大学)、方美琪教授(中国人民大学)、蒋洪迅副教授(中国人民大学)负责编写和修改。参加审稿并提出修改意见的有卢炎生教授(华中科技大学,主审),邝孔武教授(北京信息科技大学)。

对参与本大纲编写和审稿的各位专家表示感谢。

全国高等教育自学考试指导委员会
电子电工与信息类专业委员会
2010 年 12 月

第1篇

理论篇

第1篇

第1章 绪　　论

◎ 内容提要

软件开发工具是计算机技术发展的产物。随着以电子计算机和现代通信技术为代表的现代信息技术，被迅速地应用到社会生活的各个角落，社会对于各种软件的需求也日益紧迫。各行各业都要求软件开发者迅速地、高质量地提供各种各样的软件产品，从过程控制软件到各种管理软件，从辅助设计软件到辅助教学软件。软件产品的质量、效率、价格已成为各方关注的十分重要的问题。

作为对策之一，软件开发工具应运而生。它以计算机自身处理信息的能力为基础，在软件开发的各个阶段，对软件开发的各个方面提供了各种各样的帮助，从而成为软件工作人员必须具备的重要技术手段。

本章从软件开发工具的产生讲起，概括地介绍了软件开发工具的基本概念、基本功能、一般功能、主要类别以及它的使用方法。这些内容基本勾画出了这一领域的概况，为以后各章详细讨论它的理论与技术打下了基础。在本章的最后，还指出了本书的结构与学习方法。

1.1 软件开发工具的由来

和任何技术一样，软件开发工具是在人类以往发展的许多技术的基础上，适应社会的实际需要，从无到有，从不完善到比较完善逐步发展起来的。回顾它的产生与发展的经过，就能很自然地理解它的作用与实质。

粗略地说，软件开发工具就是帮助人们开发软件的工具。一般来说，谁也不会把计算机硬件，或者编写软件时用的纸和笔归入软件开发工具，虽然它们确实是开发软件所必不可少的。事实上，我们所说的是一种特定的软件——帮助人们开发软件的软件。但是这样说也有不清楚的地方。例如，在计算机技术中归入系统软件的操作系统、汇编程序、编译系统无疑也是软件开发的必不可少的工具，但是，一般来说也不把它们归入软件开发工具的范围。类似地还有一些服务软件，如磁盘的处理，病毒的防治，系统的备份等，尽管它们对于软件开发者来说是很有用的工具，甚至名字就叫工具(如 Pctools)，但还不是我们这里所说的软件开发工具。

就目前通行的理解而言，软件开发工具的范围大致可以描述为：在高级程序设计语言(第三代语言)的基础上，为提高软件开发的质量和效率，从规划、分析、设计、测试、文档和管理等各方面，对软件开发者提供各种不同程度的帮助的一类新型的软件。

对于这个概念可以从以下几个方面去加深理解。首先，我们这里说的是一类软件。它本身就是一种软件，通俗地说，它是开发软件用的软件。其次，它是在第三代语言的基础上发展起来的。第三代语言在这里指已经形成的软件开发技术。所谓"帮助"或"支持"的意思是指在人们用第三代语言编写软件时,进一步的要求与希望,因此并不包含第三代语言本身。当然,这条界线似乎是人为划定的,没有多少道理,但是如果没有这条界线,我们的讨论就会因无法限定范围而失去控制。例如,编译系统是不是也应该归入软件开发工具?另外,这里强调对软件开发全过程中各个阶段的支持,即不是狭义的编程阶段(Coding),而是包括了相当广泛的范围和极其丰富的内容。把软件开发工具局限于特定类型的代码生成器是不全面的。

为了自然地了解软件开发工具的概念和意义,必须从它的实际的产生与演变过程来分析与认识。

当电子计算机诞生时,人们面对的是只能执行机器指令的硬件设备,即所谓"裸机"。机器的每一个动作都需要人们用二进制的字符串,即由"0"和"1"组成的字符串书写出来,并用纸带等光电设备或通过控制台上的扳键送入机器,才能得以存储和执行。这时,软件的概念还处于萌芽状态,人们的注意力还集中于如何设计出各种各样的物理器件来实现最基本的运算与操作,如加法器、乘法器、解码器等硬件。这在当时是很自然的,也是必需的。在这个阶段,计算的方法似乎是已经定好了的,无须人们去设计。例如,某些方程组的解法(如高斯迭代法),某些运筹学的算法(如线性规划所用的单纯形法)。这些在数学上已经证明了,并且完全形式化了的算法,已经有了明确的、严格的表述。当人们用计算机处理这些问题时,人们要做的是,把这些表述逐条转换成机器指令,表达成机器能够识别和执行的二进制的字符串。显然,这种工作是一种十分机械、十分烦琐的枯燥事情。如果说这可以算做软件工作的话,那么需要的是熟记机器代码和极大的耐性,而不是今天的软件技术。不过,从这种萌芽状态的软件工作中,已经可以看出日后发展起来的软件工作的基本特征:专业知识与计算机技术之间的桥梁。正是这个桥梁作用的有效发挥和不断延伸,构成了软件技术发展的历史主线。这个阶段就是我们大家熟知的机器语言阶段,从发展的阶段来分,可以称之为第一代计算机语言。

十分明显的是,这种机器语言的使用是十分艰难的。且不说强记那些机器代码有多么困难,就说要求把计算方法的过程一步一步地与计算机的基本操作对应起来,也足以使人望而却步。难怪在计算机产生的早期,它的应用只能局限于高科技和军事领域。的确,如果不是涉及国家的安危和民族的存亡,没有国家的不计成本的巨大投入,不是人力实在无法承受那庞大的计算量的时候,恐怕就不会有哪个机关或研究所能够制造出第一批的现代意义下的电子计算机。然而,当硬件技术在微电子学成果的推动下得到突破性的进展时,这种使用上的困难就变得明显起来,并成为计算机扩大应用范围的主要障碍。硬件所提供的巨大的,几乎是无穷的信息处理能力,与计算机使用方式的困难形成了尖锐的矛盾。如果不解决这个问题,不简化使用计算机的方式,计算机的广泛应用将是不可想象的。

在这方面迈出的第一步是汇编语言,即第二代语言的出现。针对难以记忆的、无意义的、二进制的字符串,人们试图用在英语中具有一定意义的单词(或单词的缩写)来代替它,这就是所谓"助记忆码",或汇编码。用汇编码编写的程序称为汇编程序,而把这些汇编指令转化为机器指令的程序则称为汇编系统(Assembler)。这一进步虽说不算太大(它并未改变通过逐条命令来指挥机器的状态,只是减小了编程序的困难),但是代表了改进计算机应用的基本方向:建立一些专用的"工具",使某些可以由机器来完成的信息处理工作交给计算机去做,从而实现了人们的知识、经验到对计算机的操作命令的自动转变。至今,汇编语言还是计算机专业人员必须学习的基本知识之一。

操作系统差不多与汇编语言同时出现。操作系统的出现改善了人们应用计算机的条件。操作系统利用计算机本身能迅速处理信息的优势，自动地完成系统初始化、文件管理、内存管理、作业管理、处理机管理等一系列工作，把计算机系统（包括主机与外围设备）中的各种资源有效地、协调地管理起来，把原先由操作员担负的大部分职责接过来。这改善了计算机使用的环境，也同样对计算机应用的前进发挥了十分重要的作用。

20 世纪 60 年代初期，FORTRAN，ALGOL 和 COBOL 等高级程序设计语言的成熟与普及，标志着计算机真正走出了难以应用的困窘局面，开始向社会生活的各个领域全面渗透。这就是第三代语言的时代。与汇编语言不同，第三代语言突破了与机器指令一一对应的限制，用尽可能接近自然语言的表达方式描述人们设想的处理过程，而把这种表达方式向机器指令的转化工作，交给专门的"工具"——编译系统去完成。另一个重要的进步是，高级程序设计语言实现了对机器的独立性，即它不依赖特定的硬件系统，抽象地逻辑地描述处理和算法，而把硬件系统之间的区别交给不同的编译系统去处理，从而大大提高了程序的可移植性。这一进步带来非常巨大、非常深远的影响。从 20 世纪 60 年代以来，面向各个领域的，面向各种应用的程序设计语言如雨后春笋般涌现出来，至今势头不减。也正因为有了这些语言，在短短的二三十年中，计算机技术已经深入到了各行各业。

然而，技术的发展并未止步。在第三代语言的应用中，人们又发现了新的瓶颈——处理过程的描述。第三代程序设计语言一般都是过程化语言，即需要由编写程序的人一步一步地安排好机器的执行次序，虽然不是一对一地指挥到机器指令，但是还必须在人的头脑中安排好实际的执行过程。人们希望机器能够自动地完成更多的工作，包括自动安排某些（不是全部）工作的顺序，而做到只要给机器下达做什么的命令，由机器自己去安排执行的顺序。这就是第四代语言——非过程化语言的思想。另外，从 20 世纪 60 年代末期开始，人们对于软件工作的认识大大深入了。在认识到软件工作重要性的同时，也认识到了软件工作的困难性。这就是所谓"软件危机"问题。

软件工作的重要性现在已经为越来越多人所认识。正如许多专家指出的：硬件是计算机的躯体，软件是计算机的灵魂。如果没有相应于特定业务的、能够有效运行的软件，任何硬件都是不可能在各种应用领域中发挥作用的。我们可以进一步说，软件是广大使用者与计算机之间的桥梁，软件是人类在各个领域中积累的知识的结晶，软件是人类文明与知识得以延续的新的载体，软件是人类进一步成为一个整体，得以进一步相互联系的纽带。当我们从这样的高度去认识软件，而不是像最初那样仅限于逐句翻译某一算法的时候，软件工作的困难性也就可以理解了。人类社会，客观世界的复杂性，决定了软件本身的复杂性；人类知识的丰富多彩，决定了软件的极大的多样性；客观世界的动态性，决定了软件对可维护性、可重用性越来越高的要求。面对日益扩大规模的软件，如何保证它的正确性、可靠性，如何控制软件开发工作的进度与成本，很自然地成为理论上十分重要、实际中十分迫切的课题。

围绕这个课题，人们从开发方法的研讨、语言的改进、人员的组织等各方面想了许多方法。从结构化程序设计、软件工程、面向对象的程序设计方法、即插即用的程序设计方法（Plug and Play Programming），直到面向开源软件和互联网的程序设计，许多专家进行了大量研究工作。在语言方面，也有许多类型的第四代语言问世。与这些研究与发展相配合、相联系的，则是许多基于第三代语言的软件开发工具的出现（关于第四代语言与软件开发工具的关系、软件开发工具与软件开发方法学的关系将在后文详细讨论)。

在20世纪70年代末到20世纪80年代初,很多软件开发人员已经想到了用软件来进一步支持软件开发工作。例如,软件开发工作中要涉及大量文档编写工作,利用各种文字处理软件(如早期的WORDSTAR)显然会比用手工书写方便得多,特别是需要反复修改的文件;软件开发工作中有许多图要画,利用绘图软件会比手工效果更好,更便于存储和修改。当然这时所用的,还都是一些通用的、并非专门为软件开发工作而设计的软件。所以,这个阶段可以称为利用通用软件作为辅助工具的阶段,或者称为没有专用的软件开发工具的阶段。

用通用软件来帮助软件开发人员编写文档或画图可以减少很多工作量,但是与整个软件开发工作相比,这种帮助实在是太表面、太初级了。用通用软件帮助软件开发有三个主要的弱点。第一个弱点是有许多工作是通用软件所无法完成的。例如,大量的程序编写工作,其中有不少重复的或基本重复的段落,完全可以找出一定的普遍规律,只用一些参数来加以控制,就可以从某些固定的模式出发,自动地制造出用第三代语言书写的程序段落。这些工作是一般的通用软件所无法完成的。类似地,一些报表生成、文档生成的工作也不是一般意义下的文字处理程序所能完成的。第二个弱点是用通用软件完成某些工作,只能表现出其表面的形式,而不能反映其逻辑内涵。形象化地说,就是只能做到"形似",而不能做到"神似"。例如,用一般的绘图软件来画程序框图,虽然可以画出圆形、长方形、平行四边形等形状,但是却不能反映它们所代表的含义,更无法根据这些逻辑含义对图的正确性或一致性进行检查和判断,更不能据此向软件开发人员发出警告或提示信息,而这才是人们希望通过使用工具得到的帮助。因此,即使通用软件能够帮助软件开发人员做某些工作,也常常只是片断的、表面的工作。第三个弱点是用通用软件来帮助人们完成软件开发工作时,常常遇到难以保持一致性的困难。例如,当用某个通用绘图软件画出关系实体图(E-R图),而用另一个通用数据库管理系统编制数据字典的时候,往往很难进行交互检验,特别是当发生变更时,更是难以保持一致。事实上,E-R图和数据字典描述的是同一个事物——客观系统中的数据结构,但是由于采用两个不同的软件来描述,就必须用两种不同的方法去各描述一遍,还必须记住它们的含义,随时保持它们之间的一致性。类似的问题在软件模型越来越大,并且涉及开发与维护的不同阶段时就会显得更为突出。

针对这些问题,20世纪80年代以来,一些专门用于支持软件开发的软件开发工具陆续问世,从而进入了专用的软件开发工具的阶段。这期间涌现出来的软件开发工具种类很多,其中主要有以下几类:面向特定功能模块的各种代码生成程序(包括报表生成器、菜单生成器、对话生成器等),综合性的第四代语言(一般是立足于某种数据库管理系统或某种第三代语言之上的),专用于某种文档的编写工具,数据字典管理系统(DDMS),专用于画数据流程图、E-R图或程序框图的绘图软件等。在这些工具的推动下,软件开发工具的有关理论也逐渐发展起来,并引起了软件界的重视。软件开发工具或开发环境的概念越来越为人注目。

但是,一批专用的软件开发工具的出现并未解决保持一致性的问题。问题的根源很明显,那就是对软件的开发缺乏全面的、统一的支撑环境。这些零散地、分散地支持各个工作阶段、各项具体工作的专用工具之间没有有机地联系起来,从而必然造成冲突与矛盾。这种冲突与矛盾对于用户来说,造成了沉重的、不堪忍受的负担,而且使用的工具越多,这种负担就越重,以致抵消了使用工具带来的益处。这种情况促使了集成的软件开发工具的产生。1989年,IBM公司宣布了一个名为AD/Cycle的巨大的理论框架,作为它和它的软件合作伙伴开发一致的、统一的软件开发环境的纲领。这可以看做进入集成的软件开发环境阶段的标志。虽然 IBM 公司的 AD/Cycle 由于它在硬件平台与网络结构上的偏颇，后来不得不放弃了（主要失误在于两点，一是拘泥于集中式的处理思路，对于新兴起的客户/服务器结构没有及时跟上，二是它坚持在 OS/400 等自己的、特定的硬件平台上开发，背离了开放性的大趋势。），但是集成的软件开发环境的研制并没有因此而停滞下来。例如，集中了 Grady Booch，James Rumbaugh 等著名专家的 Rational 公司推出了 Objectory，Rose 等集成的软件开发工具。

进入 21 世纪以来，随着互联网的兴起，软件开发工具的发展也进入了新的阶段。两个鲜明的特点使软件开发工具的功能和效率提高到了一个新的阶段。第一个特点是面向网络，不仅基于网络，而且用于网络。从 HTML 到 XML，从 SOAP 到 UDDL，软件开发越来越需要考虑在互联网上的应用，越来越注意要在网络环境下使用。另一个特点是开源软件的兴起和运用。虽然对于开源软件在社会上和学术界都有不同的看法和意见，但是，对于软件开发人员来说，对于开源软件的利用和关注是绝对需要的，对于软件开发工作效率的提高是肯定有益的。

回顾软件开发工具从无到有，从分散到集成的发展过程，可以清楚地看到软件开发工具的出现绝不是偶然的，它是软件发展的必然趋势，是软件技术发展到一定阶段的必然产物。

1.2 软件开发工具的概念

从 1.1 节的讨论中，我们已经提出了软件开发工具的概念，它的要点是：
1) 它是在高级程序设计语言(第三代语言)之后，软件技术进一步发展的产物；
2) 它的目的是在人们开发软件中给予各种不同方面、不同程度的支持或帮助；
3) 它支持软件开发的全过程，而不是仅限于编码或其他稳定的工作阶段。

在理解这个概念时，应当同时认识软件开发工具的继承性与创新性。也就是说，一方面要充分认识到，软件开发工具是软件技术发展的必然产物和自然的趋势，它的基本思想仍是致力于软件开发的高效优质；另一方面，随着人类对软件与软件开发过程理解的深入，它又具备了一些以前的软件开发工作所没有的新的思想与方法，而这些正是它区别于以前的软件技术的关键所在。

首先，我们需要从根本上对软件的实质进行再认识。软件(Software)这个名词是有了计算机之后才产生的，而硬件(Hardware)则是自古就有的。从 1.1 节的说明中，我们已经看到，只会执行若干基本指令的机器本身，虽然具备高速运算与海量存储的潜在能力，但是如果没有事先准备好的一系列指令，那么它是不能完成实际任务的。即使由人一条一条地输入指令(通过扳键或光电设备)，也只能以人们的输入速度来工作，它的巨大潜力是无法发挥出来的。关键是要有一套事先编好并存入机器的指令，这就是我们现在所说的程序。一台存入了某种程序的计算机与一台没有存入这种程序的计算机，在外表是看不出区别的，然而前者在接到一个启动命令之后，就可以自动地执行某项任务，而后者却做不到这点。为了区分和描述，人们从已有的词汇中借来了 Hardware 这个词，用来特指看得见、摸得着的硬件。而与之相对地，新造了 Software——软件这个新词，用来特指看不见、摸不着的，但又发挥着十分重要的作用的，事先编好的指令系列。它们之间的关系，正如人们所说的，硬件是躯体，软件是灵魂，二者缺一不可。

然而，从应用的角度来看，硬件与软件的情况有着极大的差别。硬件提供的是信息存储与处理的基础，这对于任何领域的应用是一样的，没有什么区别的，它不必随应用领域的变化而改变（这里主要指计算机本身，而不包括外围设备。对于外围设备，应用领域之间的区别是很大的。）。软件一端连着计算机硬件，向硬件提供可以执行的机器指令，另一端面向用户，接受用户提出的要求和算法。从这个意义上说，软件是用户与硬件之间的桥梁。因此，不同领域有不同的软件。可以说，为了推广和普及计算机的应用，相当大部分的工作是在软件领域之中。

从更深一层的意义去理解，软件实际上是人类知识与经验的结晶。所谓事先编好的指令，正是人们在实践中形成的工作规范与步骤。以运筹学和数理统计中的算法为例，每一个程序都是以一定的理论分析与研究为基础的。当人们把这些程序编制出来时，已经为这些经验或理论知识找到了一种新的载体。这种新的载体与书本纸张作为知识的载体不同，它看不见、摸不着，但是能在计算机上实施，而且可以对不同的数据反复地使用。不可见是这种载体的一个主要缺点，导致知识或经验在传播与应用中的困难。针对这一点，一些专家提出了软件应当包括程序和文档两个不可缺少的组成部分。这一进步使软件的实质表现出来，作为人类知识财富积累的一种新的手段，它的重要性与地位正在得到越来越广泛的认可。

如果以人类文明延续的角度看，软件的意义则更为深远。如果说文字的出现是人类文明历史的开端，那么软件这种知识载体的产生，将进一步提高人类集中与保存知识、积累经验的能力。文字只是记录信息，不包括各种处理方法与技术，而计算机则把人做事的方法与步骤（有时还只是设想的做法）存储起来，并在任何需要的时候重新执行，如数控机床、自动控制、管理软件都有这样的作用。有了计算机软件，再加上方便的通信条件，人与社会的联系就变得更加紧密了，任何人都可以迅速地获取社会的、文化的、技术的最新信息，反之，人们的经验、知识、研究成果，只要人们愿意，也可以立即投入人类知识的总汇之中。

因此，对于软件的认识是逐步深入的。人们越来越认识到，单纯的、机械的编程并不是软件开发工作的关键，更不是它的全部。在努力提高编程工作的质量与效率的同时，还必须从知识的提取、积累、精确化等方面进行大量的工作。

谈到软件开发工作的发展变化，我们可以在 1.1 节讨论的基础上，把它归纳为五个不同的阶段。最初阶段的工作仅限于把用户已经明确表述出来的算法，用机器语言写成一系列机器指令，供硬件运行使用。这可以说是人们对软件开发工作的最初的认识，如图 1-1 所示。

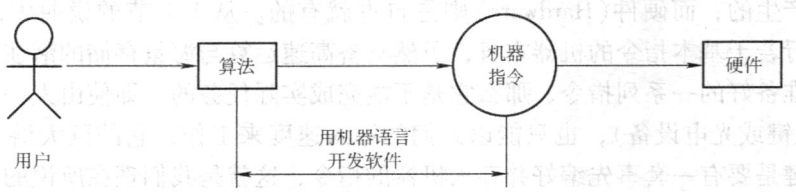

图 1-1　软件开发工作的最初阶段

汇编语言产生之后，情况略有变化。编程工作改为用汇编语言进行，编好的汇编指令由汇编程序转化为机器指令，再交硬件执行。这里的变化可以归纳为三个方面。

1）能交给机器执行的事情，就通过一定的专用系统去做。可以说，离机器远了。

2）使用的通信方式——语言变了，从机器语言变成了汇编语言。

3）由于语言的变化，与用户的距离近了，从天书般的机器语言变成了比较接近自然语言的汇编语言。

这可以称之为人类对软件开发工作认识的第二阶段，如图 1-2 所示。

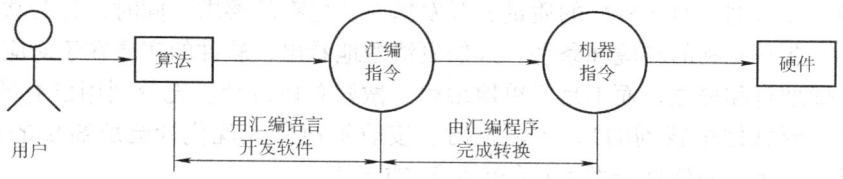

图 1-2　软件开发工作的第二阶段

第三阶段的情况表面上变化不大，只是把汇编语言变成了高级程序设计语言（第三代语言）。高级程序设计语言不再是与机器指令一一对应，而是更加接近人类习惯的自然语言。因此，可以说是离机器更远了，离用户更近了，如图 1-3 所示。

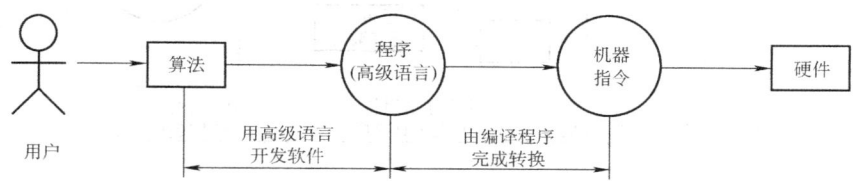

图 1-3　软件开发工作的第三阶段

20 世纪 90 年代，软件开发进入了大量应用软件开发工具的阶段，进一步扩大了软件开发的范围。正如人们从大量实践工作中认识到的，对于大多数应用领域来说，用户不可能像运筹学专家或火箭专家那样，把需求用严格的数学语言写成算法，只把最后的编程工作交给软件工作者去做。恰恰相反，用户只能从自己的需要出发，从本行业的，而不是计算机专业的方式加以表达。这样表达出来的需求离可以直接编程的算法来说，距离还很远。这个距离的跨越应当由谁来实现呢？当然只能是软件开发人员。正是由于这个理由，需求分析已经被公认为软件开发中不可缺少的一个阶段。把用户的需求加以分析，最终以编程工作所需要的方式表达出来（文档、说明、流程图等），这是软件开发人员必须承担的任务。图 1-4 大致地描述了在这个新的发展阶段中，软件开发工作的基本状况。

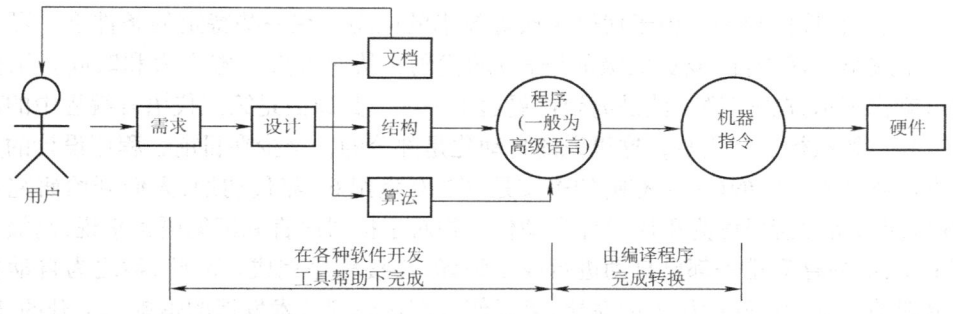

图 1-4　软件开发工作的第四阶段

图 1-4 中没有表示出来的另一个变化是，软件开发工作的概念从一次性的、具体的编程，扩大到了长期的、不断更新的过程。这就引出了项目管理、版本控制、软件重用等一系

列新问题。软件开发过程的工作任务和性质也就产生了相应的变化。

进入 21 世纪，软件开发进入了规模更大、应用更广的阶段，如图 1-5 所示。从技术上说，大量开源软件出现，总体设计的作用进一步加强，并出现了软件架构师的概念。大量开源软件应用于互联网，对于软件的质量和开发提出了更高的要求。同时，开源软件为实现代码重用提供了非常有利的环境和条件。人们更清楚地看出，软件的实质在于对应用环境和业务流程的正确理解和描述，而不是简单地编程。做好总体设计，充分利用已有的代码（包括自己的和从开源软件里找到的），才能按时、按质量地完成现代社会所需要的各种大型软件，而这离不开相应的软件开发工具（和环境）的支持。

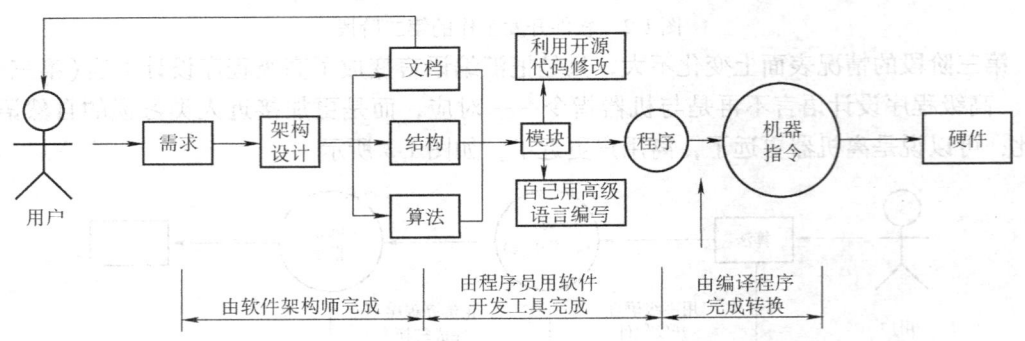

图 1-5　软件开发工作的新阶段

从软件和软件开发过程的发展变化，我们可以体会其中贯穿始终的基本线索，那就是一端面向计算机硬件，提供可执行的机器指令，另一端面向应用领域（即用户），接受所要求的信息处理业务。这种知识的提炼、表述、固化的作用，正是软件和软件开发过程的实质所在。这一点，几十年来不但一直没有改变，而且越来越为人们所自觉与认识。正因为这一点，我们强调今天的技术是软件技术多年发展的必然产物和自然延伸，包括软件开发工具在内的一系列新技术，正是在前几十年软件开发人员探索的成果（特别是第三代程序设计语言）的基础上成长和发展而来的。

另外，作为技术发展的新阶段，新的技术也有一系列重要的，区别于以往阶段的特点，否则就不成为一个新的发展阶段了。对于本书讨论的软件开发工具及新的软件开发方法来说，它的发展主要表现在四个方面。

1）自动化程度的提高。由于代码生成等技术的应用，在一些特定的条件下，可以较容易地自动生成第三代语言（或更低级的语言）的代码，从而大大节省人力和时间。用前面几幅图的形象化表示方法来说，就是离硬件更远了一些。其原因是第三代语言编程中的部分工作已由工具代替执行了。当然，这里说的自动化是部分的，至少在目前，程序设计的完全的自动化恐怕还是不可能的（一个有趣的事实是，在 20 世纪 60 年代初期，人们开始研究与应用第三代语言时，将此阶段称为程序设计自动化。相对于机器语言和汇编语言来说，高级语言中的许多工作，如内存安排等都已自动进行或由编译、连接程序完成。因此，称之为自动化也是完全有道理的。进行这样的历史的对比，可以使人们认识到技术发展的螺旋式上升的、辩证的发展过程。）。

2）这一阶段的工作明确地把需求分析和架构设计包括在软件工作的范围之内，从而使软件开发过程进一步向用户方面延伸，离用户更近了。一直到第三代语言应用的时期，许多人还都认为：用户应当清楚地表述出自己的要求，软件开发人员的任务只是在此基础上编写程序。在大多数情况下，这种要求是不现实的。"你出算法，我编程序"的做法经常使软件工作误入歧途，反复频繁，以至劳而无功。明确地把需求分析纳入软件开发工作的范围，是软件技术向前迈进的重要一步。同样，把架构设计独立出来，提出架构设计师的概念，进一步说明了对于领域知识理解的重要性。同时，这也顺应了大量开源软件出现的客观环境，进一步显示出软件开发的继承性和开放性，进一步证明了软件是人类知识积累和传承的新的、有力的手段。

3）把软件开发工作延伸到项目及版本管理，从而超出了一次编程的局限，而扩展到了作为一个不断发展的客体生长完善的全过程。这也是软件研制从个体的、手工作坊的方式向科学的、有组织的、有计划的方式转变的一个重要表现。

4）在这一阶段的研究中，吸收了许多管理科学的内容与方法，如程序员的组织、质量的控制等。这一变化使软件开发技术不再只是讨论单个的程序员工作的技术与方法问题，而是把组织、管理等项目负责人的思想与方法放到了更重要的位置。显然，这是完全符合软件规模越来越大，软件开发工作越来越依赖于组织与管理的发展趋势。人们越来越深刻地认识到，软件生产的成败更多地依赖于合理地组织与协调，而不是领导者或程序员个人的编程能力。在这方面，卡内基·梅隆大学的软件工程研究所提出的能力成熟度模型（Capacity Morality Model—CMM）具有重要的意义，并且已经得到业界的普遍重视。这个标准虽然不是直接针对软件开发工具的，但是它提出的要求，正是许多软件开发工具的目标和理论基础。

总之，软件开发工具的提出与使用，是软件技术发展的一个新的阶段。讨论它的发展现状、理论基础、应用方法等，就是本书的目的。

谈到软件开发工具的概念，必然涉及一些类似的、相关的概念或术语。作为一个迅速发展的新的技术领域，概念的交叉与重叠，用语的含混与冲突，是毫不奇怪的。与软件开发工具有关的概念、术语很多，如第四代语言、CASE 工具、可视化程序设计（Visual Programming）、最终用户计算（End User Computing）、组件程序设计（Component Programming）、即插即用的程序设计（Plug and Play Programming）等。为了便于后面的论述，我们简略地说明一下它们之间的关系。

第四代语言（4GL）是应用较为广泛的一个名词，它的原义是非过程化的程序设计语言。针对以处理过程为中心的第三代语言，第四代语言希望通过某些标准处理过程的自动生成，使得用户可以只说明要求做什么，而把具体的执行步骤的安排交由软件自动处理。显然，这一思路与我们前面讨论的软件开发工具是一致的，离硬件更远，离用户更近。但是，第四代语言没有涉及需求分析、项目管理、文档生成等问题。因此，我们认为第四代语言可以被看做软件开发工具中的一类，而不是全部。软件开发工具的范围还要更宽一些。

对于 CASE 工具有两种理解。一种是计算机辅助软件工程（Computer Aided Software Engineering），另一种是计算机辅助系统工程（Computer Aided System Engineering）。两者的缩写都是 CASE。这两者的区别与联系在这里没有必要详细分析。不论按哪种理解，它的基本思想与软件开发工具是完全一致的，即应用计算机自身处理信息的巨大能力，帮助人们开发复杂的软件或应用系统。但是由于有上述两种不同的理解，在某些范围内，各种不同的人员有不同的解释与用法。为了不致产生歧义，我们笼统地把从第三代语言之后出现的各种有助于软件开发的各种方法与工具统一于软件开发工具这个名称之下。这样，本书所说的软件开发工具可能就会比某些专家划定的 CASE 范围更宽一些。也正因为这个原因，本书在讨论中使用软件开发工具一词，而没有用 CASE 一词。

至于其他几个名词，如可视化程序设计，最终用户计算，组件程序设计，即插即用程序设计等，照我们的看法，无非都是软件开发工具范围内的某种思想或某种趋向。有的强调"所见即所得"的原则，力图实现编程工作的可视化，即随时可以看到结果，程序的调整与后果的调整同步进行。显然，这是人们在运用第三代语言的基础上提出的进一步接近用户的愿望。有的寄希望于软件组件和它的标准化，像硬件那样，把元件生产和整机生产分开，实现高一层次上的软件重用，从而解决大型软件生产中的困难。这与项目管理和质量管理都是紧密相连的。至于直接让用户自己编程的想法，早在程序设计的早期就出现了，且不管它能实现到什么程度，这一方向无疑与软件开发工具的思想是一致的。

总之，这些不同的思想和方法都与软件开发工具是一致的。本书在后面的讨论中，将以软件开发工具这一总的概念，尽可能全面地反映人们在这方面的探索与取得的进展。至于具体用语的细微差别，则不准备花费篇幅去研讨。因为这方面的许多问题还正在研讨之中，没有形成统一的意见。对于从事实际工作的大多数人来说，重要的是从这些方向中得到有益的启发，改进自己的工作，而不是陷入细节以至门户之争。

1.3 软件开发工具的功能与性能

从以上两节的讨论，我们已经充分了解了软件开发工具的作用与目的。显然，软件开发工具的功能与性能是由软件开发工作的实际需要确定的。因此，我们首先简要地讨论软件开发的实际工作过程。

1. 软件开发的过程

关于软件开发的过程有许多不同的划分与分工方法。尽管各种说法有各种不同的用语，有或多或少的不同的阶段划分方法，但是，应当说是大同小异。图 1-6 简单地概括了软件开发的过程的几个主要阶段。

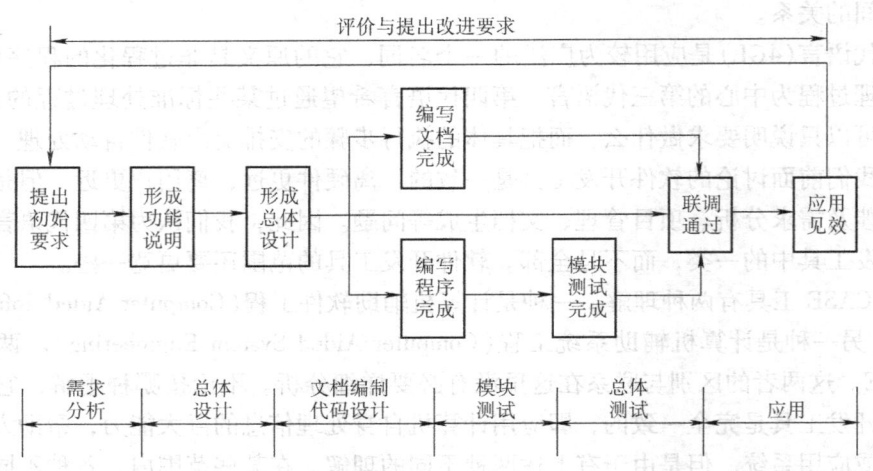

图 1-6 软件开发的过程

软件开发工作的起点是初始要求的提出。软件开发工作首要的任务是根据这种初始要求形成严格的、明确的、可供实际开发使用的功能说明书。由于一般的用户对于软件的功能并不熟悉，所以在多数情况下，用户最初提出的要求不能作为立即开始编制软件的依据。软件设计者需要从这个初始要求出发，经过大量的调查研究工作，抽象出应用领域中的实际的信息需求，设计出计算机系统内外的、合理的信息流程，并规定出软件系统的功能与性能要求。这些调查分析的成果集中体现在第一个重要文档——软件功能说明书。这一阶段的工作可以概括地称之为需求分析。经验证明，这一阶段的工作虽然并没有具体地开始编写程序，但是其重要性绝不亚于基本的编程工作。因为许多软件的失败并不是由于编程中的错误，而是由于一开始没有真正弄清应用领域中的信息需求以及实际的信息流程，从而造成软件与实际应用环境的冲突与脱节。把需求分析包括在软件开发过程中，作为一个重要的、不可缺少的阶段是软件工作的一大进步。

第二阶段是总体设计。它的任务是根据软件功能说明书的要求，完成软件的总体设计，这包括整个软件的结构设计，公用的数据文件或数据库的设计，各部分的连接方式及信息交换的标准等主要内容。这里所说的设计是对整个软件而言的，还不是具体的编程。所谓结构设计是把软件划分成若干个模块，指定每个模块的功能要求，以及它们之间的相互关系（调用关系、参数传递关系或信息共享关系）。总体设计的成果是系统的总体设计文件及各个模块的设计任务书。总体设计文件应包括结构图、模块清单、公用数据结构（文件或数据库的格式）。显然，这也是十分重要的文档。

程序的编写与文档的编写是两件并行的工作，我们可以统称之为实现阶段。程序的编写（Coding）无疑是占用人力、时间较多的任务。在这里需要加以强调的是组织与协调的重要性。大型软件不可能由一两个人完成，由于程序员各人的习惯、风格、背景、能力的不同，背离总体设计要求的情况常常会发生。组织与协调的目的就在于及时发现和纠正这种情况。到了 21 世纪，人们还可以利用开源软件，节省具体的编写程序的时间。作为软件项目的负责人，主要的任务不是自己直接编写程序，而是做好组织与协调工作，特别是如果利用开源软件，则组织者对于使用的开源代码进行检查、修改、确认可用的工作量就会大大增加。关于文档的编写工作有必要再一次强调，因为它常常被忽视。不少专家已多次强调，软件的概念应当是程序加文档，没有文档的程序是无法推广应用的。正规的程序工作组都有专人（秘书）负责文档的整理与保管工作，如一些大型软件公司进行程序编写的同时，组织相当多的人力撰写使用说明、用户手册等文档。因此，必须对文档工作给予足够重视，而且要与编程工作同步进行。

第四个阶段是测试或调试阶段。其中包括模块的调试与整个软件的联调两个部分。模块的测试是根据总体设计时制定的各个模块的设计任务书，对于程序员完成的模块进行验收，看它们是否实现了所要求的功能，是否达到了所要求的性能指标。由于设计不可能是百分之百完美的，即使每个模块都达到了设计任务书的要求，整个系统能否达到预期的目标还需要进行测试。另外，完成的软件与编写的文档是否一致也必须认真检查。这些任务应当由总体测试或联调来完成。测试的方法和技术是软件开发技术的重要方面。

作为一个产品的软件开发过程，到调试结束即可告终。但是如果从软件的不断发展和更新的角度来看，这只是一个版本的完成，随着应用的发展，使用者（或应用领域）必然会提出新的要求，从而促使开发者进入下一个版本的开发。这个过程实际上是不断重复，不断上升的。当我们以这种观念去看待软件开发时，就会对这项工作有更深的认识和更高的要求。

2. 软件开发工具的功能要求

从上面所说的软件开发过程，我们可以看到，其中有许多工作需要用软件开发工具去支持或帮助。针对软件开发过程的各个工作阶段，我们可以把软件开发工具应提供的各类支持工作归纳成以下五个主要方面。

(1) 认识与描述客观系统

这主要用于软件开发工作的第一个阶段——需求分析阶段。由于需求分析在软件开发中的地位越来越重要，人们迫切需要在明确需求、形成软件功能说明书方面得到工具的支持。与具体的编程相比，这方面的工作不确定程度更高，更需要经验，更难形式化、规范化，因为这是一种对复杂系统的认识与理解的工作。每一个应用领域都有各自特殊的情况与规律，在这个领域中工作的人常常是通过几十年的实践工作才深有领会的，而编写软件的人员要在尽可能短的时间内了解它，并在此基础上抽象出信息需求与信息流程，这无疑是十分困难的。这也正是人们希望软件开发工具给予帮助的一个重要方面。

(2) 存储及管理开发过程中的信息

在软件开发的各个阶段都要产生及使用许多信息。例如，需求分析阶段要收集大量客观系统的信息，在此基础上形成系统功能说明书，而这些信息到了测试阶段还要用来对已经编好的软件进行评价。同样，在总体设计阶段形成的对各模块的要求，也要在模块验收时使用。当项目规模比较大时，这些信息量就会大大增加，当项目持续时间比较长时，信息的一致性就成为一个十分重要、十分困难的问题。如果再涉及软件的长期发展和版本更新，则有关的信息保存与管理问题就显得更为突出了。

(3) 代码的编写或生成

在整个软件开发过程中，程序编写工作占了相当比例的人力、物力和时间，提高代码的编制速度与效率显然是改进软件工作的一个重要方面。在以第三代语言编程为主的阶段，这方面的改进主要是从代码自动生成和软件模块重用两个方面去考虑。代码的自动生成对于某些比较固定类型的软件模块来说，是可以通过总结一般规律，制作一定的框架或模板，利用某些参数控制等方法，在一定程度上加以实现。近年来开源代码也越来越多地得到使用。当然，使用开源代码并不是不用编程，而是变成了寻找、测试、确认和修改等任务，这些正是许多软件开发工具所能帮助人们做的。至于更广义的软件重用，则需要从更为根本的方面，对于软件开发的方法、标准进行改进，在此基础上形成不同范围的软件构件库(通用的、行业专用的、企业专用的等)，这个目标当然是十分诱人的，但也是十分困难的。

(4) 文档的编制或生成

文档编写工作也是软件开发过程中十分繁重的一项工作，不但费时费力，而且很难保持一致。在这方面，计算机辅助的作用可以得到充分的发挥。在各种文字处理软件的基础上，已有不少专用的软件开发工具提供了这方面的支持与帮助，如文档自动生成系统等。这里的困难往往是保持与程序的一致性，这些方面的困难常常最后归结于一致的信息管理方面，即前面第二点所讲的内容。

(5) 软件项目的管理

这方面的功能更明确地是为项目管理人员提供支持，而不是为程序员提供支持。一般来说，项目管理包括进度管理、资源与费用管理、质量管理三个基本内容，在这方面项目管理已有不少成功的经验、方法与软件工具。对于软件项目来说，还有两个比较特殊的问题。第一个问题是测试工作方面的支持，由于软件的质量比较难以测定，所以不仅需要根据设计任务书提出测试方案，还需要提供相应的测试环境与测试数据。人们很自然地希望软件开发工具能够在这些方面提供帮助。第二个问题是版本管理问题。当软件规模比较大时，版本的更新、各模块之间以及模块与使用说明之间的一致性、向外提供的版本的控制等，都带来一系列十分复杂的版本管理问题。如果软件开发工具能够在这些方面给予支持或帮助，无疑将有利于软件开发工作的进步。

以上这些功能就是人们对软件开发工具所寄予的希望。

3. 软件开发工具的性能

除了功能之外，任何软件都有一定的性能指标。由于上面列举的功能范围十分广泛，各种功能在性能上的要求也不尽相同，很难有统一的规定。但是作为后面讨论的导引，这里先进行一个十分粗略的概述。

所谓功能是指软件能做什么事，所谓性能则是指事情做到什么样的程度。简单地说前者是定性地说明能不能做的问题，后者是尽可能量性地说明，能做到多好的程度。对于软件开发工具来说，功能的说明告诉人们它能在软件开发过程中提供哪些帮助，而性能的说明则告诉人们它能支持或帮助的程度。当然，作为一般的软件来说，效率、响应速度等都是必须考虑的。但是，对于软件开发工具来说，以下五项应当是特别重要的。

（1）表达能力或描述能力

因为软件项目的情况千变万化，所以软件开发工具适用于某一软件项目，就要能适应软件项目的种种不同的情况，否则就不可能对软件开发提供有效的、实际的帮助。例如，在代码生成类型的软件开发工具中，常常是根据使用者提供的若干参数来生成特定的代码段。这些参数的多少与选择是否合理决定了这个软件开发工具的能力有多大。如果选择合理，参数详尽，则使用者就有可能通过选择适当的参数充分地规定自己所要的代码段的各种特征，从而生成为自己真正需要的代码段落。反之，如果软件开发工具只提供很少几个参数，用户没有什么选择的余地，那么生成的代码段落就会十分死板，很难符合具体的应用软件的要求。类似的情况在需求分析、文档生成、项目管理中也屡见不鲜。我们统称之为描述能力或表达能力。在选择与比较软件开发工具时，这一点应当是首先要考虑的。

（2）保持信息一致性的能力

前面已经提到，软件开发工具要为软件开发者管理开发过程中涉及的大量信息。这项工作中一致性的检验与控制是十分关键的。随着软件项目规模的增大，单靠人的头脑来保证这些信息的一致性，几乎已是不可能的了。所以实际工作要求软件开发工具不但要为人们存储大量的有关信息，而且要有条不紊地管理这些信息，而管理的主要内容就是保持信息的一致性，至少在出现不一致的情况时要能够给出警告与提示。这方面的要求现在越来越高。各部分之间的一致、代码与文档的一致、功能与结构的一致都要求软件开发工具提供有效的支持与帮助。

（3）使用的方便程度

既然是工具，就应当尽量方便使用者。在计算机技术中，人机界面已经发展成为一个重要的分支。软件开发工具无疑应当充分利用这些技术的成果，成为用户与硬件之间的桥梁。软件的开发应当与用户（或预期用户）有充分的交流，其中涉及的表达方法，即人机界面应当尽量通俗易懂,以便吸引使用者参与开发过程。因此,对于软件开发工具来说,是否易用是一项重要的性能指标。

(4) 工具的可靠程度

与一般的软件一样,软件开发工具应当具有足够的可靠性,即在各种各样的干扰下仍能保持正常工作,而不致丢失或弄错信息。对于软件开发工具来说,因为涉及的都是软件开发过程中的重要信息,绝对不能丢失或弄错,所以可靠性特别重要。使用软件开发工具的目的就是要防止出现不一致的情况,如果工具本身都不具备可信的、可靠的信息,怎么能够达到使用软件开发工具的目的呢?

(5) 对硬件和软件环境的要求

如果软件开发工具对硬件和软件环境的要求太高,也会影响它的使用范围。一般来说,软件开发工具对环境的要求不应当超出它所支持的应用软件的环境要求,有时甚至还应当低于应用软件的环境要求。例如,项目管理的一些工具就可以在便携机上运行,尽管它支持的项目也许是在小型机上、甚至在更先进的计算机上运行的应用系统。当然,对于综合的、集成化的软件开发工具来说,环境的要求总会比单项的工具要求高,但随着硬件、软件技术的迅速发展,这方面的限制会减少。总之,软件开发工具的环境要求应当尽量降低,以有利于广泛使用。

以上五项仅是一般性的讨论。对于各种各样的软件开发工具来说,应当根据各自的情况,确定考虑哪些性能指标。

1.4 软件开发工具的类别

软件开发工具是一个相当广泛的概念。从第三代程序设计语言出现以来,人们从许多不同的角度,以不同的思路,对软件开发过程的不同阶段进行支持与帮助,因而也就产生了各种不同的软件开发工具。它们的共同点就是为人们开发软件提供支持与帮助。

软件开发工具可以从若干不同的角度进行分类。以下是几种主要的分类方法。

1. 按工作阶段划分

软件开发工作是一个长期的、多阶段的过程,各个阶段对信息的需求不同,相应的工具也不相同。

粗略地说,可以把软件开发工具分为三类:计划工具、分析工具、设计工具。从工作的抽象程度来看,设计工具是最具体的,它是指在实现阶段对人们提供帮助的工具。例如,各种代码生成器、一般所说的第四代语言及帮助人们进行测试的工具(包括提供此时环境或此时数据)等,都属于设计工具。它是最直接地帮助人们编写与调试软件的工具。分析工具主要指用于支持需求分析的工具。例如,帮助人们编写数据字典的、专用的数据字典管理系统(包括 DEC 公司的 CDD,HP 公司的 Dictionary/3000),帮助人们绘制数据流程图的专用工具——FLOW,帮助人们画系统结构图或 E-R 图的工具等。它们虽不是直接帮助人们写程序,但是它们帮助人们认识与表述信息需求与信息流程,从逻辑上明确软件的功能与要求。前面已经介绍过,需求分析已被公认为软件开发中一个首要的、不可缺少的阶段。保持信息的一致性,在这类工具中具有十分重要的地位。计划工具则从更宏观的角度去看待软件开发。它不仅从项目管理的角度,帮助人们组织与实施项目,并且把有关进度、资源、质量、验收情况等信息有条不紊地管理起来,而且考虑到了项目的反复循环、版本更新,实现了"跨生命周期"(Cross Life Cycle)的信息管理与共享,为信息以至软件的重用创造了条件。

在实际中,设计工具出现得最早,数量最多。理由很简单,它们直接为软件开发过程中的编程、调试、文档编写工作提供帮助。即使是一个人单独开发的软件,也可以从这种工具的使用中得益。分析工具则出现得较晚,数量也少一些,因为需求分析的复杂程度与项目的规模有直接的关系。对于功能单纯、规模较小的软件来说,需求分析是比较简单的,数据的结构与流程是比较容易弄清的,不必用专门的工具就可以进行。然而对于功能众多、关系复杂、规模较大的软件系统来说,工具的应用就成为必不可少的了。正因为这样,除了少量专用的工具外,多数的分析工具都是作为较大型计算机的专用系统出现的,如前文提到的 CDD 和 Dictionary/3000。至于计划工具,则完全是为项目主管人员服务的,而不是为一般的程序员设计的。这类软件开发工具保存与管理的信息,都是与整个项目有关的宏观信息。这样的工具当然只有在软件规模达到一定程度时才会需要,才会产生,所以它的出现与开发都比较晚。但是从另一方面看,正是软件产业的规模越来越大,才使计划工具的出现成为必然的趋势。它的重要性及地位将随着软件产业的发展而越来越为人们所认识,尽管现在它还不那么普遍。

在有些地方还把软件开发工具分为上游工具与下游工具。这大致相当于前面所说的分析工具与设计工具。所谓上下游是指在开发过程中的时间先后关系。

2. 按集成程度划分

在前面讨论软件开发工具的发展历史时,已经讨论过专用的、面对某一工作阶段或某一工作任务的工具,以及集成化的、面对软件开发的全过程的工具。虽然我们把集成化作为一个发展的新阶段看待,但是直到今天,还是专用的工具多,而真正集成化的工具少。在实际中切实发挥作用的,往往还是某些专用的工具。显然,真正集成化的软件开发工具要求人们对于软件开发过程这样的复杂事物有更深入的认识和了解。在这方面的不成熟反映出人类在认识、描述、管理、控制复杂性方面还处于很初步的阶段。这并不是说集成化没有必要或者没有可能,而是要面对当前现实。至少在目前,或在可以预见的一段时期内,我们还是应当充分利用各种专用的、面对某一环境或某一工作的软件开发工具。至于开发与应用集成化的软件开发工具,这是应当努力研究与探索的课题,真正做到集成化的、统一地支持软件开发全过程的工具,还是相当少见的。

集成化的软件开发工具也常常被称为软件工作环境。不过在用环境一词时,往往容易与操作系统、服务程序等混淆,所以在本书中我们还是统称为软件开发工具。

3. 按与硬件、软件的关系划分

软件开发工具又可以按它与硬件、软件的关系来分类。有的软件开发工具依赖于特定的计算机或特定的软件(如某种数据库管理系统),有的软件开发工具则是独立于硬件与其他软件的,这当然与工具自身的情况有关。一般来说,设计工具多是依赖于特定软件的,因为它生成的代码,或测试数据不是抽象的,而是具体的某一种语言的代码或该语言所要求的格式的数据。例如,ORACLE 的 CASE 所生成的当然就是 ORACLE 的代码,HP/9000 机器上的 4GL 生成的就是在 HP/9000 上可运行的代码。分析工具与计划工具往往是独立于机器与软件的。而集成化的软件开发工具又常常是依赖于机器与软件的。

软件开发工具是否依赖于特定的计算机硬件或软件系统,对于应用的效果与作用是有直接影响的。这个问题是研究与使用它所必须注意的。

软件开发工具的种类很多，以上各种分类方法反映出这种多样性。研究和使用者应当从广泛的意义上去理解和认识软件开发工具。

1.5 软件开发工具的研究与应用

作为技术的一个发展方向，或者作为一种软件产品，软件开发工具已经得到各方的广泛重视。对于软件开发工具的应用、开发与研究已经形成了相当的规模。

对于软件开发工具的兴趣来自各种不同的方面。数量最大的是软件开发工具的使用者，即各种应用软件的开发人员。随着计算机在各领域的推广应用，软件开发的社会需求迅速增长，许多人涌进了应用软件开发的队伍。这些人员大致可分为两种情况。一种是从计算机专业出身的技术人员。他们具有相当好的计算机技术功底，往往是以计算机技术本身作为最初的目标。由于技术的迅速发展变化，计算机理论与技术本身的需求量又有限，于是从硬件转向软件，从系统软件转向应用软件成为一种相当普遍的现象。对于这些技术人员来说，面临的主要问题是如何尽快地进入新的应用领域，成为这个应用领域的内行，从而把自己的长处——计算机技术发挥出来，为这个应用领域开发出符合需要的应用软件。需求与分析的工具对他们来说，是最直接、最急需的。另一种人员来自各个应用领域，他们出身于计算机以外的各种专业领域，如会计、金融、工程、企业管理等。出于本领域工作改进的需要，他们希望通过引入计算机而占据有利的竞争地位。这种人员对于本领域的专业知识有较好的技术基础，熟知该领域的信息需求与信息流程。他们迫切需要尽快地掌握编程技术，尽快地把专业知识转化为软件。很自然，他们最感兴趣的是设计工具——第四代语言，各种代码生成系统等。当这些工具由于不成熟而不能满足他们的需要时，他们中最积极的人员就会转向第三代语言，以至 C 语言和汇编语言，以求最高的软件生产水平与效果。当这两种人员逐步超出自己个人编程的阶段，成为项目负责人时，对于计划工具的需求也就随之产生。这些软件开发工具的使用者是这个领域得以发展的基础，他们的需求与愿望是软件开发工具产生与发展的根本动力。

由于有这样的需求，一些厂家与研究单位选中了这个方向，进行了软件开发工具的研制工作。这就形成了软件开发工具的研制队伍。这个队伍既包括一些计算机硬件的制造厂商，也包括一些软件公司，如著名的 DEC、HP、ORACLE 等公司都投入了相当力量开发这些工具。当然，这些公司常常把这种软件开发工具作为自己的产品（计算机或数据库管理系统）的功能扩展，以增强产品的竞争力。这方面最明显的例子就是 IBM 的 AD/Cycle，它与它的上百家软件合作伙伴，准备在 IBM 的三个硬件平台（System/390 主机系统，AS/400 小型系统，PS/2 微机系统）上开发成套的、集成化的软件开发工具。其目的显然是与 IBM 控制计算机的全球战略联系在一起的。近年来，随着这一领域的发展，一些专门以软件开发工具为产品的公司已经发展起来，如 Rational，Knowledgeware 等。

对于软件开发工具感兴趣的还有软件技术或系统工程的专家。对于软件技术方面的专家来说，软件开发工具的应用一方面对软件的研制带来许多帮助；另一方面也在改变着软件开发工作的过程与方法。这些影响不仅使软件开发的各种理论与方法必须做出相应的改变，而且影响对软件专业人员要求的变化，以至培养方法的变化。正因为这样，在 ACM、IEEE 等重要的学术团体内，关于软件开发工具的讨论占有相当重要的位置。对于系统工程的专家来说，软件开发工具是人类认识、描述、管理、控制复杂系统的一个极好的范例，他们从中寻找人们认识复杂事物的一般规律与方法，把软件开发工具作为人们处理复杂性的一个实验场。当然从更抽象的层次来说，认识论或方法论的研究将涉及人类思想的一系列根本性课题，这里就不再进一步展开了。

可见，作为一个研究领域，软件开发工具已经引起了相当广泛的关注。作为一般的使用者来说，学习软件开发工具的目的在于，了解软件开发工具的概念、理论基础、基本功能、发展现状与前景，以便能够在实际工作中正确地选择与使用软件开发工具，在必要时能够参加或组织软件开发工具的自行研制，从而达到提高软件工作水平与效率的目标。这就是本书的目的。

为了达到这个目的，本书内容分成两大部分。第一部分（第1～6章）理论篇介绍软件开发工具的相关理论知识。第1章介绍软件开发工具的基本知识，以便读者了解这个领域的基本情况。第2章从软件开发过程讨论它的发展经过，从中引出软件开发工作的信息需求以及需要得到什么样的支持，作为软件开发工具的现实需求基础。这一章中不可避免地涉及了软件开发方法学方面的许多知识。第3章从概念模式、信息管理、人机界面、项目管理与版本管理等方面讨论了软件开发工具的有关理论基础，说明软件开发工具的思想方法及由来。第4章围绕软件开发工具的总体结构和主要部分介绍了有关的技术细节。第5章讨论软件开发工具的使用与开发中的一些实际问题。第6章对于软件开发工具的现状与发展进行简要地介绍。通过这6章的介绍，读者会对软件开发工具的理论知识有比较全面的了解。第二部分（第7～14章）是实践篇，其目的是通过对于目前使用较多、具有代表性的软件开发工具——Eclipse 的简要介绍，加深读者对软件开发工具的理解。由于读者的学习与工作环境不同，加上技术还在迅速发展，使用的实际例子显然应当不断地更新。本书以 Eclipse 为实际例子仅供读者学习参考。

◎ 本章小结

本章从历史的沿革说明了软件开发工具产生的必然性与客观基础，强调它是软件技术发展的一个新阶段。围绕软件开发工作的过程及其需要的信息，本章强调了软件开发工具应当具备的五项基本功能：帮助软件开发人员认识与描述客观系统，帮助人们存储及管理开发过程中的各种信息，帮助人们编写程序，帮助人们编写文档，帮助人们进行项目管理与版本管理。从性能方面，软件开发人员应当注意软件开发工具的表达或描述能力，逻辑检查——保持信息一致性的能力，使用的方便程度，可靠程度以及对硬件和软件环境的要求。软件开发工具是一个相当宽的概念，它可以从支持阶段的不同，集成程度的区别，与硬件、软件的关系等方面加以区分。作为实际从事软件开发工作的人员来说，研究软件开发工具的目的是为了正确地选择与使用各种软件开发工具，以取得提高软件开发工作的水平与效率的实际目的。

◎ 复习题

1. 简要说明软件发展的几个主要阶段。
2. 作为软件开发工作的新阶段，21世纪的软件开发与以往有什么区别？

3. 软件开发工具与第三代语言的关系是什么？
4. 软件开发工具与第四代语言的关系是什么？
5. 软件开发工具的功能有哪些？
6. 软件开发工具的主要性能指标有哪些？
7. 从支持的工作阶段来看，软件开发工具可以分为几类，它们的作用是什么？
8. 什么叫做集成的软件开发工具？
9. 软件开发工具与计算机硬件、系统软件的关系如何？
10. 软件开发人员为什么需要学习和了解软件开发工具？

第2章 软件开发过程及其组织

◎ 内容提要

软件开发工具是帮助人们开发软件的。因此首先需要详细分析软件开发中人们究竟遇到了哪些困难，并且深入分析这些困难产生的原因。事实上，软件开发中人们遇到的困难并非孤立的，它是现代人们遇见的普遍问题的一个突出表现，它来源于大系统的复杂性，来源于人们知识的不足，来源于迅速变化的客观世界。为了克服所谓"软件危机"，几十年来，人们先后提出了结构化程序设计方法，软件工程方法，面向对象的程序设计方法，即插即用的程序设计方法，直到最近的面向开源软件和互联网平台的程序设计。回顾这个发展过程，一方面可以整理出人们从不自觉到自觉地运用系统思想的曲折历程；另一方面可以明确为了改善软件开发工作，人们需要什么样的支持和帮助。在这方面有两个领域的问题需要特别注意。一个是软件质量的评价与改善问题，另一个是项目组管理的任务与方法。这二者与软件开发工作也是有直接联系的。本章讨论的这些问题，对于掌握软件开发工具的实质都是十分重要的。

2.1 软件开发的困难

对于软件开发的困难，不但从事软件行业的人们深有体会，而且在社会上也已为人们所公认。有人认为，软件是迄今为止人类制造的最复杂的系统，它是人类面对的复杂性的挑战中最尖锐、最突出的一类。还有人认为，软件是不可能没错的，软件越大，可靠性越无法保证，这是非人力所能改变的客观现实。这种极端的悲观看法的理论类型就是：软件的复杂性超出了人类的处理能力范围。

当然，持如此悲观的观点的人终究是少数，对于大多数人来说，需要的是认真地、冷静地分析这种所谓"软件危机"的情况与根源，客观地实事求是地寻找解决的办法。

1. 软件开发的基本问题

任何一个编过软件的人都会有这样的体会，开始总是把软件编写的困难估计过低，总要延长时间。原因究竟在什么地方呢？从表面上看，是程序总有错，总不符合要求。仔细地分析一下，我们可以发现，关键在于两个转换没有顺利地通过。首先是从用户的理解到程序员的理解，其次是从程序员的理解到程序的实现。图2-1描述了这两个转换的基本情况。

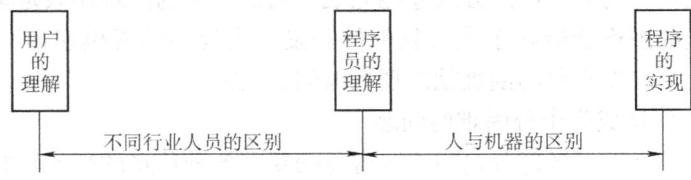

图2-1 程序编制中的两个转换

第一个转换是用户对软件功能的理解与程序员对软件功能的理解之间的转换。一般来说，不同行业的人员对于事物的认识方法与描述方法是不同的。有时同一个用语，同一个表述在不同行业中会有截然不同的含义。至于对各种事情的理解深度，则更是相差很远的。有人曾打过这样的比方，几个不同职业的朋友一起去郊游，走进同一片树林，各人的注意点与感受却是完全不同的。一位生物学家首先想到的是这片树林的树种、生态环境的类型；而一位农场主则着眼于评价这片树林的经济价值，它是用材林还是薪炭林，应当如何开发与利用；对于一位画家来说，色彩与构图则成为主要的关注点。这里往往不是对与不对的问题，各种视角都有其自己的道理。但是当需要人们交流思想的时候，这种区别就成了巨大的障碍，出现了"隔行如隔山"的情况。程序员和用户之间的交流就是处于这种情况。我们不能要求用户都成为熟练的程序员（就总体而言，个别的人是可以的），也不能要求程序员事先对应用领域有十分深入的了解（也是就总体而言，个别的程序员完全可能对所涉及的应用系统有深入的了解），因此程序员必须花相当的时间尽可能地了解与熟悉应用领域，并且正确地理解用户工作中的信息需求和信息流程。保证这一转换顺利完成的手段就是利用尽可能标准化的方法编写程序设计任务书，用明确的语言或图形、表格，把程序要处理的信息的内容、格式、来源、去向、存储与处理清楚地表达出来，作为双方共同的理解。这种沟通与交流的重要性是人们在吃了许多苦头后才逐步认识到的。把软件的概念从单纯的程序扩展到程序加文档就是这种认识的结果之一。

如果说第一个转换是不同行业的人员之间的交流与协调的话，那么第二个转换所要解决的是人和机器之间的交流与协调问题。人和机器之间在思维方式、工作方式上都有许多根本的区别。许多对人来说是不成问题的问题，对于机器来说则是需要认真加以考虑和规定的。例如，程序的出口或终止条件，如果不认真加以考虑，就很容易出现奇怪的执行结果，如死循环。对于缺乏经验的程序员来说，常常会遇到程序不按预想的情况运行，开始百思不得其解，待到逐步追踪之后才发现还是自己错了。这说明由程序员的理解到机器的执行之间还会有许多误解与不一致。尽管计算机语言作为人与机器通信的工具，已经尽可能地严格化、形式化，但是这终究是两种不同的思维方法。应当指出的是，随着软件的丰富，许多直接利用高级语言的程序员，对机器本身的执行顺序了解不够，则更容易出现这种情况。所以，做好第二个转换的关键在于程序员的知识水平与实际经验。

对于单个程序员来说，以上两个转换是做好软件工作的关键。平时出现各种错误或偏差正是这两方面的忽视或欠缺造成的。一般来说，人们对第二个转换还比较重视，而对第一个转换注意不够，许多问题与反复正是来源于此。

2. 大型软件开发中的困难

如果说单个程序员独自编写程序相当于手工作坊的工作方式的话，那么真正的大型软件的研制必须采用现代化的大生产的方式才能完成。前面所说的困难还只是单个程序员所面临的困难，真正严重的困难恰恰在于大型软件的开发。当程序的规模超出一个人的力量范围时，一系列新的、更难以克服的困难就出现在人们的面前了。

（1）一致性的保持成为十分困难的问题

作为一个统一的软件，各部分之间不可避免地要有各种信息的交流与共享，如参数的传递，公用文件或数据库的格式，各种数据的口径、单位或精度，以至一些名词、术语的理解。这些因素直接影响到各部分之间的协调与配合，决定了它们能否有机地组成一个完整的软件，实现预期的功能。经验证明，每个人对这些问题的理解是不同的，即使有了统一的要求，也不容易做到这一点。产生这些问题的原因首先在于每个程序员的工作习惯、经验、背景不同，而程序的编写又是个人的、脑力的劳动，很难加以控制，必须充分发挥每个程序员的主动性才能进行。

（2）测试的困难大大增加

一个人写程序，尚且往往忽略修改带来的连带影响，出现所谓"水波效应"。这就是说，当人们修改程序的某一处时，由于没有充分考虑到这一修改对相关部分带来的影响，结果出现了新的错误。这样，由于修改甲引出了乙的错误，在修改乙时又影响了丙，以此类推。大型软件的困难恰恰就在于更难防止这种情况。每一个程序员只了解自己这一部分，无法全面地预测自己的任何改动对其他部分的影响，而项目负责人也不可能深入每一个细节中去，只能采取所谓"黑箱"检验方法，即输入一些信息，观察是否能得出预期输出来判断。然而，人们在实践中认识到，这种检验只能证明程序有错而不能证明程序没错。因为输入情况是千变万化的，当软件对于某个输入给出错误输出时，毫无疑问它有错误。但是，当它对于某个输入给出预期的输出时，只能说明它对于这一特定的输入反应正确，而并不说明它对于任何输入都能给出正确的反应。而实际上，软件在实际应用中可能遇到的输入是千变万化的，有时会有无数种不同的情况。因此，大型软件的测试比个人自己编写时要困难得多。

（3）工作进度难以控制

单个程序员常常过低估计工作难度而拖延进度。对于大型软件来说，这个问题更为严重。如果说每个程序员自己那部分的检测尚难以按时完成的话，那么整个系统的调试就更难控制了。因为除了每个程序员对自己所承担部分进行单独的测试之外，更重要的是对整个系统进行联调。许多要求是否真正达到，只有到最后联调时才能看出来。因此，从联调中发现问题，回到程序员手中去修改，这样的反复是很难避免的，而且事先无法判断要反复多少次。经验表明，与其他工作相比，大型软件开发中的进度控制是非常困难的。

（4）文档与代码的协调十分困难

前面曾经提到了各部分代码之间的协调问题。如果说各部分代码之间的协调问题可以通过联调解决（至少是部分地解决）的话，那么文档与代码的协调则更难以解决。我们所说的文档包括功能说明书、总体设计、各模块的设计任务书、每个部分的研制报告、测试报告、直到最终的验收报告和给使用者的用户手册。程序的调试是不断反复进行的，在某些时候，文档是编写程序的依据，在某些时候，又需要根据编程的情况撰写文档。显然，这两者必须一致，否则文档不仅没有用处，反而会造成混乱。系统越大，涉及的人员越多，这种一致性就越难保持。从前一段工作来说，功能说明书及各种设计文件是编程工作的依据，人们往往比较注重遵循它。但是，随着编程的进展，这些文档的内容总会有所修改，这时人们往往忘记修改文档，从而使程序与文档不一致。而对于后期的测试报告和使用手册，由于人们往往不能在一切工作完成后再去编写这些文档，也常常会出现使用手册与程序不一致的情况。显然，这都与软件规模增大，多人参与的情况相联系的。

（5）版本更新带来的困难

如果软件只是开发一次，不再修改与更新，那么可以说文档的作用还不是那么大（除用户的使用手册外）。但是作为产品，作为已经投入大量人力和物力的大型软件，恐怕是很难不进行修改与更新的。不论从实用的角度，还是经济的角度，版本更新都是大型软件开发工作中不可缺少的部分。版本更新的大量工作往往在于审核与回顾，包括对代码和文档两个方面的认真检查。这种工作是十分烦琐的，它需要人们付出艰苦的劳动，但成果往往不明显。因此，在这种情况下，很容易出现新版本中各部分代码不一致，代码与文档不一致，在一些相当成熟的软件公司的产品中，这种情况也时有发生，更不要说一般的、非商品化的软件开发工作了。

总之，如果说单个程序员的软件开发工作面临的困难是一分的话，那么多人参加的大型软件开发工作所面临的困难将是十分，或者更多。

3. 困难产生的原因

上述这些困难的产生并不能简单地归结为程序员或软件工作者的弱点，其原因是复杂的、多方面的。

(1) 这些困难来自大系统的复杂性

一个程序如果只有 50 行，那么什么问题都好解决。但是如果一个软件有 50 万行，那么最简单的问题，如搜索、标识符选用等都会成为相当困难的问题。由于量的变化造成了质的差别，软件是一个极好的例子。一般来说，人类对于大量元素组成的复杂系统，至今尚没有理想的描述与控制方法。

(2) 许多具有主动性的个人之间的组织与协调带来大量的困难

从管理学的观点来看，当组织许多人共同完成一项大的任务时，分工和协调就成为关键因素。分工是否合理，信息是否能及时地沟通，步调是否能一致，这都不是自然形成的，都需要精心地安排与考虑。

(3) 各个应用领域之间的差别导致困难的加重

软件作为应用领域与硬件之间的桥梁，一端是固定的，另一端却是变化无穷的。世间各行各业尽管都要用到信息，都力图与现代信息技术相结合，但是它们之间的差别却是如此之大，给软件开发人员增添了许多困难。

(4) 时间的因素，变化的因素给软件开发工作带来许多困难

现实的社会经济生活每日每时都在变化，作为与社会生活紧密联系的应用软件当然也处在不断地变化之中。用户需求的变化，社会环境的变化，硬件及相关技术的变化，无处不给软件工作提出新的要求。这种易变的性质，使软件开发工作又增添了不少困难。

总之，软件开发工作的困难来源于多方面，而且是人类当代面临的总的困难的一个部分，它是与软件的本质联系在一起的，不能指望会在短期间、轻易地得到解决。当然，人们在克服软件开发工作中的困难时，也是在探索解决人类面临的一般的困难。可以说，软件危机的研究与克服，是当代人类思想发展的前沿课题之一。

2.2 软件开发方法的发展

面对以上所说的种种困难和问题，几十年来，软件工作者千方百计，从各种不同的角度，用各种不同的方法试图使软件开发工作的水平和效率有大幅度的提高。仅从开发的方法而言，就先后提出了结构化程序设计，软件工程方法，面向对象的程序设计方法，即插即用的程序设计方法等。这些方法的许多思想与观点，已经融入各种各样的软件开发工具，有些甚至是许多软件开发工具的基础。因此，我们有必要回顾一下这些方法的思想及要点，这对

于理解与应用软件开发工具是十分必要的。

在第 1 章中,我们曾简要地分析了软件开发工作的过程,在那里主要是从软件开发涉及的工作任务分析的。为了更好地理解下面讨论的几种方法,我们进一步从各种不同的人员(角色)在软件开发工作中承担的责任来详细描述一下大型软件的开发过程。图 2-2 就表示了这个过程的详细情况。

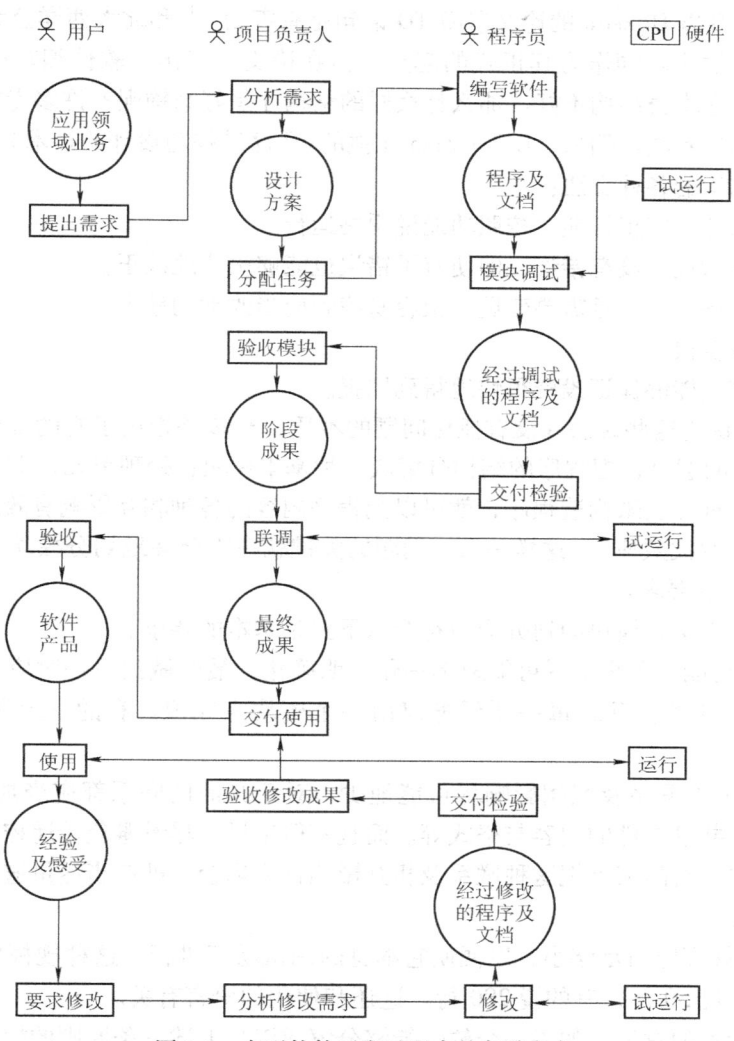

图 2-2 大型软件开发过程中的各种角色

图 2-2 中涉及了用户、项目负责人(或软件架构师)、程序员和硬件四个角色。从图中可以看出,作为用户,承担的工作为四项:提出需求、验收、使用、要求修改。任务比较复杂的是项目负责人(或软件架构师),他和其他三种角色都有直接的联系,他承担着分析需求(包括设计方案的形式),向程序员分配任务,验收程序员的工作成果——代码(包括自己编写的和采用的开源代码)与文档,对整个软件进行联调,向用户交付使用,接收与分析用户的修改要求,向程序员布置修改任务,验收修改成果并向用户提交新的版本或修改的结果(限于篇幅,图中有所简化)。显然,项目负责人在开发过程中起着十分关键的作用。程序员的任务比较明确,即编写程序,编写文档,调试自己编码的程序,向项目负责人提交工作

成果。

下面我们分别从基本思想、主要方法、覆盖的工作范围与实际应用状况等方面，简要地介绍以下五种主要的软件开发方法。

1. 结构化程序设计方法

结构化程序设计的思想是在20世纪60年代末期产生的。代表人物有E. Dijkstra，E. Yourdon等人。人们一般都以Dijkstra的论文《GO TO语句是有害的》[1]和北大西洋公约组织提出"结构化程序设计"这个名词作为其正式的起点。他在论文中指出，软件编写中之所以出现种种问题，是因为它本身结构不好。那么什么样的结构才是好结构呢？许多专家围绕这一问题提出了各种各样的看法。例如，E. Yourdon在他的《程序结构与设计的技术》[2]一书中罗列了关于好的程序结构的各种看法：

- 它能够保证程序正常地，按照功能说明书运行。
- 它具有灵活性，没有错误，即使有了错误也能够很快地改正。
- 它的文档齐全，一旦需要变更，很容易找到应当改动的地方。
- 它运行速度快。
- 它在经济上能够保证投资很快地得到回报。

E. Yourdon认为这些说法并没有抓住问题的本质，至多是指出了它的部分现象。他引用了C. Bohm等人的意见，把程序的结构分解成三种基本模块：处理单元，循环机制，二分决策机制。按照这种方法来构造程序，就可以把程序内容的各种相互影响有效地控制在模块内部，从而避免"水波效应"。这样一来，问题的关键就在于合理地划分模块，并保证模块符合"结构良好"的要求。

根据一般的讲法，模块的划分应当符合以下三条基本的要求。

1）模块的功能在逻辑上尽可能地单一化、明确化，最好做到——对应。即每一个模块实现一项明确的任务，反之每一项任务仅由一个模块来完成。有的书上称之为模块的凝聚性。

2）模块之间的联系及互相影响尽可能地少，对于必需的联系都应当加以明确的说明，如参数的传递，共享文件的内容与格式等。而且一般来说，尽量避免传递控制信号，而仅限于传递处理对象。有的书上把这种联系及相互影响称为耦合，即应当尽量避免逻辑耦合，而仅限于数据耦合。

3）模块的规模应当足够小，以便使它本身的调试易于进行。这种规模的定量标准各家说法不一，有的说50行，有的说200行。这还和使用的语言有关。

按照这些专家的意见，如果一个软件能够分解成满足上述三条原则的模块，那么它就可以称为一个结构良好的软件，能够避免前面所讲的各种问题。

那么怎样实施这种方法呢？这时就要采取自顶向下的方法。不管软件多大，都采取自上而下、逐步分解的办法，分成若干部分，并把它们之间的关系明确地表达出来，画出如图2-3所示类型的系统结构图。直到最底层的模块达到所要求的规模为止。图2-3采用的是IBM的HIPO图示，图2-3a为总体结构，图2-3b为模块目录，图2-3c为每一个模块的详细描述。各个模块的类型用右上角的记号表示。星号表示循环调用，小圆圈表示选择调用，其他即为一般的调用。

结构化程序设计的原则并不复杂，其基本想法十分简明，各方面专家不同的表达也大同

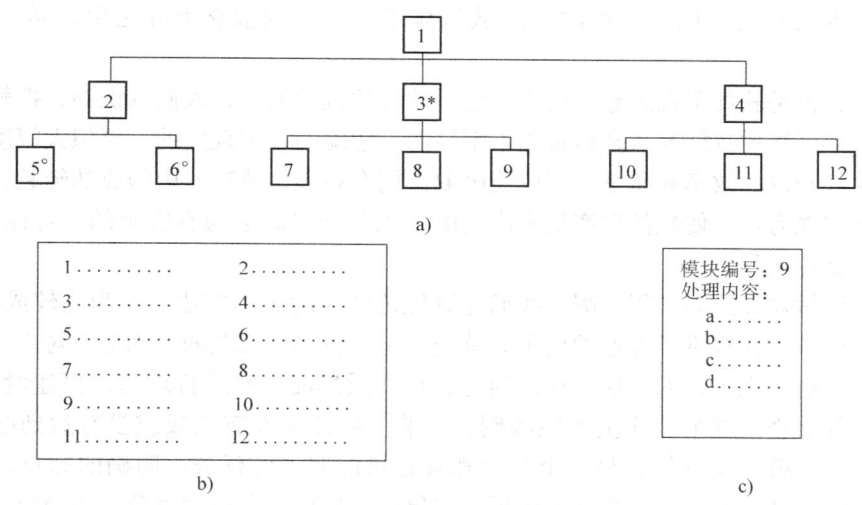

图 2-3 自顶向下的结构
a) 总体结构　b) 模块目录　c) 模块的详细描述

小异，没有什么原则性的区别。但是，它的问题在于如何切实实施这个基本思想。在实施的过程中，各方面专家则是各自强调不同的要点。归纳起来，比较常见的有以下几点：

1) 限制甚至不用 GOTO 语句，绝对禁止超越模块边界的 GOTO 语句。
2) 子程序尽可能做到只有一个入口和一个出口。
3) 程序风格应尽量明确、清晰，包括适当增加注释，书写格式体现层次结构（如循环体内的语句一致地右移两格），变量名称的选用尽量具有逻辑意义等。
4) 在程序编写的同时完成有关的文档编撰，不要拖延时间。

与图 2-2 比较，可以看出，结构化程序设计的方法主要是为程序员服务的。当然项目负责人在划分任务时也可以利用它的思想，但是从结构化程序设计的各种文献看，它主要还是以程序员如何编程、测试及编写文档为主。因此，它反映的基本上还是早期的、以手工方式、个人方式编写程序的工作环境下的思想与方法。它对于程序员的工作比较适用，而对于项目负责人来说，则较少涉及他所关心的问题。对于这种方法的批评意见是它增大了程序工作量，增加了编程中的麻烦与琐碎的工作，并且降低了程序的运行效率。主张这种方法的人争辩说，为了保证软件的可靠、准确与易于修改，这种代价是值得的。目前看来，主张这种想法是有道理的。

2. 软件工程方法

工程二字目前用得十分广泛，以至它的实质含义常常被人们忽略了。根据经典的辞书《简明不列颠百科全书》，工程指"应用科学知识使自然资源最佳地为人类服务的一种专门技术"[3]。在人类发明的过程中，工程常常指复杂的、需要认真组织的、有许多人参加的事情。如果一个聪明的手工工匠，作为个人，他可以生产出十分精巧的手工艺品，这种情况我们可以称之为工艺或技艺，但不能称之为工程。反之，一条现代化的生产线，按照一定的规则或程序，每天都生产成批的产品，尽管单个产品不如手工工匠的产品精巧，但是这些产品都能达到某个一定的标准，且可以大批量地，以极低的成本生产，这就是工程。因此，我们可以认为，工程的观点是和近代、现代的大生产联系在一起的，它是和依靠个人技艺的手工的生产方式相对立的。人类的生产从依靠工匠手艺到依靠工程化生产是一个重要的进步。

这个思想正是软件工程思想的由来。由于软件危机的发生，人们认识到，把软件的质量寄托于各个程序员的技能与认真负责是不牢靠的、危险的、不现实的。要想大幅度地，从根本上提高软件开发的效率和质量，就应当吸取人们在各种传统产业中的成功经验，从组织和管理的角度加强力量，使软件生产从程序员的个人劳动提高成为有组织的、可控制的工程，这就产生了软件工程。

那么怎样做才算成为工程了呢？我们先看传统产业的工程方法。作为比较成功的范例，建设工程和机械工程提供了有益的启示。首先，它们在多年实践的基础上，对于这项工作的步骤作出了严格的规定，如建筑工程必须先进行地质勘测，然后打地基，再建设主体结构，最后进行内外装修。这个顺序决不能颠倒，在前一项任务没有完成或没有达到必要的标准时，后一项任务就不能开始。每一个阶段都有各自的明确的任务，明确的起点，明确的终点，特别是要有确切的、可以检查的成果。如果没有这样一套被大家公认的规定，就很难称之为现代意义下的工程。另外，在质量、表达方式等方面要有统一的、被人们共同遵守的标准。例如，在建筑工程和机械工程中的图样。它们作为有关各方沟通与交流的手段，使参加工作的不同职务、不同角色的人们成为一个整体，共同地完成一项大的工程任务。这正是现代化的工程化方法区别于手工方式的又一个重要区别。

不难看出，上面提出的两点，恰恰是软件开发工作中需要加强的。人们认识到，如果从软件开发的经验中归纳出工作步骤和交流标准，大家都来遵守和执行它们，那么软件开发的进度与质量就可以得到保证了。软件工程的思想正是从这里出发的。

首先，人们对于软件开发的工作过程进行规范。本书前面已经提到了开发过程的阶段划分。当然，各家在阶段划分上有一些不同的说法，这里只是其中一种讲法。例如，IBM 提出的 AD/Cycle 中，对于应用软件的开发过程作了如下的划分和规定。

第一阶段，需求分析，也可以称之为企业模型建立阶段(Enterprise Modeling)。其任务是了解企业的结构与功能，掌握组织及管理者的信息需求，弄清信息流通的实际情况。

第二阶段，分析与设计阶段。其任务是进行功能分解及数据分析，完成处理过程及数据库的逻辑设计。

第三阶段，编程阶段。其任务是完成具体的程序编写工作。

第四阶段，测试阶段。其任务是对已有的代码进行认真的检测与试用。

第五阶段，使用及维护阶段。其任务是组织使用者有效地使用，并及时检查与修正发现的错误。

虽然这些说法略有差别，但是许多基本思想都是相同的，如最初一定要有需求分析，在编程之前一定要做好逻辑设计，要十分重视测试工作，在软件投入使用后还要认真进行维护工作。

在标准化方面，人们主要从两个方面去探索，一方面是表达方式的标准化，如统一规格的数据流程图(Data Flow Diagram)、统一规格的数据字典(Data Dictionary)、统一规格的模块结构图(Structured Chart)等；另一方面是对工作的质量及检查制订标准，基于上述工作过程的模型，设置一系列检查点，定期进行一定的检查，如著名的 ISO 9001 标准等。

软件工具的思想与方法在 20 世纪 80 年代中得到了广泛的宣传，对于软件开发工作的改进发挥了一定的作用。对照前面关于各种角色的作用(见图 2-2),不难看出,软件工程的思想主要集中于加强项目管理者的工作上,对于程序员关系不大,这点与结构化程序设计方法正好互相补充。

不过,应当指出的是软件开发至今主要依赖程序员的个体工作,完全地做到工程化是相当困难的。所以今天的软件工程与传统的工程相比,还有很大距离,完全的工程化还远远没有做到。当然,提倡这种思想,努力向规范化的方向努力,无疑是有益的。

3. 面向对象的程序设计方法

面向对象的程序设计(Object Oriented Programming——OOP)方法是人们试图解决软件危机的又一种尝试。近年来,随着 C++、Smalltalk 等面向对象的语言的普及,这种方法得到了广泛的传播。

"面向对象"(Object Oriented)这个用语有多种不同的翻译方法,有的专家建议译为"面向客体",有的专家建议译为"面向目标",有些学者译为"物件导向"。从含义来说,我们认为"面向客体"更为确切。不过本书还是遵从一般的讲法,称为"面向对象"。

Peter Coad 和 Edward Yourdon 在他们的《面向对象的分析》[4] 和《面向对象的设计》[5] 两本书中,曾总结了他们自己从事信息处理工作多年的实践经验。他们谈到了多次出现的矛盾与冲突,从事数据库(数据结构)设计的人员,与从功能分析出发的模块设计人员总不一致。他们认为根源在于割裂了数据和功能这两个要素,因此两方面之间的认识和结论越差越远。如果从一开始,就把数据和功能不可分割地结合在一起,即把信息的静态属性——数据结构和对它的处理——功能模块从根本上结合起来,那么这些矛盾和冲突也就迎刃而解了。这就是"对象"(Object)或"客体"这个概念的由来。

根据专家们的考证,把这两方面结合起来的想法,早在 1967 年挪威专家设计的 SIMULA 语言中就已经出现了(欧美国家曾在 1992 年大规模地纪念了面向对象方法出现 25 周年)。SIMULA 是在 ALGOL 基础上发展出来的一种模拟语言。为了模拟的需要,SIMULA 在 ALGOL 的数据说明中加上了一个"活动"(Activity),说明围绕这个数据有什么操作可以进行。不过,这种思想当时并没有引起广泛的注意。20 世纪 70 年代,Smalltalk 语言的出现,使人们对这种思想的作用刮目相看。这种与众不同的语言把一切事物都看做对象(Object),仅用三个最基本的语句(new,send,get)来表明对象的生成、送出消息与得到消息,而把一切动作都作为对象接到信息后的反应,通过一套巧妙的递归嵌套,在这个基础上可以发展出任意的、复杂的结构。当 C 语言接受了这个思想,发展出 C++之后,面向对象的思想成为普遍的潮流。

面向对象的程序设计的基本思想可以归纳为以下四点。

1) 客观世界的任何事物都是对象,它们都有一些静态属性(相应于数据结构),也都有一些相关的操作(相应于程序模块)。作为一个整体,对象对外不必公开这些属性与操作。这就是所谓"封装性"(Encapsulation)。

2) 对象之间有抽象与具体,群体与个体,整体与部分等几种关系。例如,"家具"是抽象的、较大的对象,"桌子"则是它的一个子对象。"桌子"是整体,"桌面"是部分。"班"是群体,而"学生"是个体。这些关系构成对象的网络结构。

3) 抽象的、较大的对象所具有的性质,包括静态属性和动态操作,自然地成为它的子类的性质,不必加以说明或规定。这就是所谓"遗传性"(Inheritance)。

4) 对象之间可以互送消息(Message)。这消息可以是传送一个参数,也可以是使这个对象开始某个操作。

事实上，现在许多程序设计语言都陆续实现了这些功能，包括 COBOL，FORTRAN 这些传统的程序设计语言也出现了面向对象的版本。

面向对象的程序设计语言反映了一个趋势，即程序设计的思想方法越来越接近人们思维的方式。它摒弃了"自顶向下"（Top-Down）和"自底向上"（Bottom-Up）的争论，把对于复杂系统的认识归结为对一批对象及其关系的认识。事实上，对象这个概念是相对的，它的选择是和信息处理的目的相连的。在认识的无穷的、阶梯式的层次结构中，原则上每一层都可以作为观察的基点，认识的方法既不是笼统地自顶向下，也不是笼统地自底向上，而是在于合理地选择层次，使得系统的复杂性保持在可控制的范围内，而不致由于细节过多而无所适从。

因此，我们可以说，面向对象的程序设计语言使软件开发工作进一步向用户方面靠近，这对于计算机应用深入到各个应用领域是十分有利的。面向对象的程序设计语言的出现，使软件开发工作更加方便。从概念上说，它与第四代语言不是一个意义，它们都是在第三代语言的基础上出现的，都希望提供更方便的编程环境，力图把一些可以交给机器自动完成的工作交给机器去做，如第四代语言中某些例行工作的顺序安排，面向对象的语言中的遗传等。面向对象的程序设计之所以能产生巨大的影响，其根本原因在于它提供了认识框架。也正因为这样，认识框架迅速地散布到程序设计语言的范围之外，以至出现了面向对象的系统分析（OOA），面向对象的系统设计（OOD），面向对象的数据库管理系统（ODBMS）等。目前，面向对象的各种方法正在进一步发展，并形成了逐步合流的趋势，如 G. Booch 和 J. Rambaugh 合作建立了 Rational 公司，把他们的方法统一地在 Rose 系统中加以实现。

总之，面向对象的程序设计是人们克服软件危机的又一次努力。它的成果与思想已经融合在许多软件开发工具中，成为人们改善软件开发工作的有力助手。

4. 即插即用的程序设计方法

即插即用的程序设计是近年来软件界讨论的又一个热门话题，与它紧密相关的还有组件程序设计（Component Programming），组合文件（Compound Document），宏观程序设计（Macro-Programming）等。这是在面向对象的程序设计方法的基础上提出来的。在硬件的制造中，芯片的制造与整机的制造是分开进行的。制造芯片的厂家只管制造芯片，而制造整机的厂家则利用这些芯片组成完整的计算机。于是，人们很自然地就想用同样的思路来处理大型软件的开发工作。一部分人专门生产软件组件（相当于芯片），而另一部分人构造整个软件的结构（相当于计算机结构），并且把软件组件插入这个结构，以便迅速地完成大型软件的研制工作。这就是即插即用的意思（也有的文章译做"插上就用"）。

熟悉 C++ 的读者很容易看出，这里的软件组件与类库中的函数是一回事。如果类库中有足够多的类及相应的函数，则程序设计的工作量就会减轻许多。因此这种思想并没有什么特别的，它是十分自然的。

然而，它的真正实现并不是那么简单的。首先，标准化的问题就十分困难。硬件芯片要能为大家共用，就要对每一个引脚进行详细的规定与说明。而软件部件复杂得多，它涉及一大批变量和结构的说明与定义，而这些至今没有统一的标准。特别是对于各种对象的定义，实在难以定出标准。正如前面提到过的，硬件面对的是计算机技术内部，而软件面对的是无数的、不同的应用领域。相对来说，前者的标准化要好做一些，而对后者简直没法下手。其次，软件部件的提供方式也是问题。照上述思想，软件部件应当是封装起来的，也就是说以二进制的机器代码方式提供，就像硬件的芯片用塑料封装起来一样，外人看不到源程序，一般来说不必了解也不能改动它的内部过程。但是，这就出现了与硬件和操作系统的关系问题。目前仍存在着多种硬件、多种操作系统，即使 UNIX 也还有许多大同小异的版本。但按这样的思想设计的软件部件是不能容忍差异的，哪怕是微小的差异，它要求绝对相同。

由于以上这些原因，对于这种思路的实现可能性仍是众说纷纭。赞成者大力鼓吹，认为这将彻底改变程序设计的概念，加上可视化等方法，总有一天会实现不用写程序的软件开发。依照这种思路，已有一些软件公司或机构在这方面作了不少探索，并已经在标准化方面提出了方案，如著名的 CORBA(Common Object Request Broker Architecture)，就是一种公用的对象需求的转换结构，还有 COM101(Common Object Model 101) 等。但是，持怀疑态度的也大有人在。有人认为由于应用系统的复杂多样，公共的部件库是不可能实现的，至少在某个特定的领域中是有限制的实现。也有人认为，如果真分解到能封装起来的程度，那也就和高级语言的语句差不多了，至多不过是把编译功能加强一点罢了。

无论如何，这是人们试图解决软件危机的又一种尝试。其结果如何尚有待观察。

5. 面向开源软件的程序设计方法

随着开源软件(Open Source)的出现和发展，利用开源软件进行程序设计，已经成为越来越普遍的方法。对于开源软件，社会上和学术界有不同的看法。支持者认为这实现了软件的重用，能够大大提高软件生产的效率，是一种革命性的进步。反对者认为开源软件的质量没有人负责，只会造成混乱和误用，对于提高软件质量有害无益。还有人从知识产权需要保护的角度加以反对，认为这对于创新者是一种打击。我们这里不去展开这些争论。我们只是介绍实际的情况和我们可以采取的做法。在一些应用面广，流程比较清晰、比较规范的应用领域，开源代码的重用是比较有把握的。例如，网站的设计确实可以从开源代码中找到比较实用的、略加修改就可以使用的代码。这无疑是可以节省人力和物力的。但是，我们必须充分估计应用领域的复杂性和多样性。如果为了弄清是否能用，进而需要花大力气去确认和修改，那就需要权衡了。正如许多程序员的实际经验告诉我们的，与其读懂了修改，还不如自己重新编写。这里起决定作用的是两个方面因素，一方面是对于应用领域的充分了解，这是我们判断能否利用某开源软件的主要依据；另一方面是开源软件的质量，包括其文档和代码的规范程度。这里需要再一次强调，软件不只是代码，还要有文档。随着开源软件的发展，我们可以希望，能够重用的、高质量的开源代码会越来越多。

需要说明的一点是，使用开源代码并不一定能够减轻工作量。实际上，这对于软件开发人员，特别是项目负责人或软件系统的架构师来说，要求更高、更难。至少在目前阶段，特别是在有关键使命的软件(Critical Software)的开发中，利用开源软件，很难达到功能和效率的要求所以需要谨慎从事。

以上是把程序设计方法的发展作了一个简要的介绍。方法是工具的基础，为了理解软件开发工具的实质，掌握这些情况是必要的。

2.3 软件开发过程的管理

2.2节讨论的程序设计方法主要还是关于程序员怎样编程序，当然在软件工程、面向对象的方法中也涉及了一些管理问题。事实上，软件规模越大，管理的重要性就越突出。因此，在本节中，我们集中讨论有关管理方面的问题。

一般来说，项目管理的要素是进度、质量、费用（开支）、资源利用。对于软件开发来说，核心是质量问题，因为质量不好的软件必然导致进度推迟，开支增加，资源浪费。而软件的质量又是很难评测的，尤其是在开发过程之中。因此，我们在这里简略地讨论一下这方面的问题。

1. 什么样的软件才是好的软件？

关于软件的质量，人们有许多不同的看法。最初，人们把速度放在首位，希望能够尽可能地算得快。这样，程序越短越好，能用五行实现的，决不要用六行实现。在早期，程序员们常常为了减少几行程序而绞尽脑汁。类似地，怎样少占内存和寄存器也是当时人们努力争取的目标。以至有些考程序员的题目要求考生只用指定个数的存储单元完成某项功能。这样的结果，使得程序变得非常难懂，更谈不上修改了。

自从20世纪60年代末以来，这种看法逐步发生了改变。早期计算机速度很慢，存储容量十分有限，人们自然要计较程序的条数与内存的占用数量。随着计算机技术的发展，这些问题逐渐变得不那么重要了。前面所说的，由于应用领域的复杂性造成的问题越来越突出，人们对于软件质量的看法也发生了改变。除了前面谈到的结构良好之外，对于人机界面的要求，对于易于修改的要求也都列入了质量要求之内。目前多数人的看法可以用以下几条概括。

1) 正确地实现所要求的功能，准确地给出预定的输出结果。

2) 用户界面友好，符合实际用户的使用习惯与知识能力。

3) 具有足够的速度（而不是越快越好），能在符合用户要求的时间限度内，给出所要求的处理结果。

4) 具有足够的可靠性，能够在各种干扰下保持正常的工作。

5) 程序易读，结构良好，文档齐全，从而保证系统易于修改。

不论是研究程序设计方法学，还是使用软件开发工具，其目的无非都是为了得到好的软件。

2. 好的程序员与好的项目组

从表面现象来看，取得好程序的关键是要有好程序员。然而，从上面的讨论我们已经看到，对于大型软件的设计来说，不但要每个程序员具有必要的水平和技能，还要能够组成好的项目组，而且在某种意义下，后者更为重要。特别需要明确的是，由好的程序员组成的项目组，并不会自然而然地成为好的项目组。作为一个好的程序员与作一个项目组的好成员并不是完全相同的。

就单个程序员来说，主要的指标包括以下几个方面。

1) 具有程序设计所需要的基本知识与技能，如关于数理逻辑的知识与训练，关于各类数据结构的概念及处理方法等。

2）对本项目所在的领域有较深入的了解，从而能够准确地理解用户的信息需求，正确地把握有关的信息流程与信息处理原则。

3）对于软件开发的技术环境比较熟悉，包括硬件设备、软件环境和网络环境。特别是对于所用的语言，应当有足够的、实际运用的经验。

以上三个条件，基本能保证程序员单独地顺利地完成软件开发任务。当然，在编程工作中，程序员还应当努力满足用户对性能与界面的要求，尽可能完整地提供用户所需要的各种文档。这些只要严格地要求，一般是可以做到的。

但是对于规模超出单个程序员的工作量的大型软件来说，只做到以上三点是不够的。作为整个项目组的一员，除了把自己分担的部分功能实现之外，更重要的是要使自己的工作融入整个系统，与其他部分协调一致地工作。而要实现这样的要求，以下几点是必须严格遵循的。

1）保证严格地在本模块范围内操作，决不使用可能干扰其他模块的命令或函数。原则上讲，有一定经验的程序员是可以通过某些命令直接影响机器内部信息的。对于单人工作的程序员来说，这常常是发挥技巧、提高效率的手段，但是对于项目组的成员来说，这必然会导致混乱，应当严格禁止。

2）严格按总体设计的要求和理解去传递参数值，决不随意修改其内容或含义。

3）在对公用的文件或数据库进行存取时，必须完全地、准确地按统一规定的格式去操作，决不能擅自改变。

4）在使用标识符时，应按照统一的原则，尽量使用易于看出逻辑含义的名称。特别是涉及公用数据及参数的时候。

5）严格按照统一的要求编写文档，在内容、格式、表达方式、符号使用上遵循项目组的统一规定。

6）尽量保持程序风格的一致，如注释行的安排，行首空格的使用等。

总之，作为项目组的成员，必须放弃自己的某些"自由"（即独自工作时可以自主的事情），接受项目组的限制和约束，服从项目组的严格管理。可以说，作为项目组的一员参加大型软件的开发，必须具有高度的组织纪律性和团队精神。没有这样的精神，好的程序员加在一起也成不了好的项目组。正因为这样，人们常常感慨道，好的程序员易找，好的项目组难寻。目前我国软件产业也相当严重地存在着这种现象。要使软件开发真正走上工程化道路，就必须从根本上解决这个问题。

3. 怎样建立一个好的项目组？

好的项目组是在长期工作中逐渐形成的。前面提到，卡内基·梅隆大学的软件工程研究所提出的 CMM 模型，作为衡量项目组的标准，对美国和世界上 200 多个程序开发组进行了评测。其结果是，几乎所有的程序开发组或项目组都存在着或多或少的问题，只有两个组（一个在美国，一个在印度）符合科学的、软件工程的要求。由此不难看出这个问题的困难性和普遍性。

根据 CMM 模型及其他一些材料，一个好的项目组至少应当具备以下几个条件。

1）有严格的、成文的工作规范和文档标准，而且应当为全体成员所熟知，并且切实得到遵守。

2）人员之间有严格的分工，除了程序员之外，必须有专门的秘书（负责文档的收集、审核及保管），必须有专门的测试人员（负责测试和验收有关的部分），特别是要有专职的，不限于具体编程的项目负责人。

3）每个项目都要事先制定详细的时间表，并且得到严格执行。每一项目完成之后都有完整的资料，并得到妥善保存，一旦需要修改或更新版本时可以立即使用。

实践表明，这些看起来很容易的事，真正做到是非常困难的。软件规模越大，这方面的制约和影响越大，越需要把注意的重点放到组织与管理上。无论是利用工具，还是实施方法，归根结底是要靠人来实现软件。因此，对于这方面工作的意义必须再三强调。

◎ 本章小结

软件开发工作是困难的，这已是众所周知的事实。软件开发的方法论和软件开发工具都是希望解决这个困难。然而对于导致这些困难的因素是多方面的、极为深刻的，而且并不是所有事情都在软件工作本身的范围内。特别是大型软件的开发，更不是一个简单的技术问题。对于这些复杂因素的认识，将有助于我们进一步认识软件工作及其困难的实质，客观地、实际地、充分地估计与对待它们，既要有针对性地、积极地去解决这些问题，又要有长期努力的思想准备。几十年来，软件技术人员为提高软件生产的质量与效率，进行了许多努力，结构化程序设计方法、软件工程方法、面向对象的程序设计方法，即插即用的程序设计方法等都是这些尝试的阶段成果。正是这些努力的积累，成为目前人们编制软件的方法论的基础，也是各种软件开发工具产生与发展的基础。对于大型软件的开发来说，项目组的合理组成及科学管理应当特别予以关注，项目规模越大，这方面的影响也就越大。

◎ 复习题

1. 作为一个程序员，软件开发的主要困难是什么？
2. 对于程序员来说，提高软件开发的质量与效率应当从哪些方面努力？
3. 大型软件的开发与单个程序员编写软件有什么本质区别？
4. 几十年来，人们为了提高软件开发的质量与效率提出了哪些方法？
5. 结构化程序设计的基本思想与方法是什么？
6. 软件工程的基本思想与方法是什么？
7. 面向对象的程序设计的基本思想是什么？
8. 即插即用的程序设计的基本思想是什么？
9. 面向开源软件的程序设计的基本思想是什么？
10. 具有哪些特点才称得上是一个好的软件？
11. 一个好的项目组应当具备哪些基本条件？

第 3 章 软件开发工具的理论基础

◎ 内容提要

软件开发工具的目的十分明确，就是从信息管理与信息处理方面，给软件开发人员提供支持与帮助。根据软件开发过程的分析，不难列出软件开发过程所要求的一系列基本功能。

然而做出这样的支持或帮助并不只是软件技术本身所能完全解决的，它需要一系列相关领域的知识和方法，并把这些知识或方法与软件开发工作的具体要求相结合，形成若干知识模块，这就是本章所要着重讨论的软件开发工具的理论基础。这些理论中有一些已在有关的课程中学过，如编译方法、数据库技术，本书不再介绍。本章着重介绍其他课程中没有专门讨论过的四项内容：概念模式、信息库（或称为中心库）、人机界面以及项目管理。弄清了这些理论，软件开发工具的结构、功能及实现方法就成为顺理成章的、比较简单的实现细节了。

3.1 软件开发过程的信息需求

根据第 2 章对软件开发工作的深入研究，我们进一步明确了软件开发过程需要哪些帮助。软件开发工具，如前面已经加以界定的，是一种软件。它对软件开发工作的支持是在信息管理方面的帮助，即或者是为软件开发工作者管理某些信息，或者帮助或在一定程度上代替软件开发工作者完成某种信息处理工作。为此，我们先介绍软件开发过程中的信息流通状况，如图 3-1 所示。

图 3-1 比较概括地描述了软件开发过程中，各种信息在各种人员与计算机之间的流通状况。首先，我们从图上归纳出在这一过程中涉及的信息有哪些。粗略地说，主要有以下几方面的信息。

1) 有关系统环境、现状及需求的信息。这类信息由用户提出，由分析人员采集，经过他的理解，成为需求分析及设计的依据。一般来说，这些信息以某种方式存储在计算机中（现在恐怕已经没有人在这阶段还完全用手工来处理需求信息）。

2) 有关软件的功能设计与物理设计的各种信息。这类信息是由分析人员（或设计人员）根据需求分析而形成的，它体现为设计方案。一般来说，也都存放在计算机中。

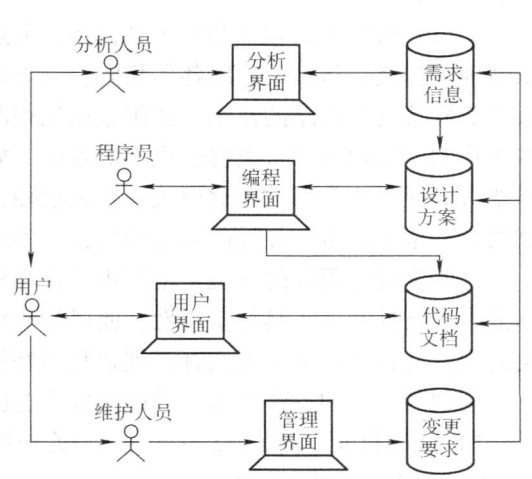

图 3-1 软件开发过程中的信息流通状况

3) 软件成果本身，包括程序与文档。它是由程序员根据设计方案，依据某种计算机语言编制出来的。程序代码必然是在计算机里的,文档也常常以联机方式提供。用户使用的就是这类信息。

4)用户对系统的各种变更要求,以及系统的各种变更的记录。这类信息是用户在使用过程中逐步形成的,由维护人员收集、整理,并且实施必要的修改。事实上,这类信息是对前三类信息的更新、修改或补充。实际上,前三类信息是在一个开发周期内而言的,而第四类信息是跨开发周期,从内容上说,它可以分别归入前三类,但是把它列为单独一类还是十分必要的,因为它记录了软件的发展与演变,具有时间属性,它正是项目管理和版本管理的对象。这种跨开发周期的信息管理是狭义的、单一开发过程的管理所不包括的。

围绕以上四类信息,涉及的信息管理工作有以下几方面。

1)从图 3-1 中可以看出,许多信息需要长期保存,因为它们并非只用一次,而是需要不断更新,不断被调用。这种存储工作并不是只起一个简单的存放作用,它包括一致性的检查与维护,包括方便迅速的查询与调用。从这个意义上说,软件开发工作本身就是一种复杂的、大规模的信息处理工作。

2)在许多环节上都要进行数据的转换或加工。这包括从手工形式向计算机方式的转换,也包括从计算机方式向手工方式的转换,有时也有在计算机内部的不同形式的数据的转换。显然,最突出的是各种人机界面,分析人员使用的界面,程序员使用的界面,用户使用的界面,维护人员使用的界面都是十分关键的。事实上,这些人机界面正是手工处理的信息向计算机内输入的入口。相反,计算机内的信息转化为人能读能懂的信息,除了各种界面的输出信息之外,还包括文档的自动生成。机器内部信息转换的典型例子是某些代码的自动生成。各种自动生成器的作用正是把从终端上得到的需求信息,自动或半自动地转化为程序代码。

此外,还有大量的人与人之间的信息交流。图 3-1 中画出的四种人员,分析人员、程序员、用户和维护人员之间存在着各种交流。这些信息交流渠道的通畅,对于软件开发的成功,也具有非常重要的作用。

所以,可以说,软件开发工具正是为上述四类信息的合理存储、正确转化和顺畅流通提供帮助。当然,帮助的程度各不相同。人与人之间的交流,显然主要是人来进行,工具至多只能起到帮助与提示的作用,如用数据流程图,或模拟图形来沟通分析人员和程序员。另一些工作则可以用计算机来提供更多的帮助,如数据库技术可以方便迅速地提供更多的服务。只要人们规定了合理的存储模式和检索途径,就能在信息存储、检索以至一致性的保持上得到很大的帮助。至于像代码与文档的自动生成则可以在更大的程度上给人们帮助。

这些支持与帮助的实现,是利用了计算机技术领域内外的许多已有理论才得以实现的。不能由于软件开发工具的实用性,而以为它没有什么理论可言。事实上,深入地了解这些相关的理论与技术可以使人们真正理解和用好软件开发工具。

用到的理论和方法很多,其中比较重要的有以下六项。

1)认知科学(Cognitive Science)中关于概念模式(Conceptual Model)的概念与方法。
2)数据库技术的理论与方法。
3)编译技术的有关方法。
4)关于人机界面的理论与方法。
5)管理科学中关于项目管理与版本管理的理论与方法。

6）系统科学与系统工程中的有关理论与方法。

以上的一些方法，读者已经在其他课程中学过，如数据库技术、编译技术、系统工程等，这里不再赘述。本章只对四个有关问题作简要的介绍，即概念模式、信息库、人机界面与项目管理。

3.2 概念模式及其作用

概念模式，也译为概念模型，原是认知科学中的一个用语。它指人们在认识事物过程中，对于某一事物或某一系统形成的、抽象的、一般化的框架。它是在客观事物或系统的基础上形成的，所以说它是具有客观性的，在某种程度上反映了客观现实。但是它又不等同于客观事物本身，它常常抽象出了某个或某一类事物的部分属性，而舍弃了其他属性，因此，它往往只是反映系统或事物的某一方面。至于选取哪个方面，或哪些属性则取决于观察者本身的目的与状态。从这种意义上说，这种概念模式又具有主观性。

概念模式是人们认识客观世界的一种方法、一种工具。我们在日常生活上常常见到这样的情况，几个人一起进行某一项调查研究工作，有的人能够迅速地抓住要点，进而提出中肯的分析意见，有的人则言不及义，花费了许多时间，还是不得要领。出现这种情况的一个常见的原因就是，前一类人在长期的实际工作中已经形成了对这种事物（如工厂）的比较切合实际的概念模式，他们知道应当抓哪些信息以及应当忽略哪些信息，所以能够很快地进入角色；而后一类人头脑中没有这样的概念模式，或者概念模式不正确。

概念模式是人们在长期的实践活动中逐渐形成的。图 3-2 概括了人们认识事物的过程，这也是概念模式不断修正、不断完善的过程。从图中可以看出，人们在认识事物时，总是依据一定的概念模式，尽管这个概念模式并不一定正确，而且多半并不完善，但是它在认识中起了一种筛选的作用，选择出某些信息，形成人们对这一事物的看法，并由此决策，付诸行动。如果行动达到了预期效果，那就说明认识基本上是正确的，即概念模式基本上是正确的。反之，则需要修改概念模式，使之能够比较深入、准确地反映出客观事物的实质，以便在下一个循环中能正确地筛选信息。

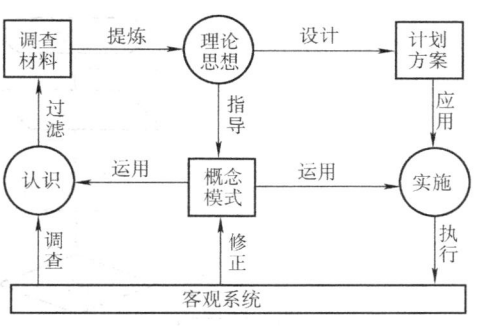

图 3-2 概念模式在认识中的作用

从这个图中还可以看出概念模式总是在一定的理论、思想指导之下形成的，同时又不断地根据实际情况修正。正是在这个不断循环的过程中，概念模式逐渐完善、逐渐准确地反映客观事物的实质。当然，这个过程主要是对整个人类而言的。对于个人来说，往往是通过向前人学习（包括直接的学习和通过书本学习）而比较快地形成（或者说接受）某种概念模式，作为自己的实践活动的起点。

概念模式在认识中的作用十分重要，同时作为交流与表达工具也是十分重要的。人们在互相配合、互相协调、共同完成某项任务的时候，需要统一思想、统一认识、协同行动就必须用某种公认的方式来进行表述。在这里，概念模式正是起了这种作用。例如，在描述建筑工程的设计思想时，建筑设计师必须把自己的设想按照公认的制图方法画成图样，只有这样才能交给施工人员去实施，公认的制图方法在这里就是一种概念模式，它指明了在讨论一项建筑工程的时候必须说明哪些事情，提供哪些信息，用什么样的符号表示信息。

概念模式的意义决定了它的相对性，即面对各种不同的用途，必然会有不同形式的概念模式。而且，一般来说，它们是各有各的用处，不能互相代替，也无法一般地说哪个更好或更有利。对于一定的应用领域而言，如果有多种概念模式，则可以从它的表达能力，是否方便易用，是否严格，有没有二义性（即是否容易引起误解）等方面来进行评价和比较。这些要求都是十分显然的，不必说明。这里只强调一下方便易用。作为一种表达与交流的工具，必须具备简单明了、易于理解的特点，否则在实际应用中就很难得到普遍的使用。这一点对于不同角色的人员之间的交流，尤其显得重要。

具体到软件开发这个领域，常用的概念模式有很多。它们用于软件开发工作的各个不同阶段，发挥着表达、交流、记载信息等不同的作用。正确理解、掌握和运用它们，是做好软件开发工作的基础，也是掌握和运用软件开发工具的基础。

在软件开发中常用的概念模式有下列七种。

1. 框图(Flow Chart)

框图是人们在编写软件时最早使用的一种概念模式。它是用来描述程序执行的逻辑过程的。它把程序的基本步骤归纳为处理、判断、输入输出、起始或终结等几个基本功能，并用不同的记号加以表示。用箭头表示控制或执行的顺序。通过这种方法来描述程序的执行过程。图 3-3 就是框图及其图例。当软件规模不太大时，它是比较适用的。正因为这个原因，它至今还在普遍地使用。

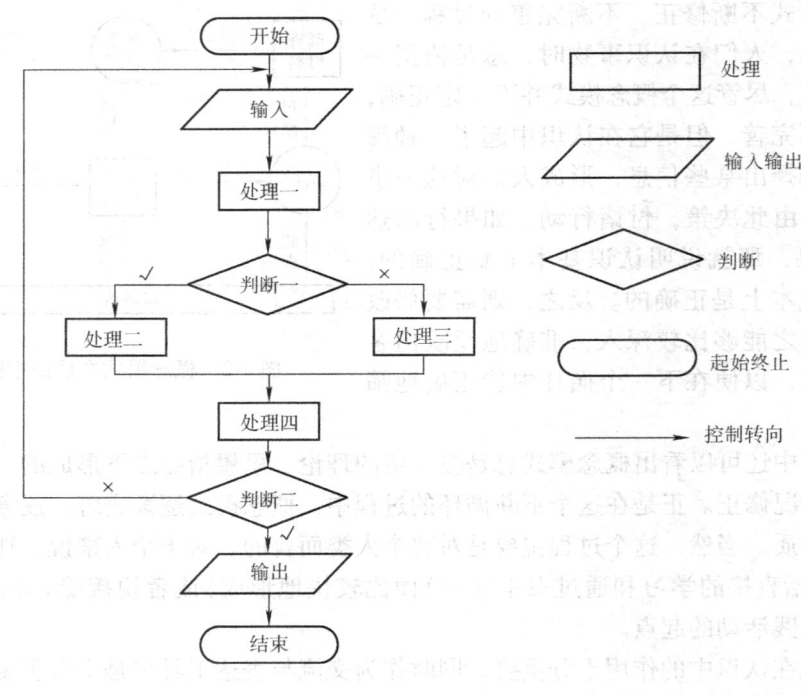

图 3-3　框图及其图例

2. 结构图（Structure Chart）

当程序模式比较大时，直接用框图表示就会过于复杂，使人无法分层次地掌握程序的结构，而且由于框图要求画出每一步的控制流程，从而使图的规模变得难以控制。针对这种情况，在结构化程序设计的方法中，人们引入结构图，用以表示大型软件的层次结构，即模块结构。图 3-4 就是结构图及其图例。它以模块的调用关系为线索，从宏观上使人一目了然地掌握软件的全貌。它的基本图例为模块，用自上而下的连线表示调用关系，并注明参数传递的方向与内容。它的基本观点是，程序的调用方式有三种：顺序调用、选择调用、循环调用。它用箭头上的附加记号来表明这一点。结构图的好处是能够体现层次观点，由粗到细、自顶向下地描述程序。特别是它可以迫使人们逐个地详细划分与描述模块，体现结构化程序设计的思想，因而得到广泛的应用。当然，它的某些细节有时还要用框图加以补充。

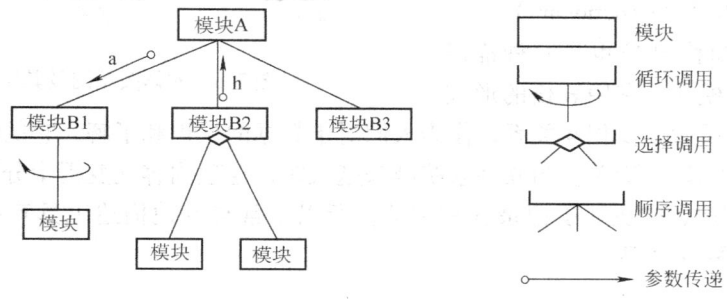

图 3-4　结构图及其图例

3. 数据流程图（Data Flow Diagram）

数据流程图（简称 DFD）面对的是一个系统的信息流程。它更多地用于描述某一业务处理系统的信息来源、存储、处理、去向的全面情况。它的基本思想是把信息流看做一个组织或系统运作的线索，力图简明扼要地勾画出全局。与结构图相比，它更适用于客观描述，而结构图则着重于软件模块之间的控制。数据流程图的基本元素是外部实体（即系统以外的信息息来源或去向）、数据处理与数据存储。用箭头表明信息在它们之间的流动状况。图 3-5 就是数据流程图及其图例。数据流程图广泛应用于描述已有系统的状况，也广泛应用于描述设想中的新系统。由于它是描述全局的，常常需要用其他一些工具补充细节。

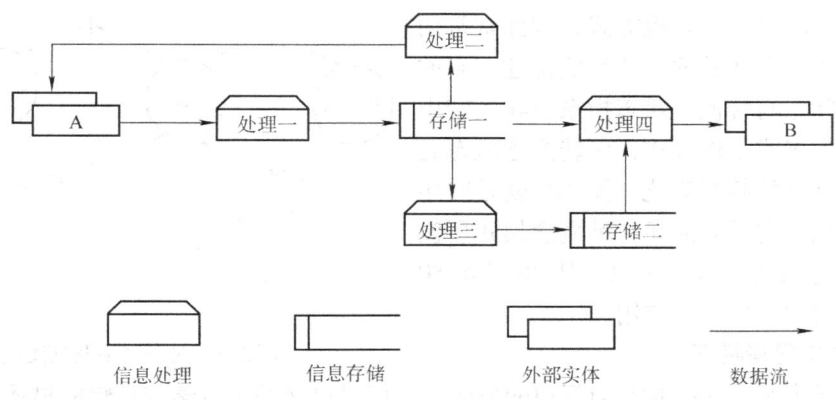

图 3-5　数据流程图及其图例

4. 实体关系图(Entity-Relationship Diagram)

实体关系图(简称 E-R 图)是一种用于描述静态数据结构的概念模式。它以实体、关系、属性三个基本概念概括数据的基本结构。它广泛应用于数据库的设计中，常常和数据流程图、结构图等互相配合使用。因为前二者重点描述信息的处理与流通，所以缺乏对静态数据结构的描述方法。图 3-6 就是实体关系图及其图例。

5. 数据字典(Data Dictionary)

数据字典(简称 DD)也是一种描述数据内容的概念模式。它用表格的形式

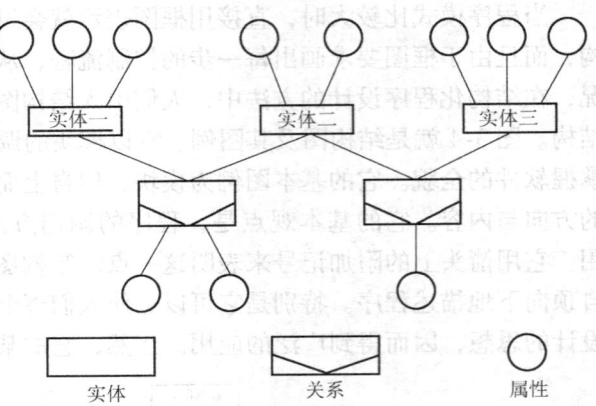

图3-6　实体关系图及其图例

列出数据的基本属性以及相互关系，作为人们对于数据的认识和了解，它的雏形是编写软件时的变量说明或标识符清单。当软件系统越来越大时，这项内容就变得十分重要、十分复杂了。与 E-R 图相比，它更适于记录各种细节，所以常常与其他描述工具互相补充、配合使用。图 3-7 就是数据字典。

编号	名称	类型	长度	数量	保存期	保密等级
1	A	组项	50	<5000	三年	三级
2	B	字符	10	<300	一年	二级
⋮	⋮	⋮	⋮	⋮	⋮	⋮

图3-7　数据字典

6. 时序网络(Petri Net)

时序网络是一种较为特殊的概念模式。它主要描述系统状态及其转换方式，因此常常用于一些实时控制方面的软件的功能描述。它的基本概念是状态与转换。状态指系统在运转中某一特定的形态或工作方式，而转换指状态之间在一定条件下的相互变化。图 3-8 就是时序网络及其图例。它具有前面几种概念模式所没有的、特殊的描述功能。所以，从 20 世纪 80 年代以来也得到了广泛的应用。

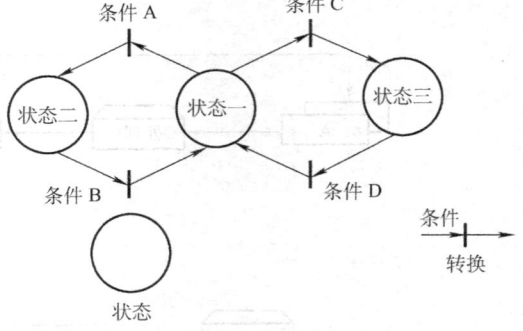

图3-8　时序网络及其图例

7. 数学与逻辑模型

作为描述客观世界的状态与规律的方法，人们早已熟悉了数学与逻辑的描述方法。现在的物理、化学等许多学科，以至经济科学中，人们都常常用一些数学公式或逻辑表达式来描

述客观系统的状态或运动规律，如著名的运动学公式、计量经济学模型等。数学与逻辑模型的最大优点是严格、准确、可计算，但是，正由于它要求严格，所以限制颇多，一般只能描述比较单纯、比较基础的功能。另外，作为逻辑模型的表达方式，决策树和决策表也是经常使用的。图3-9 就是决策树和决策表。

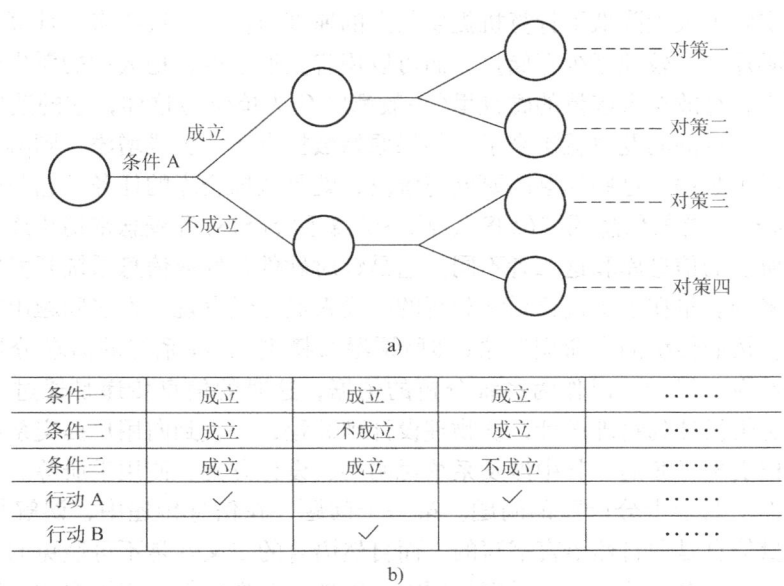

图 3-9 决策树和决策表
a）决策树 b）决策表

8. 计算机模拟模型

计算机模拟是一种强有力的概念模式。它利用计算机大量、高速处理信息的能力，在计算机内设置一定的环境（如资源条件等），又以程序来实现客观系统中的某些规律或规则，在二者基础上，计算机就可以高速运行，以便人们观察与预测客观系统的状况。作为一种不需要事先更多的理论假设的概念模式，计算机模拟有其独特之处，它已发展成为的一个独特分支。

以上这些概念模式在软件开发中给人们以各种帮助，软件开发的质量与效率可以由此得到很大的提高。在此基础上，软件开发工具进一步用计算机来帮助人们使用和实现这些概念模式，使软件开发工作提高一步，这就是我们在这里讨论它的目的。

3.3 信息库及其一致性

信息库（Repository）一词译法不统一，有的专家译为中心库、总库、主库等。实际上，从它的原义来说，无非就是数据库，但它不同于 Database 或 Data Warehouse。目前人们用得最普遍的 Database，即通常所说的数据库。它是在文件系统基础上发展起来的一种数据管理技术，它的重点在于合理地组织数据，体现出数据之间的逻辑关系，并尽可能地帮助用户检索，减少冗余。数据库已经成为一个专门的领域和一类专门的软件 DBMS 的专用名称。而数据仓库（Data Warehouse）是近年来针对大批数据的分析利用而提出来的概念。它的基本思想是：现实中的大量原始数据与实际的应用是有相当距离的，为了能够切实为企业管理者提出对管理真正有用的信息，就要对信息或数据进行多次的加工或提炼，从而得出许多派生的或综合的数据。以前由于计算机的存储容量有限，人们的基本想法是只存基本数据，而不存派生数据，一旦需要派生数据再把它计算出来。显然，这是在计算机能力的限制下采取的不得已的办法，在实际上大大降低了计算机提供信息的速度与作用。近年来，计算机的容量迅速增加，人们不必斤斤计较地减少存储量，而可以用容量换速度，把大批的派生数据或综合数据事先计算出来，存放在大容量的磁盘里（一般都以 G 为单位。）这样，它的速度就能够大大加快。当然，一致性的问题也就出来了，如果原始数据有所变更或增添，则必须能自动地重新计算或修改派生数据。这些问题的研究与解决，就是数据仓库的任务，它与管理决策、决策支持系统（DSS）、首长信息系统（EIS）、战略信息系统（SIS）等概念密切相连。

我们这里所说的信息库和这二者不同。它是针对软件开发或信息系统开发中的大量信息管理工作提出来的。早在手工进行系统分析的阶段人们已经发现，许多问题出在信息交流中的误解与损失。按照传统的生命周期法（即所谓瀑布模型），在系统的需求分析结束时，要有明确的可行性报告提交，以作为系统分析的依据，这时的信息传递是通过文档形式交流的。同样，从逻辑设计到物理设计，从物理设计到编程，一直到向用户提交系统，每一步都是用相应的文档实现过渡的，其中涉及系统说明书、设计方案、使用手册等。

这种情况带来两个十分严重的问题。第一个问题，在信息传递中，误解与丢失十分严重。文档中大量信息是用自然语言书写的，而自然语言的二义性是不可避免的。结果涉及人越多，传递的环节越多，信息的走样就越厉害。国外许多教材都引用了这样一组漫画，用户要求做一个秋千，传到第一个人的图上，秋千上的两根横木变成了圆木，传到第二个人的图上，圆木形成了一个方框，到最后一个人来制作时，造出了一根绳子上吊着的汽车轮胎。实际中的情况往往就是这样。

第二个问题是由软件的修改与版本更新引起的。当系统更新时，人们就要重复以前做过的需求分析与系统分析等工作。文档的表达往往只是最终结论，而大量原始材料往往散失掉，即使没有散失，由于不是同一个人收集的，格式不同，体例不统一，也常常无法使用。于是，人们不得不从头收集基础信息，不但浪费很大，而且引起用户的厌烦。所以人们提出系统开发中的所有信息都要妥善保存，甚至提出"系统分析人员写的每一张纸片都要存入档案，不能带走或扔掉。"但是，事实上这是很难做到的。随着数据库技术的发展，人们很自然地想到用计算机来处理这件事。这就是信息库这个概念提出的背景。图 3-10 表示了信息库的构想。

从图 3-10 中可以看出，信息库是一个包罗万象的，随着项目进度不断修改与补充的数据集合。它在规模上不一定像数据仓库那么大，分析提炼的要求也与数据仓库不同，然而，作为软件开发全过程的信息管理总枢纽，它的数据结构是相当复杂的，而且会随时间不断变化，因此保持一致性的任务变得十分复杂和艰巨。这些就是信息库的特点。

关于信息库的研究主要集中在以下三方面。

1）信息库的内容应当包括哪些方面。笼统地说，信息库中应当存放有关软件开发全过程的所有有用的信息。正如前面讲到的，在软件开发过程中，每个阶段中各种不同人员都在收集或制造信息，这些信息不仅在当时当地有用，而且在将来的某一时刻还会被使用，同时还要不断更新。所以，信息库的首要任务就是要完整地收集这些信息。各方面的专家，各大

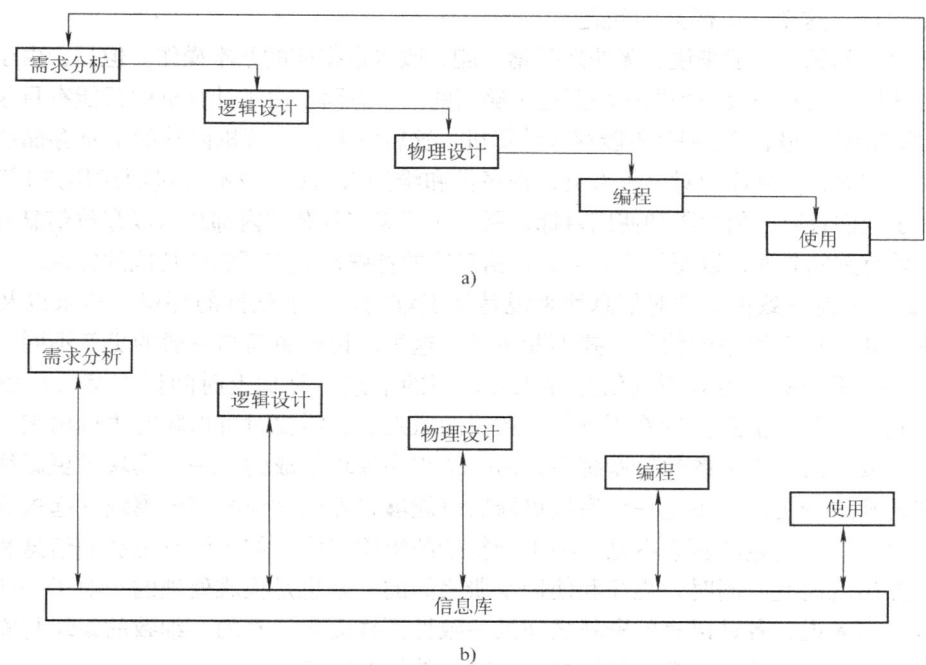

图 3-10 信息库的思想
a) 传统的信息传递方式 b) 信息库的管理方式

计算机公司都为此进行了许多工作，提出了各种各样的信息库的结构与框架。这些说法虽然各有特点，但以下的内容是大家一致认为应当存入信息库的。

• 所述软件的工作环境、功能需求、性能要求、有关的各种信息来源的状况、用户状况、硬件环境以及在该专业领域中的作用等外部信息。

• 需求分析阶段中收集的有关用户的各种信息，包括用户本身提供的，也包括在调查研究中得到的。

• 逻辑设计阶段的各种调查材料和由此生成的各种文档，包括调查记录、原始数据、报表及单证的样本、绘制的各种图以及最后生成的系统说明书。

• 设计阶段的各种资料，包括所有的数据库与数据文件格式、数据字典、程序模块的要求、总体结构、各种接口及参数的传递方式以及最后形成的设计方案。

• 编程阶段的所有成果，包括程序代码、框图、变量说明、测试情况（输入数据及输出结果）、验收报告、使用说明等。

• 运行及使用情况的详细记录，包括每次使用的时间、状态、问题，特别是有关错误及故障的记录情况。

• 维护及修改的情况，包括修改的目标、责任人、过程、时间、修改前后的代码与文档以及修改后的结果、原系统的备份。

• 项目管理的有关信息、人员变更、资金投入、进度计划及实施情况。这项还包括版本信息，即各个版本的备份、每个版本的推出日期、与以前版本相比的变更说明等。

2) 信息库应当具备哪些管理功能。信息库的内容包括的范围非常宽，其中有些内容是可以用机器记录的，但是大量的信息格式化程度很低，不规范，甚至无法用计算机有效地管理。于是引出了这个需要研究的问题。

关于这个问题，一般来说，无非还是增、删、改等数据库的基本操作。但是，由于信息库结构的特殊性，只有一般的数据库功能是不够用的。一方面，由于计算机中只能有目录，许多信息（如原始单证、报表样张等）不能存入计算机，这就需要把计算机内外的信息存储统一起来管理。另一方面，信息库面对分析人员、程序员和维护人员（一般不直接面对用户）等不同的对象，由于他们各有各的权限和使用目标，所以除了规定复杂的内部结构以存放信息外，还需要认真设计有关的界面，以便使用。因此，信息库的特殊性决定了它的功能的特色。

3）如何保持一致性。这对信息库来说是最困难的。由于软件的环境、需求以及它本身都在不断变化，信息库中的信息需要不断更新。这里所说的更新与一般的更新不同，信息库中的内容一般不删除，当有新的信息存入时，旧的信息只是加上时间标志移入历史信息中去，并且它还与新的信息保持着历史的、逻辑的联系，在需要时可以随时再调出来。主要的困难在于，复杂的、大型的软件系统不是由一个程序模块组成的，一个模块的更新往往带来其他模块的相应变更，并不是一个模块更新后就能够自然而然地与其他模块一起构成一个新的版本。怎样组成完整的新版本是一项十分复杂的组织工作。如果没有足够的信息和科学的管理，必然出现混乱。同时，程序和使用手册之间的一致也是很难处理的，对于一些国际性的大软件公司来说，各种语言的资料之间的一致性同样需要认真的、细致的组织与安排。因此，如何保持信息库的一致性，是信息库研究中的核心问题。

总之，关于信息库的研究目前还在进行中，尽管已有不少文献论及此问题，也有不少软件厂商进行了不少工作，但是还没有形成公认的信息库的内容与格式的标准。

3.4 人机界面及其管理

人机界面的重要性已经被人们越来越深刻地认识到。用H·西蒙的话来说，"对于用户，界面就是系统本身。"由于计算机技术的飞速发展，计算机的速度与内存、外存都已经不再是软件开发人员所担心的问题。对于用户来说，所关心的最主要问题本来就是自己是否能够有效地使用软件，而不是系统内部的算法或数据结构。当然，这并不是说这些问题不重要，它们终究是计算机各种功能得以实现的基础。然而不可否认的是，不仅对用户，而且对于软件设计人员来说，界面的重要性确实在不断提高。人们已经公认，在当今的硬件与软件的环境下，如果一个软件没有很好的界面设计，就不能算是成功。因为不管它的内部有多么精巧的技术，只要用户不喜欢它，不愿意使用它，那么它的一切优越性都不能发挥作用，它的价值与作用只是零。

正因为这个原因，关于人机界面的研究与讨论已经从某种从属地位升为一个专门的领域。一些专家专门研究了这一方面的原则与方法，并写出了有关的专门的著作，提出了专门的模型，从而为软件工作者提供了有益的参考和启发。

关于人机界面的研究有两种角度。一种是从软件开发的角度，讨论应当遵循的原则，这基本上是沿着程序设计方法学的方向发展而来的。另一种是归纳出人机界面的基本要素与基本操作，写出样例（或称为样板）及有关的函数与操作程序，从而大大减轻人们设计人机界面的工作负担，提高设计的质量。这就是软件开发工具的思路。

前一方面的代表作有J·R·布朗与S·坎宁安合著的《用户界面程序设计——原理与实

例》[6]。这本书讨论了一系列原则。

关于用户界面的基本原则,该书列举了以下几个方面:

(1) 用户界面的主要功能是通信

这就是说,关键要使人与计算机之间能够准确地交流信息。一方面,在由人向机器输入时,应当尽量采取自然的方式;另一方面,由机器向人传递的信息必须准确、不致引起误解或混乱,用词必须准确。另外,不要把内部的处理、加工与人机界面混在一起,人机界面的主要功能只是通信,以免互相干扰及影响速度。

(2) 用户界面必须始终一致

决不要增加用户的负担,让用户可以始终用同一种方式思考与操作。最忌讳的是换一个屏幕用户就要换一套操作命令与操作方法。当然这种一致是要根据用户的习惯与要求。

(3) 用户界面必须使用户随时掌握任务的进展状况

用户使用中有时会分心去处理别的事,当他回到终端前时,人机界面应该能告诉他刚才进行到什么地方。特别是在需要较长时间等待时,必须让用户了解工作进展情况,如已经完成了百分之几等。切不可让用户面对一个没反应的屏幕,以至怀疑是否出现了死机现象。

(4) 用户界面必须能提供帮助

决不可以认为使用程序的都是专家,无须提供帮助。有关的信息、提示、说明应该放在随手可得的位置。

(5) 宁可让程序多干,不可让用户多干

所有这些原则当然是要花费代价的,如联机帮助系统常常要形成一个相当大的模块,对各种错误操作的预防也需要付出相当多的劳动,但是所有这些代价都是值得的,让用户使用方便会得到更大的回报。

该书还特别讨论了在人机界面设计中经常遇到的一个困难的权衡:灵活性和一致性的矛盾。原则上,对于某一软件来说,用户的思维方式应当是一致的,操作与控制的方式应当是一致的。只有这样,才能减轻用户使用的困难,使用户不知不觉地进入统一的思维框架,从而顺利地、正确地应用这个软件。这是问题的一个方面。另一方面的理由是,用户是多种多样的,他们有各自的习惯与爱好,应当让他们尽可能灵活、自由地选择某些功能的操作方式。例如,在汉字系统中,重码字的窗口安排可以由用户自行选择。这种在基本原则一致的前提下的灵活性是必要的,是从另一方面满足了用户的要求。这两方面的合理权衡是人机界面设计者的责任。

该书还介绍了输入设计、菜单设计、交互对话设计等的设计原则,给人们提供了有益的参考。当然,现在还不能说这些原则已经成熟,但参考前人的经验无疑是有益的。

在另一个研究角度上,IBM 的 AD/Cycle 提供了一个典型的例子。IBM 的 AD/Cycle 提供了应用系统及其开发过程的一个总框架,其应用系统框架为系统应用体系结构(Systems Application Architecture——SAA),基本结构如图 3-11 所示。在这个图中,除了下方

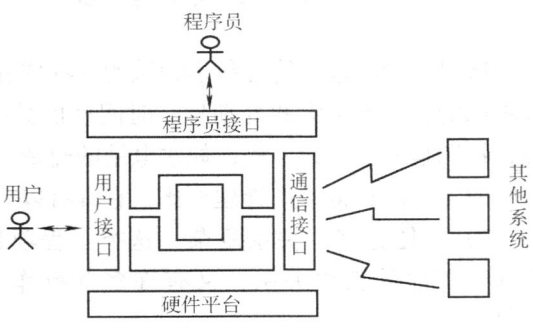

图 3-11 AD/Cycle 的系统应用体系结构

的硬件平台之外,包括三个方向的接口,程序员接口(CPI)、通信接口(CCS)、用户接口(CUA)。图 3-12 把 CUA 这一部分进一步放大,把人机交互的手段归结为八个方面:键盘操作、屏幕滚动、菜单选择、帮助系统、鼠标操作、色彩应用、数据录入、信息显示。

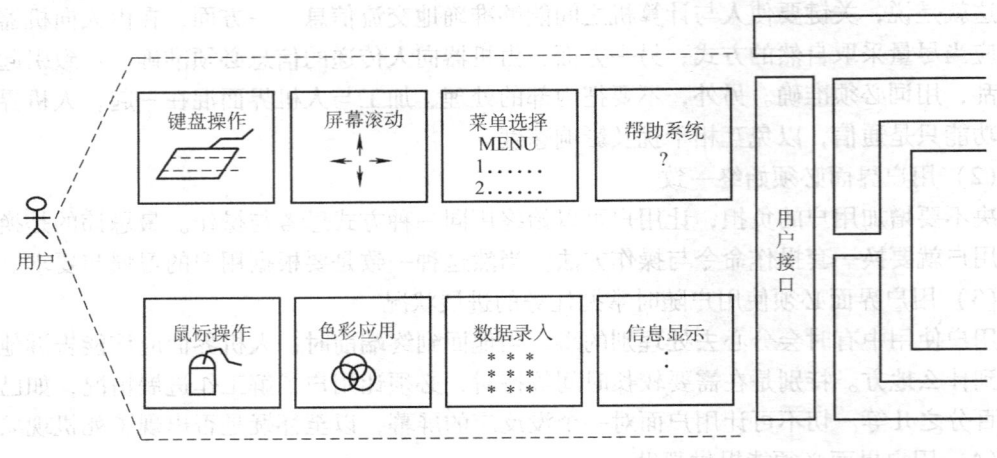

图 3-12 SAA 中用户界面——CUA

按照 IBM 的原意,应当在此基础上针对这八个方面,在它的三种平台(PS/2,AS/400,System/370)上开发出通用的、构造人机界面的函数库、开发工具及样板,从而使整个人机界面的设计提升到一个更方便、更简洁的新阶段。由于技术的迅速发展,这个归纳已经不能说是完全的了。例如,光笔与触摸屏的广泛使用,显然已突破了这个框架。而且整个 AD/Cycle 的宏大计划也由于客户/服务器结构的迅速发展而不得不有了很大的改变(即使不算是失败的话)。然而,这个想法并未因为 AD/Cycle 的曲折而被放弃。不难看出,今天的 Visual Basic、Visual Age for Java 等都不同程度上利用了这样的思想。有些厂家还推出了图形用户界面(Graphical User Interface)的产品,使人机界面的设计进一步地简化。最后还应当提到图形界面的应用。由于 Windows 的大规模普及,使多窗口、图标选择成为一种时尚,这无疑也是人机界面设计中值得注意的一个重要方面。

在软件开发工具中,人机界面占有特别重要的地位,充分利用这方面的已有成果无疑是一条捷径。

3.5 项目管理与版本管理

项目管理本来是管理科学领域的一项内容,其含义是指与固定的生产线上的日常生产管理不同的,具有更大的变动性、时间性的另一类管理任务。它的典型代表是建筑工程的管理,特别是大型建设工程,如水电站的建造、高炉的大修或改造、铁路或公路的修建等。与一般的工厂的日常生产管理相比,它具有以下四个突出的特点。

1) 子任务多,关系复杂。这类工程项目常常包括成百上千个子任务,它们之间既有前后工序的制约关系,又有许多并行作业。与一般的、固定的生产线相比,情况更为复杂。

2) 任务不可重复,形势不断变更。上述这些子任务一旦完成,至少在本项目期间就不再做了，不存在"下一次"。因而对质量的要求必须是"百分之百地一次成功"，要求高，风险大。而且随着每一项子任务的进展或完成，整个项目的形势将发生变更，关键线路、瓶颈环节、资源利用都会变化，因此需要迅速根据新的情况作出重新配制资源的决策。这就使得时间的作用在这里表现得十分突出。

3）协调组织的任务十分突出，资源浪费闲置的风险与合理地优化组合、提高效益的机会并存。如果组织不当，不仅会造成大量人力、物力、设备的浪费，而且会严重地影响工程的进度与质量，而合理安排可能带来的效益也是非常可观的。

4）信息处理工作的作用与意义更为突出。上面所说的问题，即最终效果如何，取决于正确的指挥决策，而决策的正确则立足于这种管理工作，信息分散，难以采集也是普遍的现象。

不难想到，这几个特点在软件开发工作中同样存在。正如有的专家讲的，对于软件来说，样品即产品。正是由于这样的特点，进度和质量对于软件开发来说，是最关键的问题。软件开发与工程项目一样，没有"下一次"，它必须正确、按时地完成，它也是一旦做好就不用再做了。至于资源（人力、设备）的浪费更是软件工作中十分常见的现象。正因为如此，项目管理的概念与方法在软件开发的规模不断增大的时候，自然地进入了软件开发工作者的注意范围，特别是组织者的注意范围。

但是，软件开发工作还有自己的不同于一般项目管理的特点。一般工程项目没有版本更新的问题，但一个有生命力的软件产品（或应用系统）必然是经过若干次改进与更新才能形成的。这种情况要求项目组保持项目的连续性，使以往的信息（不仅是程序代码）能够完整地保存，并能够在需要时被取出使用。另外，对于大系统来说，各部分的一致性、程序与文档之间的一致性又带来一系列复杂的管理问题。这些问题如果不能有效地处理与安排，程序的重用、信息的重用以至知识与经验的重用，就会成为一句空话，软件成果的进步与更新也就无从谈起。

所以，在软件开发工具的理论基础中，项目管理与版本管理的内容也占据了十分重要的、不可忽视的地位。在这里我们不可能详细介绍有关理论、观点、方法的详细内容，但是，为了讨论软件开发工具的有关功能，我们简要地提出项目管理与版本管理的基本思想与主要方法。

项目管理的基本目标是以下四点。

1）使产品（或工程）的质量得到有效的控制。每一个子任务的质量都能达到预定的要求，并且能够在项目中进行过程中保证，而不是在整个项目完成后才发现，换句话说，要及时发现与纠正各子任务中存在的质量问题，在它影响全局之前将其清除。

2）保证整个系统按预定的进度完成。这一方面是严格检查与促使各项子任务的完成；另一方面是把资源集中于关键的工序（即瓶颈）上，保证在个别次要子任务延期的情况下，整个项目仍能按时完成。事实上，对于项目负责人来说，后一方面更为重要。项目组织者的作用与能力正是体现在这里。

3）有效地利用各种资源，尽可能使资源的闲置与浪费减少。显然，这立足于对项目全局的充分了解与及时合理的调度指挥。对于软件开发工作，最重要的资源显然是程序员的时间与能力；在有的情况下，硬件设备的利用也是需要的。

4）控制与降低成本。这是以上几点的自然的结果，无论是质量、进度，还是资源调度,从项目的观点来说,最终都体现为成本的升高或降低。可以说,成本的情况是项目管理状况的综合的最终体现。

为了达到这些要求,人们采用了工程计划网络方法(也称为计划评审技术)、甘特图(Gantt Chart)、检查点方法(Check Point)、排队论等。一些相应的软件也产生了,如用于水利工程的 P3 软件。从信息处理的角度来说,基本的思想是要建立一个持续地收集、管理与项目有关的各种信息的系统,除了前面已经讲到信息库之外,还应当包括一系列收集与录入信息的方法与制度。当然,这个工作是与人对软件开发工程的步骤、要求分不开的。项目管理的目的正是为了支持这个过程。

版本管理的核心是保持两个一致性。从时间上来说,它的主要关心点是系统的逐步完善,以前已经达到的成果不要丢失掉,而且在需要时可以回溯,并且在必要时可以重用;而每一步新的进步都要切实与以前的工作一致,是改进而不是破坏或降低系统的已有功能。从系统各部分之间的关系来说,它要求每一局部与整体保持一致,合理地判断每一次修改的必要性及影响范围,从而合理地组成每一个新的版本,并通过命名、编号等方法,使新的版本成为系统进步的漫长过程中的一个台阶、一个有目的,有方向的、稳定的进步。

版本管理的具体方法包括规定长远的版本更新计划,制订版本有关的信息范围及收集、管理方法,在项目组内明确分工,在程序编写、测试、文档缩写等工作中贯穿项目管理的思想及要求。无论对于软件产品来说,还是对于应用系统来说,用户的反馈信息是项目管理与版本管理的重要资源。因此在信息库的组织、项目管理或版本管理中,都要有其相应的位置。

总之,对于具有一定规模的软件开发工作来说,发挥整体力量、发挥组织管理的作用要比单个程序员的能力与水平更为重要。做好这种组织管理工作的理论基础就是项目管理与版本管理。软件开发工具既然要支持大型软件的开发,当然就应当在这方面给予足够的重视。

◎ 本章小结

根据软件开发的过程及信息需求,软件开发工具应当为软件开发人员提供信息管理、信息储存、一致性的保证等各项帮助与支持。这些功能的实现,是利用计算机科学以及一些领域的已有理论与方法完成的。因此,了解这些理论与方法对于学习软件开发工具来说是十分必要的。

概念模式是认知科学中的重要思想,它从人们认识、描述、表达复杂系统及其变化的角度提供了软件开发工具的基础。从这个理论的高度,我们可以对以前已经学过的数据流程图、E-R 图等工具有更深入的理解。

信息库的概念不同于一般的数据库或数据仓库的概念。它的提出是软件开发方法领域的一个重要进步。对于软件开发工具来说,信息库的管理是一个十分重要的问题。

人机界面已经成为计算机技术的一个重要方面。了解人机界面设计的原则,利用已有的人机界面设计方法,无疑对软件开发工具是十分必要的。

项目管理和版本管理是利用管理科学中的已有成果发展起来的。它们对大型软件开发来说是十分重要的课题,也应当予以足够重视。

◎ 复习题

1. 软件开发过程中需要哪些信息与信息处理方面的帮助与支持?
2. 软件开发工具的理论基础包括哪些方面?
3. 什么叫做概念模式?它的作用和意义是什么?
4. 举出三种常用的概念模式,说明它们的作用与使用方法?
5. 什么叫做信息库?它与数据库、数据仓库有什么区别?
6. 为什么信息库的一致性十分重要?
7. 人机界面设计的原则是什么?结合自己的体会谈其中的两条。
8. 人机界面的常用技术手段有哪些?
9. 什么叫做项目管理?其任务是什么?
10. 什么叫做版本管理?其任务是什么?

第 4 章　软件开发工具的技术要素

◎ 内容提要

　　作为一种专用软件，软件开发工具在技术上有一系列特殊的问题要认真研究与确定。当然，这些技术考虑都是在前面讨论的要求与理论的基础上引申出来的。

　　由于软件开发工具一般都较为复杂、庞大，所以，它的功能设计与总体结构是必须首先认真考虑的。它的功能必须符合软件开发工作的实际需要，且具有足够的开放性与灵活性；它的结构也必须为实现这种开放性和灵活性提供基础。人机界面及总控模块是整个工具的信息入口和调度中心，这一部分对于用户能否真正地使用这个工具，具有决定性的意义。信息库要收集和处理软件开发有关的、尽可能完整的信息，而且要提供保持一致性的切实措施，这对于有许多人参加，持续时间较长的软件开发过程来说是需要花费相当大的精力才能做到的。除了屏幕上的人机对话之外，文档生成与代码生成是软件开发工具的两种主要输出功能，对于这两种功能也要有比较清楚的了解。最后，对于跨越生命周期的信息管理也应当给予足够的重视，这就是项目管理与版本管理的功能。随着软件开发工具的普遍应用，这方面的需求将会越来越多。

　　通过以上各项技术要素的一般性讨论，读者应对软件开发工具形成一般的理解框架，以便对具体的软件开发工具进行研究与使用。

4.1　基本功能与一般结构

　　前面几章已经讲过，软件开发工具的概念是十分广泛的。有的工具功能比较单一，只就软件开发过程的某一方面、某一环节提供支持，当然它的结构也就比较简单。然而，为了对软件开发工具形成较完整的认识，我们这里以功能比较完整的、具有综合支持能力的工具为背景来讨论。这样做是为了帮助读者全面理解软件开发工具。显然，在实际工作中遇见的软件开发工具并不一定如此完整，但是它的功能应当包括在下面的讨论范围之内，它的结构则往往是一般结构中的某一部分。因此，我们在下面的讨论中，尽可能立足于已有的工具，提供一种比较理想化的完整的功能体系和一般化的系统结构。

1. 基本功能

　　软件开发工具的基本功能可以归纳为以下五个基本方面。

　　1）提供描述软件状况及其开发过程的概念模式，以协助软件开发人员认识软件工作的环境与要求，合理地组织与管理软件开发的工作过程。

　　可以说，软件开发工具是引导人们建立正确的、有效的概念模式的一种手段。常常有这样一种很肤浅的认识，似乎软件开发工具只是帮助人们节省一些时间，少做一些枯燥、烦琐的重复性工作而已，而看不到对软件开发的方法与思想的深远影响。当人们使用某种软件开发工具时,就已经接受了这种工具中所包括的对软件和软件开发工作的基本看法。即使是比较简单的,只用于编码阶段的代码生成器,也包含着对某一类模块的一般理解。当用户给出几个参数而自动生成一段代码的时候,他已经认可了这个工具所依据的概念模式,即对于这一类程序模块来说,基本框架是什么样的,哪些部分是不变的,哪些部分是可变的(通过参数体现)。至于用于分析与计划的工具就更为明显了。这里所说的概念模式包括几个主要方面:对软件的应用环境的认识和理解,对预期产生的软件产品的认识与理解,对软件开发过程的认识与理解。任何软件开发工具都具备这种功能,尽管表现的方面不同。

2) 提供存储和管理有关信息的机制与手段。简单地说,就是根据上面所说的概念模式提供一个信息库和一个人机界面,它能够有效地管理这些信息。由于这种信息结构复杂,数量众多,只靠人工管理是十分困难的,所以软件开发工具不仅需要提供思维框架,而且要提供方便有效的处理手段(包括录入、修改、更新等)和相应的用户界面。这一功能与前一功能是相辅相成、互为表里的。

3) 帮助使用者编制、生成及修改各种文档。这包括文字材料和各种表格、图形。软件开发中有大量的文档产生,其工作量常常使人望而却步,软件开发工具在这方面的功能是十分重要的。当然,这些文档的生成所依据的是信息库的内容,它们的格式、种类也是总的概念框架的产物。

4) 帮助使用者编写程序代码,即一般常说的代码生成。这些编码工作本来是程序员的任务,软件开发工具通过各种信息的提供,使用户能够在较短的时间内半自动地生成所需的代码段落,进行测试、修改错误等。需要说明的是,这里的代码生成只能是局部的、半自动的,多数情况下还有待于程序员的整理与加工。

5) 对于历史信息进行跨生命周期的管理,把项目进度与版本更新的有关信息科学地管理起来。严格地说,这是信息库的一个组成部分,不过由于其特殊性,这里单独把它列出来。对于大型软件开发来说,这一部分会成为信息处理的瓶颈。做好这一部分工作将非常有利于信息与资源的充分利用(和重用),其作用也是十分可观的。

上述五个方面基本上包括了目前软件开发工具的各种功能。完整的、一体化的软件开发工具应当具备以上这些功能。当然,这是比较理想的情况,现有的多数软件开发工具往往实现了其中某一项或某几项。

2. 一般结构

根据上面所列举的基本功能,我们可以用图4-1概括软件开发工具的一般结构。

图4-1中处于中心位置的是总控和人机界面。它是使用者和软件开发工具之间交流信息,实现所有的支持功能的桥梁。这一部分的有效实现对于软件开发工具来说,是它的实用性和灵活性的主要保证。一方面,人机界面面对着不同的用户类型。这些用户既有区别,又有共性。人机界面既要保持统一和一致,又要能够在正确区分和识别用户的基础上,针对不同用户的要求与习惯,提供有效的帮助。另一方面,总控面对着系统内部的各种功能与各种信息,它要保证各部分相互之间的协调一致,保证各部分之间信息有效地、准确地流通。由于各部分功能的不同,它们在实际工作中常常来自不同制造者的软件工作环境,就在于总控把它们有机地联系在一起,并且给予统一的人机界面。所以,对于软件开发工具来说,总控与人机界面的中心位置是不言而喻的、顺理成章的。

系统中的另一个重要部分是信息库及其管理。信息库的结构框架反映了人们对软件产品

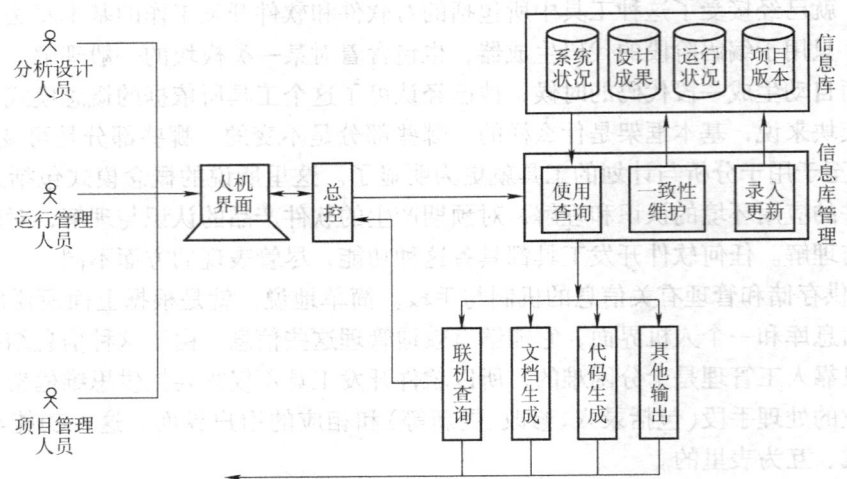

图 4-1 软件开发工具的一般结构

及软件开发过程的基本看法,信息库内容的丰富程度是软件开发工具的功能与作用的最基本的依据。如果说总控和人机界面使用户面对一个良好的工作环境的话,那么在这个环境中,工作的范围及深度则取决于信息库的功能和内容。

在信息库内容的基础上,软件开发工具向使用者提供信息的渠道,除了直接通过人机对话提供查询之外(这一部分由人机界面实现),最重要的两个信息出口就是代码生成与文档生成。软件的基本组成部分就是代码和文档,因此,软件开发工具的最主要的输出当然也就是这二者。事实上,软件开发工具最初就是从这二者开始提出的。因此,作为技术要素的一个重要方面,代码生成和文档生成应当给予足够重视。

图 4-1 中没有反映出来的另一个技术要素是项目管理和版本管理。正如前面已多次提到的,当人们的视野从一个项目的一个版本,扩大到多个版本以至多个产品时,对工具的要求就更高了。如果要实现跨越开发周期的信息共享、知识重用以至软件重用,那么它的信息管理功能就必须大大加强。如果说在软件开发工具的发展初期,人们没有足够重视这方面的功能的话,今天这已是软件开发工具的技术要素中不可缺少的一个方面了。

在以下各节中,我们将详细讨论这四个方面的技术要点及有关问题。

4.2 总控与人机界面

作为一个完整的、一体化的软件开发工具,总控和人机界面处于中心的位置。为了有效地支持软件开发人员的工作,软件开发工具必须提供各工作环节之间的协调与配合。早期的、单项功能的工具,之所以不能真正发挥作用,就在于它们只是帮助人们完成某一项具体工作,而把各环节之间的协调与配合这一最麻烦的事情留给了使用者,并且随着项目规模的扩大,这方面的矛盾更为突出。其结果往往是,单项工具使用所带来的帮助,很快就被这种协调与融合中的麻烦抵消了。而且,由于一些工具的封闭性,它们的输出格式之间的差别,致使协调与配合更加困难。所以,随着软件开发项目规模的扩大,各项具体功能的实现已经不是最主要的了,整个工具的总的结构、各部分之间的联系方式、在用户面前的统一形象逐步成为中心议题。

还有一种情况是应当指出的,在实际工作中,常常采用来自不同厂家的单项工具,而由使用者自己来承担集成的任务。例如,十分常见的情况是,在分析阶段使用某种独立于机器的、一般化的、以逻辑设计文档作为其最终输出的某种工具,而在设计编码阶段,使用另一种依赖于某个软件(语言或数据库管理系统)的设计工具,它要求某种特定的输入(即逻辑设计),并由此生成特定语言的源程序(有时为目标码)。显然,在这种情况下,最关键的也是最麻烦的就是把前半段工作的输出(逻辑设计方案),准确无误地转化为后半段工作所要求的输入。这个问题是十几年来许多公司与研究单位集中力量加以研究的课题,即所谓软件配置或集成的问题(Software Configuration)。这里的实质正是要设立一个有效的总控,它能够在各个具体工具之上,实现信息的正确传递与转换,帮助人们完成上述协调与配合的工作,从而形成一个统一的、完整的支撑环境,并通过一个统一的、友好的人机界面与用户对话。

因此,不论是从一体化的软件开发工具来说,还是从单项功能的工具集成的角度来说,总控和人机界面都处于中心的位置。

根据以上的基本认识,这一部分在技术上的考虑可以归纳为三个要点:面向使用者、保证信息的准确传递、保证系统的开放性(或灵活性)。首先,这一部分是使用者和工具之间联系的桥梁,必须严格遵循面向使用者的原则。正如美国著名科学家 H·西蒙说的,对于用户来说,人机界面就是系统本身。软件开发工具是为软件开发人员服务的,所以它必须充分考虑这些人员的使用要求与工作习惯。这种一般原则对于任何软件都是应当遵循的,在这里需要强调的是,这里所说的使用要求与工作习惯是指软件开发工作的要求与习惯,实际上就是概念模式,包括描述软件环境及需求的方法,对软件结构与功能的理解与说明的方法,对软件开发工作的过程与步骤的认识等。例如,前面讲到的 IBM 的 AD/Cycle 实际上就是这样一个框架。它一方面描述了一般的应用软件的结构(即 SAA),如第 3 章中图 3-11 所说明的那样(图 3-11 是总的结构,图 3-12 是其中用户接口部分的详细情况。图 4-2 和图 4-3 则是对程序员提供的接口和对外系统的通信接口的详细情况)。另一方面,它进一步提出了应用软件开发的

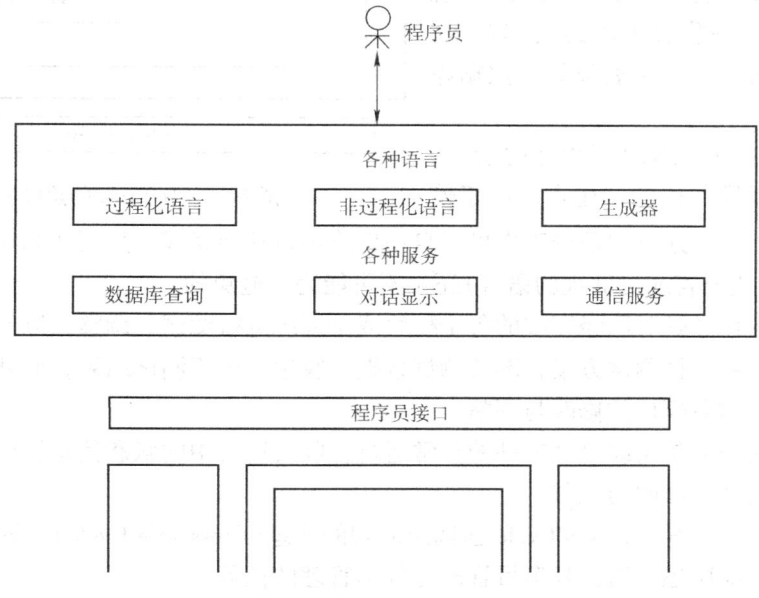

图 4-2 SAA 的程序员接口

各个阶段的模型——AD/Cycle。

图 4-3　SAA 的对外系统的通信接口

AD/Cycle 是 IBM 根据多年软件开发的经验形成的对于软件开发过程的抽象理解。它将软件开发过程的每一个周期分为五个阶段：需求分析阶段、分析设计阶段、编码阶段、测试阶段及维护阶段。每一阶段的任务如图 4-4 所示。

图 4-4 中各阶段的任务可以概括如下。

需求分析阶段的任务是建立逻辑模型。具体地说，首先建立起软件所处领域或环境的模型其次，建立软件所要处理的信息的静态模型，即数据模型。第三，建立信息流通的模型，即信息的来源、去向、存储及处理的逻辑过程。

分析设计阶段的基本任务是完成系统的总体设计，这包括数据结构的详细设计、处理过程的详细设计、子系统或模块的划分以及它们之间相互联系的具体规定。作为对于下一阶段工作的具体要求，还应当完成屏幕设计、报表设计、数据库的物理设计。

编码阶段指具体地编写软件的阶段，这里是实际的程序代码的产生点。由于使

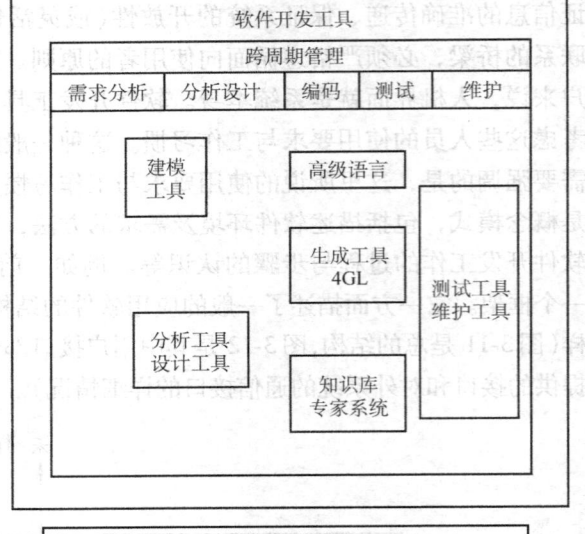

图 4-4　AD/Cycle 的阶段划分

用了软件开发工具，这里的部分工作可以自动地或半自动地完成。然而从总体上来说，手工的编程(用第三代语言或更低级的语言)还是不可能完全避免的。

测试阶段的任务是对已经完成的各个模块或子系统进行测试、调整，以便最终形成完整的软件。这就需要安排测试方案，准备测试数据，收集与分析测试结果，此外还包括发现不协调之处以后，对各模块的修改与调整。

维护阶段的任务是组织管理软件的日常运行，收集运行中的状态信息及出现的问题，并且及时地进行局部的修改与完善。

从图 4-4 中可以看出，AD/Cycle 强调跨周期的管理(Cross Life Cycle)，即以上五个阶段的循环渐进。如前所述，这就是项目管理与版本管理的任务。

AD/Cycle 提供了开发过程模型的一个典型例子。虽然不是所有的软件开发工具都遵从

AD/Cycle 的模型，但它必然要依据某种类似的模型。因此，对于软件开发工具来说，所谓面向用户，最根本的是要立足于符合实际的应用领域，符合软件开发人员思路的概念模型，包括静态模型(如 SAA)和动态模型(AD/Cycle)。这与一般所说的用户友好，易用易学，直观美观是不同的，这是更深意义上的面向用户的观点。

当然，工具的作用并非完全被动地为用户服务，它还能发挥积极的、引导的作用。一个好的软件开发工具不仅能帮助使用者完成具体的开发任务，而且能引导使用者熟悉和掌握科学的开发方法，即形成正确的概念模式。所以，软件开发工具的研制与应用，与科学的软件开发方法的推广紧密联系在一起。

面向用户的原则具体体现在两方面，一方面是总控对各部分的调度与安排应当符合上述模式；另一方面，向用户提供的统一界面应当体现这个模式。不论是设计一体化的软件开发工具，还是把分散的单项工具集成起来，都应当遵循这个基本原则。

第二条基本原则是保证各部分之间信息的准确传递。各个分散的软件工具在集成为一个一体化的工具时，它们的内部并不发生改变，而是通过相互之间的信息交流联系起来。即使是有计划地、有组织地统一开发的一体化的软件开发工具，它的各部分之间也是这样的情况，否则就会难以研制。在这种情况下，信息能否准确地从一个部分传送到另一个部分，就成为一体化是否成功的关键。某一部分的输出总带有这一部分的特殊性，如该工作阶段的具体要求，信息的抽象程度或详细程度，信息的结构、口径与精确程度等。当它需要成为另一个部分的输入的时候，这些因素就必须经过充分的考虑，并进行必要的变换或调整，否则，就会产生误解以至干扰和破坏了整个软件系统的正常运转。这是总控担负的一项十分重要的任务。实现信息的准确传递，关键在于对信息的全面分析和统一规划，这一问题与下一节即将讨论的信息库管理有密切的关系，此处暂不深入讨论，留待下一节说明。

第三条原则是保证系统的开放性或灵活性。软件开发过程的复杂性决定了软件开发工具的多样性和可变性。因此，软件开发工具，特别是一体化的软件开发工具，常常需要变更或组合，即改动某一模块，增加某一模块，或者与另一个工具相衔接。这不仅是由于应用领域的复杂多变，也是由于软件技术本身的迅速发展与变化。例如，某一软件开发工具在被应用到一个新的开发领域的时候，其中某一个环节的功能不能适应，因而需要加以修改，或者用另一个工具来代替。这时，使用者就必须认真研究有关的接口或信息传递渠道。如果系统不具有足够的灵活性或开放性，人们就很难进行这样的分析与研究，更无法进行必要的裁剪和改造。如果发生这种情况，软件开发工具的用处就会受到很大的局限。所以，理想的系统结构应当是模块式的，易于裁剪的。在这种结构中，每一个模块完成某一项相对独立的任务，它的内部处理(包括处理过程与数据结构)对于外部来说是一个黑箱，而模块之间的信息传递则尽可能地简单明了，而且明确地表述出来，对使用者公开。这并不意味着系统结构松散或互不相干，这里的分工与联系都是在统一规划之下，明确地、有计划地安排与组织的。当然，做到这一点不是很容易的。到目前为止，真正能够全面地、一致地支持所有环节的一体化工具尚不多见，能够灵活地裁剪，并且适应各种应用领域和软、硬件环境的更是几乎没有。这里讲的是从以往的经验教训中引申出来的，比较理想化的要求。

以上三项原则当然是对整个软件开发工具而言的，但是它们的实现，主要体现在总控和人机界面这个中心环节上。这也正是软件开发工具真正发挥作用的要害和难点所在。因此，这些原则成为软件开发工具的研制者和使用者关心的焦点。

4.3 信息库及其管理

信息库(Repository)是软件开发工具的基础。没有这个基础，或者这个基础不牢，那么总控就无信息可调度，人机界面也就没有有用的信息向用户提供，所谓支持软件开发也就成为一句空话。因此，合理地组织信息库的内容，加强信息库的管理功能，是软件开发工具的又一个重要的技术要素。

从技术上说，信息库的技术考虑主要涉及四个问题：信息库的内容、信息库的组织方式、信息库的管理功能、历史信息的处理方法。以下分别讨论这几个问题。

1. 信息库的内容

4.2节已经谈到，需要对软件开发过程中涉及的信息进行全面的分析与研究，从而合理地确定存储什么信息、传递什么信息、输入什么信息、输出什么信息。从图4-1中我们已经看到信息库中需要存放的四大类信息。

1) 关于软件应用的领域与环境的状况(图4-1中简写为系统状况)。这类信息包括了这个应用领域中的有关实体及它们之间的相互关系的描述，软件要处理的信息的种类、格式、数量、流向、应用领域对软件的要求(包括定性的功能要求与定量的性能要求)、使用者的情况、背景、工作目标、工作习惯等。这些信息一般是在需求分析阶段收集并存入信息库的，它们主要用于分析设计阶段，作为形成下一类信息的原始材料。

2) 设计成果，包括逻辑设计与物理设计的成果。这类信息是分析设计人员利用前一类信息，通过人机交互的方式形成的设计方案。它主要包括数据流程图、数据字典、系统结构图、数据库的逻辑设计、各模块的设计要求，以及由此形成的设计文档。这一部分信息是人机交互的产物，它们存储在信息库中主要是为了组织实际编码工作，并准备今后运行、维护及修改时查询。

3) 运行状况的记录。软件投入运行之后，应当对于它的运行情况进行详细地记录，包括它的运行效率、作用、用户反映、故障情况、故障的原因及处理情况。这些信息对于软件的有效运行与进一步发展是至关重要的。特别需要强调的是对软件的修改的记录。如果没有这样的记录，就会造成程序与文档的脱节，进而造成系统的混乱以至崩溃。当然，这与前两类信息的更新也有关系，为了做到这一点，首先必须把每一次修改的原因、目标、情况、结果详细地记录下来。

4) 有关项目管理与版本管理的信息。这属于跨生命周期的信息，对于一次开发似乎用处不大，但是对于长期的、持续的、不断更新的软件是十分重要的。它包括项目的进度、过程、人员分工、资源投入、版本组织等。对于比较大的软件开发项目来说，项目的组织管理人员应当依据这些信息来进行自己的管理工作。

许多软件公司及研究机构对于信息库的内容提出了各自的看法。这些看法虽然有不同程度的差别，但是都包括以上几个方面，而且总的趋势是越来越大，越来越复杂，可以说是包罗万象，力求完全。

2. 信息库的组织方式

这么多、这么复杂的信息采取什么样的方式存储呢？人们最初的思路是集中存储。集中存储的思想是建立一个庞大的数据库，把上述各种信息都存放在这个数据库中，而各种工具或实现各项单项功能的模块则围绕在这个信息库的周围,对这个信息库进行录入、修改、查询、删除。第 3 章中的图 3-10 就反映了这种想法。这种想法比较自然,而且充分利用已有的数据库技术,比较容易保持一致性。但是,它的缺点是与前面所要求的模块化相冲突。于是,就有分散存储的想法出现,即把信息分别存入不同的数据库,由不同的功能模块来处理。这种方法的优点是易于变更和剪裁,一旦某一部分发生变更,不致影响整个系统。但是这样一来,每个模块都要自己进行一整套增、删、改的操作,而且各部分之间的一致性无从保证。针对这种问题,一些专家又提出了第三种思路,即逻辑上统一,物理上分散,设立统一的信息库管理模块来进行管理。这就是图 4-1 所描述的结构,它通过信息库管理模块来对分散的各个数据库进行存取,并进行一致性的检查与维护。这样一来,数据库与模块都实现了模块化,既保持了一致性,又保持了灵活性。图 4-5 是信息库的三种结构。

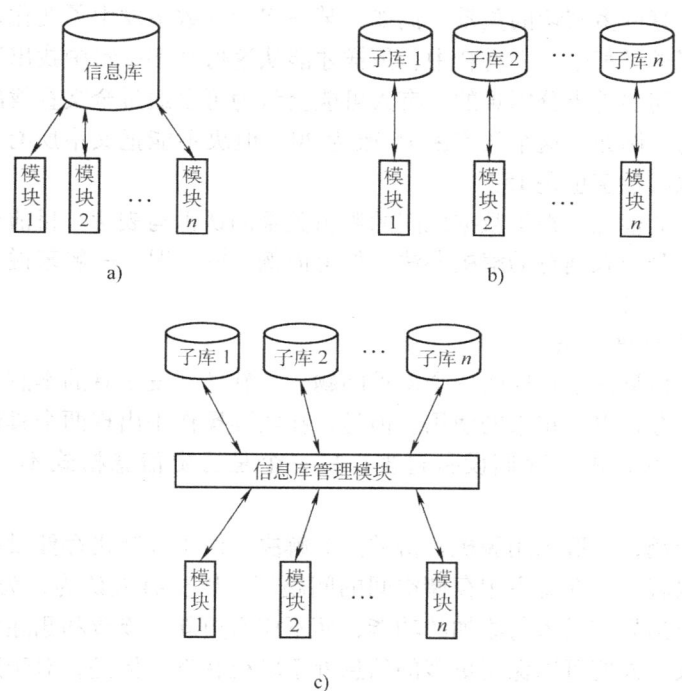

图 4-5 信息库的三种结构

除了这三种结构之外,还有别的结构形式。例如,有的系统按版本的发展来分别建立数据库,每一个版本的有关信息存放在一起(如一个子目录下),然后用统一的信息库管理模块来加以处理。

总之,由于信息库的内容庞杂,结构复杂,它的结构成为一个比较困难的问题,需要认真地研究与设计。

3. 信息库的管理功能

如果采用统一的信息库管理模块的结构方式,那么下一个要解决的问题就是这个模块应当具有哪些功能。

图 4-1 中粗略地画出了三项,录入更新、使用查询、一致性维护。其中许多功能是一般数据库管理系统所具备的,这里不必再讨论。与一般数据库管理系统不同的主要有下面

两点。

1) 信息之间逻辑联系的识别与记录。例如，在系统运行中间，某一外界条件发生了变化。这时，一方面要记下这一变化的情况，同时，又要对与该系统状况有关的原有的各条记录进行修改，或者至少要加上已经变化的标志，否则今后再用到这一信息时就会出现问题。这里的困难在于，系统在接受某一信息时，怎么能够自动地进行相应的修改。显然，这又与前面讲过的概念模式有关。简单地说，信息库管理模块必须"记住"信息之间的逻辑联系。例如，当数据字典中某一数据项发生变化时，相应的数据流程图也必须随之变更，不管这二者是不是在同一个数据库中。

2) 如何实现定量信息与文字信息的协调一致。因为在系统状况、设计成果等类信息中，除了定量的、数字型的信息之外，还有相当多的文字信息，如说明书等。这些不同形式的信息相互之间又有许多密切的关系。例如，某一定量的数字发生了变化，而它已经通过文档生成等功能被写进了某个文字材料中，怎样才能从这份文字材料中找出这个数字，并把它加以修改呢？这个问题是十分困难的，有人可能会认为可以通过全文查找的办法来解决，这实际上是行不通的。例如，这个数字由 15 改为 20，但决不能把文中所有 15 都改为 20，因为完全可能有其他的数字也是 15。

上述两个困难的根源都在于数据之间的逻辑关系的认识与表达。目前可见的各种工具在这些问题上尚无十分令人满意的解决办法，如上面例子的情况，一般来说只是采用重新生成一次文档的办法来解决。

4. 历史信息的处理方法

如何处理历史信息是信息库的一个困难问题。从软件开发工具的本意来说，历史信息应当尽可能地加以保存，以备将来的使用。但是，在实际操作中出现两个具体的困难。一个是历史信息的数量太大，占用存储设备过多；另一个是历史信息格式不一致，难以有效地利用。

对于前一个问题，一般采用脱机备份的方法解决。由于计算机存储设备发展很快，价格不断下降，人们也就不大在意占用存储空间的问题了，以至有人认为，为了保留历史信息，信息库的管理中应当只有录入与添加的功能，而不应有更新、修改和删除的功能。当然，由于磁盘容量的扩大，人们可以保留更多的信息处于联机状态。但是，对于这种信息的增长要有足够的估计，所谓"信息爆炸"在这里同样是存在的。因此，脱机备份的准备总是要有的。

后一个问题是十分困难的。加强标准化，稳定数据结构会使这个问题得到一定程度的解决。然而，要完全解决这个问题，单靠这一点是不行的。因为，任何标准化都很难一成不变，数据结构的稳定是相对的，变更则是绝对的。所以，从更深层的意义上来说，这需要应用一些智能方法，使得跨越生命周期的信息得以相互转化、实现共享与重用。例如，非国有经济这个概念在不同时期有不同的内涵，它与三资企业、个体户、私营企业、民营企业这些概念的关系是复杂的，又是随着时间的变化而变化的。这在社会经济统计中给时间序列分析及其他使用方法带来了很大的困难。要使系统具备自动连接、自动转换，就必须把有关的知识存入知识库，包括这些概念的相互关系和历史沿革。只有在这些知识的基础上，加上逻辑判断与推理的功能，才能实现在一个较长时间内各种信息的自动衔接。这是相当困难的。

关于这个问题，至今尚无令人十分满意的解决办法。国外近年来对于历史遗留下来的信息与信息系统的研究日益增多,表明了这方面的迫切需求。从长远的角度来看,信息库的管理问题中历史信息的处理将是一个终点和难点。

4.4 文档生成与代码生成

除了通过屏幕上的对话获取信息支持之外,使用者从软件开发工具得到的最主要的帮助,应当来自文档生成与代码生成两种方式。所以,软件开发工具的起点就是这二者。开始时,人们并不指望软件开发工具提供更多的帮助,只要求在编程和文档撰写时节省一些时间,避免一些重复烦琐的工作,显然正是由于这个原因,各种各样的文档生成器、代码生成器成为最早一批软件开发工具的主体。即使在一体化的软件开发工具中,它们仍然是不可缺少的重要组成部分,有关它们的一些技术问题需要我们研究和了解。

在进入21世纪以后,采用开源代码的情况出现了,这里需要说一点,开源代码和下面介绍的自动生成的代码有一个共同点,就是都还需要修改。所以,即使使用开源代码,也和下面介绍的一样,要进行仔细的确认和修改。

1. 代码生成

代码生成器(Code Generator)的基本任务是根据设计要求,自动地或者半自动地产生相应的某种语言的程序。图4-6是代码生成器的工作示意图。

输出程序代码是这个模块的目标。输出的代码有两种情况:某种高级程序设计语言的代码和某种机器(包括硬件和操作系统)环境下可运行的机器指令。在实际中,这两者都有各自的应用对象。前者的优点是使用者可以在这基础上进一步修改加工,即利用自动生成的模块作为一个原型,然后在此基础上形成自己所要求的系统(或系统的某一部分)。输出机器指令的优点是可以直接运行,从而立即检查是否

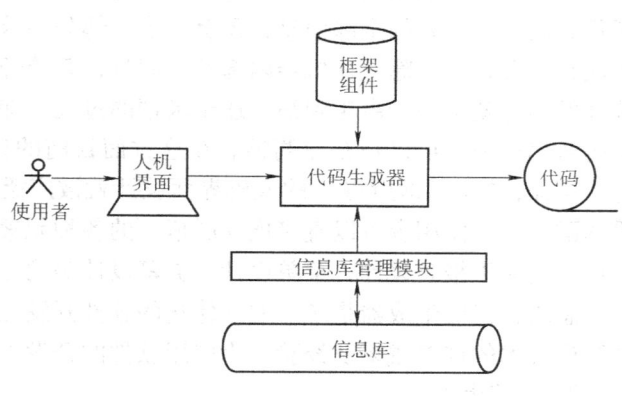

图4-6 代码生成器的工作示意图

符合要求,如果不符合要求就可以立即调整命令或参数重新生成一遍。当然这种机器代码一般是无法直接修改的,再加上这种产物对机器的硬件、软件环境的依赖很大,所以总的来说不如前者多。输出高级语言代码的主要缺点是功能较死,效率不高,因此必然还需要修改。至于输出的程序代码的功能则因各种系统或工具的不同而不同。一般来说,对话屏幕、输入屏幕、输出报表等类型的模块比较容易生成,因为它们的处理过程比较规范,比较容易通过一些参数来加以描述和规定。属于这一类的还有菜单控制结构模块。而对于统计分析、数据加工、决策判断等类型的模块则比较难生成,因为它们的灵活程度较大。在这里重复一条基本的原则,这就是:程序设计归根到底是要由人来做的,任何工具都只能发挥帮助和支持的作用,而不能完全代替人来工作。虽然不少报道声称可以节省编程时间60%以至更高,但是实际经验表明,对于这种节省不能寄予过高的希望。在这点上,开源代码的情况也是类似的。

生成代码时依据的是三个方面的资料。首先是信息库里已有的有关资料。例如，系统的总体结构，各模块之间的调用与被调用关系，各种基础数据的名称、类型、长度、结构、各种屏幕的设计要求，各种报表的设计要求等。总之，在一个一体化的环境中，代码生成必须充分利用信息库中的各种资料，这不只是为了节省重复收集信息的劳动，更重要的是为了保证系统的统一。这也正是单项的生成器与一体化的软件开发环境的区别。单项的生成器正是由于缺乏这方面的功能，所以它的作用受到很大的局限，它所生成的代码常常互相冲突，而不能形成一个有机的、完整的系统。当软件规模大到一定程度时，单项的生成器就很难发挥作用了。正如图4-6所示，这种信息调用是通过信息库管理模块实现的，生成器只需要提出信息的需求，具体的检索细节则应由信息库管理模块来实现。

其次，代码生成器还要利用各种标准模块的框架和构件。事实上，代码生成的技术无非是根据人们对于某一类模块的编程经验，归纳出一些一般框架或一般构件，事先存放在机器中，在实际使用时根据当时输入的参数，填入框架或重新组合构件，从而形成一个新的程序段落。例如，一般的报表都是由表名、表头、若干行、总结行及表尾附录组成，那么报表生成器就预置了一个标准的报表生成模块的框架，使用者只要送入有关的名称、参数（如行数）等，就很容易地得到一个报表生成程序。这种做法有点像编译系统的工作，只不过这里是从更高的层次上归纳出框架和待定的参数。

第三方面的依据是使用者通过屏幕前的操作送入的信息。因为信息库中不可能已经存入了代码设计所需要的全部信息，还有相当一部分要求或参数是在编码时才确定的，所以代码生成绝不会是完全隐藏在机器内部的。而且，系统开发本身就是完全隐藏在机器内部的。系统开发本身就是一个由粗到细、逐步求精的过程，即使在总体设计时作了原则规定，到具体编码时仍然需要加以补充和调整。在这方面目前的计算机技术已经能够提供许多有益的支持。例如，"所见即所得"的人机界面设计就被广泛应用，在图形、鼠标、功能键等多种手段的配合下，使用者可以直接拖动屏幕上的各种元素，随意调整或移动，就像在操作具体的物件。这对于报表设计、菜单设计、屏幕设计等尤为方便。

总之，代码生成器是统一的一体化的软件开发工具中的一个重要的组成部分。它运用了计算机技术的许多成果及经验，为应用软件的开发人员提供了十分有益的帮助。

2. 文档生成

文档生成的功能与代码生成相比，数量更大，内容更复杂。虽然它不必像代码那样必须严格符合计算机语言的语法规则，具有一定的随意性，但是它的种类繁多，而且是生成给人看的文档，所以必须符合人的工作习惯与要求，否则就没有实用价值。

所谓文档生成包括文章、表格、图形三大类。相对来说，后两者比较容易实现。在计算机绘图功能越来越强的情况下，画图已经不是困难的问题了。这里的困难是把图形的含义与信息库中的内容有机地联系起来。一般来说，把图形上已有的信息存入信息库的相应位置还是比较容易的，但把信息库中的内容用人们一目了然的图形表示出来就有一定的难度。因此，在实际中，人们常常是以图形方式输入信息，同时也存入有关的图形，在使用时同时调出二者，在变动不大时，进行一些修改和一致性校验，而回避困难的自动作图问题。表格比较简单，比较容易按信息库的当前内容输出。文章是最难处理的。写好系统分析、设计的报告或者用户手册绝不只是技术问题。在这里，软件开发工具所能做的是提供一个标准的框架，提醒人们完整地、确切地表达设计思想。目前，所见到的文档生成器大多数只是做到这个程度，有些工具试图从信息库中自动进行检索与统计，把一些关键性的数据写入文档，这是一个值得注意的方向，但与实际应用尚有一定的距离。

4.5 项目管理与版本管理

项目管理与版本管理的任务及由来前面已经反复说明，这里不再重复。从技术上讲，它们的核心问题是跨生命周期的信息的管理问题。前面在讨论信息库及其管理时，已经提到了历史信息的处理这个困难问题，这也正是项目管理与版本管理的关键问题。

当人们从事一项大型软件开发工作时，各个工作阶段对信息的要求、视角都是不同的。例如，在需求分析时，人们的重点是弄清软件的功能要求，这时某些环境因素可能并不显得十分重要，因而只是非常粗略地、不很准确地进行了了解和记录，但是到了详细设计时可能发现这个因素对设计影响很大。这时信息库中的内容就显出不能符合要求，或不够确切，或不够详细。在实际工作中，这就要出现反复，回过头去补充调查。这样一来，不仅进度会出现延误，而且以前已有的文档、资料也必须进行相应的修改，否则就会出现不一致的情况。

上述情况表明了项目管理在信息处理上的困难。针对这种情况，人们依据项目管理的经验，提出了以项目数据库为中心解决这些问题的思路。项目数据库实际上是信息库的一个组成部分。它的内容与另外几部分不同，它记录的是项目本身进展的各种有关信息。例如，它的一项重要内容是各工作阶段的预期进度、实际进展情况、验收情况。项目负责人应当随时掌握这些情况，一方面把住验收质量关，使每一步都扎扎实实，同时掌握全局，及时发现瓶颈环节，从组织上加以解决。正如一般项目管理的理论所强调的，这里关键是质量、进度、资源配置和费用四个基本问题。作为一个有效的工具，项目数据库必须存放到真实的、当前的项目进展状况中。项目数据库存放哪些内容，由谁来维护更新，由谁来查询使用，这些都是基于对项目进展过程的经验提出并严格规定的。例如，在 AD/Cycle 的总框架中，对于项目管理应当考虑的范围给出了如下的规定。

- 研究与确定开发工作的方针与方法。例如，采用什么样的阶段划分方法，采用什么样的系统描述方法等。
- 开发任务的划分与分工。整个开发任务如何逐层分解为具体的任务，这些任务委托给什么人(或哪个组)来做，这些任务之间的相互关系(顺序、制约等)。
- 资源状况。有多少人力、物力、设备、软件、资金；它们现在都在做什么，是否得到充分利用，是否需要增加投入。
- 人员情况。每个人(或每个组)的进度如何，技术水平如何，是否需要重新培训，是否需要调动工作。
- 变更情况。需求有什么变更，环境有什么变更，人员有什么变更，在开发期间设备(包括硬件和软件)与技术有什么变更。
- 质量情况。检验的标准是什么，如何检验，由谁来检验，用什么数据检验。

项目数据库的内容应当支持项目负责人做好以上各项工作。

关于版本的信息，有的工具中把它作为项目数据库的一部分来处理。它的主要内容是各个版本的编号、功能改变、模块组成、文档状况、推出时间、用户数量(或用户名单)、用户反映、封存情况等。这主要是对成为产品的、需要不断更新的大型软件而言的。不过，对于一般的应用软件来说，其管理思想与方法也是值得借鉴的。

关于项目管理与版本管理的技术，是目前技术界讨论较多的一个问题。虽然这方面的应用现在还不多，但是随着我国软件产业的发展与成熟，这个问题迟早要提到议事日程上来，人们应当有所准备。

◎ 本章小结

软件开发工具的发展利用了计算机技术及其他学科领域的许多技术，涉及面很广，再加上软件开发工具本身的种类繁多，差别很大，因此，软件开发工具在技术上有一定的难度，深入研究需要花费很大的精力。本章只是介绍一个基本的轮廓，使读者有一个初步的了解，以便在学习与使用各种各样的软件开发工具时，有所准备。

首先应当了解一体化的软件开发工具的基本功能与一般结构，同时也是对单项软件开发工具的概括和全面的了解。对于软件开发工具来说，总控和人机界面处于整个系统的中心位置，它直接决定系统的开放程度和灵活程度。信息库及其管理模块是软件开发工具向用户提供支持的基础，它的结构与内容决定了这个工具能提供多大程度的帮助。代码生成和文档生成是两种最主要的输出方式，软件开发工作的两个基本内容——编程序和写文档，将借助它们得到帮助。从长远的、发展的观点看，项目管理和版本管理将越来越显示出它们的重要性，成为软件产业走向成熟的重要体现。

◎ 复习题

1. 软件开发工具的基本功能有哪些？
2. 一体化的软件开发工具包括哪几个主要组成部分？
3. 总控和人机界面为什么是系统开放性和灵活性的关键？
4. 总控和人机界面的设计原则是什么？
5. 信息库的内容应包括哪些方面？
6. 信息库的结构方式有几种？为什么要有专门的信息库管理模块？
7. 代码生成的输出形式有几种？各有什么特点？
8. 代码生成器依据哪些资料工作？
9. 项目管理的任务包括哪些方面？
10. 项目管理工作的困难何在？

第 5 章　软件开发工具的使用与开发

◎ 内容提要

对于软件开发人员来说，对软件开发工具的兴趣来源于选择与使用的现实需要。在大量的、经常的软件开发工作中，如何实际地、有效地引入或开发软件工具，使之对实际的软件开发工作带来帮助，这就是本章所要讨论的问题。

人们首先遇到的问题往往是购买现成的软件开发工具还是自己开发专用的工具。对于这个问题，不能简单地回答是或不是，它与具体工作的条件、环境、人员素质、项目特征都有不可分割的联系。即使确定了要购置软件开发工具，在众多的、各有长处的产品之间如何进行选择也是一个需要认真研究的问题。在购置了软件开发工具之后，并不意味着它就能自动地发挥帮助人们开发软件的作用，合理地组织、正确地使用才能保证软件开发工具真正发挥作用。至于准确自行开发软件工具，则更需要进行认真的可行性分析和各种技术准备，对其工作难度和巨大的工作量应当有足够的估计和充分的准备。

5.1　购置与开发的权衡

对于是购买工具好还是自行开发工具好这个问题，很难给出简单的回答。这两种做法各有长处也各有短处，一般来说，这是一个需要根据实际情况加以权衡的问题。

购买市场上已有的软件开发工具，一般来说能够帮助人们减轻一定的工作负担，在某些环节上代替一些简单的、重复性的工作；当项目比较大，时间持续比较长的情况下，使用工具还可以使工作的组织管理比较规范，信息的管理与检索比较方便，部分地做到信息与知识的重用和共享。然而，软件开发工具的引进常常是比较昂贵的，特别是面对项目管理或系统分析工作的工具，这一代价往往使人望而却步。更重要的方面在于目前软件开发工具的发展水平还不高，真正经过考验的、一体化的软件开发工具还不多，产品不满意，效率不高等问题十分突出，它们的作用与可靠程度还不尽如人意。这就常常使人们在购置软件开发工具时犹豫，特别是在具有一定软件开发力量的单位，人们就会转而考虑自己开发专用的、为自己所用的软件开发工具。显然，走这条道路有不少优点，目标明确，切实符合自己的需要，便于进一步扩充和升级，不存在引进外面产品时不可避免的冲突与不一致。此外，还有这样一种诱人的可能性，如果自己用得顺利，就可以商品化，成为软件产品出售。因此，自制一些工具是十分普遍的，许多软件技术人员手边都积累了一些自制的、专用的、规模不一的软件开发工具。这种方法的最大问题之一就是软件开发工具的开发难度往往被大大地低估了。单项的、专用的工具并不难开发，这方面的成功常常使人低估了商品化与集成化的困难。一旦工具要适用于较广的范围、不同的环境之中，一旦各环节之间要相互衔接，困难就会接踵而至。许多单位的工作正是停在这一步上。

因此，可以这样说，从长远来看，软件开发工具会越来越多地得到应用，自行开发工具的情况会越来越少；但是，以目前的软件开发工具的发展水平，在不少情况下，用户还难以找到十分适用的工具（特别是一体化的工具），因此，自行开发一些为自己所用的、适用于某一特定的应用范围的、只支持某一局部功能的工具，还是相当普遍的现象。

这是与技术发展的水平相联系的一个必然的发展过程。我们不妨回顾一下计算机程序设计语言的发展过程。当高级程序设计语言刚出现时，人们常常责备它的效率低，不能充分发挥机器的能力，从而用汇编或手编程序直接编程。但是，随着技术的发展，完全用汇编或手编程序已经没有必要也不可能了。虽然直到今天，某些实时系统或其他时间要求很高的系统，其核心部分仍要用汇编程序来编写，但是高级程序设计语言的主流地位已经是无须讨论的了。对于软件开发工具来说，目前也正处于与高级程序设计语言早期类似的情况，软件开发工作规模的扩大将使软件开发工具的使用成为客观形势的要求，而软件开发工具本身的完善与加强将使它的应用面越来越宽。相信这个发展趋势是必然的。

那么，具体地说，在实际工作中，应当根据哪些因素来考虑购置与自行开发之间的这种权衡呢？以下四个方面的因素应当是必须考虑在内的。

1）准备从事的软件开发工作的性质与要求。这是决定购置还是自行开发的最基本的因素。例如，为了开发一些一般性的、日常事务处理用的专用系统，它们的功能比较简单，重复量大，对程序运行效率要求也不那么高，购置一些比较成熟的、能减轻重复劳动的现成工具，这无疑是有益的，用不着自己去开发工具。但是，如果是开发软件产品的公司，要求有很高的效率与灵活性，而且针对某一类特定的应用问题，那么就很难找到现成的软件开发工具，这时为了提高工作效率，加强本公司内部工作的协调一致（如代码格式、文档格式方面的要求），往往是自行开发专用的工具更为有利。

2）开发人员对支持工作与支持程度的实际需要。在这里，软件开发人员成为用户，对于软件开发工具来说，软件开发人员（包括从项目负责人到程序员、资料员、测试人员）希望得到什么帮助，是思考与权衡各种问题的出发点。这些要求对于不同的项目组、不同的开发任务是不同的。例如，对于某些项目的开发、报表设计或屏幕设计的数量很大，又不太复杂，在这种情况下，购买现成的报表生成器或屏幕设计工具则是合理的。而对于一些游戏或教学辅助软件，则不能用屏幕设计的现成工具，因为这些软件需要活泼多变的人机界面，而一般的屏幕设计工具是无法满足这种要求的，这就需要多媒体软件开发工具。如果现有的工具满足不了这样的要求，就需要自行开发一些专用的工具。

3）工作环境也是决定购置工具还是自制工具的一个重要因素。所谓工作环境包括硬件配置、系统软件、数据库管理系统、网络通信等各种条件。一般的软件开发工具都是在一定的工作环境中工作的，环境不一样就不能正常运行、发挥作用。虽然一些比较大的软件开发工具厂商声称它们的产品可以在各种不同的平台上使用，但是这事实上是很难做到的。因此，在一些比较通用的平台上比较容易找到合适的工具（如 DOS 平台、Windows 平台、UNIX 平台等），而在比较特殊的平台上常常需要自行开发工具。关于工作环境还有一点要说明的，工具的环境一般与待开发的软件的环境一致为好。因为这样的安排有利于实现一体化的、全过程的支持。

4）人员的因素也是必须考虑的。软件开发工具引入的初衷之一是节省程序员的劳动，但是这并不是说可以不要程序员，而是对程序员有了更高的要求。如果说原来对程序员的主要要求是熟悉程序设计语言的话，那么在引入软件开发工具之后，就要求程序员同时了解与掌握软件开发工具。使用引入的工具需要花时间学习与熟悉，自己开发工具更需要花费人力与时间，而且所有这些都需要一定的知识背景。这些因素不仅影响软件开发工具能否真正使用，而且影响到是购买工具还是自己开发工具。

总之，在软件开发工作中引进软件开发工具是一种必然的趋势。但是，由于这一技术比较新，还不够成熟，所以实际工作者必然面临着购置还是自行开发的权衡。前面各章的内容无非都是为读者提供进行这种权衡的基础知识。当然，这些知识都是一些一般性的、原则性的说明，它们只有和具体的软件开发工作的实际相结合，才能对实际工作有所裨益。

5.2 软件开发工具的选择与购置

如果确定了要购置软件开发工具，那么下一个问题就是如何在五花八门的软件开发工具中进行合理地选择。

1. 明确目的与要求

在选择之前首先需要明确目的与要求。也就是说，自己首先要搞清楚此次引入软件开发工具要达到怎样的目标。具体地说，下面几点是必须明确的。

1）为哪个软件开发项目而使用工具，是为了一个项目还是为了一批项目而购置软件开发工具，是为哪一种类型的项目而购置这些工具？

2）在哪个工作阶段使用工具，是单在代码生成或是在文档生成中使用工具，还是在其他阶段也要使用工具，是在一个生命周期内使用工具，还是准备长期开发、不断更新版本？

3）工具将供哪些人使用，这些人以前是否用过工具，他们熟悉的语言、开发环境、表达图示、交流方式是什么？这些人对于使用工具的态度、期望、可塑性如何？

4）工具将在怎样的软件和硬件环境下运行，机器的速度、内存、外围设备、通信条件如何？

显然，这些问题如果不事先了解清楚，选择工具就会陷入盲目性。

2. 调查市场

根据这些基本情况，我们就可以对市场上可供使用的软件开发工具进行调查研究。在调查研究中，以下这些问题应当作为重点。

1）软件开发工具的功能。从前面几章我们已经了解到，现在可以称为工具的软件是十分广泛的。它们的功能相差甚远，决不能笼统地看待。

2）软件开发工具的性能。这主要包括它们的人机界面、使用方式以及时间效率。对于能够实现同样功能的工具，应当从这些方面比较其优劣。

3）软件开发工具所使用或依据的开发方法或开发理论是什么？软件开发工具的方法理论是否与我们的一致。这主要包括两个方面。一方面是对应用软件结构的理解与认识。例如，有的工具(如 Quick MIS)以菜单树结构为基本思路来支持开发工作，生成的软件都是通过一层一层的菜单来组建起来的，而另一些工具则立足于命令控制式的系统结构，为定义命令、热键操作提供环境与条件。如果在这方面的思路不一致，就不能购买这样的软件。另一方面是对开发过程的划分与各阶段任务的理解与认识。由于这方面的说法与用词并不一致，所以常常需要仔细弄清其真实含义。例如，对于设计的理解，有的地方理解为提出每个具体模块的要求，而有的地方则理解为完成代码编写。如果开发者和工具在这些方面的认识不一致，也将使工具的有效使用受到阻碍。

4）软件开发工具的运行环境是什么？如上所说，硬件条件、操作系统、数据库管理系统、通信条件等都对于未来的实际使用产生影响。目前，软件开发工具越来越大、越来越复杂，对于环境的要求也越来越高。对于内存规模、磁盘容量、主机速度、输入设备、输出设备等方面的要求，常常成为软件开发工具使用时的制约条件。

5）软件开发工具的文档资料是否齐全？使用时的学习、掌握是否简单易行？由于软件开发工具本身的复杂性，使用工具开发系统必然比直接用高级程序设计语言开发更需要学习和各种资料上的支持。

6）软件开发工具的服务、培训条件如何？提供工具的生产厂家应当对使用者提供良好的服务和培训。这已是软件市场的惯例，对于像软件开发工具这样的、比较复杂的软件，这方面的情况更应当成为衡量的重要标准之一。

7）价格。综合以上各种条件，就可以对软件开发工具进行必要的成本效益分析。如果工具的价格超出预期的效益，那么它的功能再强、性能再好，在经济上它也是不合理的。软件开发工作作为一种经济活动，必须考虑经济上的收益与支出的合理性。

3. 软件开发工具的购置方法与步骤

在软件开发工具的选择与购置工作中，应当遵循以下的步骤与方法。

1）明确购买软件开发工具目的与要求。如前所述，这是正确使用软件开发工具的基础工作，必须首先做好。

2）明确购买软件开发工具的环境条件与制约条件。规定要买的工具将在什么样的平台上运行，它应当受到经济、人员等条件的哪些限制。

3）市场调查。根据上面讲到的七条标准对于市场上可利用的各种软件开发工具进行调查。在这个阶段应当尽可能避免先入之见，扩大选择范围，广泛收集信息，这样才能选择到最合理的工具。

4）对于可供选择的各种工具进行综合比较。在实际工作中，这种综合比较是反复进行、逐步筛选的。在这个过程中特别要防止两种倾向。一种是单纯从厂家提供的资料去比较，而缺乏客观的资料来源，如已经使用过这种工具的使用单位的反映；另一种是单纯从某一项指标去比较，如单纯从价格去看。这一步工作是十分重要的，千万不能草率从事。

5）进行测试和检验。当选择范围缩小到两三种时，就应当对这些工具进行实际的测试和检验，利用接近于实际开发项目的数据，进行输入、输出、修改、查询等基本操作的试验，看这个工具能否达到所期望的目的。不少软件开发工具的厂家都有演示版。应当注意，不能只看演示版而决定是否采用，因为工具的真正功能与性能只能依据正式的使用手册，而不能依据演示的印象。

6）正式签约购置。这一步实际上包括了技术洽谈和各种服务条件的确认。经过以上各步骤，应当说对所购买的软件开发工具已经相当了解，它的功能与性能肯定是符合要求的。在这里需要与供应厂家商定的是服务与支持，没有这方面的必要的保证，工具的有效使用还是没有把握的。

7）安装与试用。比较复杂的软件开发工具都有专门的安装程序与相应的安装说明。对于成熟的产品来说，应当能够由用户自己完成安装的任务。但是，正如前面一再提到的，软件开发工具目前尚不成熟，许多只是处于试用阶段。所以，不管是否有安装程序，在安装试用期间必须要求厂家提供切实的支持与有效的服务。

总之，软件开发工具的选择与购买是一件十分复杂细致的工作，切不可掉以轻心。

5.3 软件开发工具的使用

一旦购置了软件开发工具，使用者必须从一开始就对它的使用过程进行认真的组织与管理。这种组织管理工作的成功与失败，直接影响着软件开发工具的作用的发挥程度。一般来说，任何软件系统在运用中都应当进行认真的管理，否则就会出现混乱，以致使系统崩溃。对于软件开发工具来说，这个问题更为突出。从不规范的、立足于程序员的编程技术上的软件开发方式，转变到严格地、按科学方法组织管理的软件开发方式，这本身就是一个极其深刻的变革，它必然要经历许多摩擦与碰撞。人们总是有意无意地试图回到原先的、"省事"的工作方式或工作习惯去，违反严格的要求，造成种种信息不通、信息不一致的现象。因此，软件开发工具的使用过程，就是一个逐步改变旧的工作习惯，建立科学的软件开发方法的过程。这是一个深入到每一个工作人员的工作中的、根本性的深刻变革。因此，如果没有认真的组织管理，它是不可能自发地、轻易地、顺利地实现的，切不可低估了这一过程的困难、复杂与反复。

具体地说，在引入软件开发工具之后，应当认真进行的组织管理工作包括如下四个方面。

1）严格使用制度。对于有关的各种信息，都要明确其来源、使用权限、维护职责等有关事宜。不言而喻，单纯一个抽象的模型或一个空的信息库对实际工作是毫无意义的。实质性的内容是与本软件开发有关的信息。一个项目组在自己的工作中使用软件开发工具时，必须明确规定各种有关的信息由哪些人在什么时候完成这种任务，而且必须对这些信息的准确性负责。另外，对于已经存入信息库的信息也要规定其使用权限及维护责任，即哪些人可以使用它，可以修改它。如果没有明确的规定，信息库的内容就失去了可靠性，工具的运用也就失去了基础。

2）记录使用的详细过程。作为使用制度的落实；对于使用的过程要进行认真的、尽可能完整地记录。记录的内容包括系统运行的次数、时间，信息库的输入与更新时间，各种输出的质量与数量，使用者的反映与满意程度，各种故障的情况及处理。这种记录工作是一项基础性的工作。没有这样的记录，人们就很难确切地分析软件开发工具的作用与价值，也就无法改进及用好它。这种记录工作可以由机器自动完成（如用机器已有的工作日志功能——LOG 功能），也可以用手工方式进行。不管用什么方式记录，项目的组织者必须及时地清楚地知道软件开发工具的使用情况、信息库的情况以及人们是否正确地使用了它们。

3）培训使用人员。既然软件开发工具的使用过程是人们转变工作方式的过程，那么，人员培训工作无疑也应是使用过程中十分重要的、不可缺少的一个部分。要使所有的有关工作人员都真正领会软件开发工具所包含的思想与方法，绝不是一两次学习所能实现的。必须在软件开发工具的使用过程中反复强调，反复领会。作为组织者更应当结合实际情况，以本组工作中实际的经验与教训为教材，不断强调软件开发工具的思想与方法。这种培训工作必须成为项目组的日常工作的一部分。许多大软件公司规定了工作人员每周要有固定的学习时间，每年必须完成一定的进修任务，这是很有道理的。

4）经常进行审计与评价工作。所谓审计是指对一个系统的运行状况及效率进行检测与评价，以便进一步用好或改进这个系统。简单地说，审计的目的就是为了做到心中有数、用好工具、保证取得实际的应用效果。审计可以由本项目组的人员自行进行，也可以请外面的专家来进行。当然，审计的基础就是前面所述的日常记录的信息，没有日常信息的积累，审计工作就无法进行。

审计的范围应当包括工具使用的环境、人员、工作负担、工作效果、存在问题、改进方向等许多方面。下面列出一个简单的进行审计的问题表，供读者参考。

- 这个工具在购置时希望利用它的哪几项功能？这些功能是否都能发挥预期的作用？是否对提高软件开发的质量与效率提供了有效的帮助？
- 这个工具在效率、响应速度、输出方式等性能方面能否满足本项目组实际工作的要求？
- 本项目组有多少人直接使用了这个工具？他们在使用工具前后，工作方式与工作效率有什么变化？特别是项目组的负责人是否从软件开发工具的使用中得到了实际的帮助？
- 在购置及引进软件开发工具时，投入了多少资金及人力？通过使用这个软件开发工具，得到了哪些收益（包括可以定量计算的和无法定量计算的收益）？从经济上看，使用这个工具是否合理？
- 这个软件开发工具与本项目组工作所依据的硬件和软件平台有没有冲突与不一致的情况？工具所提供的功能有没有因为硬件或系统软件的限制而不能充分发挥的情况？
- 自从引入软件开发工具以来，有多少人使用它？使用的频繁程度如何？在这方面，如果记录齐全，就可以得到十分确切的、定量的统计数字。
- 利用软件开发工具管理的信息范围有多大？是否与项目开发有关的主要数据都已存入信息库？信息库的一致性能否得到切实的保证？是否达到了省劳动、提供原型或提高效率的目的。
- 该工具的人机界面是否好用？是否符合项目组中有关人员的工作习惯与要求？是否具有足够的灵活性？
- 该工具对于项目管理者来说，提供了哪些帮助与支持？是否对于项目的科学管理产生了积极的影响？
- 在工具使用的过程中，有没有出现过错误与故障？有没有出现过数据丢失或错误的情况？有没有出现过由于误操作而引起的各种异常情况？如果有这些情况，采取了哪些纠正或补救的措施？其效果如何？
- 项目组的成员（包括项目负责人与一般工作人员）对工具的印象及反应如何？他们是否认为有必要使用工具？有哪些进一步的要求或改进的意见？
- 引入工具以后，项目组开发了几个软件？在开发中是否都用了这个工具？使用的情况与效果有什么不同？

总之，软件开发工具的使用过程需要认真地组织与管理，切不可以为只要配置了软件开发工具，它就会自然而然地带来效益。

5.4 软件开发工具的开发

前面已经讲过,除了购置与使用商品化的软件开发工具之外,自行开发软件开发工具也是一种办法。当然,这里主要指的是为自己使用而开发的工具,即在市场上还没有适合自己需要的软件开发工具时,针对自己的需要开发某种特定的工具。至于专门作为商品生产出来,以销售为目的软件开发工具,与为自己所用而开发的工具有很大差别。有一些软件,最初是一些公司为了自己所用而开发的,经过相当长时间的发展变化后,形成了商品化的软件开发工具,但这中间已经有了质的变化。因此,在讨论工具的开发时,我们首先要区分是为自己所用还是作为商品开发,至少在一个时期内二者必居其一,不应混淆。

对于多数读者来说,一般是为自己所用而开发工具。在这里,首先需要注意的是,从实际出发,设定现实的、有限的目标。经过前面的学习,读者一定已经充分认识到软件开发工具的复杂与困难,尤其是一体化的或集成的软件开发工具的困难性。而且从本质上讲,它是帮助人们开发软件的工具,只能支持人们工作,而不能取代程序员的工作,更不能取代项目负责人的组织与管理作用。因此,必须实事求是地根据项目组的实际情况,抓住真正需要加强的、真正需要帮助的环节,开发出短小实用的工具,用于支持项目组的工作。也就是说,一定要在确实需要的地方开发与使用工具,而不要存在盲目追求使用工具的倾向,或为使用工具而开发与使用工具的倾向。要使工具的开发与使用成为雪中送炭,而不是锦上添花或画蛇添足。那种形式主义的做法,在实际工作是确实存在的。

与上一点相联系,自行开发工具一定要坚持短小实用,逐步积累,避免期望过高,贪大求全。这条原则是立足于对软件开发工具开发难度的认识。实践表明,功能齐全的、一体化的软件开发工具,即使对于有雄厚实力的大软件公司来说,也往往会感到力不从心、难以在短期内完成。因此,对于多数实际的使用者来说,更应当以十分谨慎的态度对待这个问题。这样说,并不是说不要考虑功能齐全的、较大规模的,以至一体化的软件开发工具,而是强调从实用出发,逐步积累,逐步发展。

第三点是要注意文档的齐全与资料的积累。这是与上面所说的逐步积累联系在一起的。因为我们看到了应用软件开发工具是软件技术发展的方向,所以自行开发的短小实用的工具并不是不自觉的权宜之计,而是从根本上提高软件生产效率和质量的实际步骤。既然如此,这里每一步都应当向这个方向迈进,而保证这些成果能够积累起来的关键就是文档与资料的积累。所以,决不能因为是自行开发的工具,主要是供自己用,而忽略文档和资料的积累工作。否则,就真成了零敲碎打的小技巧,而根本谈不上从根本上提高软件工作的水平和效率了。

作为面向广阔的、实际应用领域的、商品化的软件开发工具,其难度要比为自己所用的工具大得多。理由很简单,各种应用项目的千差万别,再加上运行环境的复杂多变,使商品化软件的开发任务要繁重得多。人们常常忘记了这一点,混淆了这两种不同类型的任务,简单地把自己用得很顺手的软件开发工具直接当做可以用于其他环境的商品化的软件开发工具,这是一个严重的误解。与其他软件相比,软件开发工具更多地依赖于应用领域的特点、硬件与系统软件的支持、开发人员的工作习惯与组织方式。所以,在考虑商品化的软件开发工具时必须十分谨慎地设定目标和要求,使之相对地符合实际。

目前，国内外不少公司与研究单位都在开发各种各样的软件开发工具，有的已经投入了大量的资金，经过了相当长时间的发展与进化。在这种情况下，比较实际的方法显然是尽力利用他人的已有成果，在前人工作的基础上，把精力集中于进一步的开拓方面，而不是低水平地重复别人已经做过的工作。这也是软件产品走向成熟的一种表现。这就像人类发明了斧头这种工具之后，只有少数人专门从事斧头的制作，而多数人只是使用斧头。人人都去制作斧头，只能认为是生产力落后的表现。

即使在一定的工作基础之上，具备了制作商品化软件开发工具的条件时，也要明确它的适用范围与使用条件。由于各种应用领域、各种应用软件的差别，软件开发工具的目标越具体、越明确，就越能发挥作用。相反，越是一般化的、声称万能的工具，越容易陷入无法用、没有用的境地。实际上，成功地占有一定的市场，并得到实际使用的往往是那些明确地宣称支持某一特定领域的、某一类具体软件开发的一些软件。

能够占领市场的另一个重要因素是服务与文档。因为使用软件开发工具是一个学习的过程，能否提供及时、有效的服务，能否提供易读易用的使用手册等文档，成为人们评价软件开发工具的主要指标。如果说，对于自己使用的软件开发工具，文档及使用说明已是用好管好的重要因素之一，那么对于商品化的软件开发工具，这已不只是一个影响因素，而是决定其成败的首要因素了。

至于技术上的开发方法及要点，在第4章已经详细讨论过了，这里不再赘述，只是就经营决策的有关问题略加说明。

◎ 本章小结

如果说，前几章主要是从理论和技术的角度讨论软件开发工具的话，那么本章就是从非常实际的、使用者与购买者的角度，即大多数软件开发者的角度，讨论与研究一些现实的问题。

人们首先遇到的问题是购置商品化的软件开发工具，还是自行开发专用的工具。显然，这个问题无法一般性地、简单地回答。在目前情况下，应当谨慎地选择软件开发工具，因为用得好的确实不多，这是由这门技术本身固有的复杂性和当前发展水平决定的，所以软件开发人员常常需要自行开发一些局部的工具以应急用。然而，从长远和技术发展方向看，大家都自行开发工具，是一种不成熟的表现，加上软件开发工具，特别是一体化工具的研制需要大量人力和物力，非一般单位所能承受，所以正确选择，努力利用商品化的软件开发工具，是我们必须做的一件重要工作。

在选择与购置软件开发工具时，最重要的是设置有限的、现实的目标，以及充分考虑各方面的环境因素，这两点对于软件开发工具能否切实发挥作用起着根本性的制约作用。同样重要的是购置之后的认真的组织与管理，不管多么先进的工具，没有科学的组织与管理是不会自动发挥作用的。这里所说的组织管理工作主要包括建立严格的、职责分明的管理制度，详细记录运行及使用的状况，经常性地对使用人员进行培训，经常对系统进行审计与评价。

对于自行研制工具来说，除了技术上的各种考虑(如第4章所述)之外，主要是要区分自己(不是个人，而是项目组)用还是作为商品出售。这两者是有所区别的。

◎ 复习题

1. 怎样考虑购置软件开发工具以及自行研制工具的权衡？哪些因素是必须认真考虑的？
2. 为什么软件开发工具选用之前必须设定明确的、有限的目标？
3. 软件开发工具的市场调查应当包括哪些内容？
4. 购置软件开发工具的工作步骤应当如何安排？
5. 软件开发工具得到有效使用，并真正发挥作用，需要有哪些条件？
6. 引入软件开发工具之后，应当怎样进行管理？
7. 在对软件开发工具的使用情况进行审计时，需要考虑哪些问题？
8. 自行研制软件开发工具要注意哪些问题？
9. 为自己所使用的工具与商品化的软件开发工具有什么区别？
10. 结合自己所了解的软件开发工具，分析现阶段软件开发工具的实际发展水平，以及使用者应当采取的策略。

第 6 章 软件开发工具的现状与发展

◎ 内容提要

软件开发工具是一个比较新的技术领域，即使在国外，也还处于发展与完善之中。虽然在广告宣传中它已大量出现，但是在实际中，许多问题还在探索之中。真正如人们设想的彻底改变软件生产的手工业方式的目标，还远远没有达到。多数应用或实际产生效益的应用，还局限于文档生成、代码生成、原型制作等环节上。国内也有不少单位进行了这方面的研究与开发，从研究和技术的角度来看，并不落后很多，但差距在于应用。

从技术上看，今后一段时间内，软件开发工具的发展将在以下几方面继续，包括通过引入人工智能、神经网络等技术提高信息管理的水平与能力，与网络技术结合进一步提高信息共享的功能，通过对信息库的深入研究使工具的一体化（或集成化）得到具体地发展，经过各个流派的磨合逐步走向标准化。

6.1 软件开发工具的发展现状

软件开发工具的兴起是在 20 世纪 80 年代中期。它和一切新兴技术一样，多年来经历了反复和曲折的发展过程。从开始的期望过高，到受了挫折之后的冷静思考，从笼统的模糊的设想，到具体地分析与实现，软件开发工具的技术正在逐步走向成熟。以下仅就我们所了解的范围，对当前这一领域的状况进行简单的介绍。

1. 国外发展状况

20 世纪 80 年代中期，专项的、支持某一工作环节的专用工具大量涌现，如管理数据字典的 CDD（Dec 公司），Dictionary/3000（HP 公司），画数据流图的 Flow，以及依赖于各种机器的代码生成器和第四代语言。如前所述，人们很快发现了这种分散应用的弱点，提出了一体化的要求（有的地方称之为软件开发环境）。在这种潮流中，特别引人注目的是 IBM 于 1989 年提出的 AD/Cycle——关于应用系统开发和 CASE 工具的总框架。在这个雄心勃勃的总框架的规划之下，IBM 和它的许多软件伙伴开发了一系列力图达到一体化要求软件开发工具。根据不完全的统计，到 1992 年，已有 30 余种产品正式推向市场。其中比较著名的有以下几种。

- 用于项目管理与质量管理的 ADPS。
- 用于 AS/400 的一体化工具 ADT。
- 用于分析、建模及 DB2 数据库设计的 Bachman Re-Engineering Product Set（Bachman 公司）。
- 用于在 SAA 平台上生成代码的 CSP/AD。
- 用于 DFD、E-R 及数据库设计的 Develop Male。

- 用于文档工作站环境下的一体化开发工具 PC Prism 和 Excelerator(Intersolv 公司)。
- 强调以知识库为支持的一体化开发工具 IEW(用于 PC DOS)和 ADW(用于 OS2)(Knowledgeware 公司)。
- 用于信息库管理的 Repository Manager/MVS。
- 用于软件测试的 SATT 和 WITT(未注明生产厂家者均为 IBM 出品)。

这些工具在一定的范围内得到了推广和应用，但是，由于新型的 Client/Server 结构迅速兴起，加上开放式体系结构的广泛应用，以传统的主机中心结构为基础的，局限于 IBM 平台(S/370,AS/400,PS/2)的 AD/Cycle 显然已不能适应。IBM 不得不于 1994 年事实上停止了 AD/Cycle 的计划。虽然，AD/Cycle 的庞大计划受到了挫折，但是软件开发工具的发展势头并未减弱，信息库等概念为各公司普遍采用，新的产品不时见诸报端。

目前真正一体化的，又能应用于各种平台上的工具尚不多。比较多的两种工具，一种是用于特定平台上的、主要用于设计阶段的工具。这种软件多数依附于软件平台(如某种数据库管理系统)，如 ORACLE 的 CASE，INFOMAX 的 New Era，IBM 的 VisualAge，以及 Power Builder，Power House 等。另一种是侧重于分析方法的、独立于平台的工具。从方法论的角度来说，这种工具更值得注意。在这类工具中，值得注意的是 Rational 公司的产品，如 Rose。该公司集中了 G. Booch，J. Rambaugh 等在面向对象方法领域的著名专家，提出了比较先进的思想，并加以实现。1996 年 3 月，Rational 公司向美国十五所高等学校赠送了其产品，并强调以教育和培养新一代的软件开发人员为宗旨，这是很有见地的。另外，在美国国防部系统得到广泛应用的 MARK V 也是一个值得注意的、具有特色的工具。

近几年来，基于互联网和开源软件的工具出现。除了前面说到的这些功能外，帮助人们搜索和检查开源软件的工具、自动生成和检查 XML 的工具、基于 SOAP 的工具、面向 UDDL 的搜索工具等都已经开始研制和使用。这些都是值得关注的。

2. 国内发展状况

早在 20 世纪 80 年代初期，在浙江省宁波市的一次学术会议上，徐家福、杨芙清等专家就已经向国内同行介绍了软件工作环境的概念。随着改革开放的深入，国外在这方面的研究动向迅速地传入，许多大学及研究单位也进行了相应的研究开发工作。比较早的如清华大学的 Auto-DBaseⅢ以及许多报表生成器、自动屏幕设计工具、自动菜单设计工具等。当时，大家的注意力集中于代码生成以及汉字处理方面。随着研究的深入，人们开始注意到分析工具、计划工具以至一体化的集成环境，并进行了许多开发与尝试，如北京大学的青鸟项目等。北京航空航天大学、中国人民大学、西安交通大学、合肥工业大学等高等院校也都作了不少研究和探索。市场上也出现了 QuickMIS 等产品。如果从研究的水平来看，国内这方面的水平并不比国外低多少。国外同行考虑的各种问题，我国研究人员也都进行了相应的工作。主要的落后点在于应用，即没有广泛地使用这些工具。总的来说，我国的软件产业还没有形成一批稳定的、高度有组织的软件开发群体，因而真正能够发挥软件开发工具作用的环境与需求还不具备。试想，如果多数项目处于依赖个人的程序技巧、谈不上组织管理时，项目管理和版本管理有什么实际用处呢？至于跨生命周期的信息重用、软件重用就更无从谈起了。因此，对我国的软件产业来说，当务之急应是大力普及软件工程及方法学的知识，提高软件开发工作的水平，这才能使软件开发工具的应用具有实践的基础。

总的来说，软件开发工具正处于迅速发展中，我们应当及时地了解与掌握发展的情况与趋势。为了帮助读者理解前面关于软件开发工具的一般性论述，本书在后面章节中介绍了 Eclipse。需要特别说明的是，这一举例是带有局限性的。限于作者经验及手边资料，无法作更多的介绍。其次，即使能收集到更多的资料，我们也无法预测几年之后，哪些软件开发工具会出现及流行。介绍的目的是给读者一些感性的体验。如果读者有条件使用一两种实际的软件开发工具(本书中介绍的或没有介绍的)，一定会对本书一般性的讨论有进一步的理解。

6.2 软件开发工具的发展方向与趋势

软件开发工具的百花齐放和迅速发展，使我们现在很难全面介绍其全貌，更难预言长远的发展趋势。本节将指出几个值得注意的发展方向，概括地勾画软件开发工具发展的轨迹，并且介绍和比较一些比较常见的工具，以便为读者进一步的研究和使用提供参考。

1. 几个值得注意的发展方向

从目前的软件开发工具的发展来看，智能化、网络化、一体化、标准化是值得重视的几个方向。

所谓智能化，具体地说就是在软件开发工具的研究与使用中引用人工智能、神经网络等技术，使得软件开发工具对于不确定性的信息、模糊信息具有更强的处理能力。由于在软件开发工作中，存在着大量不确定的因素，人们常常需要用知识与经验来补充或加工。在这方面，人工智能方面的技术可以提高信息处理的功能及效率。Knowledgeware 公司开发的以知识处理为基础的工具，给人们不少启发。

网络的应用是计算机应用领域中的一个重要方向。如果说单个工作站或计算机还只是个人头脑的扩展，那么计算机网络的普遍使用则使全人类的头脑得到了极大的扩充，人类收集与积累知识的能力大大地加强了。软件开发工具这个领域当然也不例外。通过网络，人们可以更方便地互通信息，共享知识，这就给人们所梦想的软件重用、知识重用提供了新的机会。例如，在项目管理方面，网络的应用使人们更便于掌握项目的进展状况、质量状况等。正因为这样，目前利用网络提供条件，提高工作效率的软件开发工具，以及在网络上开发应用软件的工具，正在成为当前发展的一个热点。例如，专门用于网络环境的 HTML 和 Java 正在受到越来越多的人的关注。

一体化的趋势早在 20 世纪 80 年代后期已经十分明显。但是，在开始时人们显然低估了一体化的困难。许多教训告诉人们，困难不在于技术上的问题(如速度、容量等)，而在于对软件开发过程与相关信息的认识深度。只有对于软件开发中涉及的各种信息，以及在开发过程中它们的发生、变化、关系、一致性等有了完整与深刻的理解，才能真正实现软件开发工具的一体化。关于信息库的内容及处理功能的讨论，从理论上为实现一体化提供了基础。另外，客户/服务器结构的发展也为实现软件开发工具的一体化提供了启发与新思路。

标准化的问题是由软件部件、组合软件的想法引起的。按这种想法，为了解决大型软件开发的困难，需要把软件开发工作分成两个部分：软件构件(如硬件的芯片)的开发，用这些构件组成大型软件(如用芯片组成主机)。显然，要做到这一点，软件构件必须实现标准化，用构件组成大型软件的结构也必须符合一定的标准，否则就不可能提高生产效率。围绕这一思想，一些标准已经提出，如 CORBA，COM101 等。可以预计，今后几年内在这方面还会有新的进展。

2. 软件工具的发展轨迹

2008 年，美国电气与电子工程师协会（Institute of Electric and Electronic Engineer——IEEE）的权威刊物《软件》（Software）的 9 月/10 月号，正是以"软件开发工具"（Software Development Tools）为题的一期专刊。来自 IBM，SAP 等公司的三位特约编辑，在他们撰写的开篇主旨文章《我们的拐杖在哪里》[7]中，给出了一张高度综合的、回顾软件开发工具历史的示意图（见图 6-1），概括了 40 年来软件开发工具的发展轨迹。

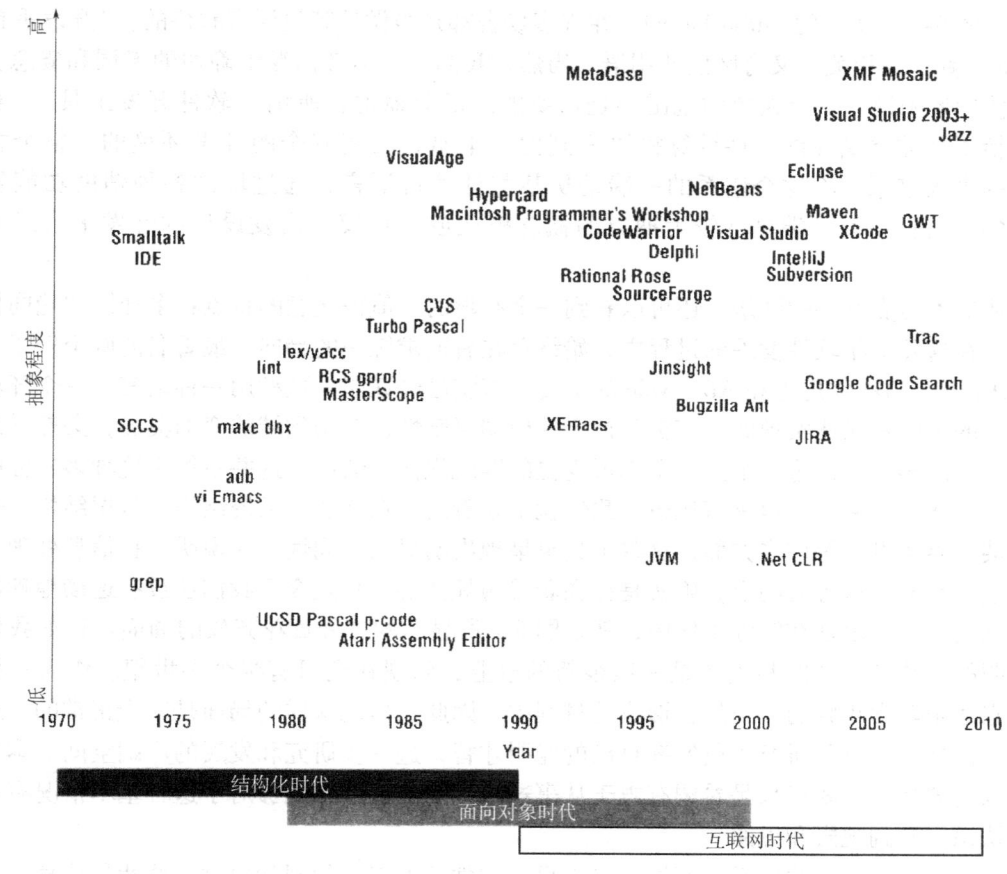

图 6-1　40 年来跨越三个时代的著名软件工具[7]

这张图中的横轴是时间轴，跨越了 40 年、三个时代。从结构化时代，经过面向对象的时代，到今天的互联网时代，图中列出了近半个世纪先后使用过的、比较著名的 40 多项软件开发工具。这里的历史发展线索十分清晰、一目了然，读者不妨仔细研究、认真品味，不再需要我们作进一步的解释。图中的纵轴表示抽象程度，表明随着软件技术的发展和应用领域的不断扩大，软件开发工具的抽象程度也在不断提高。虽然抽象程度较低的工具始终还是需要的，但是对于工具的抽象程度、集成程度的要求不断提高的发展趋势肯定是没有异议的。

从这张图和相应的文章中，我们可以很高兴地说，我们提倡的一些理念和观点，得到了进一步的确认和佐证。

首先，软件开发工具的目标和作用是什么？这篇主旨文章的题目是"我的喷气发动机在哪里？"（Where's My Jet Pack?），作者的意思很清楚。我们需要软件开发工具，就是要更快更好地开发软件，就是为了提高软件开发的效率和质量。正如前面一再强调的，我们的议题完全是从实际中来的，目标是非常具体、非常实际的。希望读者一定不要把这门课程当成纯理论的研究来看待。

其次，软件开发工具是一个相当宽泛、又比较模糊的概念，很难给出确切的、没有争议的定义。同一个软件，有的书上列为计算机语言，在别的书上可能就被列为软件开发工具。例如，图6-1中所列的Turbo Pascal，在许多场合都是当做计算机语言看待的；"开发平台"、"开发环境"等相关而又有区别的用语。当然，我们完全不必拘泥于确切的名词和概念。从实际使用者来说，一个大致的范围还是需要的。形象地说，所谓"软件开发工具"，实际上包括了从非常具体的一些计算机语言到内容丰富、功能齐全的开发环境的，整个相当广泛的庞大谱系。在这个谱系的一端是从某些计算机语言，通过增添各种辅助功能发展出来的工具；而另一端是从较为抽象的概念模式或过程模式出发设计的开发平台或开发环境。

从这条历史发展的脉络，还可以看到一个有趣的、值得注意的特点：多样性和趋同性的并存。在这几十年软件发展的过程中，始终存在着追求统一的趋向。最著名的两个例子，就是 ADA 语言的产生过程和 AD/Cycle 的历史。事实已经证明，这种用一种语言、一个环境包罗万象的企图是无法实现的。宇宙和社会的极端复杂性，应用领域的变幻莫测，必然导致语言和工具的多样性，这恐怕是一个不可变更的客观规律。然而，这并不等于这种多样性中没有一般规律。如果深入地进行比较，我们就不难看到，在功能、系统结构、数据结构、使用方式甚至界面设计等许多方面，这些工具也呈现出明显的趋同性。这说明，在信息处理、知识表达、事务处理等问题上，确实是存在着普遍规律的，只是今天我们还没有透彻地理解和掌握它们而已。表现在实际工作中，就是图6-1所显示的这种百花齐放的局面。正如我们一再说明的，软件的开发和生产是一项很新的事业，到现在还只有半个多世纪。作为一种技术，它还是非常年轻的、正处在形成的过程中。因此，出现这样的局面是完全正常的。这也正是软件技术人员和研究人员发挥自己的聪明才智，进一步研究和发展的广阔空间。本书是一本入门的教材，我们只是希望有志于从事这项事业的读者，能够对于这种基本情况有所了解和认识，开阔视野和思路。

下面我们将从上述谱系的两端，对于目前软件开发工具的现状提供一些背景信息，以及比较性的评述，供读者参考。

6.3　从计算机语言发展而来的工具

谱系的左端是较早期的软件开发工具，这一时期的工具基本是基于某一种计算机语言，通过添加各种辅助功能发展出来的。所以，这一时期的工具更多地针对计算机语言特性进行了支持，以最大限度提高相应的计算机语言开发效率为依据，可以理解为计算机语言在开发方向上的一个延伸。由于仍处在软件开发工具的较早阶段，这一时期的工具基本着眼于某一种具体的语言本身，对于软件开发过程中涉及的交互、文档管理、代码版本管理的支持略显不足。这里我们选取了几种较有代表性的语言及其开发工具，就开发者关心的几个项目进行了比较，以便大家对这一时期的软件开发工具有更深入的认识和了解（见表6-1）。

表 6-1 几种有代表性的语言及其开发工具的比较

比较项目	VB	VC	PB	C++ Builder/Delphi	JAVA
跨平台特性	无	无	Windows、Solaris、Macintosh	Windows、Linux	所有能够运行JAVA虚拟机的操作系统
组件技术	COM、ActiveX	COM、ActiveX、CORBA	COM、JavaBean、Jaguar、UserObject	COM、ActiveX、CORBA	JavaBean、CORBA；ActiveX
数据库支持级别	DAO、ADO、RDO	DAO、ADO、RDO，但有不少类库可供使用，但极不方便，开发效率很低	Transaction、DwControl可绑定任何SQL语句和存储过程，数据访问具有无与伦比的灵活性	具有包括DataSource、Table、Query、Midas、ADO在内的20多个组件和类完成数据访问	JAVA JDBC API，不同IDE具有不同的组件
系统底层开发支持	调用API需申明，调用不方便，不能进行DDK编程，不可深入Ring0编程	直接调用API，可进行DDK编程，可深入Ring0编程	调用API需申明，调用不方便，不能进行DDK编程，不可深入Ring0编程	直接调用API，可进行DDK编程，可深入Ring0编程	推出了JINI规范，但不能对不支持JINI的设备编程
多媒体及图形图像开发支持	可进行Direct API编程；调用OpenGL很不方便；自带少量图形图像处理控件，使用方便但功能一般；支持图像文件类型较少	可进行Direct API编程；调用OpenGL比较方便；自带丰富的图形图像处理类，使用不方便但功能强大；支持图像文件类型较少	可进行Direct API编程；调用OpenGL很不方便；图形图像处理不方便但可调用API完成图形图像操作，也可借助控件开发；支持图像文件类型很多文件类型一般	可进行Direct API编程；调用OpenGL比较方便；自带丰富的图形图像处理组件及类，使用很方便且功能强大；支持图像文件类型一般	很难调用Direct API和OpenGL；自带相当丰富的图形图像处理组件及类，使用不方便但功能强大；支持图像文件类型一般
网络或Web开发支持	Asp、VBScript，具有编写DHTML的简单IDE，编写静态页面非常方便；用于网络通信的支持一般	SAPI、WININET API等各类网络或互联网API可自由而方便地调用；提供CAsyncSocket等数量众多的类；功能强大但使用不太方便	DynaSript、Web.PB；提供了较多动态生成Web页面的用户对象和服务以及系统对象，非常适合编写服务端动态Web应用，有利于商业逻辑的封装；用于网络通信的支持不足；静态页面定制支持有限	ISAPI、WININET API等各类网络或互联网API可自由而方便地调用；提供了Server Socket、ClientSocket等30余个组件及类，用来处理网络通信控制、流处理、Mail、Email、FTP、HTTP等应用协议处理以及生成动态页面和商业逻辑的封装；功能强大，使用方便	内置非常多的网络及互联网功能；可利用Servlet API、Java Bean API，以及JSP等协同开发功能强大的Web应用；功能强大

(续)

比较项目	VB	VC	PB	C++Builder/Delphi	JAVA
开发模式	控件开发模式（OCX）	应用程序框架开发模式（MFC）	组件开发模式（User Object）	源代码组件开发模式（VCL）	框架开发模式（JDK下）+组件开发模式（IDE下）
面向对象	差	好	较好	很好	非常好
开发效率	较高	很高	很高	高	高
代码执行效率	一般	很高	较高	很高	低
发展潜力	差	一般	一般	一般	很好

随着软件规模的增大，复杂度的提高，开发人员已经不满足于手头的开发工具作为一门语言的延伸存在。新的开发工具不断诞生，不断向着更高的集成度和更强的智能化迈进，所以有图6-1从左下到右上发展的趋势。今天的开发人员已经非常习惯选用位于图6-1右上角的综合性开发平台为自己的开发工作助力，下面将通过介绍两种最常用的综合开发平台，为读者展示当下软件开发工具的发展状况。

6.4 综合性的平台或开发环境

在大中型项目中，由于项目复杂，开发周期长，开发交互性高，大多数开发团队都倾向于使用集成开发环境（IDE），其中比较受欢迎的软件开发环境当推微软公司的 Visual Studio 和由多个 IT 巨头共同支持的免费软件 Eclipse。

作为软件开发环境，这两款软件都具有编译、运行等基本功能，此外为了提高开发的准确度和代码产出的速度，这两款软件也都具备了代码援助、语法高亮、错误预防等扩展功能，使得开发人员可以在代码编写的过程中及时排除基本的拼写、引用错误，把精力集中到代码逻辑和算法优化上，故深得开发人员的喜爱。

如果真要对两个软件开发环境进行一番比较，并从中选择一个作为日常开发工具，笔者在这里的意见是各有千秋，按需选用。

如果基于操作系统是 Windows，开发中又需要使用大量的微软公司的产品，那么的确可以优先考虑一下 Visual Studio，因为微软公司对其旗下产品有着较高的统一驾驭能力，Visual Studio 与微软公司的其他产品的交互协同堪称浑然一体，天衣无缝。举例来说，如果有在 Visual Studio 中创建 SQL Server 支持的 BizTalk、ASP.NET 或 C#解决方案的经验，选择 Visual Studio 会发现这一切都很容易，不仅集成好，而且产品间的差别如同完全透明一样。

同时，由于和操作系统都出自微软公司的关系，Visual Studio 获得了更多操作系统级别的支持，速度上比 Eclipse 有着较大的优势，在运行速度、代码提示显示速度等方面表现出众，即使在虚拟机中运行，一样相当流畅。

但是，如果仅就上述优点选择 Visual Studio，未免也太过草率，Eclipse 输掉的是在特定操作系统使用特定编程语言进行特定产品的相关开发这一块"战场"，在更宏观的尺度上 Eclipse 自有其优势。

如之前所述，Eclipse 并不是某家公司的专有产品，它是一款免费的、面向各平台开发者的软件开发环境,所以在无论是底层如操作系统,中层如协同 SCM,应用层如各开源社区软件包的协调上有着更多的关注。操作系统方面,无论是 Windows、Linux、Mac OS,只要下载后解压即可快速完成安装。安装成功后的 Eclipse 核心部分大小只有数十兆,开发者可以根据开发需求往上面添加同样免费的插件,有针对性地加强 Eclipse,使之成为开发利器。与 Visual Studio 相比,Eclipse"大平台,小核心,多插件"的特点显得更富有灵活性。虽然在 Windows 平台上速度慢于 Visual Studio,但是 Eclipse 在各种操作系统上表现差异非常小,如果开发成果最终需要被部署在非 Windows 平台上而又希望开发环境最大程度模拟运行环境,Eclipse 无疑能够让人打消来自操作系统方面的忧虑。

综上所述,如果明确了项目自始至终都和微软的操作系统。应用软件密切相关,并没有越出这个边界的需求,那么应该考虑使用 Visual Studio 获取更高的效率,更好的内部整合协同。但是,软件开发过程本身具有太多的不确定性,需求的变化总在不断地出现,再有经验的分析人员都难于在项目上说自己百分之百地把握住了用户的需求和中间一系列协同软件的选型。如果考虑到这一点,更灵活、覆盖面更强更稳定的 Eclipse 会是更好的选择。

◎ 本章小结

软件开发工具是一个新兴的,正在迅速发展中的技术领域。国内外的许多研究机构都在这方面投入了大量的人力和物力,多年来取得了很大的发展,不少商品化的软件开发工具已经问世并在一定的范围内得到应用。但是,距离人们设想的目标相距还很远,使用软件开发工具的实际成效还没有充分发挥出来,也有一系列实际问题与理论课题有待于进一步的研究与解决。与国外相比,国内该领域的研究工作并不落后,一些大学与研究机构取得了具有较高水平的研究成果与产品。但是,在软件开发工具的应用方面差距很大,软件开发工具的总体水平还不够高,这是亟待解决的现实问题。

从目前来看,软件开发工具将在智能化、网络化、一体化、标准化四个方面进一步发展,使它的功能更强,效益更高,真正为软件开发工作的提高与改进发挥作用。

◎ 复习题

1. 以自己接触过的软件开发工具为例,分析软件开发工具目前的发展水平以及与实际需要的差距。
2. 讨论我国软件开发工具的研究与应用现状,提出推动我国这一领域工作的意见与办法。
3. 讨论本系统、本行业、本地区的软件开发工具的使用情况,指出弱点与对策。
4. 总结自己对软件开发工具的认识和应用的状况,并考虑今后如何加强。
5. 人工智能技术在软件开发工具的发展中有什么作用?
6. 计算机网络的普遍使用对软件开发工具有什么影响?
7. 试分析一体化软件开发工具的困难何在,以及今后的发展前景。
8. 软件构件标准化的思想对软件开发工具有什么影响?
9. 总结自己学习本课程的心得与体会。

第 2 篇

实 践 篇

第 2 篇

第 7 章　Eclipse 入门

◎ **内容提要**

随着以电子计算机为代表的现代信息技术的迅猛发展，社会对各类型软件的需求随之不断增加。在诸如 C++、Java 等计算机语言得到广泛应用的同时，Eclipse 作为一种支持多种语言的程序开发的集成环境成为目前最热门的软件开发工具之一。

本章从 Eclipse 的背景讲起，概括地介绍了 Eclipse 的历史、用途以及体系结构，详细描述了安装 Eclipse 平台的方法，为以后各章详细介绍打下了基础。

7.1　Eclipse 简介

Eclipse 是一个开放源代码的、基于 Java 的可扩展集成应用程序开发环境。就其本身而言，它只是一个框架和一组服务，通过插件组件构建开发环境。

Eclipse 最初主要用来进行 Java 语言开发，但 Eclipse 并非只有这个用途。Eclipse 作为一个框架平台还包括插件开发环境（PDE），这个组件主要针对希望扩展 Eclipse 的软件开发人员，它允许软件开发人员构建与 Eclipse 环境无缝集成的工具。由于 Eclipse 中的每样东西都是插件，对于给 Eclipse 提供插件，以及给用户提供一致和统一的集成开发环境而言，所有工具开发人员都具有同等的发挥场所。

尽管 Eclipse 是使用 Java 语言开发的，但它并不限于 Java 语言开发。例如，Eclipse 支持诸如 C/C++、C#、PHP、J2EE、Javascript 等编程语言的插件，如 CDT（C/C++ Development Tools）。Eclipse 框架还可以用来作为与软件开发无关的其他应用程序类型的基础。

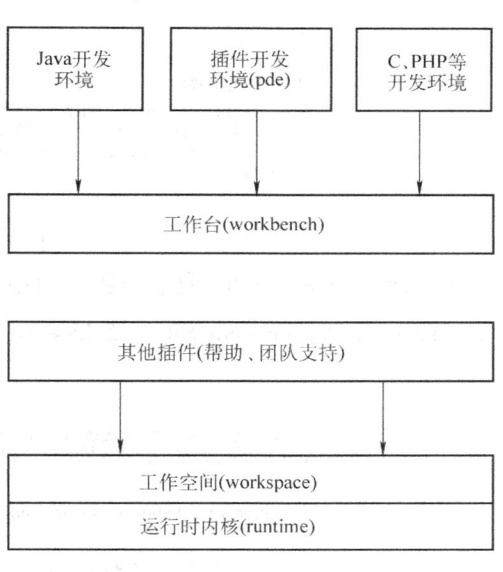

图 7-1　Eclipse 的体系结构

Eclipse 的体系结构主要包括运行时内核、工作空间、工作台、其他插件等，如图 7-1 所示。

1）运行时内核。平台运行库是内核，它在启动时检查已安装了哪些插件，并创建关于它们的注册表信息。为降低启动时间和资源使用，平台运行库在实际需要插件时才加载。除了内核外，其他每样东西都是作为插件来实现的。

2）工作空间。工作空间是负责管理用户资源的插件，包括用户创建的项目、项目中的文件,以及文件变更和其他资源。工作空间还负责通知其他插件关于资源变更的信息,如文件创建、删除、更改。

3)工作台。工作台为 Eclipse 提供用户界面。它是使用标准窗口工具包(SWT)和一个更高级的 API(JFace)来构建的。SWT 是 Java 的 Swing/AWT GUI API 的非标准替代者,JFace 则建立在 SWT 基础上,提供用户界面组件。

4)其他插件。其他插件包括帮助组件、团队支持组件等。帮助组件具有与 Eclipse 平台本身相当的可扩展能力。团队支持组件负责提供版本控制和配置管理支持。它根据需要添加视图,以允许用户与所使用的任何版本控制系统(如果有的话)交互。大多数插件都不需要与团队支持组件交互,除非它们提供版本控制服务。

7.2 Eclipse 的获取与安装方法

7.2.1 JDK 的获取与安装方法

使用 Eclipse,首先需要安装 JDK(Java SE Development Kit)。JDK 可以在 SUN 公司(现已被 ORACLE 收购)的网站下载。

第一步:在浏览器中输入相应网址,在页面的中部找到 Java SE Development Kit(JDK)(见图 7-2),单击 Download 按钮。

图 7-2 选择 JDK

第二步:在新打开的页面(见图 7-3)中,选择 Platform 下拉框为 Windows,并勾选"I agree to the Java SE Development Kit 6u15 License Agreement",单击 Continue » 按钮进入下一步。

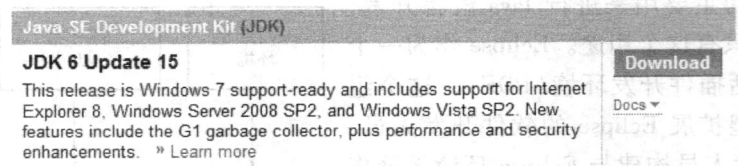

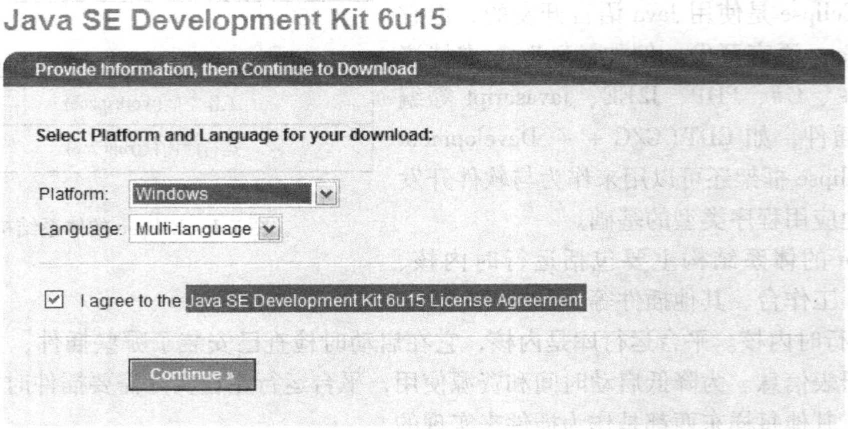

图 7-3 同意协议

第三步：在新打开的页面中（见图 7-4），单击"jdk-6u15-windows-i586.exe"即可下载。

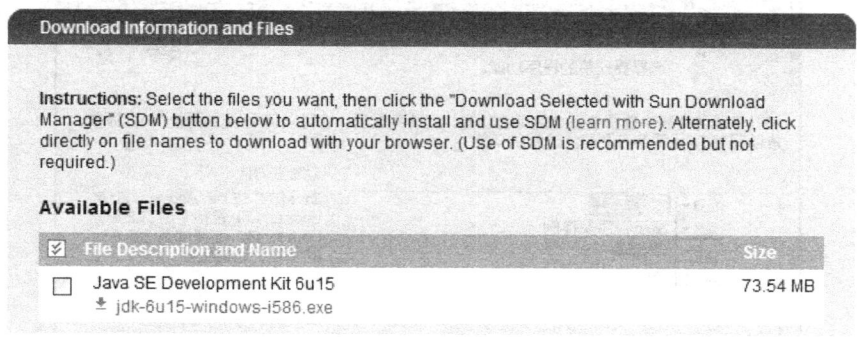

图 7-4　下载 JDK

第四步：下载完成后，双击运行"jdk-6u15-windows-i586.exe"进入安装页面。如图 7-5 所示，在"许可证协议"页面中单击 接受(A)> 按钮进入下一步。

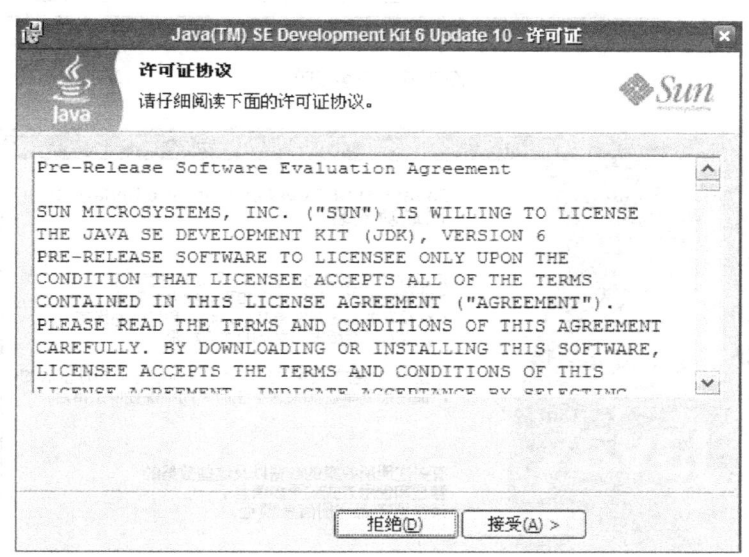

图 7-5　接受许可证协议

第五步：如图 7-6 所示，在"自定义安装"界面中，可选择安装目录及各个功能模块的安装方式，选择好目录及安装方式后，单击 下一步(N)> 按钮后等待安装。

第六步：安装完成后，如图 7-7 所示，单击 完成(F) 按钮即可完成 JDK 的安装。

现在，用户可以在自己的机器上编译并运行 Java 程序了。

7.2.2　Eclipse CDT 的获取与安装方法

安装完 JDK 之后，开始安装专门用于编写 C 和 C++ 程序的 Eclipse 开发环境 CDT(C/C++ Development Tools)，本书使用的是 3.5.0 版本。它可以通过 Eclipse 网站上下载得到，下载地址为 http://www.eclipse.org/。

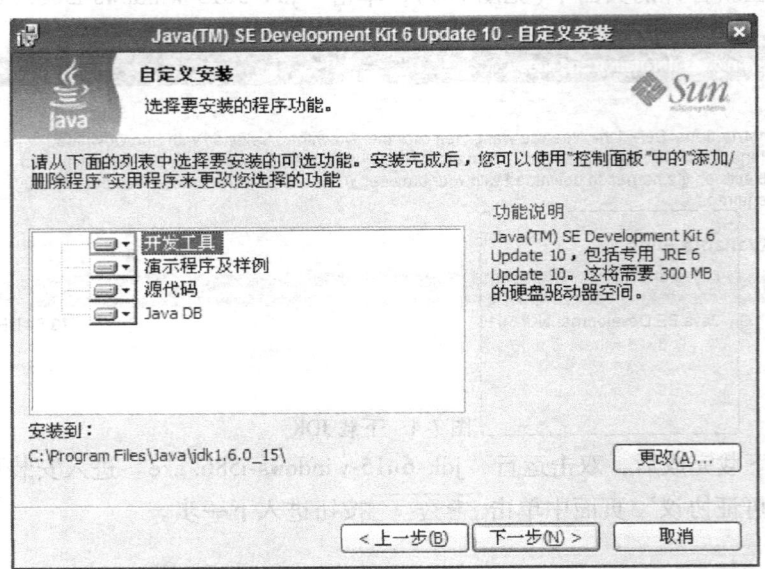

图 7-6 安装 JDK

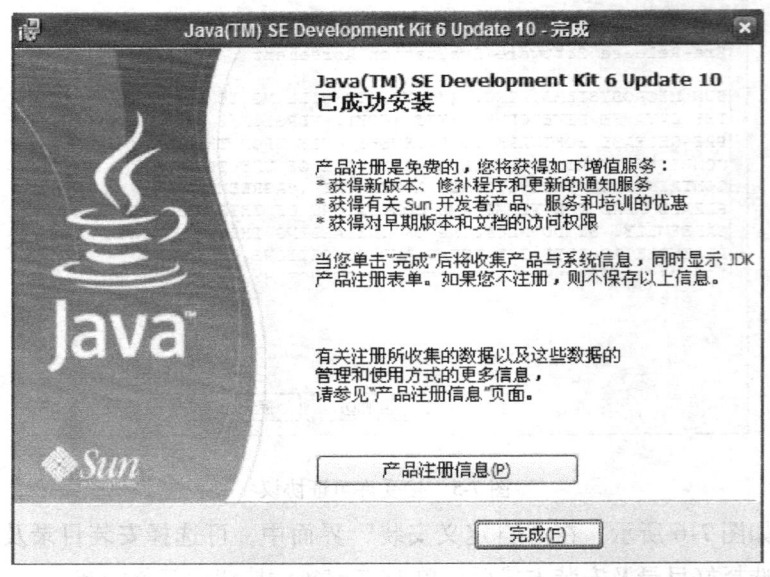

图 7-7 完成 JDK 安装

第一步:在浏览器中输入上述网址,由于我们主要使用 Eclipse 进行 C/C++程序的开发,所以在页面的中部找到 Eclipse IDE for C/C++ Developers(79 MB),单击右边的 Windows 即可进入下载页面,如图 7-8 所示。

第二步:在下载页面中,单击[China]Actuate Shanghai(http)(下载地址可能会因地域不同而异)即可下载,如图 7-9 所示。

Eclipse IDE for C/C++ Developers (79 MB)
An IDE for C/C++ developers with Mylyn integration. More...
Downloads: 120,604

Windows
Mac Carbon 32bit
Mac Cocoa 32bit
Linux 32bit 64bit

图 7-8　Eclipse 下载页面

Eclipse downloads - mirror selection

All downloads are provided under the terms and conditions of the Eclipse Foundation Software User Agreement unless otherwise specified.

Download eclipse-cpp-galileo-win32.zip from:

[China] Actuate Shanghai (http)

BitTorrent is available for this file.

...or pick a mirror site below.

图 7-9　选择 Eclipse 下载地址

第三步：把下载的 eclipse-cpp-galileo-win32.zip 压缩包解压到磁盘（如 F:\Eclipse），即完成 Eclipse CDT 的初步安装，如图 7-10 所示。

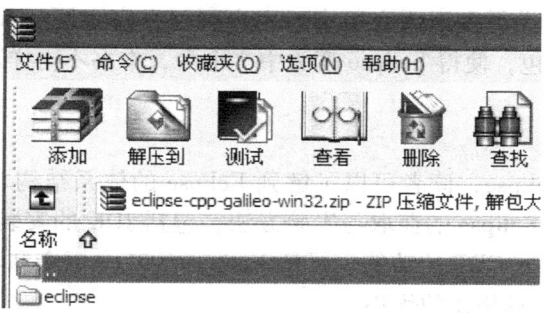

图 7-10　解压缩 Eclipse

第四步：此时可以在 Eclipse 安装目录下看到如图 7-11 所示的目录结构。

名称	大小	类型
configuration		文件夹
dropins		文件夹
features		文件夹
p2		文件夹
plugins		文件夹
readme		文件夹
.eclipseproduct	1 KB	ECLIPSEPRODUCT ...
artifacts.xml	70 KB	XML File
eclipse.exe	56 KB	应用程序
eclipse.ini	1 KB	配置设置
eclipsec.exe	28 KB	应用程序
epl-v10.html	17 KB	HTML 文档
notice.html	7 KB	HTML 文档

图 7-11　Eclipse 目录结构

在该目录中，可以看到有六个文件夹和若干文件，其中 configuration 文件夹中包含了 Eclipse 工作台相关的配置信息，features 和 plugins 文件夹中包含了该 Eclipse 版本中安装的所有功能和组件，p2 文件夹中是 Eclipse 运行的核心部分，readme 文件夹则包含了介绍 Eclipse 的内容。

此时，双击 eclipse.exe 文件，打开 Eclipse，弹出如图 7-12 所示的对话框。

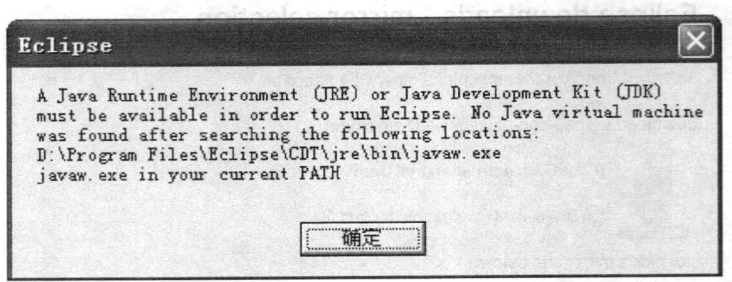

图 7-12 没找到 Java 环境

这是因为 Eclipse 环境没有找到运行所需要的 Java 环境。进入 Java 安装目录，将其中的 jre 文件夹复制到 Eclipse 安装目录中，再次运行 eclipse.exe 即可成功。

另外，Eclipse 还提供了多国语言版本，用户可以在官方网站 http：//www.eclipse.org/ 中下载到多国语言汉化包，使得 Eclipse 变为中文平台，本书不再详述。

◎ 本章小结

本章初步介绍了 Eclipse，读者可以了解到 Eclipse 的体系结构、主要用途和发展历史。另外，本章着重介绍了 Eclipse 的获取与安装方法，包括 JDK 的安装和 Eclipse CDT 的安装。读者可以初步认识 Eclipse CDT 的功能，了解 Eclipse 的基本概念和不同版本的用途以及 Eclipse 与其他软件开发工具相比的优势。

本节重点是 Eclipse 相关的基本概念；Eclipse 的获取与安装方法；JDK 的获取与安装方法。

本节难点是 Eclipse 的获取与安装方法。

◎ 练习题

1. 关于 Eclipse 的描述中不正确的是(　　)。
A. Eclipse 是基于 Java 语言的
B. Eclipse 不能在苹果操作系统上运行
C. Eclipse 可以用来编辑 HTML 格式文件
D. Eclipse 支持中文版本
2. Eclipse 最初是用来开发_____语言的。
3. Java 的 Swing/AWT GUI API 的替代者是_____。
4. 简述 Eclipse 的框架结构。
5. 简述 Eclipse 的安装方法。

第 8 章　Eclipse 工作台

◎ 内容提要

Eclipse 工作台（Workbench）是一个高级用户界面框架，它为用户提供了一个整体架构和可扩展的用户界面。

本章帮助首次使用 Eclipse 的用户了解 Eclipse 工作台的各个部分及其基本功能，详细介绍了 Eclipse 中的透视图、视图、编辑器等内容，引导用户使用帮助文档进行进一步的学习。

8.1　初识 Eclipse 工作台

在使用 Eclipse 时，先找到安装目录（如 F:\Eclipse）下的可执行文件 eclipse.exe，然后用鼠标双击即可打开 Eclipse IDE。

工作空间

工作空间（Workspace）是 Eclipse 在用户计算机磁盘上划出的一块区域，用来存放用户的工作资料，如代码、配置信息等。工作空间以项目为单位组织文件和目录，它将各种资源组织成树形结构，项目位于树的根部，文件和文件夹位于树枝的位置。Eclipse 集成环境提供了一种通用机制用于跟踪工作空间资源的更新，使用户对工作空间的每次操作都能在集成环境中得到同步。

在第一次使用 Eclipse 时，会出现如图 8-1 所示的对话框，提示用户选择工作空间的磁盘路径，用户可根据自己实际情况选择合适的工作路径。另外，用户可以把该目录设为默认目录，即勾选 Use this as the default and do not ask again 选项，这样就把该目录设置为默认工作路径，在以后使用 Eclipse 时不会出现该对话框。

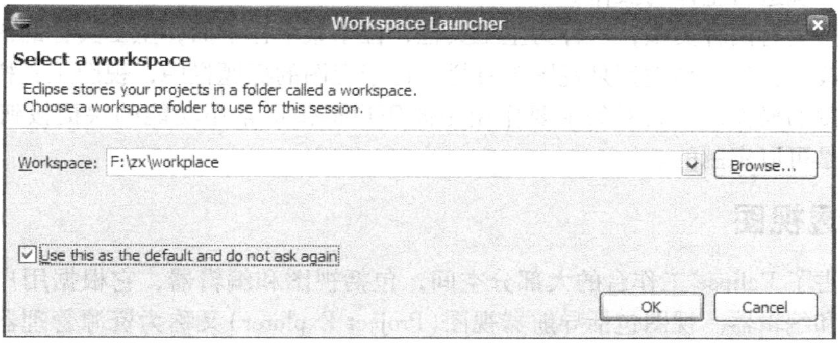

图 8-1　选择工作路径

进入 Eclipse 后首先显示的是欢迎界面，如图 8-2 所示。欢迎页面中包含五个圆形图标，从左至右分别是"概况（Overview）"，"新特点（What's new）"，"实例（Samples）"，"向导（Tutorials）"，"工作台（Workbench）"。单击"工作台"图标即可进入 Eclipse 的工作台，下面将详细介绍工作台的各个界面及视图。

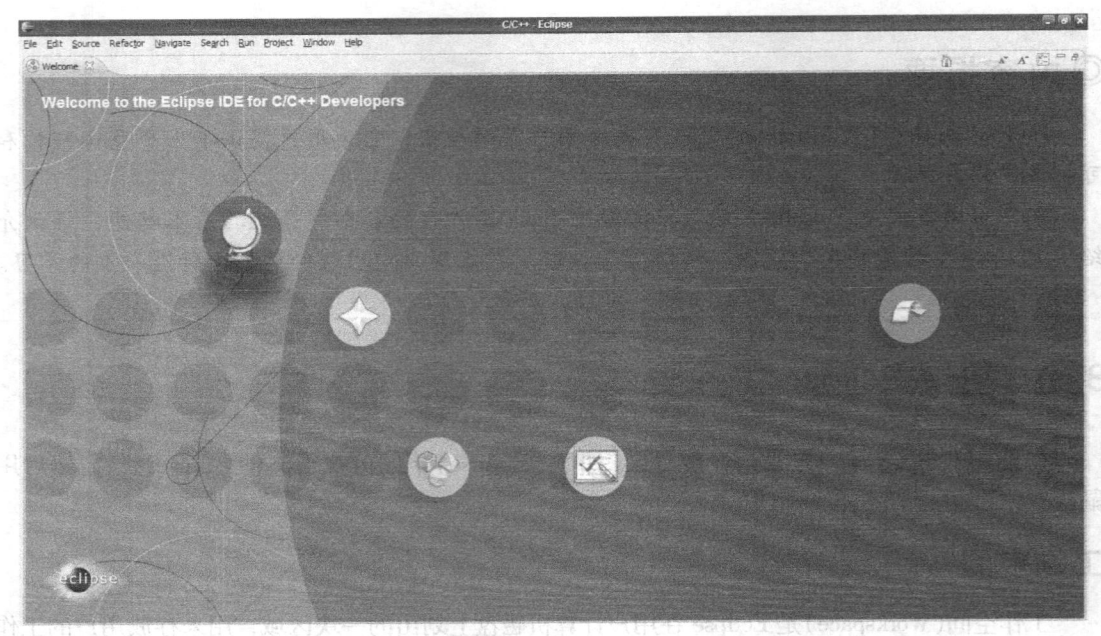

图 8-2 欢迎界面

8.2 透视图及视图介绍

如图 8-3 所示，整个窗口为 Eclipse 的工作台，主要有以下几个组成部分：菜单栏、工具栏、透视图，而透视图又分为视图和编辑器。

菜单栏位于整个窗口的顶部，与其他软件一样，通过 Eclipse 的菜单栏，用户可以对整个集成开发环境进行整体的操作。

工具栏主要有两种类型，一种为主工具栏，位于菜单栏下面，主工具栏的内容会随着活动透视图而改变；另一种类型是视图工具栏，位于视图的标题栏中，视图工具栏中的按钮只适用于该视图的操作。工具栏的主要作用是向用户提供最常用功能的快捷按钮，在 Eclipse 中，工具栏是可以定制的。

8.2.1 透视图

透视图占了 Eclipse 工作台的大部分空间，包括视图和编辑器，它根据用户的不同选择来布局视图和编辑器。视图包括导航器视图（Project Explorer）又称为资源管理器、大纲视图（Outline）、控制台视图（Console）等。编辑器是 Eclipse 提供的强大的代码编辑器，使用它可以为程序开发人员的编码工作提供极大的便利。一个工作台窗口可以包含多个独立的透视图，但在同一时刻只有一个透视图是对用户可见的，每个透视图有它自己的视图和编辑器。

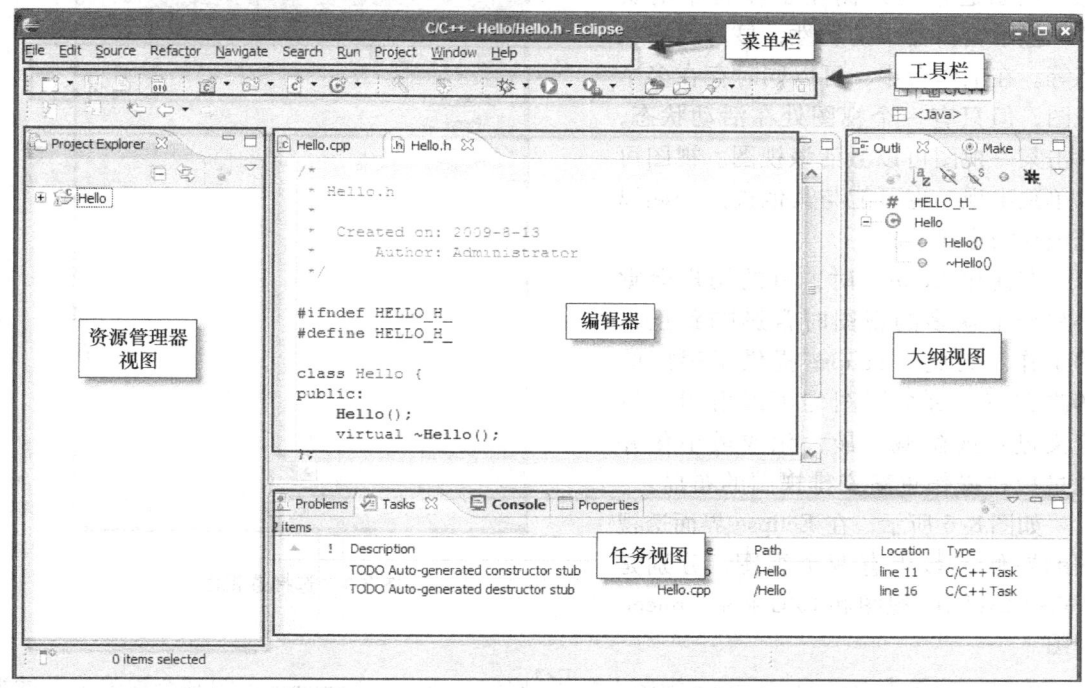

图 8-3 工作台窗口

不同的透视图都提供了一组特定的功能,目的在于完成特定的任务或使用特定类型的资源。例如,C/C++透视图将编辑 C 和 C++源代码时常用的视图组合在一起,而调试视图(Debug)包含了调试程序时常用的视图。每个透视图都定义了工作台中各个视图的初始设置和界面布局,用户在工作时可以快速地在各个透视图之间切换以提高工作效率。另外,用户还可以按照自己的习惯布局和定制一个透视图,使它更适合于某项特定的任务。

当需要在透视图之间进行切换时,单击菜单栏上的窗口(Window)菜单,在打开透视图(Open Perspective)子菜单下选择其他(Other)选项,如图 8-4 所示。则可以打开包含所有透视图的窗口。

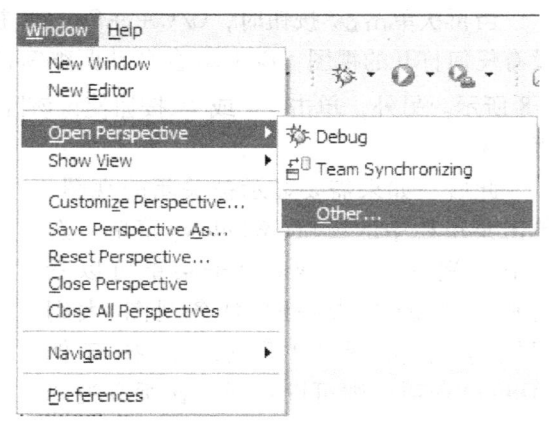

图 8-4 打开透视图子菜单下的其他选项

在 Open Perspective 窗口中,选择所需要的透视图,单击 OK 按钮即可完成切换操作,如图 8-5 所示。

8.2.2 视图

视图是工作台中一个可视化的组件,提供了用户正在工作台中使用的一些对象的详细信息。视图通常用来浏览工作台中的资源，显示编辑器中的属性，显示程序状态等。在工作台中，可以同时存在多个视图，但只有一个视图处在活动状态，单击某一视图可以激活该视图。视图可以单独出现，也可能与其他视图一起以选项卡的形式叠放。

在使用 Eclipse 时，有的用户会觉得界面上众多的视图时常影响到正常的工作。为此，Eclipse 提供了很好的解决方案，每个视图均可以由用户自定义显示或隐藏、最大化或最小化并通过拖拉操作重新安排视图的布局。

如图 8-6 所示，在 Eclipse 界面透视图的左侧区域中有两个视图，分别是 Project Explorer 视图和 C/C++ Projects 视图。

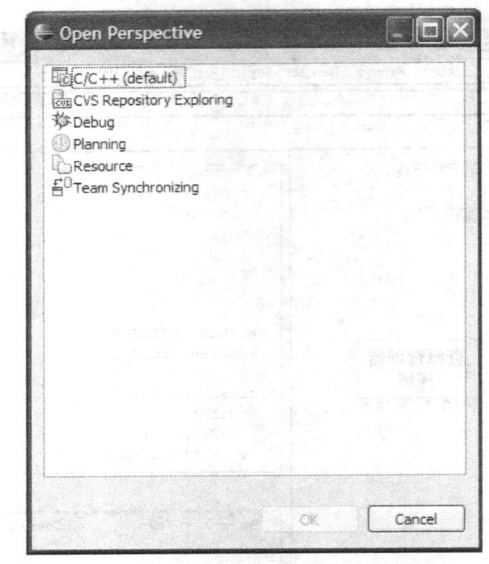

图 8-5 选择透视图

此时，若单击 Project Explorer 视图上的 ❌ 按钮，Project Explorer 视图则会被隐藏，透视图左侧将只剩下 C/C++ Projects 视图，如图 8-7 所示。

当再次单击 ❌ 按钮时，C/C++ Projects 视图同样会被隐藏。此时，透视图左侧区域中没有任何打开的视图，Eclipse 会自动调整窗口布局，让编辑器占据左侧的空余部分，如图 8-8 所示。另外，单击 ▭ 或 ▯ 按钮使得该区域最小化或还原也能达到同样的效果，在此不再详述。

此后，如果需要显示被关闭的视图，单击菜单栏中的窗口(Window)菜单，选择显示视图(Show View)子菜单可以看到常用视图(搜索视图、任务视图、大纲视图等)，如图 8-9 所示。选择其他(Other)选项，则可以打开包含所有视图的窗口。

如图 8-10 所示，分别选择 Project Explorer 和 C/C++ Projects，可将视图恢复到显示状态。

注意，透视图的布局是可变的，可以使用鼠标拖动操作更改视图的位置和大小，也可以关闭一些视图或者加入一些其他的视图。Eclipse 能自动记忆这些改变，会在用户再次打开时呈现出上次关闭时的

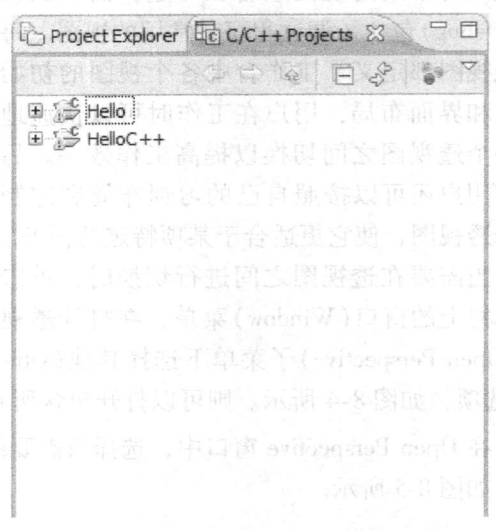

图 8-6 Project Explorer 视图和
C/C++ Projects 视图

状态。

当透视图布局被改变多次后，如果用户想恢复透视图至初始设置，则可以单击菜单栏中的窗口(Window)菜单，选择重置透视图(Reset Perspective)选项，如图8-11所示。

弹出的对话框(见图8-12)中询问是否将C/C++透视图恢复到默认状态，选择 OK 按钮即可将该透视图初始化。

8.2.3 主要视图介绍

导航器视图(Project Explorer)：导航器视图一般位于窗口的左侧，显示当前 Eclipse 集成环境中加载的所有项目和各个项目中的文件列表。用户可以从这里打开文件进行编辑，或选择资源进行特定的操作，如复制、删除、移动等。

图 8-7　隐藏 Project Explorer 视图

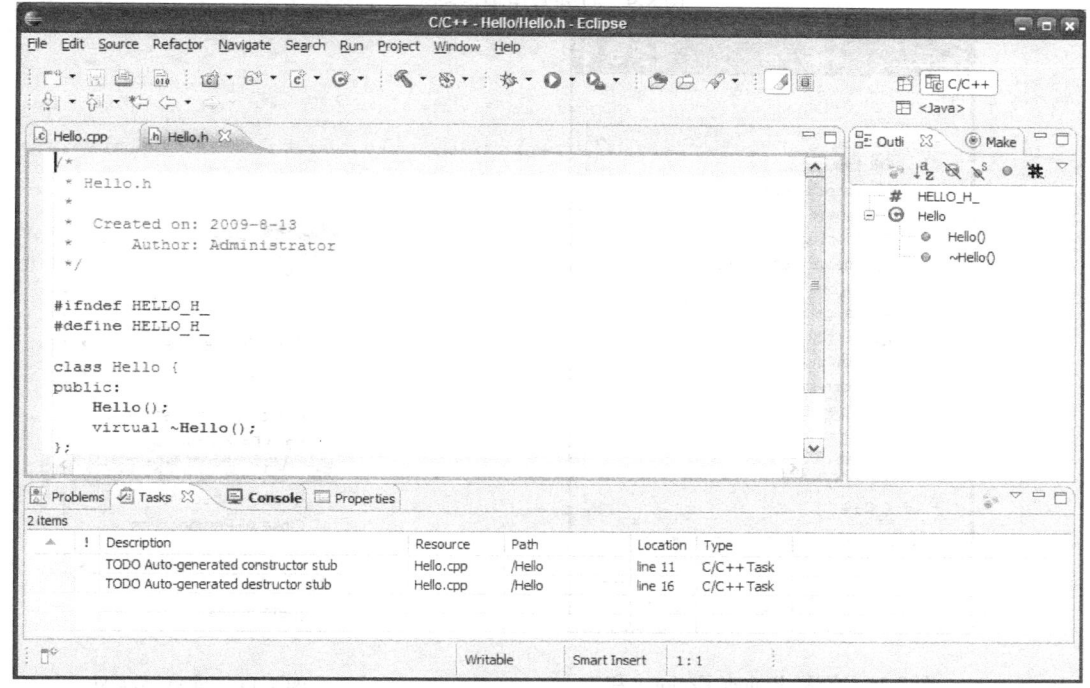

图 8-8　隐藏 C/C++ Projects 视图

大纲视图(Outline)：大纲视图一般位于窗口右侧，显示当前活动编辑器中所打开文件的纲要，如函数、变量等，大纲视图的内容是特定于某个编辑器的。单击大纲视图中的各项，可以快速在编辑器中定位到该项目。

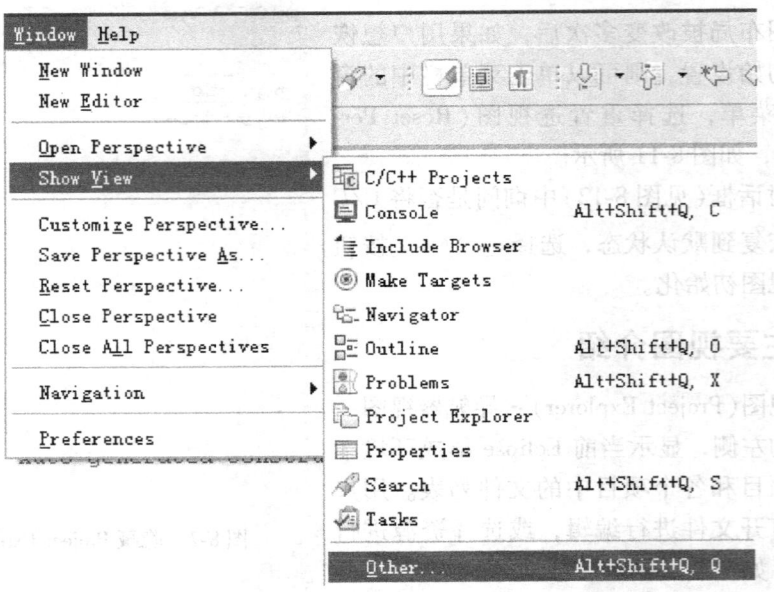

图 8-9 打开常用视图菜单

图 8-10 恢复 Project Explorer 和
C/C++ Projects 视图

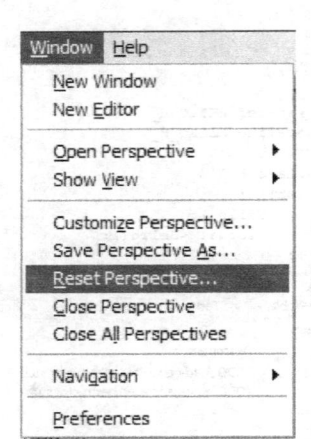

图 8-11 恢复透视图
至初始设置

控制台视图(Console):若编写的程序有从控制台输出的内容,则在程序运行时控制台视图会显示相应的部分。

错误视图(Problems):当编写代码时,错误视图会实时显示程序中的错误,提示用户及时改正,在错误视图中报错的程序不能被正确编译运行。另外,错误视图中也显示相关警告信息(并不影响程序正确运行),建议用户进行相应的改正。

搜索视图(Search):当用户打开搜索对话框完成一次搜索操作后,搜索视图中会显示搜索结果的详细信息,以便用户查找和定位。

任务视图(Tasks):任务视图用于显示程序代码中未完成的任务,在代码中加一条以 TODO 开头的注释标记,就可以在任务视图中添加一项任务。双击一项任务,光标会自动定位到该任务在编辑器中的位置。这些任务可以由程序员来定义,用于提醒自己未完成的工作;同时 Eclipse 也会在某些程序段生成时自动加上这种标记。

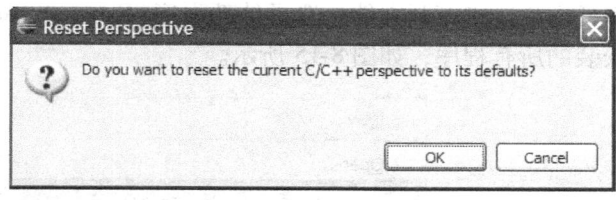

图 8-12　Reset Perspective 对话框

8.3　编辑器介绍

编辑器是工作台中的一个可视化组件,编辑器允许用户打开、编辑、查看和保存文档对象。在 Eclipse 中,所有视图共享同一组编辑器。

编辑器是用来处理各种文档的,它很像文件系统中的编辑器。但与文件系统编辑器不同的是,它与工作台紧密集成。Eclipse 平台为文本资源提供标准编辑器,而其他一些特殊编辑器则由其他插件提供。

8.3.1　打开或关闭编辑器

当用户需要打开一个编辑器时,可以有两种不同的方法。

第一种方法,如果使用目标文件类型的默认编辑器,则直接在导航器视图中用鼠标双击该文件,或者用鼠标右键单击该文件,在弹出菜单中选择打开(Open)选项即可,如图 8-13 所示。

第二种方法,当用户想要使用特定的编辑器来查看或编辑时,先用鼠标右键单击导航器视图中的目标文件,在弹出的菜单中选择打开为(Open With)选项即可列出常用编辑器,然后选择一个需要的编辑器即可,如图 8-14 所示。

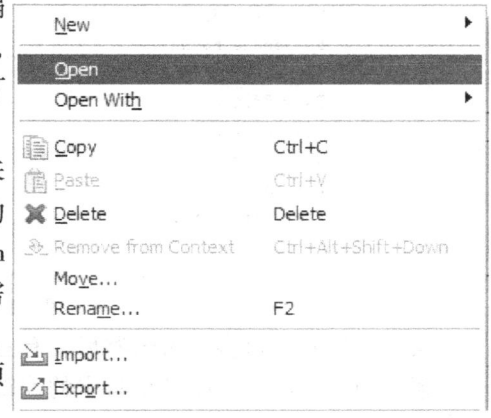

若需要浏览更多编辑器,单击其他(Other)选项即可列出全部编辑器。

选择内部编辑器(Internal editors)选项列出所有

图 8-13　打开编辑器方法一

Eclipse 软件开发环境中的编辑器。其中,常用编辑器有 C/C++编辑器(C/C++ Editor)、文本编辑器(Text Editor)、任务编辑器(Task Editor)、二进制文件编辑器(Default Binary File Editor)、Web 浏览器(Web Browser)等。它们分别用来打开 C/C++、文本文件、任务文件、二进制文件、网页文件等特定类型的文件。

另外,Eclipse 软件开发环境还提供了系统中的所有程序的接口,使用户能够使用系统中任意程序来打开文件。选择外部程序(External programs)选项可以列出所有操作系统中已安装的所有程序，如图 8-15 所示。

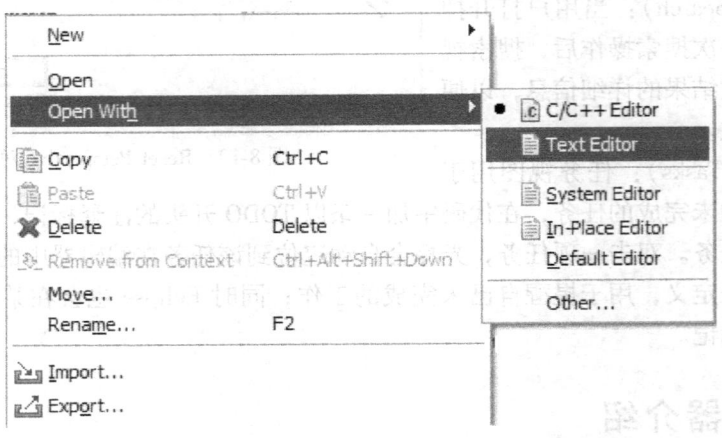

图 8-14 打开编辑器方法二

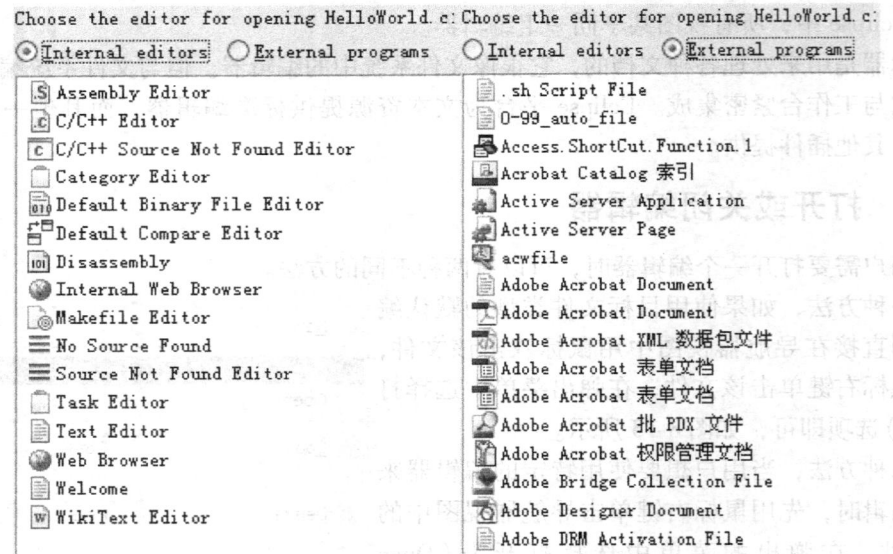

图 8-15 选择其他编辑器

当用户打开了过多的编辑器后，有三种方法可以关闭编辑器。

第一种方法用于关闭某个特定的编辑器。将光标移动到需要关闭的编辑器选项卡上，单击 ⊠ 图标，或者用鼠标右键单击选项卡，选择关闭(Close)选项即可关闭该编辑器，如图 8-16 所示。

第二种方法同样用于关闭某个特定编辑器。单击文件(File)菜单，选择关闭(Close)选项即可关闭该编辑器，如图 8-17 所示。

第三种方法可以一次关闭全部打开的编辑器。单击文件(File)菜单，选择全部关闭(Close All)选项即可关闭所有编辑器，如图 8-18 所示。

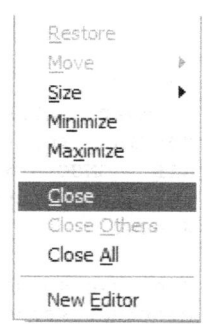

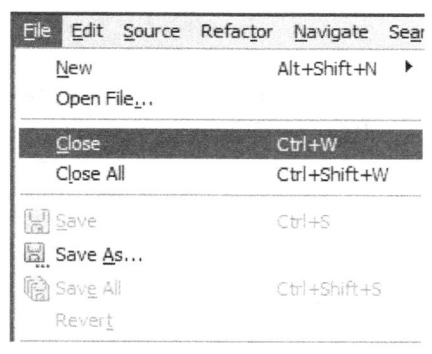

图 8-16 关闭编辑器方法一　　　　　　　图 8-17 关闭编辑器方法二

8.3.2 开启多个窗口或编辑器

Eclipse 支持同时打开多个窗口,当需要同时打开两个或两个以上窗口或者编辑器进行工作时,首先单击菜单栏上的窗口(Window)菜单,选择新窗口(New Window)选项就可以打开一个新的窗口,如图 8-19 所示。同样,首先将光标定位到需要打开的编辑器窗口上,在窗口(Window)菜单下选择新编辑器(New Editor)就可以打开一个新的编辑器。需要注意的是,在同时打开多个窗口或编辑器的状态下,Eclipse 会在用户单击保存时自动同步每个窗口或编辑器中的内容,以防工作记录出现差错。

8.3.3 平铺编辑器

虽然 Eclipse 支持用户在多个编辑器窗口之间快速切换,但有时用户可能需要同时平铺两个或多个编辑器以便工作。这时可以用鼠标左键按住其中一个编辑器标签,将其拖动到编辑器区域的边缘位置,下侧或两边,看到编辑器周围的虚线方框形状变成平铺形状时松开鼠标即可完成平铺。平铺后效果如图 8-20 所示。

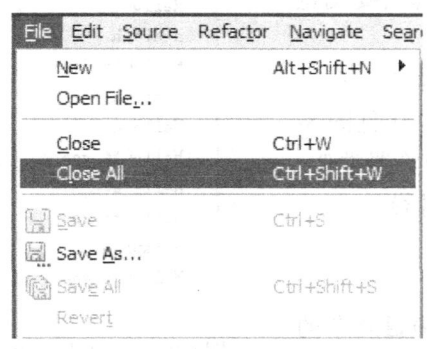

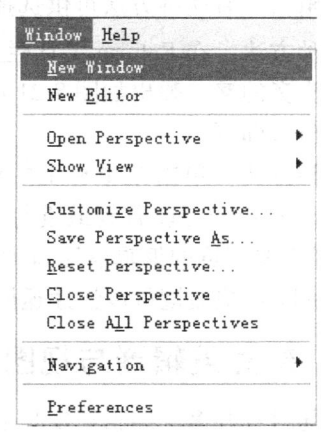

图 8-18 关闭编辑器方法三　　　　　　　图 8-19 打开新窗口

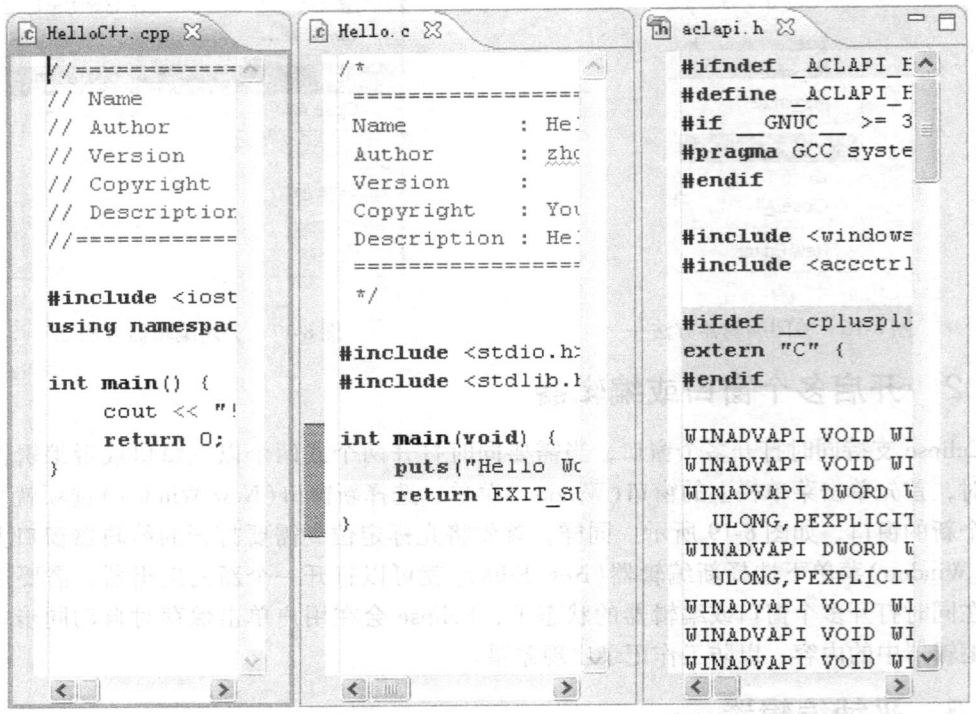

图 8-20 平铺编辑器

8.3.4 返回上一个编辑器或编辑位置

当用户同时打开了多个编辑器窗口又关闭了另一部分编辑器窗口时,如果需要快速返回上一个编辑器,有两种方法可供选择。

第一种方法,在 Eclipse 工具栏上找到 ⇦ ▾ ⇨ ▾ 按钮,单击向左的箭头旁的 ▼,弹出如图 8-21 所示的菜单,选择需要浏览的编辑器窗口即可。

第二种方法,单击菜单栏上的浏览(Navigate)菜单,在后退(Back)子菜单中可以看到最近打开过的所有编辑器(见图 8-22),选择需要浏览的编辑器窗口即可。另外,与浏览器类似,使用〈Alt + Left〉快捷键可以快速返回最近浏览的编辑器。

8.3.5 建立编辑器与视图的联系

用户同时打开多个编辑器窗口后,常常会因为项目复杂的树形结构目录而找不到文件位置,在资源管理器的工具栏中单击与编辑器连接(Link With Editor)按钮,如图 8-23 所示。之后激活任意一个编辑器窗口均会在资源管理器中定位到相应的位置。

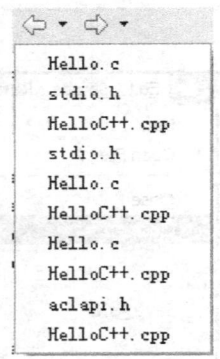

图 8-21 返回上一个编辑器方法一

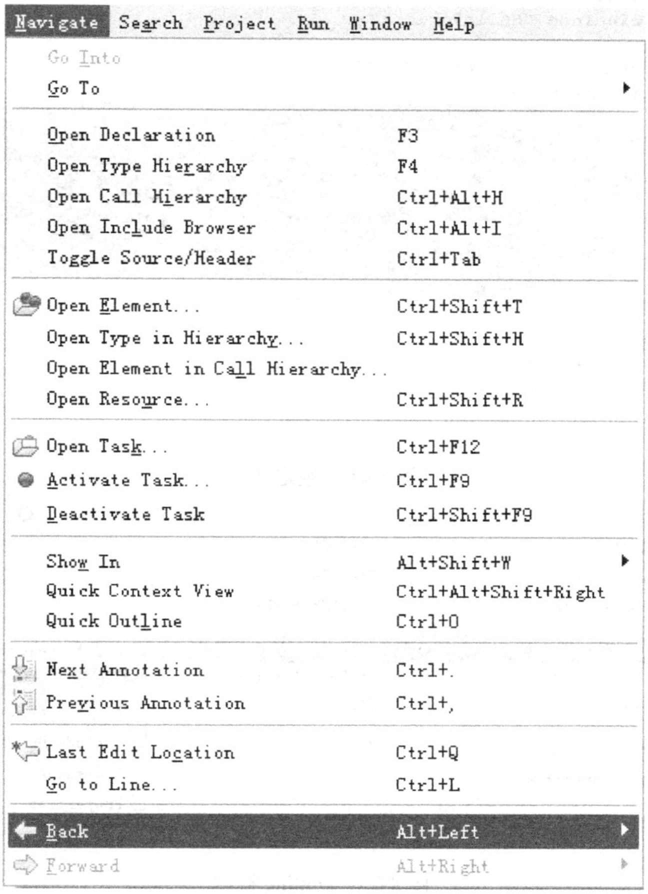

图 8-22 返回上一个编辑器方法二

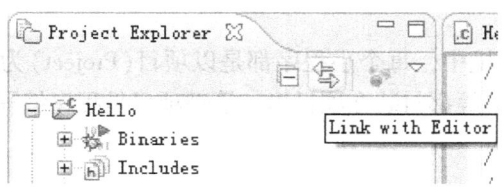

图 8-23 链接编辑器

另外，用户在进行编辑器操作时还可以反向定位到各个视图中对应的位置。首先，将光标定位到编辑器中 main 函数或者用鼠标选择 main 函数中的代码部分，如图 8-24 所示。

然后，单击菜单栏中的浏览(Navigate)菜单，在显示位置(Show In)子菜单中可以看到与该编辑器文件对应的常用视图，选择其中一个视图即可反向定位到相应的视图，如图 8-25 所示。图 8-25 以大纲视图(Outline)为例。

```
#include <stdio.h>
#include <stdlib.h>
#include "HelloWorld.h"

static const int MAX_NUM = 10;
int main(void) {
    int result, i;
    result = 0;
    for (i = 0; i <= MAX_NUM; i++) {
        result = add(result, i);
    }
    printf("%d", result);
    puts("\nHello World!"); /* prints Hello World! */
    return EXIT_SUCCESS;
}
// TODO Prepared
int add(int x, int y) {
    return x + y;
}
```

图 8-24　选定代码

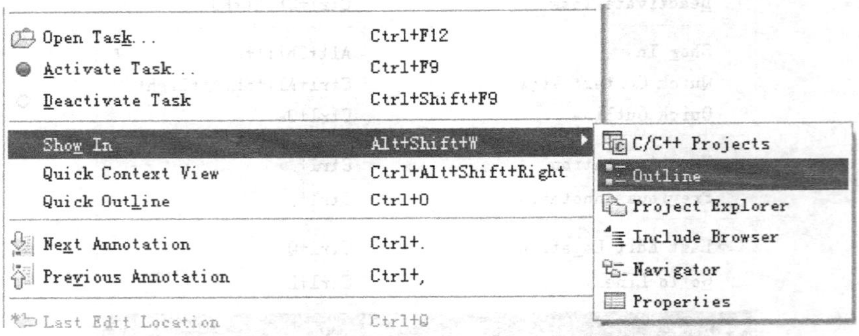

图 8-25　Outline 视图

8.4　管理项目

在 Eclipse 集成开发环境中，每个小程序都是以项目(Project)为单位存在的，源代码、注释、配置文件、各种文件夹等都封装在项目里。管理项目是程序编写时最常见的工作之一。

8.4.1　新建项目

打开 Eclipse 主界面，单击菜单栏中的文件(File)菜单，选择新建(New)子菜单下的项目(Project)选项，弹出如图 8-26 所示的窗口。

以常规项目为例，打开图 8-26 中常规(General)文件夹，选择项目(Project)后单击 Next 按钮，弹出如图 8-27 所示的窗口。

在项目名称(Project name)中输入项目名称。需要注意的是，项目名称是唯一的，输入之前应检查资源管理器中是否已有相同的项目名称。若要改变文件保存的位置，可以把使用默认路径(Use default location)前的勾去除，然后单击 Browse... 按钮可重新选择文件保存的位置。

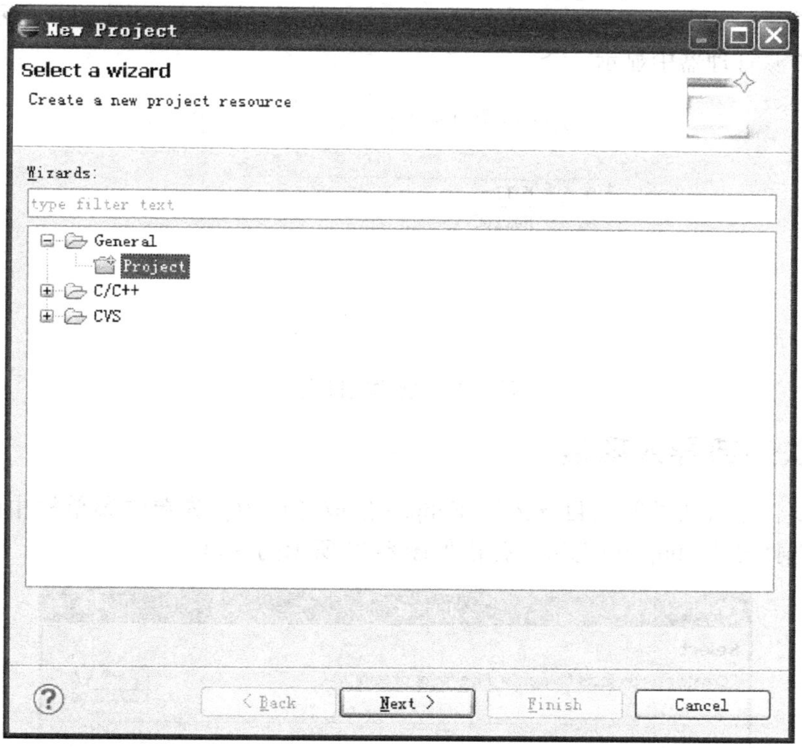

图 8-26 新建项目

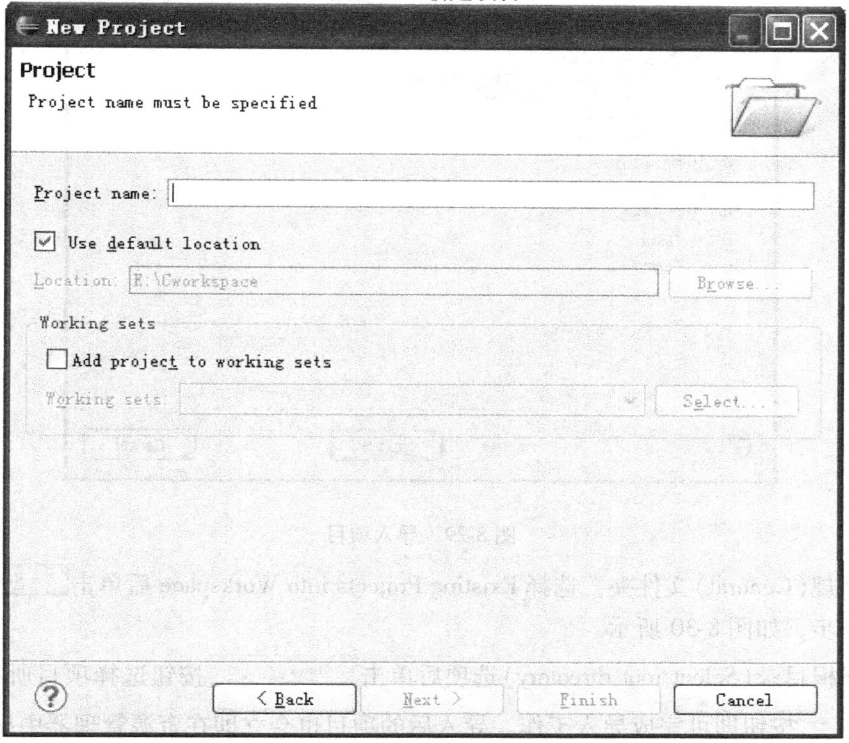

图 8-27 编辑项目名称

输入完成后，单击 Finish 按钮即可完成新建项目操作，如图 8-28 所示。新建的项目会立即在资源管理器中显示。

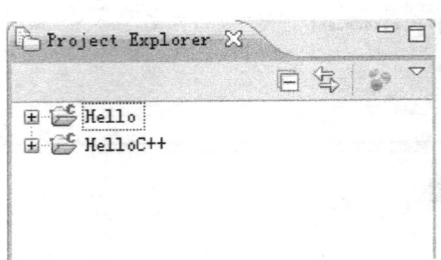

图 8-28　创建项目成功

8.4.2　从外部导入项目

如果需要将已有的外部项目导入到 Eclipse 集成环境中，先单击菜单栏中的文件(File)菜单，然后选择导入(Import)选项，弹出如图 8-29 所示的窗口。

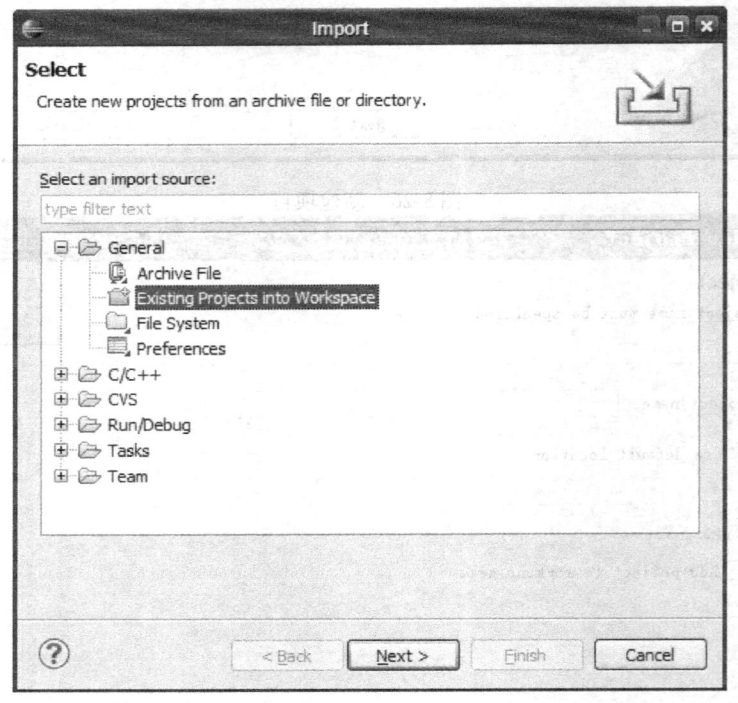

图 8-29　导入项目

打开常规(General)文件夹，选择 Existing Projects into Workspace 后单击 Next> 按钮进入到下一步，如图 8-30 所示。

在选择根目录(Select root directory)选项后单击 Browse... 按钮选择项目所在目录后单击 Finish 按钮即可完成导入工作。导入后的项目也会立即在资源管理器中显示。

除了可以从外部导入项目外，Eclipse 还支持从外部导入归档文件(Archive File)、文件系统(File System)和首选项文件(Preferences)。其中，归档文件包括通过 Jar 命令或 War 命令打包后形成的压缩文件；文件系统指操作系统文件夹中的各类文件；而导入首选项文件可以让用户通过该配置文件来个性化定制 Eclipse。

8.4.3　在资源管理器中管理项目

资源管理器中可以看到 Eclipse 当前加载的所有项目和项目中各个文件夹和文件的细节。

用鼠标双击资源管理器中任意一个项目(如 Hello)，可以以树形菜单的方式展开该项目下所有文件列表，如图 8-31 所示。

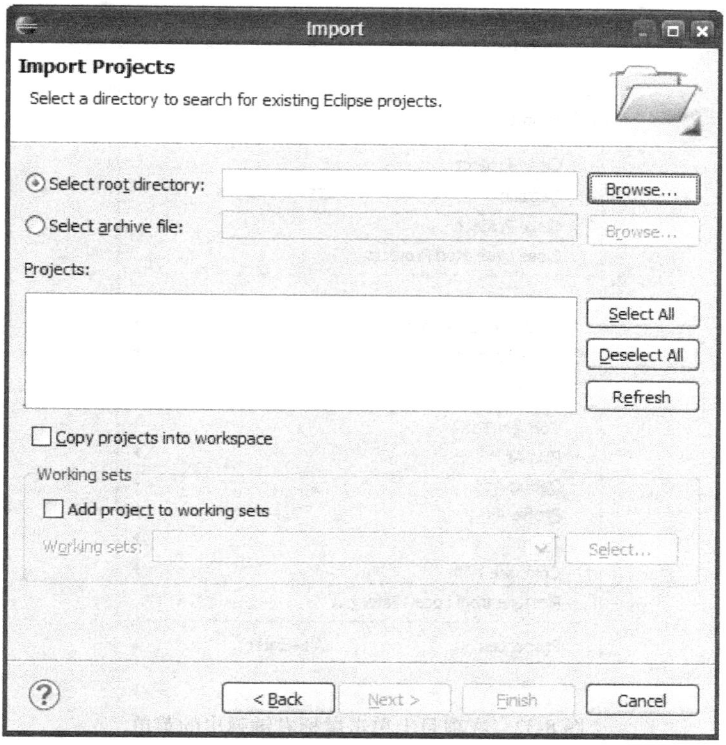

图 8-30　选择从文件系统导入项目

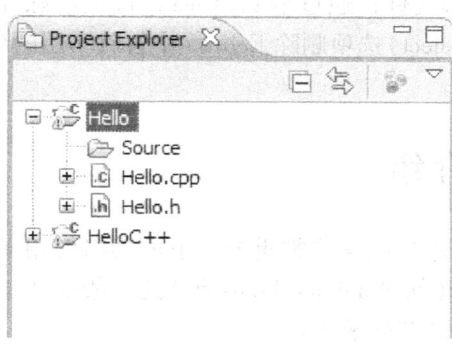

图 8-31　展开项目文件目录

对于每个项目，单击鼠标右键弹出的菜单（见图 8-32）囊括了最主要的项目操作。

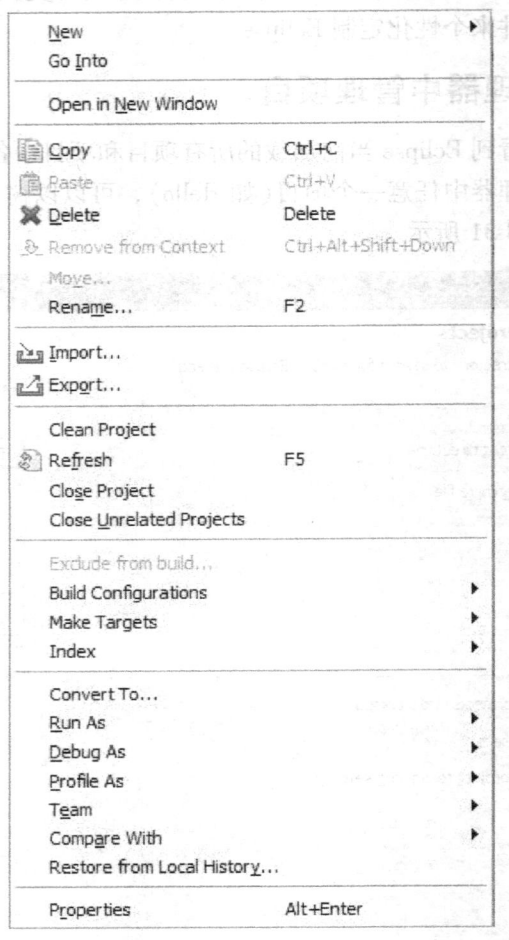

图 8-32　在项目上单击鼠标右键弹出的菜单

用户可以通过新建（New）子菜单在项目中新建文件和文件夹等内容；可以通过导入（Import）选项向项目中加载外部文件；通过清除（Clean）选项清除项目所在文件夹中过期的内容；通过关闭项目（Close Project）选项删除 Eclipse 中暂时不用的项目等。这些操作将在之后的相关章节中具体介绍。

8.5　常用快捷键介绍

熟练使用快捷键对于程序员同样非常重要，下面列出使用 Eclipse 时的常用快捷键，其中包括了用户操作系统本身（如 Windows、Linux 等）的一般快捷键和 Eclipse 特有快捷键。希望用户熟记常用快捷键，提高工作效率。

| 作用域 | 功能 | 快捷键 |

全局	查找或替换	Ctrl + F
文本编辑器	查找上一个	Ctrl + Shift + K
文本编辑器	查找下一个	Ctrl + K
全局	撤销	Ctrl + Z
全局	复制	Ctrl + C
全局	剪切	Ctrl + X
全局	全部选中	Ctrl + A
全局	粘贴	Ctrl + V
全局	恢复撤销	Ctrl + Y
全局	激活编辑器	F12
全局	切换视图	Ctrl + F7
全局	切换编辑器	Ctrl + F6
全局	切换透视图	Ctrl + F8
全局	后退一步	Alt + ←
全局	前进一步	Alt + →
全局	打开搜索对话框	Ctrl + H
全局	保存文件	Ctrl + S
全局	打印	Ctrl + P
全局	全部保存	Ctrl + Shift + S
全局	编译	Ctrl + B
全局	打开任务	Ctrl + F12
全局	调试	F11
全局	运行程序	Ctrl + F11
全局	删除	Delete
文本编辑器	以元素为单位移动光标	Ctrl + 方向键
文本编辑器	重命名	Alt + Shift + R
文本编辑器	格式化代码	Ctrl + Shift + F
文本编辑器	上滚一行	Ctrl + ↑
文本编辑器	下滚一行	Ctrl + ↓

通过 Eclipse 软件开发环境可以查询到 Eclipse 内部常用快捷键，单击菜单栏中的帮助（Help）菜单，选择键辅助（Key Assist）选项，打开快捷键列表（见图 8-33）。

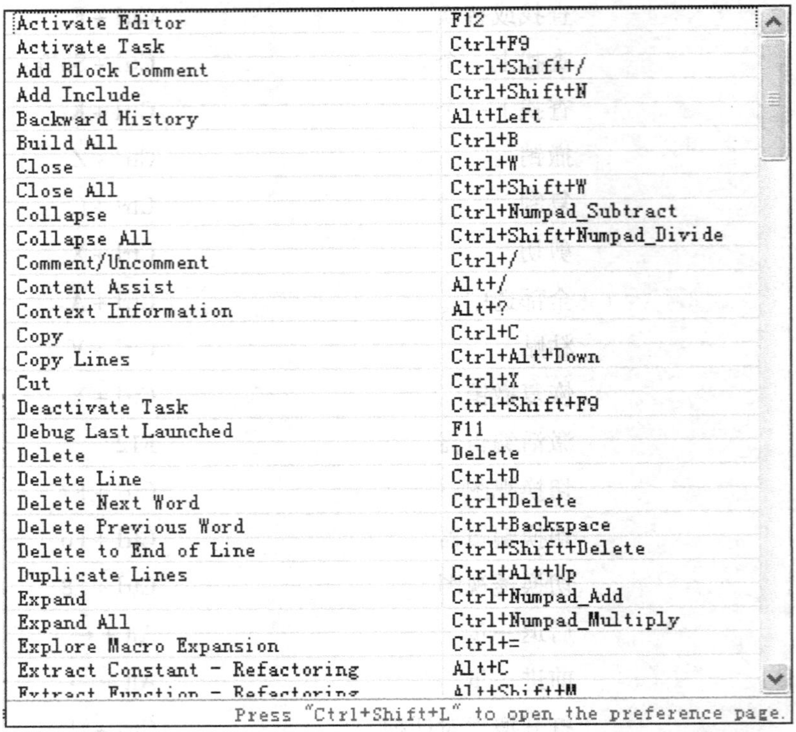

图 8-33 快捷键列表

8.6 使用 Eclipse 帮助文档

8.6.1 使用联机帮助文档

Eclipse 作为目前应用最广泛的集成开发环境之一，在互联网上可以找到大量参考文档和相关资料，同时 Eclipse 本身也提供了很实用的帮助文档。对于刚开始使用 Eclipse 的读者而言，使用帮助文档可以更快地熟悉该环境。

打开 Eclipse，单击菜单栏中的帮助（Help）菜单，选择帮助内容（Help Contents）选项即可打开帮助文档，如图 8-34 所示。

应当注意的是，Eclipse 帮助文档是一种实时更新的联机帮助文档，用户每次打开帮助文档时，Eclipse 会自动从网络上搜索最新的联机帮助内容。因此，如果不连入网络，则会大大降低 Eclipse 帮助文档的价值。

图 8-35 所示内容是 Eclipse 帮助文档左

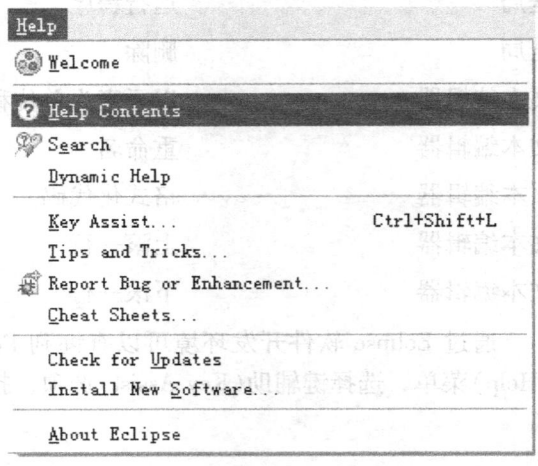

图 8-34 打开帮助文档

侧部分，窗口顶部是一个搜索功能框（Search），可以在帮助文档中任意搜索内容，Contents 部分是整个帮助文档的主要部分，而底部的四个标签分别是内容（Contents）、索引（Index）、搜索结果（Search Results）和书签（Bookmarks），对应四个不同的功能界面。

帮助文档窗口的右侧部分是显示详细信息的界面，会根据用户在左侧的不同选择发生相应的变化，在此不详细介绍。

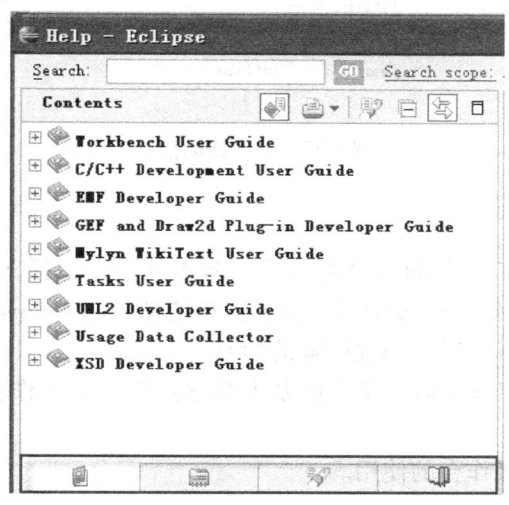

图 8-35　帮助文档窗口

8.6.2　使用动态帮助

除了上述帮助文档之外，Eclipse 还提供了动态帮助方式为用户提供有针对性的帮助信息。这是为了用户能更快地在帮助文档中找到相关帮助所提供的方式。

单击 Eclipse 界面中的特定部分，如大纲视图，单击菜单栏中的帮助（Help）菜单，选择动态帮助（Dynamic Help）选项即可打开动态帮助，如图 8-36 所示。

此时，Eclipse 将在工作台的右侧打开一个帮助视图，视图中包含了用户目前激活的 Eclipse 元素的相关帮助信息，它会引导读者进一步搜索到需要的帮助信息。本例中为大纲视图的动态帮助信息，如图 8-37 所示。

当用户单击鼠标激活不同的 Eclipse 元素时，帮助视图也会相应地将帮助信息定位到该元素的文档处，便于用户查阅。

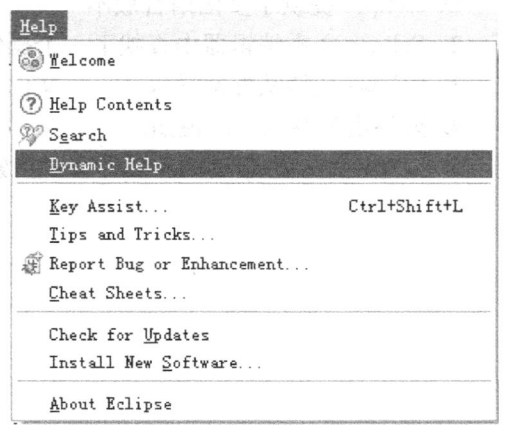

图 8-36　打开动态帮助

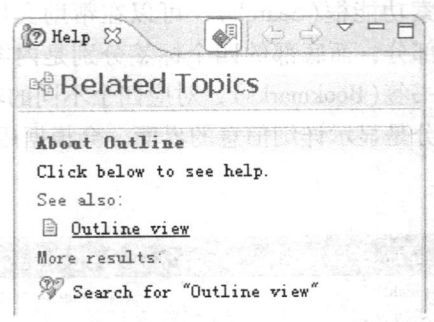

图 8-37 动态帮助信息

◎ 本章小结

本章介绍了 Eclipse 工作台的各个部分及其基本功能,包括 Eclipse 的工作空间、透视图、视图、编辑器、项目等。通过学习,读者应该能够熟悉 Eclipse 常用视图、快捷键等元素,能够独立使用 Eclipse 帮助文档进行辅助学习。

本章重点是 Eclipse 工作台各个部分的基本概念;Eclipse 工作台的使用方法;项目的概念和相关操作。

本章难点是 Eclipse 工作台的使用。

◎ 练习题

1. 关于 Eclipse 工作台叙述正确的是(　　)。
   A. Eclipse 是基于 Java 语言的
   B. Eclipse 不能在 Mac 操作系统上运行
   C. Eclipse 可以用来编辑文本文件
   D. Eclipse 提供了多国语言版本
2. Eclipse 文本编辑器中查找下一个操作的快捷键是_____。
3. Eclipse 支持从外部导入_____文件、_____文件和文件系统。
4. 列举出五种以上的视图。
5. 简述使用动态帮助的步骤并尝试搜索到需要的帮助信息。

第 9 章 使用 Eclipse 进行 C/C++ 开发

◎ 内容提要

C 语言是一种面向过程的计算机程序设计语言。它既具有高级语言的特点，又具有汇编语言的特点。它是目前众多计算机语言中公认的优秀的结构程序设计语言之一。C 语言简洁紧凑、灵活方便，它允许直接访问物理地址，可以直接对硬件进行操作，并且生成代码质量高，程序执行效率好。

本章从安装 MinGW 入手，以最简单的 HelloWorld 程序为例，介绍了如何使用 Eclipse 进行 C 语言程序的开发工作。

9.1 安装 MinGW

为了能够使用 Eclipse CDT 编译且运行 C 和 C++ 程序，必须要安装一个 C/C++ 编译器，本书使用的是 MinGW 编译器。MinGW（Minimalist GNU on Windows）是指用来生成纯粹的 Win32 可执行文件的编译环境，它是以 GNU 为基础的开发 C/C++ 项目的工具集，能够提供 C/C++ 所需要的头文件和库文件。使用 MinGW，用户生成本地的 Windows 程序时不需要第三方 C/C++ 运行时库。

MinGW 的下载地址为 http://sourceforge.net。本书使用的版本是 MinGW 5.1.4。

第一步：下载 MinGW 安装向导。在浏览器中输入上述网址，在打开的页面中可以看到如图 9-1 所示的绿色图标按钮 "Download Now!"。单击该按钮，在页面跳转的同时会出现下载窗口，如图 9-2 所示。选择保存位置后（如 D:\MinGW）单击保存，即可完成下载。

图 9-1 下载按钮

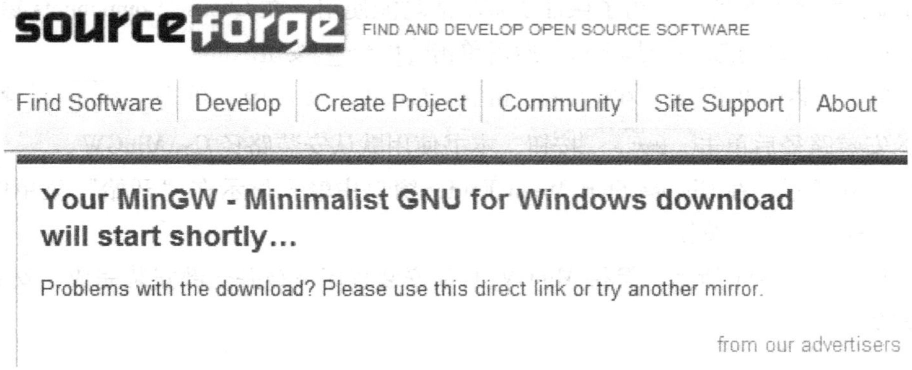

图 9-2 下载 MinGW

第二步：下载完成后，得到如图 9-3 所示的 "MinGW 5.1.4.exe" 文件，即 MinGW 在线自动安装程序。

双击该文件出现如图 9-4 的安装界面，单击 Next > 按钮进入下一步。

第三步：如图 9-5 所示，在 Install or just download files 窗口中可以选择下载并自动安装（Download and install）或仅仅下载（Download only），建议初次使用的用户选择下载并自动安装，然后单击

图 9-3　MinGW 在线自动安装程序

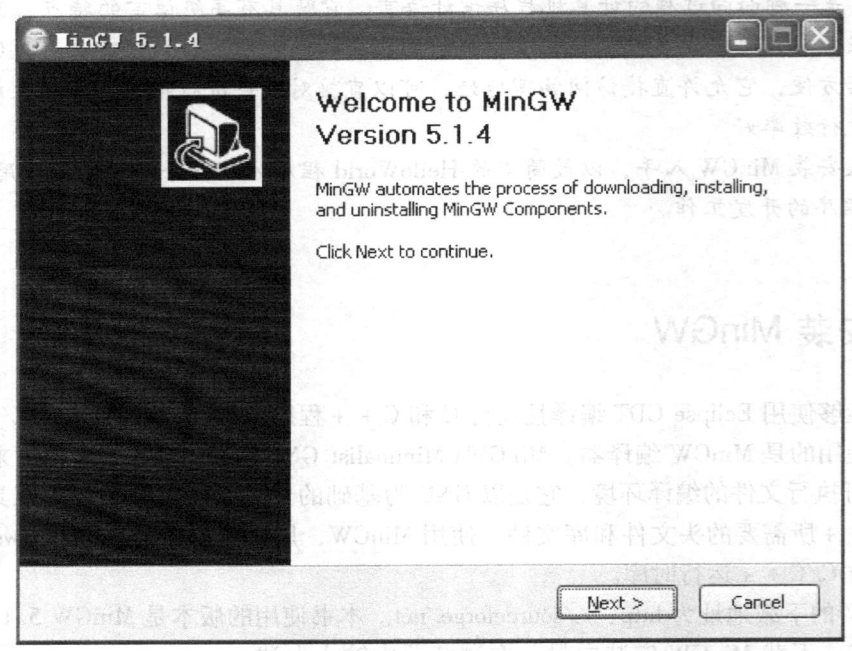

图 9-4　MinGW 安装界面

Next > 按钮。

第四步：如图 9-6 和图 9-7 所示，在 License Agreement 和 Choose Package 两个窗口中分别单击 I Agree 按钮和 Next > 按钮保持默认设置。

第五步：如图 9-8 所示，为了保证所有功能均能使用，在 Choose Components 窗口的 Select the type of install 选项中选择 Full，然后单击 Next > 按钮。

第六步：如图 9-9 所示，在 Choose Install Location 窗口中，单击 Browse... 按钮选择 MinGW 的安装路径后单击 Next > 按钮，本书使用默认安装路径 C:\MinGW。

如图 9-10 所示，在 Choose Start Menu Folder 窗口中输入显示在"开始"菜单中的文件夹名后，单击 Install 按钮。

第七步：如图 9-11 所示，等待 MinGW 自动安装程序下载并全部安装完成，安装期间保持网络通畅。

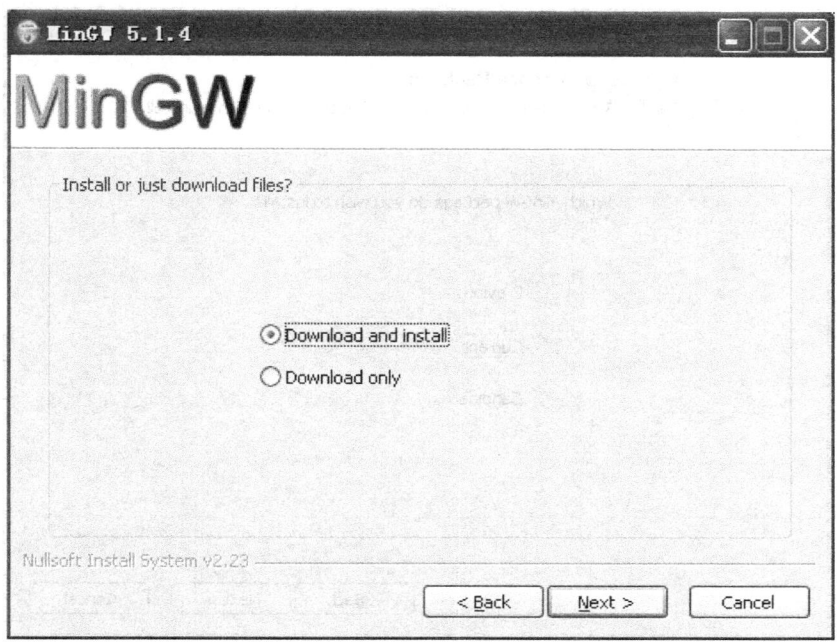

图 9-5 下载并安装 MinGW

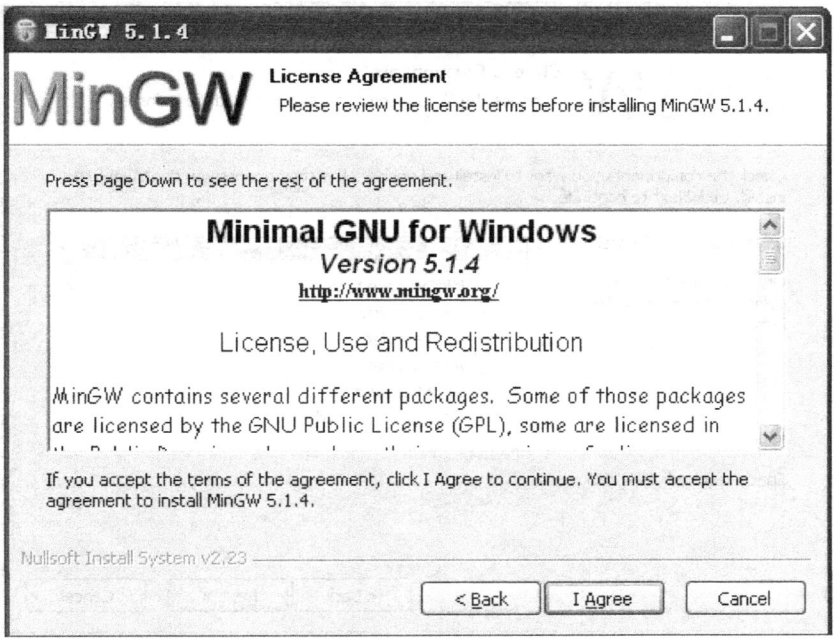

图 9-6 License Agreement 窗口

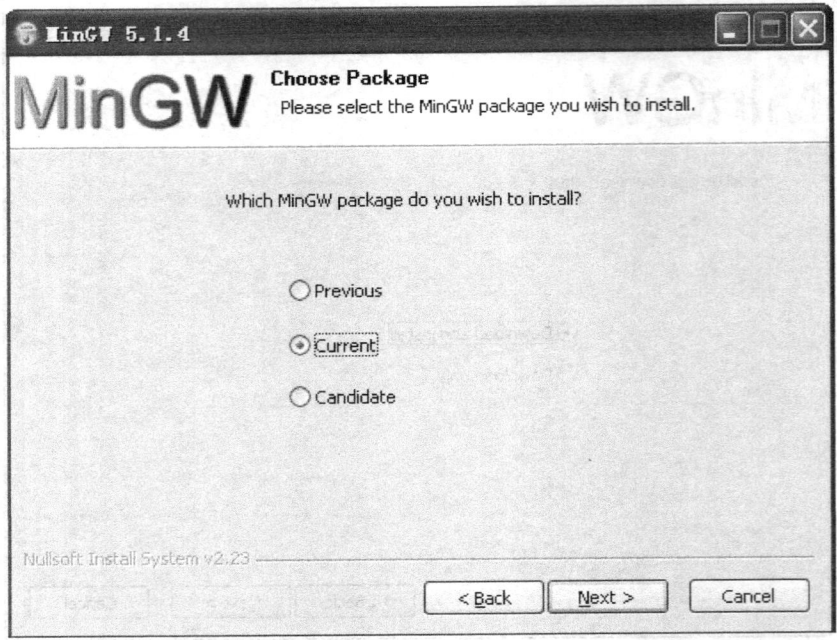

图 9-7　保持默认设置

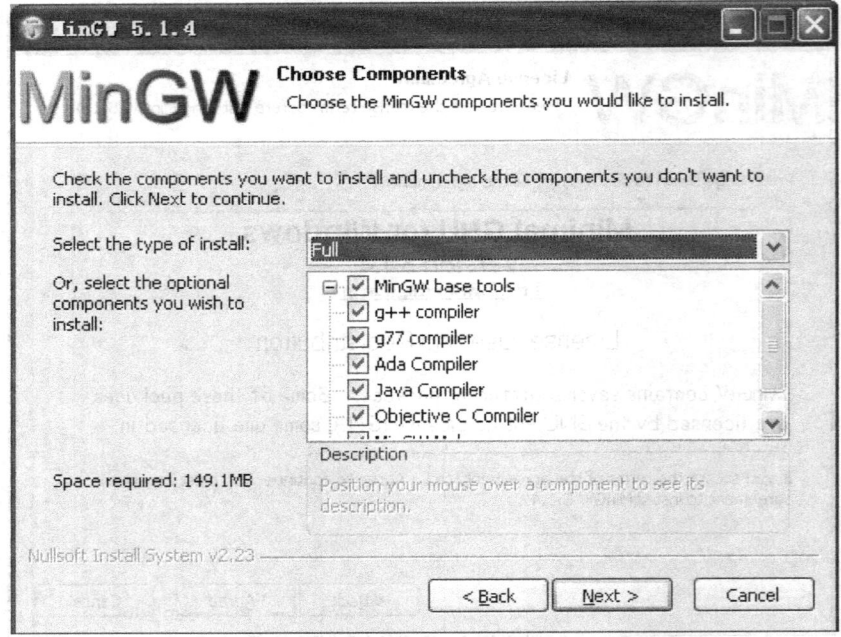

图 9-8　选择安装所有功能

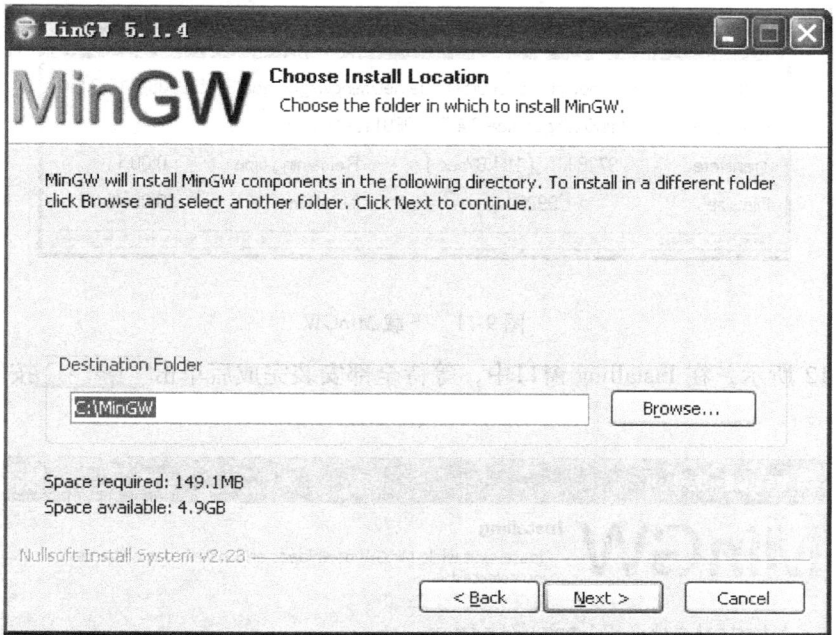

图 9-9 选择安装路径

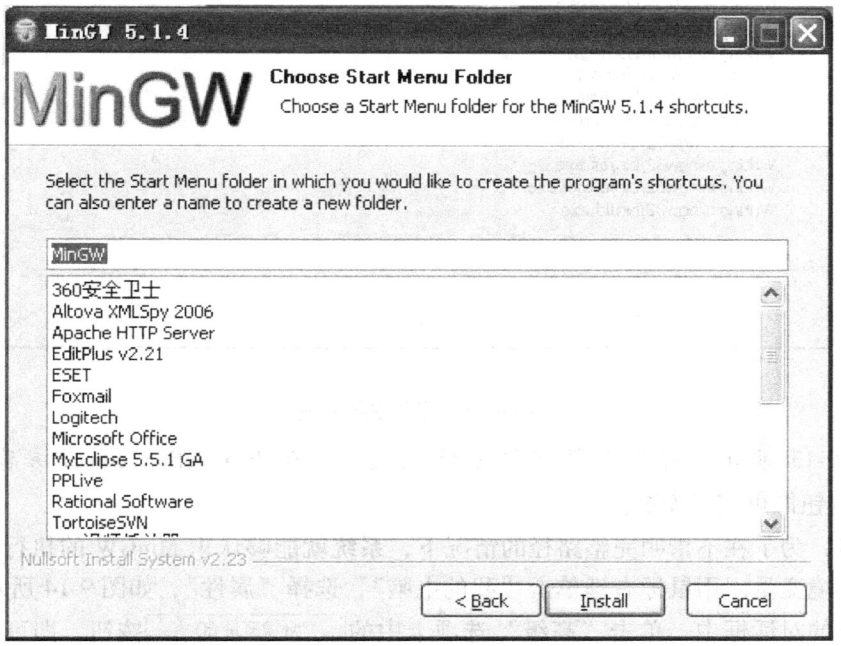

图 9-10 输入显示在"开始"菜单中的文件夹名

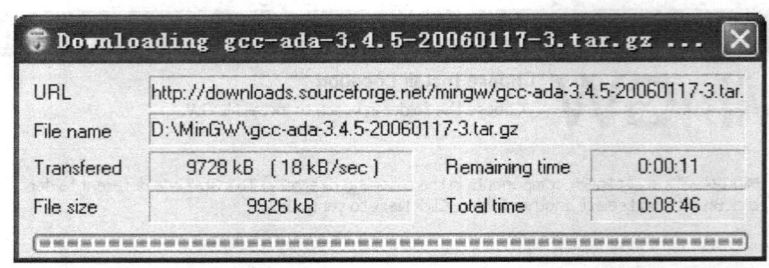

图 9-11　下载 MinGW

如图 9-12 所示，在 Installing 窗口中，等待全部安装完成后单击 Next > 按钮。

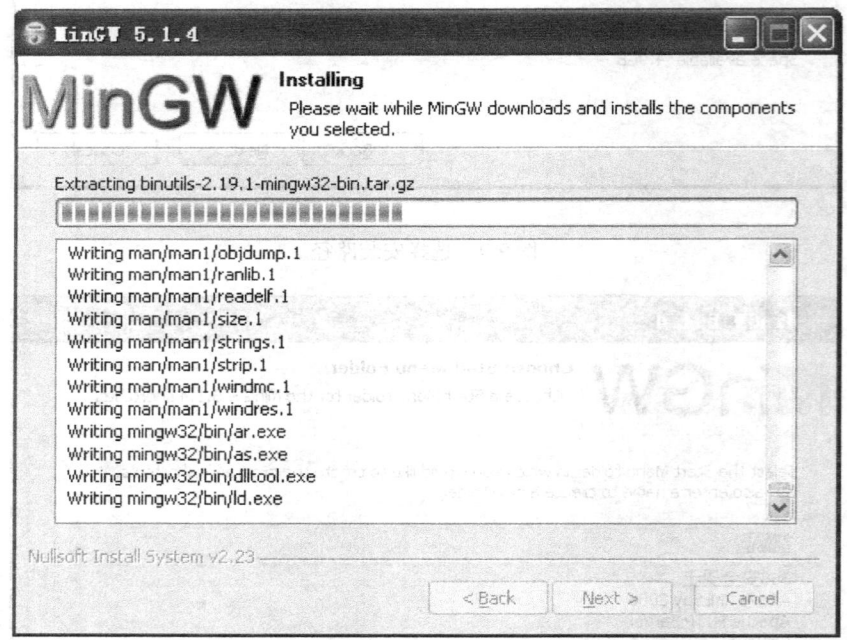

图 9-12　等待安装完成

如图 9-13 所示，等待全部组件安装完成后，在 Installation complete 窗口中单击 Finish 按钮即可完成安装。

第八步：为了在不指明完整路径的情况下，系统就能够认识 MinGW 的执行命令，需要设置系统环境变量。用鼠标右键单击"我的电脑"，选择"属性"，如图 9-14 所示。

在弹出的对话框中，单击"高级"选项卡中的 环境变量(N) 按钮，即可打开环境变量设置对话框，如图 9-15 所示。

图 9-13 安装完成

在"系统变量"对话框中找到 Path 变量,单击 编辑(I) 按钮,如图 9-16 所示。

将 MinGW 安装路径下的 bin 文件夹(本书中是 C:\MinGW\bin)输入到变量值中即可完成环境变量设置,如图 9-17 所示。

第九步:为了确认 MinGW 的安装和环境变量设置是否生效,选择"开始"→"运行",在弹出的对话框中输入 cmd 后单击 确定 按钮,打开"命令提示符",如图 9-18 所示。

在"命令提示符"中,输入 gcc -v,如果安装并设置正确,则会出现如图 9-19 所示的结果。如果屏幕出现"gcc 不是内部或外部命令,也不是可运行的程序或批处理文件",则表示 MinGW 安装不成功或者环境变量设置出现问题,需要重新检查。

上述步骤完成后,Eclipse CDT 才能够编译并运行 C/C++程序。

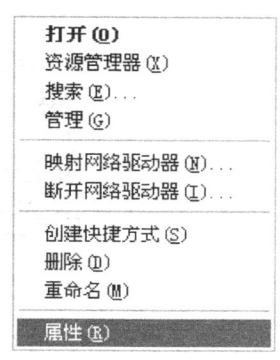

图 9-14 选择"属性"菜单

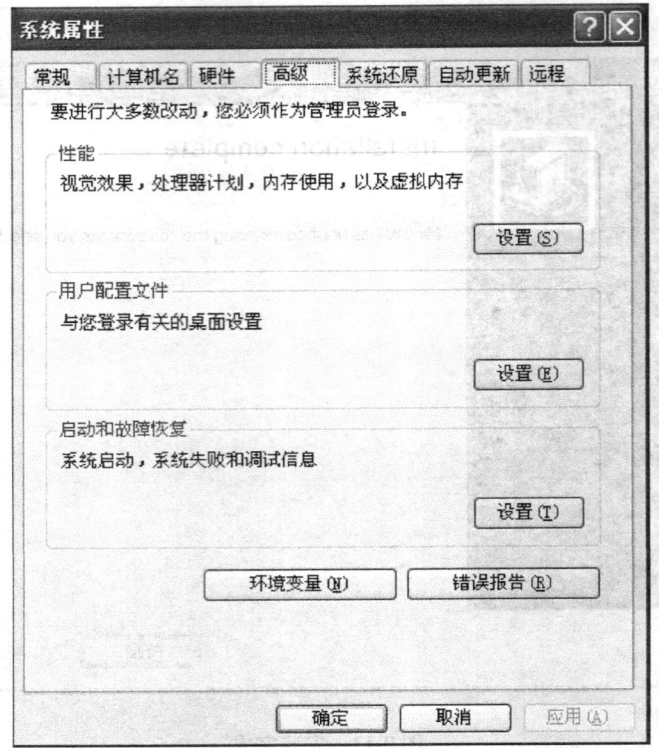

图 9-15 设置系统属性

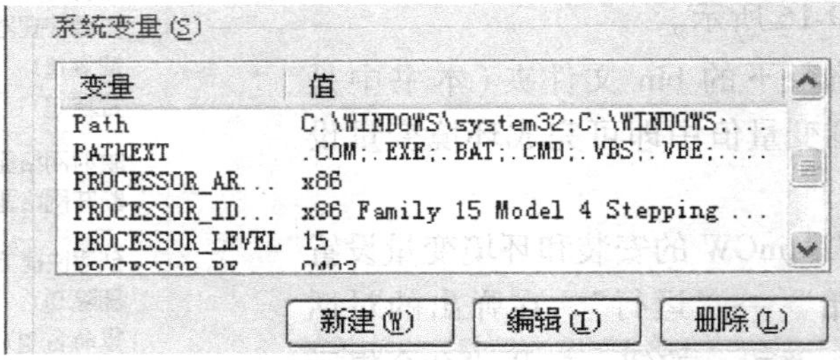

图 9-16 设置环境变量

图 9-17 编辑环境变量

图 9-18 打开"命令提示符"

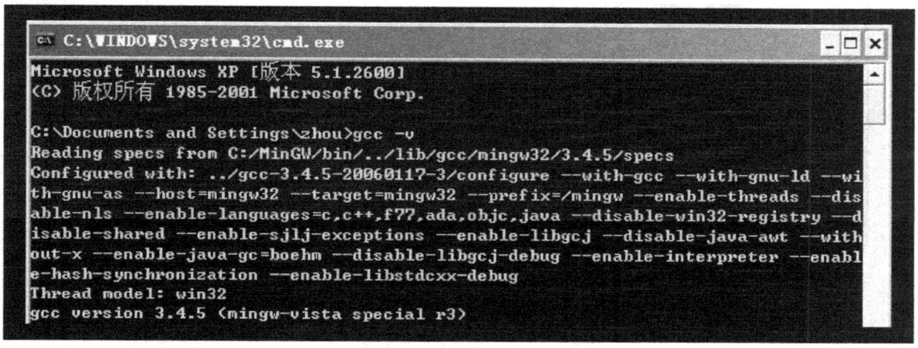

图 9-19 测试 gcc 编译环境

9.2 第一个 C/C++ 项目

本节将详细介绍一个 C/C++ 项目从创建、编辑、运行到删除的整个生命周期过程。

9.2.1 新建 C/C++ 项目

前面已经介绍过,在 Eclipse 中,所有程序都是以项目为单位,编写程序之前,首先需要新建 C/C++ 项目。

单击菜单栏中的文件(File)菜单,选择新建(New)子菜单下的项目(Project)选项,则会弹出如图 9-20 所示的选择向导窗口(Select a wizard)。以 C 语言程序为例,在对话框中打开 C/C++ 文件夹,选择 C Project 后单击 Next> 按钮进入下一步。

如图 9-21 所示,在 C Project 窗口中选择 C 语言相关属性。在项目名称(Project name)标签中输入 HelloWorld,在项目类型(Project type)标签中打开 Executable 文件夹,选择 Hello World ANSI C Project,在工具箱(Toolchains)标签中选择 MinGW GCC,完成之后单击 Next> 按钮进入下一步。

如图 9-22 所示,在 Basic Settings 窗口中可以设置源代码的注释部分内容。分别在作者(Author)、版权声明(Copyright notice)等标签中输入相应内容后,单击 Next> 按钮进入下一步。

如图 9-23 所示,在 Select Configurations 窗口中可以选择调试和发布文件夹以及高级设定,保持默认设置后单击 Finish 按钮即可新建 C Project,在这个项目中将会保存编写的源代码文件和配置文件。

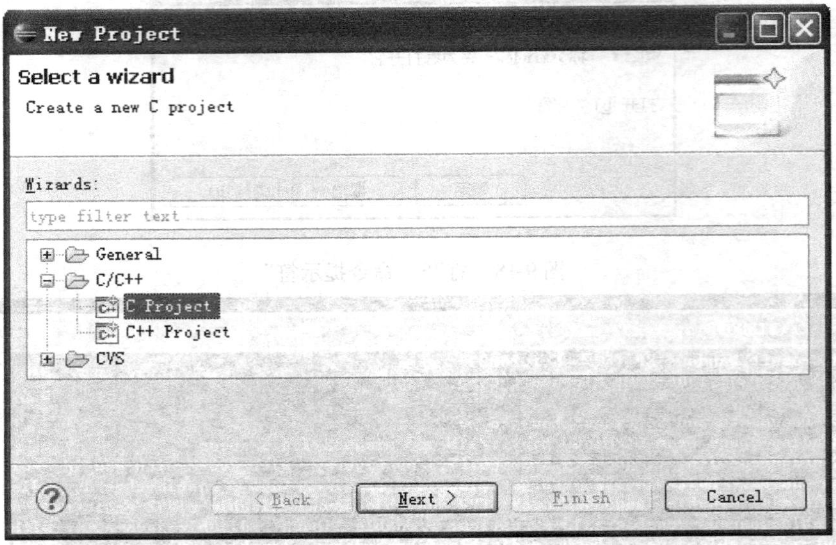

图 9-20 创建 C Project

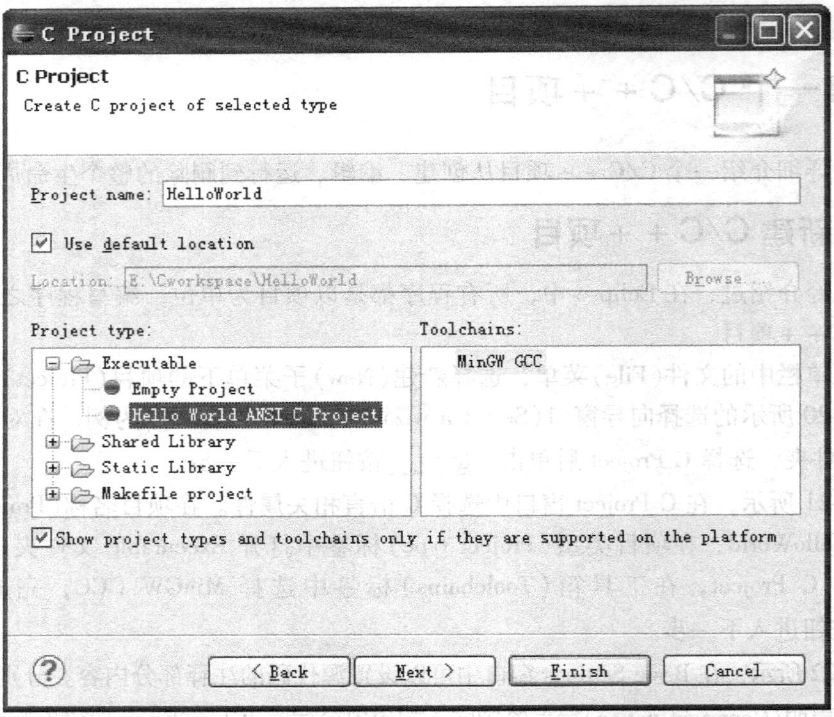

图 9-21 选择 C 语言相关属性

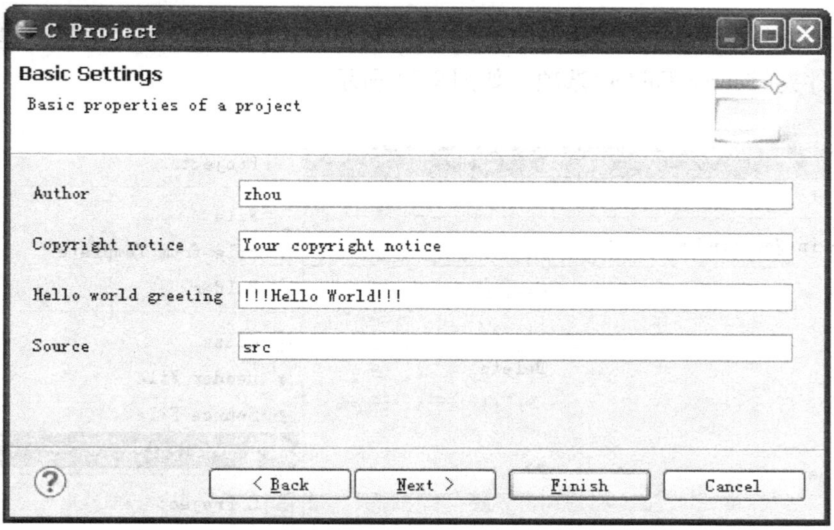

图 9-22 编辑注释部分内容

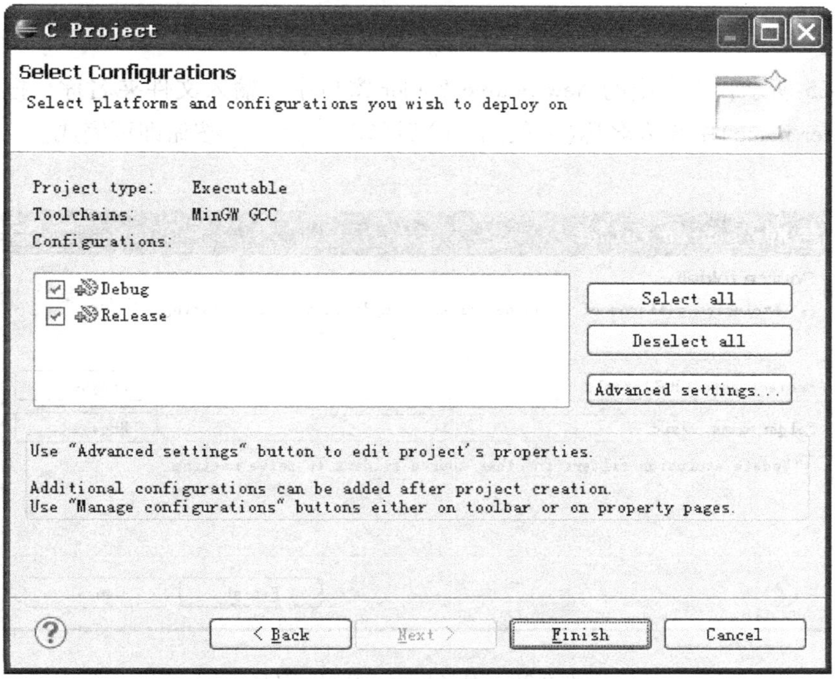

图 9-23 选择调试和发布文件夹

9.2.2 新建 Source Folder

用鼠标右键单击资源浏览器中的 HelloWorld 项目,在弹出的菜单中选择新建(New)子菜单里的源文件夹(Source Folder)选项,如图 9-24 所示。

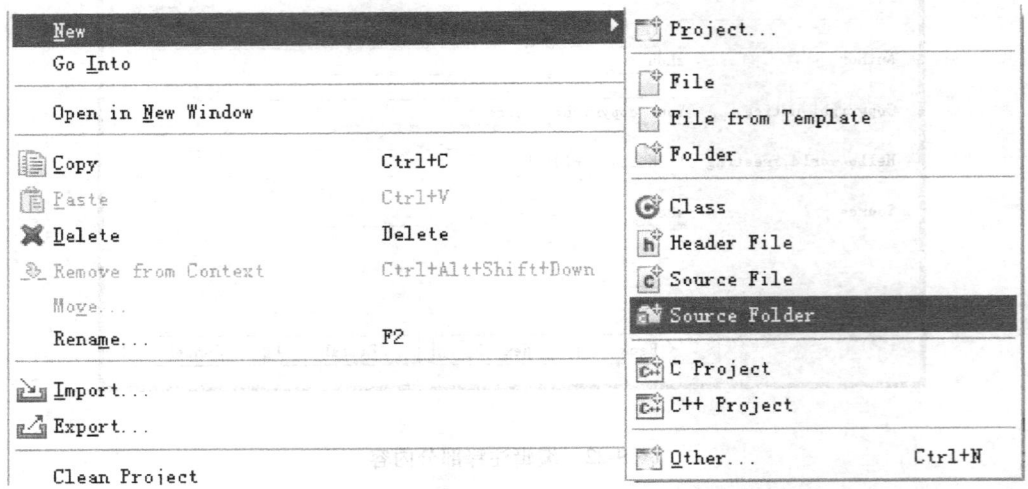

图 9-24 新建 Source Folder

如图 9-25 所示,在弹出的 New Source Folder 窗口中,输入文件夹名称,把光标定位到文件名(Folder name)中输入名称(一般为 src)后单击 Finish 按钮即可完成。

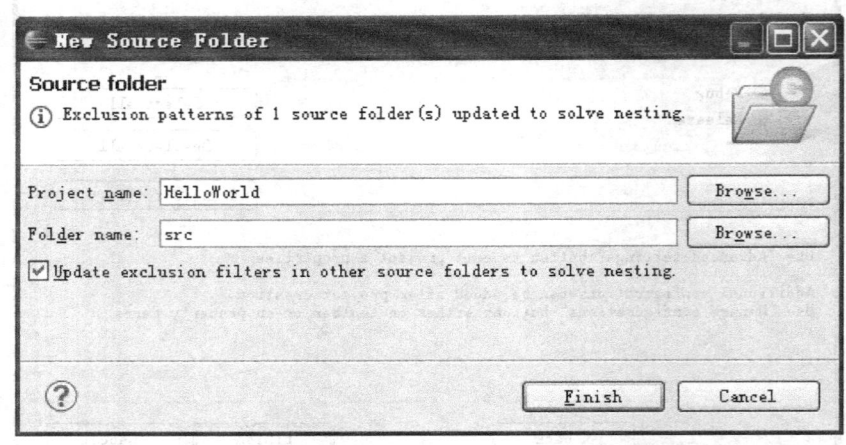

图 9-25 编辑 Source Folder 名称

9.2.3 新建 C++ Class

现在,可以在 src 文件中新建源代码文件了。用鼠标右键单击 src 文件夹,在弹出的菜单中选择新建(New)子菜单里的类(Class)选项,弹出如图 9-26 所示的窗口。在类名称

(Class Name)标签中输入类名称后单击 Finish 按钮即可完成新建操作。

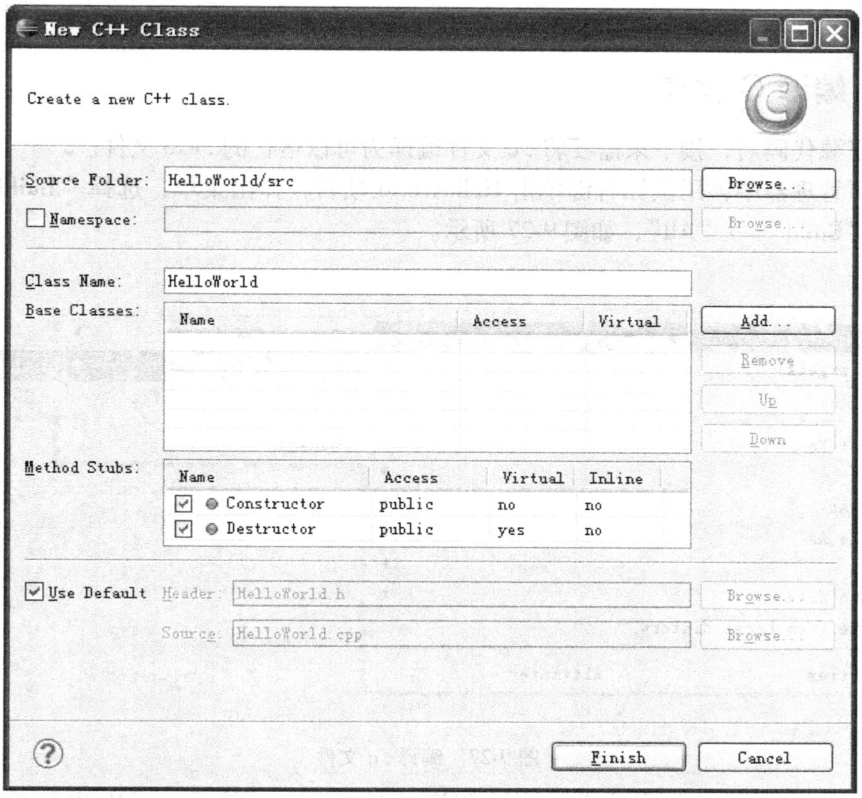

图 9-26 新建 C++ Class

完成后,Eclipse CDT 会自动生成 HelloWorld 程序,代码如下。

```
/*
============================================
Name        : HelloWorld. c
Author      : zhouxiao
Version     :
Copyright   : Your copyright notice
Description : Hello World in C, Ansi-style
============================================
*/

#include <stdio. h>
#include <stdlib. h>

int main(void) {
```

```
    puts("Hello World!");/* prints Hello World! */
    return EXIT _ SUCCESS;
}
```

9.2.4　编译 C 程序

编辑好源代码后，接下来需要将 .c 文件编译为可以运行的 .exe 文件。

在资源管理器中，用鼠标右键单击 HelloWorld 项目，弹出菜单，选择 "Build Configurations" → "Build" → "All"，如图 9-27 所示。

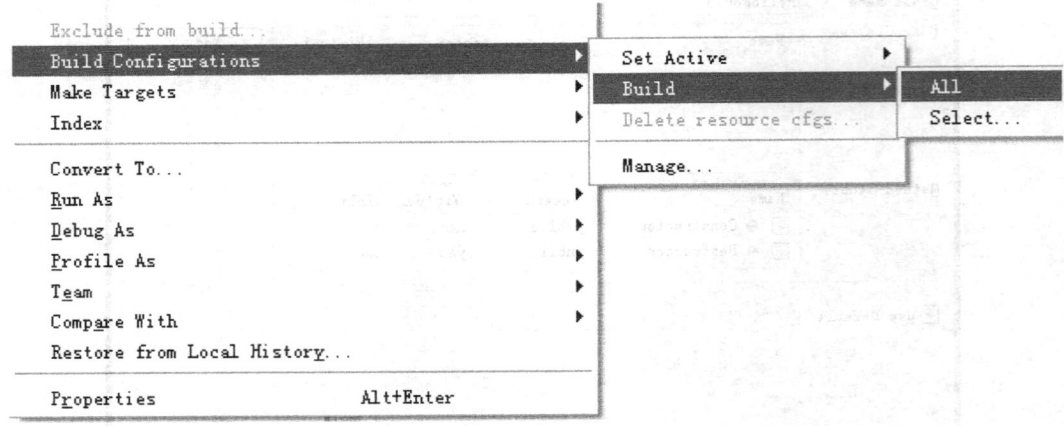

图 9-27　编译 .c 文件

把 HelloWorld 程序稍作改动，删除程序最后的 "}" 符号，再次进行编译。此时，Eclipse 编辑器中该代码行显示 "X" 符号，提示用户此处出现语法错误，如图 9-28 所示。同时，资源管理器中对应的文件图标同样显示 "X" 符号。

```
/*
============================================================
 Name        : Hello.c
 Author      : zhouxiao
 Version     :
 Copyright   : Your copyright notice
 Description : Hello World in C, Ansi-style
============================================================
*/

#include <stdio.h>
#include <stdlib.h>

int main(void) {
    puts("Hello World!"); /* prints Hello World! */
    return EXIT_SUCCESS;
```

图 9-28　显示语法错误

9.2.5 运行 C 程序

编译成功后将在资源管理器中看到 Release 文件夹，如图 9-29 所示。Release 文件夹中包含了刚被编译的可执行文件。

接下来运行刚编译的文件，在资源管理器中用鼠标右键单击 HelloWorld 项目，弹出菜单，在运行方式(Run As)子菜单中选择运行设置(Run Configurations)，如图 9-30 所示。

在 Create，manage，and run configurations 窗口中，单击新建运行配置(New launch configuration)按钮新建一个运行配置，如图 9-31 所示。

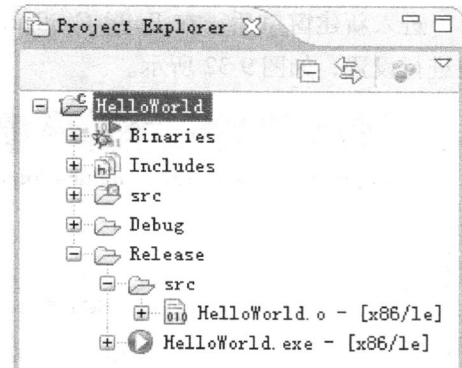

图 9-29　查看 Release 文件夹

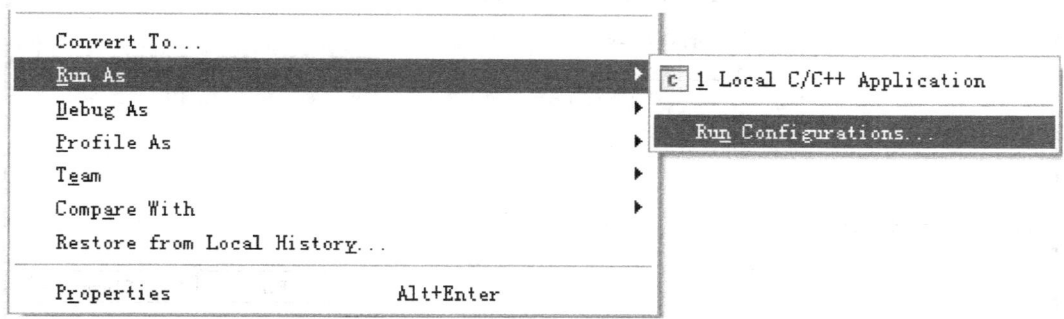

图 9-30　选择运行设置

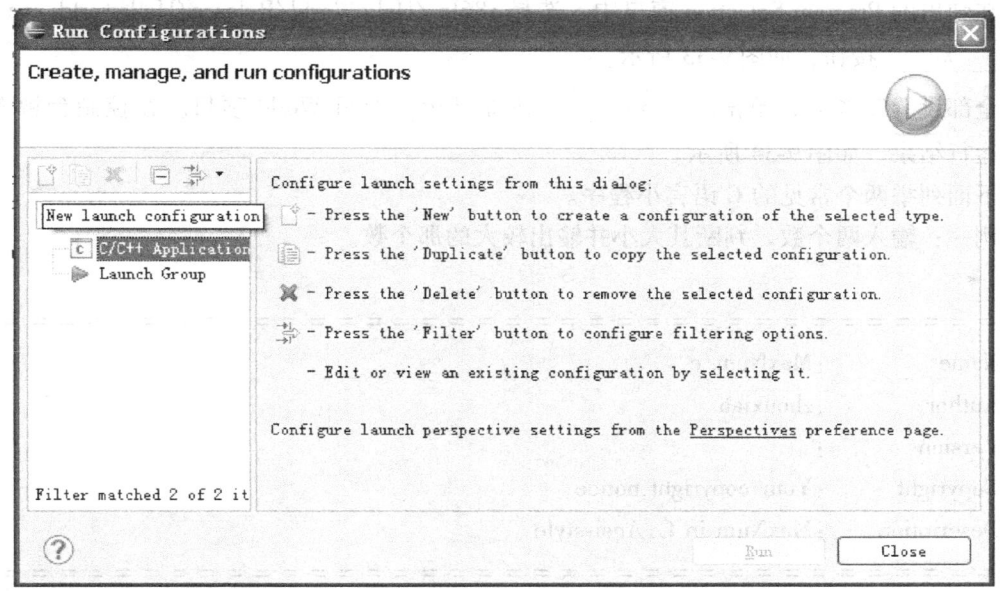

图 9-31　新建运行配置

进入新建窗口后，在 Build Configuration 选项中选择 Release，并单击 Search Project... 按钮进行设置，如图 9-32 所示。

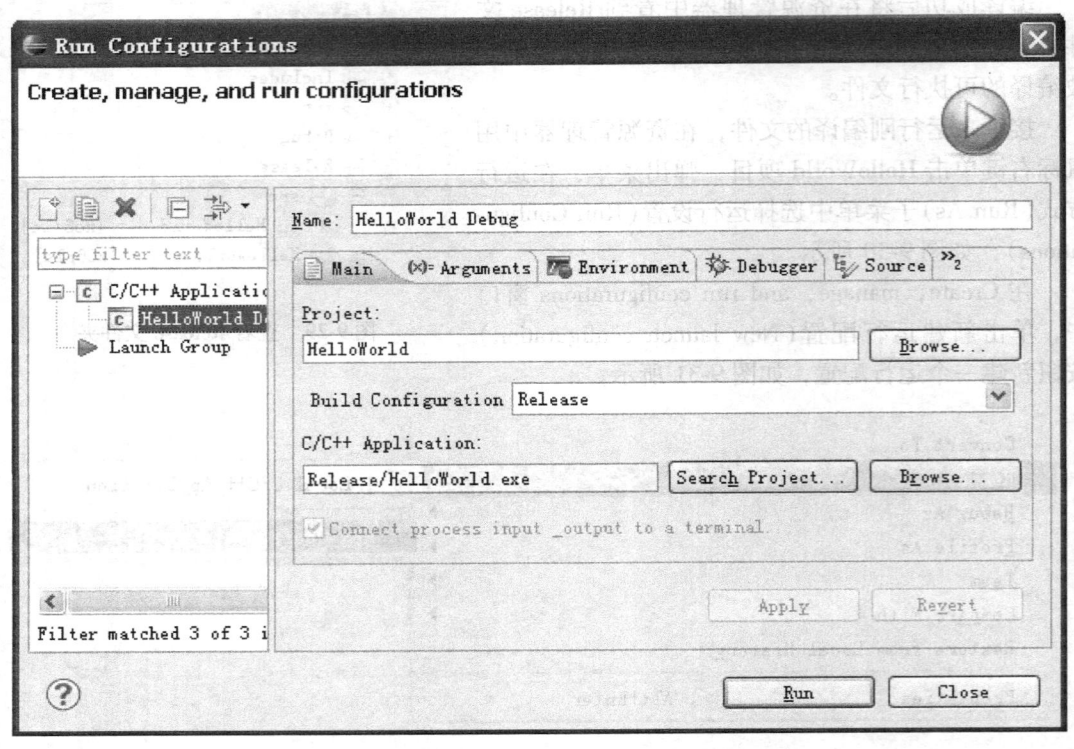

图 9-32　选择运行设置项目

在弹出的 Program Selection 窗口中，选择 x86le-/HelloWorld/Release/Helloworld.exe 后单击 OK 按钮，如图 9-33 所示。

全部设置完毕后，单击 Run 按钮即可运行 HelloWorld 项目。在控制台视图中，显示运行结果，如图 9-34 所示。

下面列举两个常见的 C 语言小程序。

例一：输入两个数，判断其大小并输出较大的那个数。

```
/*
============================================
Name        : MaxNum.c
Author      : zhouxiao
Version     :
Copyright   : Your copyright notice
Description : MaxNum in C, Ansi-style
============================================
*/
```

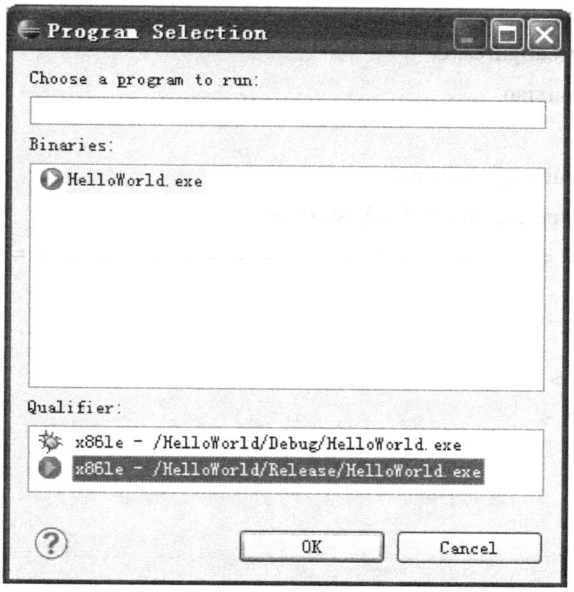

图 9-33　选择运行类

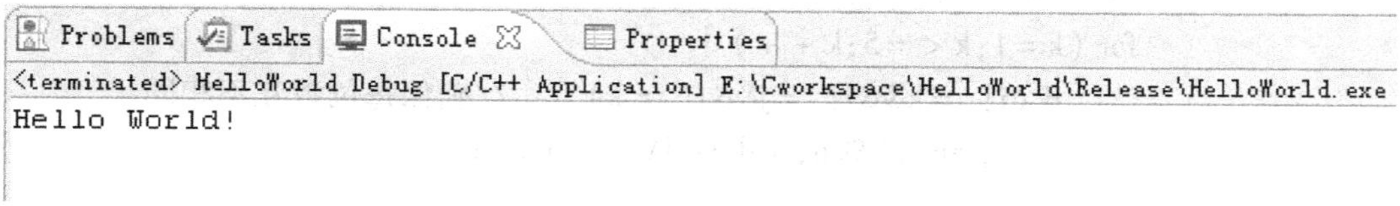

图 9-34　运行结果

```
#include <stdio.h>
#include <stdlib.h>

int main(void){
    int a,b,max;
    printf("\n请输入两个整数: ");
    scanf("%d%d",&a,&b);
    max = a;
if (max < b) {
max = b;
}
    printf("较大数为%d",max);
}
```

例二：有1、2、3、4、5五个数字，能组成多少个互不相同且无重复数字的三位数？分别是多少？输出这些三位数。

/*

```
/* ============================================
Name        :Threefigures.c
Author      :zhouxiao
Version     :
Copyright   :Your copyright notice
Description :Three figures in C,Ansi-style
============================================
*/

#include <stdio.h>
#include <stdlib.h>

int main(void){
    int i,j,k;
    printf("\n");
    for(i=1;i<=5;i++){
        for(j=1;j<=5;j++){
            for(k=1;k<=5;k++){
                if(i!=k&&i!=j&&j!=k)    //确保每位数互不相同
                    printf("%d,%d,%d\n",i,j,k);
            }
        }
    }
}
```

9.2.6 使用浏览功能

Eclipse 为 C/C++ 程序员提供了一系列工具以方便程序开发。其中，使用浏览功能可以从多个角度快速查看并定位到程序中的各个元素，包括代码的层次结构、调用关系、继承关系等。

1. 打开变量声明

大型的程序中可能包含若干全局变量与局部变量，Eclipse 提供了从变量的任意引用位置直接定位到变量定义行的方法。当然，我们也可以通过查找或者搜索的方式（参见 9.4 节）来完成这个任务，但其过程要烦琐得多。

将光标定位到编辑器中相应的变量位置（如 result 变量），单击菜单栏中的浏览（Navigate）菜单，选择打开变量声明（Open Declaration）选项，也可使用 <F3> 快捷键，如图 9-35 所示。

Eclipse 自动将编辑器中的光标定位到声明（result）变量的位置，位置对比如图 9-36 所示。

另外，Eclipse 还提供了变量底色标注。当光标定位到某个变量时，把该变量的各个实

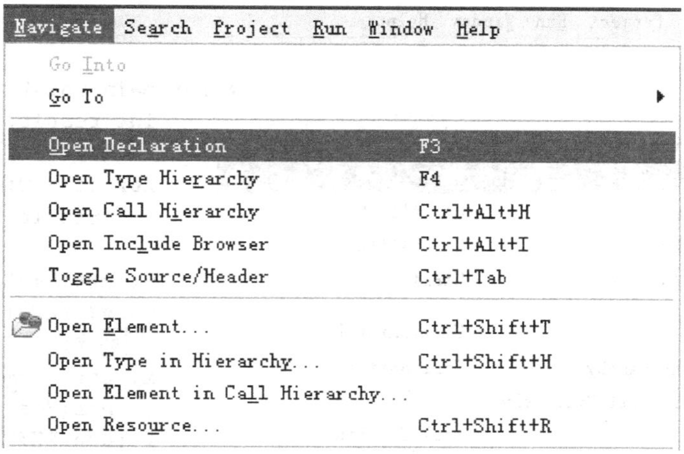

图 9-35　打开变量声明

```
int main(void) {
    int result, i;
    result = 0;
    for (i = 0; i <= MAX_NUM; i++) {
        result = add(result, i);
    }
    printf("%d", result);
```

```
int main(void) {
    int result, i;
    result = 0;
    for (i = 0; i <= MAX_NUM; i++) {
        result = add(result, i);
    }
    printf("%d", result);
```

图 9-36　定位到变量声明处

例用灰色底色标注，如图 9-36 中的各个“result”变量实例。

2. 打开类型层次结构

在一个符合面向对象思想的程序中，存在多种抽象、封装和继承特征结构，使得程序易于阅读和维护。Eclipse 提供了快速打开程序中已经在使用的特定数据类型及其相关继承结构的方法。

将光标定位到编辑器中相应的变量位置（如 FILE 类型），单击菜单栏中的浏览（Navigate）菜单，选择打开类型层次结构（Open Type Hierarchy）选项，也可使用 <F4> 快捷键，如图 9-37 所示。

Eclipse 将显示类型层次结构（Type Hierarchy）视图，如图 9-38 所示。左侧部分是该数据类型（本例中的 FILE 类型）的继承结构，右侧则是该数据类型所包含的属性与方法。

例如，图 9-38 中的_base，_bufsiz 等都是 FILE 类的属性。

3. 打开调用层次结构

与变量的声明和引用类似，大型程序中，存在复杂的函数调用和参数传递过程。Eclipse 提供的浏览功能可以浏览函数的定义与调用层次关系并快速定位到需要的函数。

将光标定位到编辑器中相应的函数位置（如 add( ) 函数），单击菜单栏中的浏览（Navigate）菜单，选择打开调用层次结构（Open Call Hierarchy）选项，也可使用 <Ctrl + Alt + H> 快捷键，如图 9-39 所示。

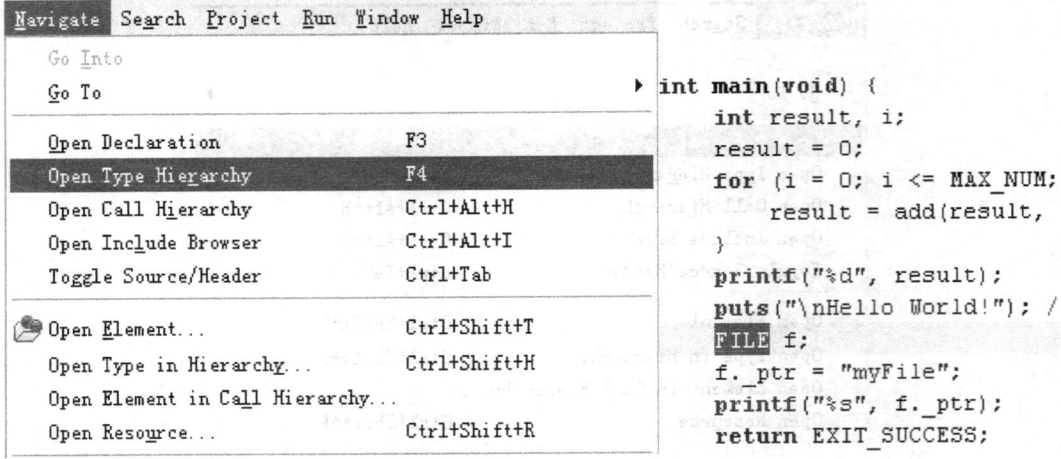

图 9-37 打开类型层次结构

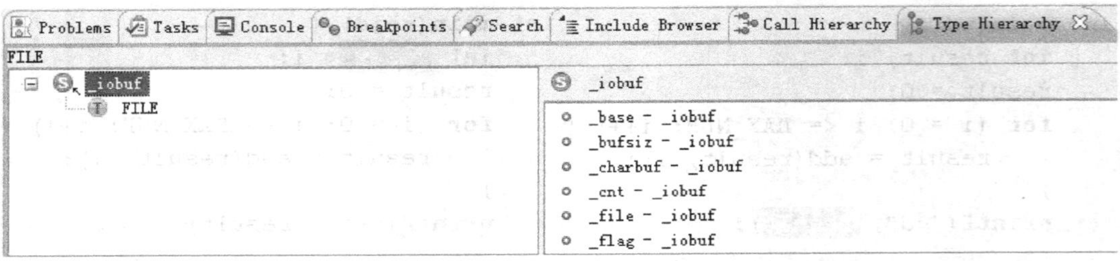

图 9-38 类型层次结构与属性方法

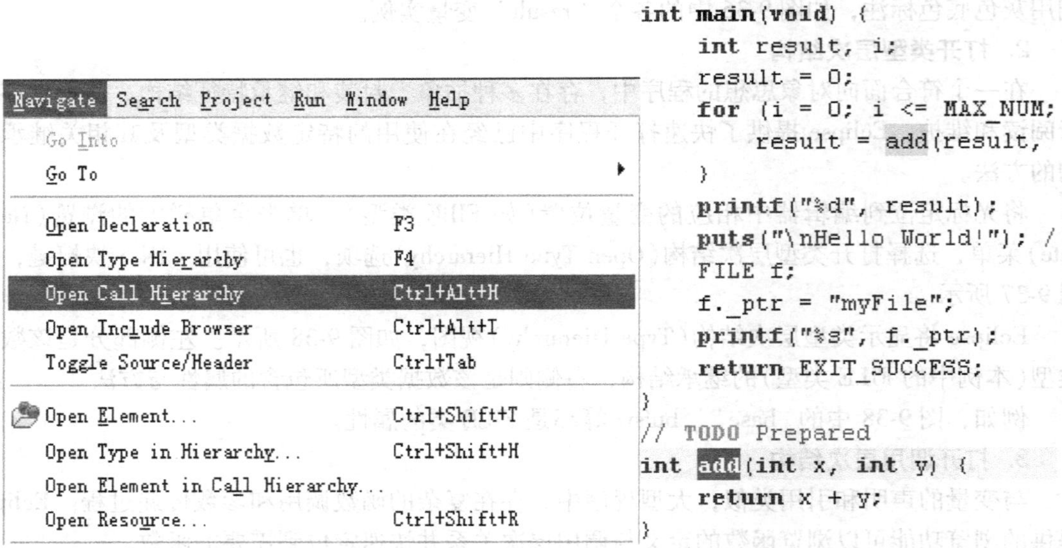

图 9-39 打开调用层次结构

Eclipse 将显示调用层次结构（Call Hierarchy）视图，如图 9-40 所示。在调用层次结构视图中，可以看到 add( )函数在 main( )函数中被调用。

4. 打开文件包含浏览器

在 C 语言中，include 称为文件包含命令，其意义是把尖括号或引号内指定的文件包含到本

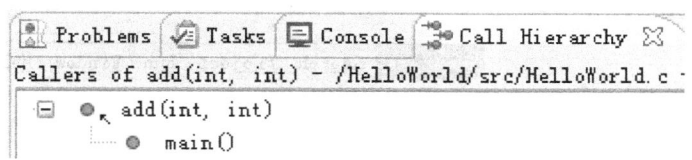

图 9-40　add( )函数被调用

程序，成为本程序的一部分。被包含的文件通常是由系统提供的，其扩展名为 . h。因此，也称为头文件或首部文件。C 语言的标准头文件库中包括了各个标准库函数的函数原型。另外，程序员也可自己定义头文件。Eclipse 提供的文件包含浏览器用于浏览程序中包含的头文件。

单击菜单栏中的浏览(Navigate)菜单，选择打开文件包含浏览器(Open Include Browser) 选项，也可使用 < Ctrl + Alt + I > 快捷键，如图 9-41 所示。

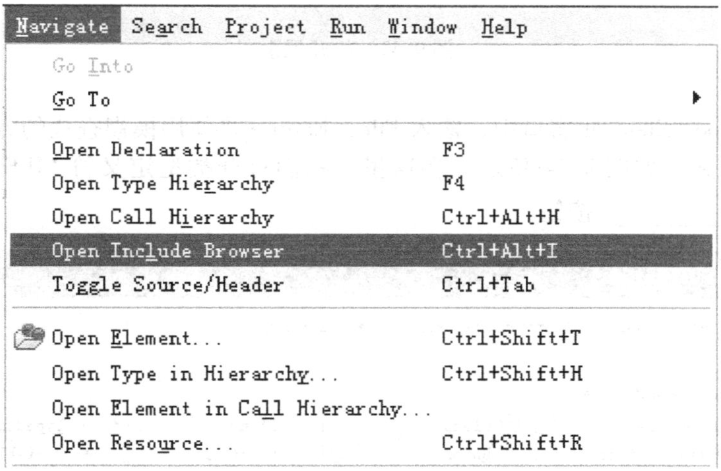

图 9-41　打开文件包含浏览器

此时，Eclipse 自动显示文件包含浏览器(Include Browser) 视图，如图 9-42 所示。在该视图中，可以看到 HelloWorld 程序中所包含的全部头文件(. h 文件)。

5. 打开元素

Eclipse 将 命 名 空 间 (Namespace)、类 (Class)、结构(Struct)、类型定义符(Typedef)、函数(Function)、变量(Variable)等定义为元素。通过浏览功能，程序员可以迅速打开需要的元素，这些元素可以是程序员在程序中定义或已使用的，也可以是包含在 C 语言库文件中的元素。

单击菜单栏中的浏览(Navigate)菜单，选择打开元素(Open Element)选项，也可使用 < Ctrl + Shift + T > 快捷键，如图 9-43 所示。

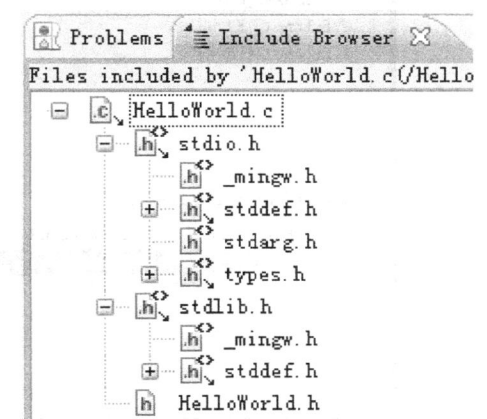

图 9-42　HelloWorld 程序中所包含的全部头文件

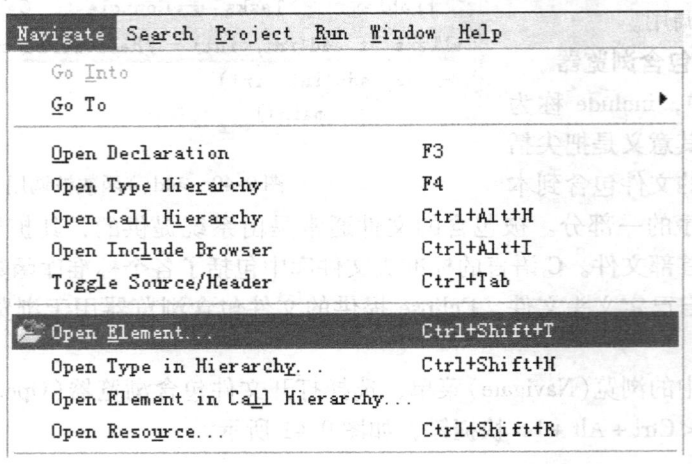

图 9-43 打开元素

在弹出的 Open Element 窗口中,输入 File,Eclipse 将使用模糊查找的方式找到包含 File 关键字的所有元素,如图 9-44 所示。在这里,我们打开类型定义符 FILE,并选择文件路径,然后单击 OK 按钮。

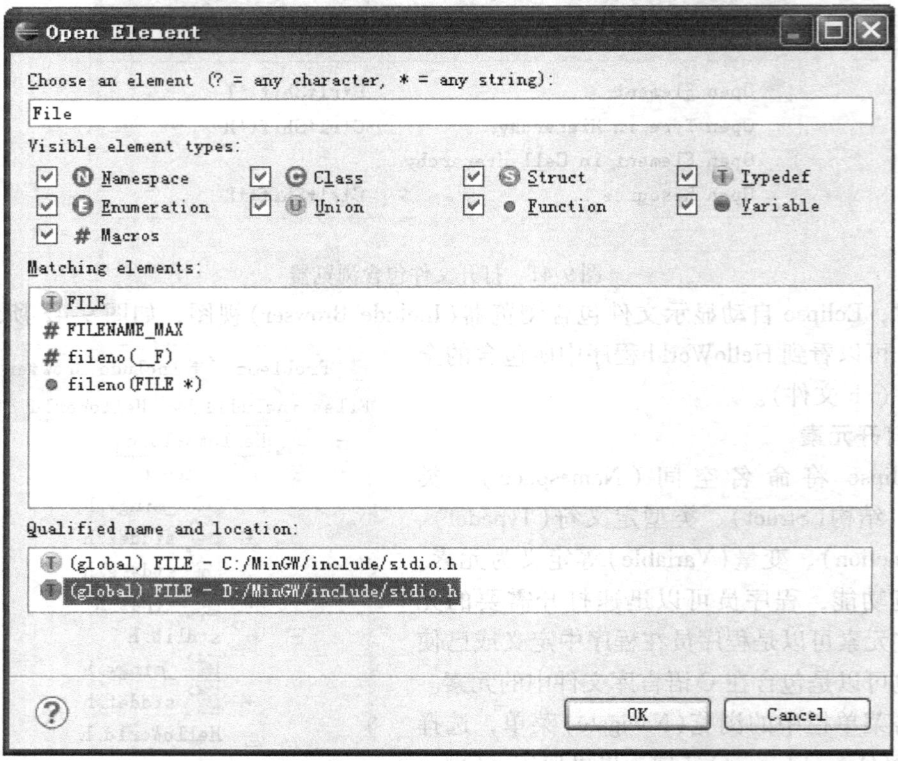

图 9-44 模糊查找元素

此时，Eclipse 将在新编辑器中打开图 9-44 中文件路径((global)FILE-D:/MinGW/include/stdio.h)所指向的文件，并将光标定位到类型定义符 FILE 的位置，如图 9-45 所示。

```
typedef struct _iobuf
{
    char*   _ptr;
    int     _cnt;
    char*   _base;
    int     _flag;
    int     _file;
    int     _charbuf;
    int     _bufsiz;
    char*   _tmpfname;
} FILE;
#endif  /* Not _FILE_DEFINED */
```

图 9-45　定位到 FILE

这样，程序员可以很快地定位到 FILE 的定义处进行查看或修改操作。

9.3　使用 Eclipse 重构功能

9.3.1　重命名变量

在一个复杂的项目系统中，存在继承、联合等复杂的应用和交错使用的代码，而编程中调整代码以避免冲突也是很频繁的工作。使用 Eclipse 重构功能，用户可以在不影响程序行为的情况下进行系统范围内的代码更改。

Eclipse 重构中的重命名功能解决了变量、类、函数等重命名的所有问题。在如下的程序中，要将变量 a 改为 b，手工逐个操作需要改变五处，但使用 Eclipse 重构中的重命名功能，只需要改动一处即可。程序代码如下。

```c
#include <stdio.h>
#include <stdlib.h>

int main(void){
    int a;
    a = 0;
    a = a + 1;
    printf("%d",a);
    printf("\n");
    puts("Hello World!");/* prints Hello World! */
    FILE f;
    f._ptr = "myFile";
    printf("%s",f._ptr);
    return EXIT_SUCCESS;
```

}

首先将变量 a 选中,此时变量 a 的背景变为灰色。然后单击菜单栏中的重构(Refactor)菜单,选择重命名(Rename)选项,弹出如图 9-46 所示的对话框。

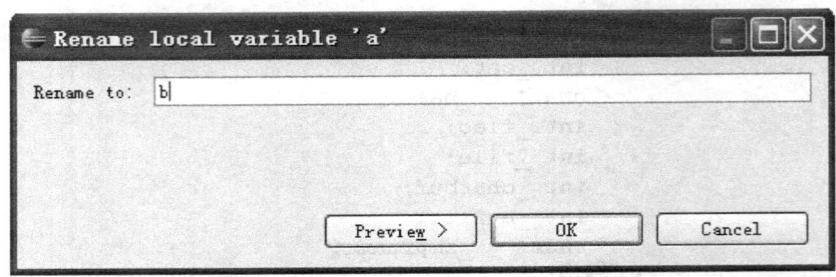

图 9-46 重命名变量 a

填写新的变量名称 b,单击 OK 按钮。如图 9-47 所示,程序中的变量由原来的 a 全部变为 b。

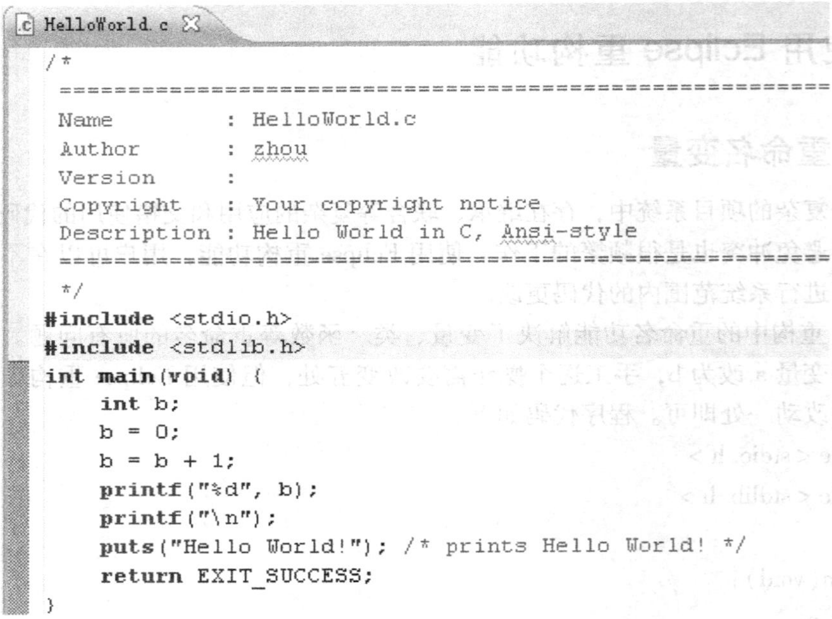

图 9-47 重命名效果

如果单击图 9-46 中的 Preview 按钮,可以在修改之前预览重命名的对比效果,如图 9-48 所示。

另外,如果修改引起代码冲突,Eclipse 会弹出提示冲突情况的窗口,可以选择继续应用修改,或取消更改操作,如图 9-49 所示。一般在这种情况下,用户应修改重命名的变量或方法,避免冲突。

9.3.2 抽取方法

在面向对象的程序设计思想中,组件和方法的重用是一个很重要的概念。将程序中出现

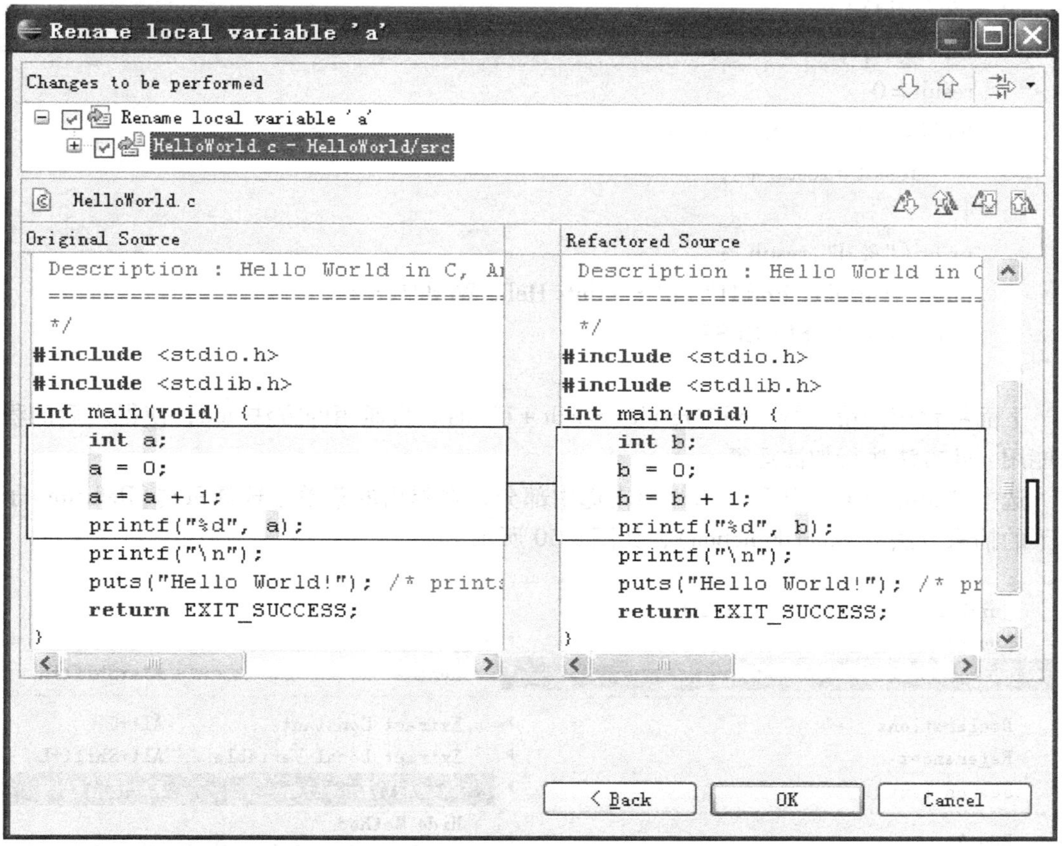

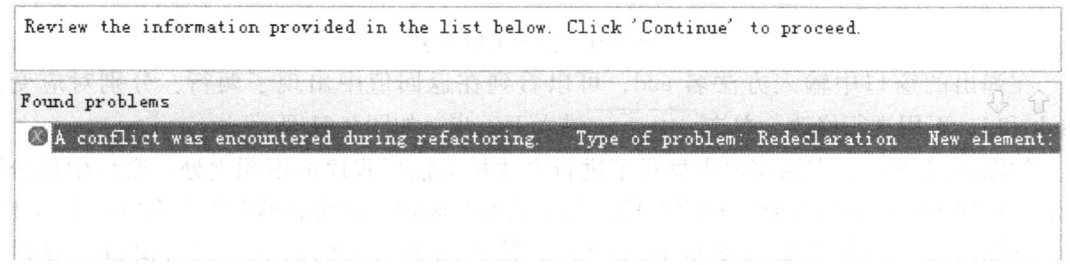

图 9-48 重命名对比效果

图 9-49 修改重命名变量避免冲突

多次的代码段抽取出来形成方法,可以大大减少代码的长度并增加程序可读性和易维护性,同时使得方法的调用变得清晰和简单。学会使用抽取方法来增加程序的可扩展性、提高代码的质量是每个程序设计人员的必修功课。

以下面的程序为例,讲解如何抽取方法。

#include < stdio. h >

#include < stdlib. h >

#include "HelloWorld. h"

```
int main(void){
    int result,i;
    result = 0;
    for(i = 0;i < = 10;i + +){
        result = result + i;
    }
    printf("%d",result);
    puts("\nHello World!");/* prints Hello World! */
    return EXIT_SUCCESS;
}
```

下面将程序的第九行代码"result = result + i"抽取为通用的方法 add,使得之后的程序都能用 add 方法执行加法运算。

选中"result + i",用鼠标右键单击选中部分,在弹出的菜单中选择重构(Refactor)子菜单下的抽取方法(Extract Function),如图 9-50 所示。

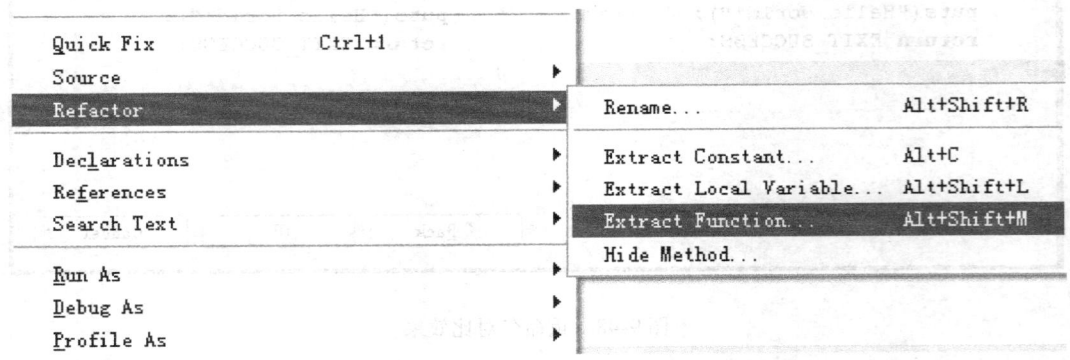

图 9-50 选择抽取方法

在弹出的窗口中输入方法名 add,可以看到在返回值中出现了两行,分别对应变量 result 和 i,不用进行修改,单击 Next > 进入下一步,如图 9-51 所示。

如图 9-52 所示,在该窗口中显示了进行方法抽取前后程序的不同之处。窗口中部分别显示了重构前和重构后的整个程序结构。其中最大的区别是重构后整个程序多出一个 add 方法,其输入参数为两个整型变量 result 和 i,输出结果为它们的和。单击窗口工具栏中的 按钮可以很快地查看每一个改动之处。

进行方法抽取后的程序主体部分的代码如下。

```
int add(int result,int i)
{
    return result + i;
}
int main(void) {
    int result,i;
    result = 0;
```

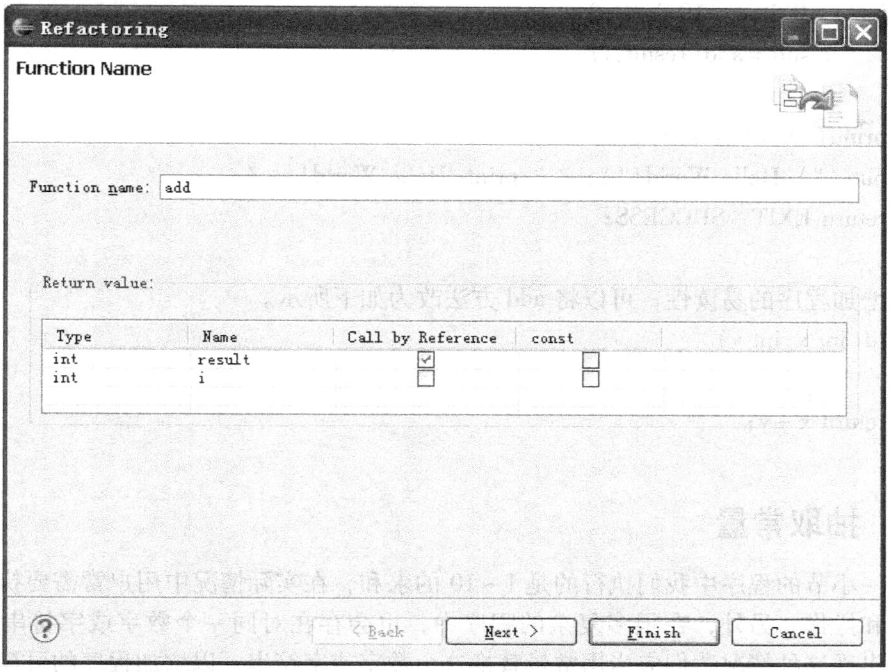

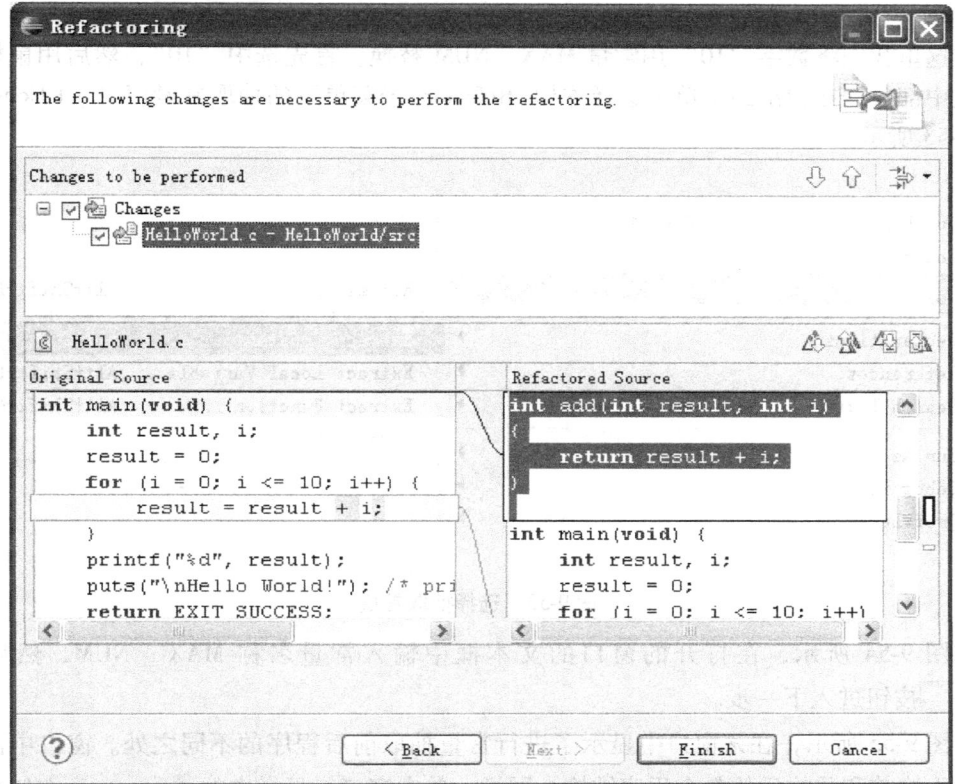

图 9-51 输入方法名

图 9-52 重构前后对比

```
for(i=0;i<=10;i++){
    result=add(result,i);
}
printf("%d",result);
puts("\nHello World!");  /* prints Hello World! */
return EXIT_SUCCESS;
}
```

为了增加程序的易读性，可以将 add 方法改为如下所示。

```
int add(int x,int y)
{
    return x+y;
}
```

9.3.3 抽取常量

在上一小节的程序中我们执行的是 1~10 的求和，在实际情况中用户常需要执行其他范围内的求和操作。另外，在很多复杂的程序中，也会存在对同一个数字或字符串的多次调用，每当出现这种情况我们应当用常量替换这个数字或字符串，以增加程序的可读性和易修改性。抽取常量本质上是将程序中的数字、字符等定义为常量，使得对于常量的调用和修改变得简单。

在这里我们将数字"10"用常量 MAX_NUM 替换。首先选中"10"，然后用鼠标右键单击选中部分，在弹出的菜单中选择重构(Refactor)子菜单下的抽取常量(Extract Constant)，如图 9-53 所示。

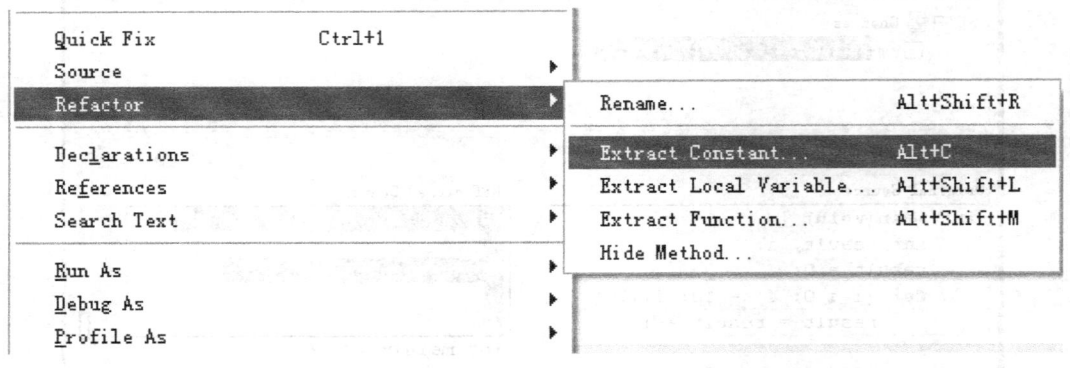

图 9-53　选择抽取常量

如图 9-54 所示，在打开的窗口的文本框中输入常量名称 MAX_NUM，然后单击 Next> 按钮进入下一步。

如图 9-55 所示，在该窗口中显示了进行常量抽取前后程序的不同之处。窗口中部分别显示了重构前和重构后的整个程序结构。同样，单击窗口工具栏中的 按钮可以很快地查看每一个改动之处。

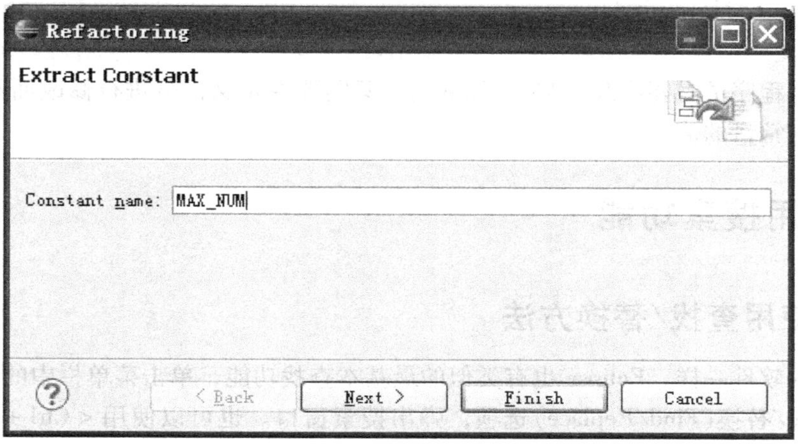

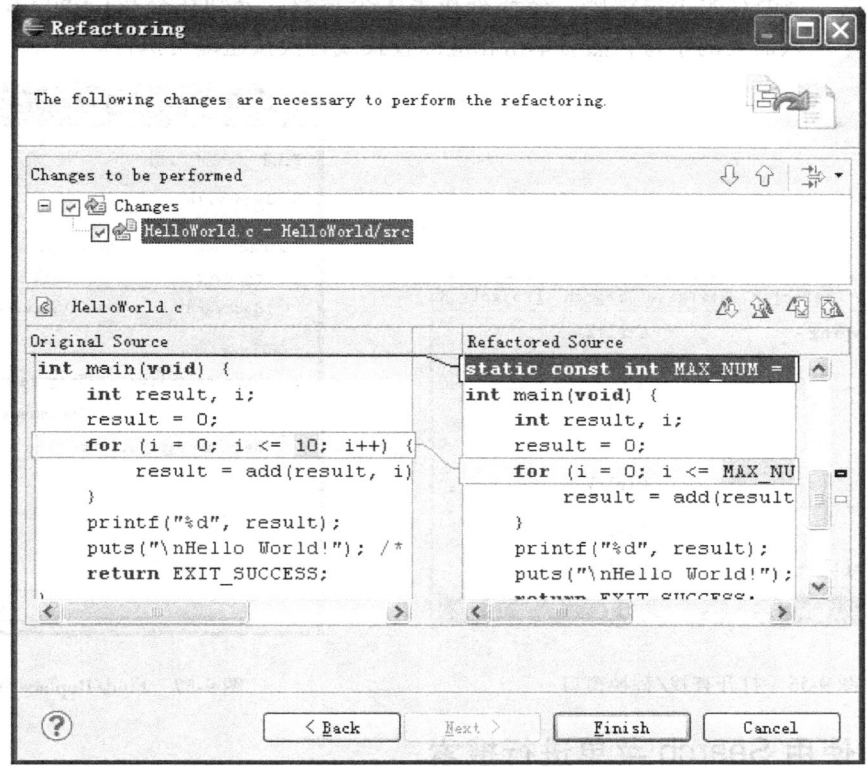

图 9-54 输入新常量名称

图 9-55 重命名常量前后对比

被改动部分的程序代码如下。
static const int MAX _ NUM = 10；

for (i = 0；i ＜ = MAX _ NUM；i + +) {

```
    result = add(result,i);
}
```

之后，当程序员需要修改 MAX_NUM 时，只需要在定义部分进行修改而不必进入程序中逐个更改该常量的值。

9.4 使用搜索功能

9.4.1 使用查找/替换方法

与一般的软件一样，Eclipse 也有类似的最基本查找功能，单击菜单栏中的编辑(Edit)菜单，选择查找/替换(Find/Replace)选项，弹出搜索窗口。也可以使用 <Ctrl + F> 快捷键打开窗口，如图 9-56 所示。

如图 9-57 所示，在该窗口中可以执行基本的查找和替换功能，并有选择查找范围、向前/向后查找、是否对大小写敏感、循环查找等多个参数。分别在查找(Find)和替换(Replace with)中填入需要的字符，然后单击相应的查找或替换按钮即可执行。

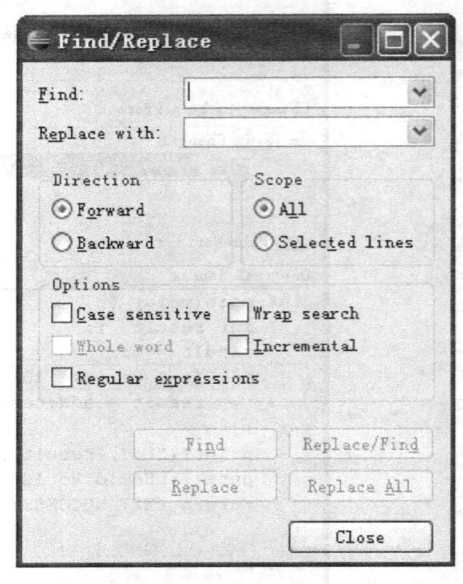

图 9-56　打开查找/替换窗口　　　　　　图 9-57　Find/Replace 窗口

9.4.2 使用 Search 菜单进行搜索

在 Eclipse CDT 特有的 Search 功能中，可以执行文件、任务和 C/C++ 搜索功能。这些搜索是针对代码结构进行的，因此搜索速度更快，效率更高。

1. 打开 Search 对话框

单击菜单栏中的 Search 菜单，选择 Search 选项可以打开搜索对话框，如图 9-58 所示。窗口上方的文件搜索(File Search)、任务搜索(Task Search)和 C/C++ 搜索(C/C++ Search)选项卡，分别可以执行文件搜索、任务搜索和 C/C++ 搜索功能。

2. 执行 C/C++ 搜索

在 C/C++ Search 选项卡中，输入需要搜索的字段，如 char。在 Search For 选项中，可以指定工作台只搜索程序中某些特定部分，如方法、变量、函数等，利用它可以非常灵活地设定搜索范围，默认设置为搜索全部程序部分；在 Limit To 选项中，可以选择限制搜索区域。设置完成后单击 Search 按钮即可进行搜索，如图 9-58 所示。

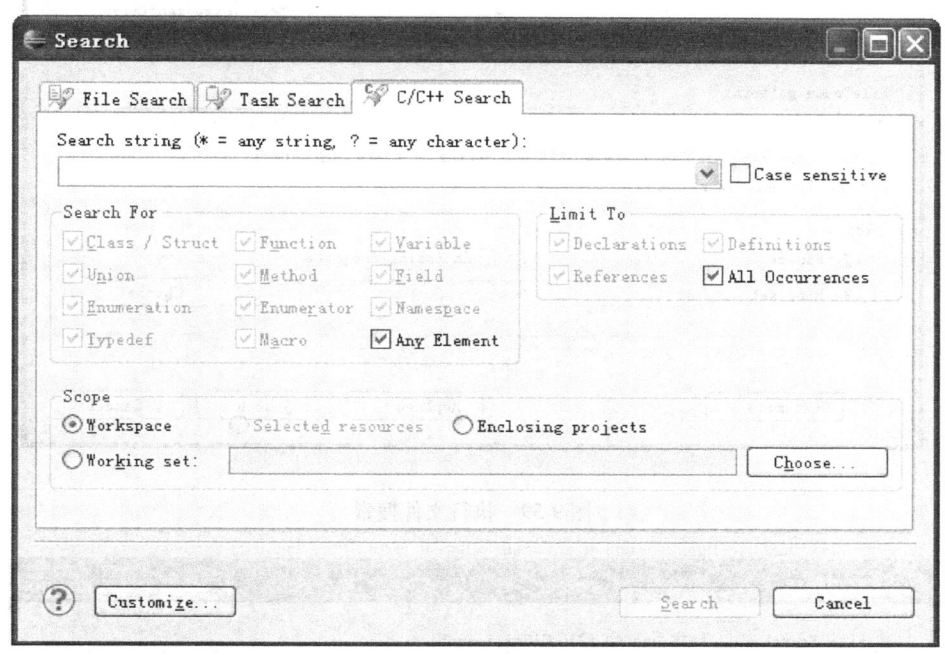

图 9-58　执行 C/C++ 搜索

3. 执行文件搜索

在 Search 对话框中，选择 File Search 选项卡，在 Containing text 选项中输入需要搜索的内容，如 char；在 File name patterns 选项中可以选择仅在特定文件类型的文件中进行搜索，如 .c 文件。设置完成后单击 Search 按钮即可进行搜索，如图 9-59 所示。

4. 执行任务搜索

任务搜索是 Eclipse 很有特点的一种搜索方式，它提供了很丰富的参数设定，同样需要程序员编写代码时输入详细的任务信息，如图 9-60 所示。在此不做详细介绍。

9.4.3　显示搜索结果

搜索完成后，Eclipse 将会在搜索(Search)视图中显示与本次搜索相关的搜索结果，搜索视图可以由菜单栏上窗口(Window)菜单中调出，详细操作参见 9.2 节。本次搜索使用 Hello 作为关键字，搜索结果 Search 视图如图 9-61 所示。

使用视图工具栏的 Show Next Match、Show Previous Match 按钮可以查看该次搜索的每个搜索结果。双击视图中的搜索结果，Eclipse 将会激活编辑器，并且在编辑器中将光标定位到该搜索结果的位置。

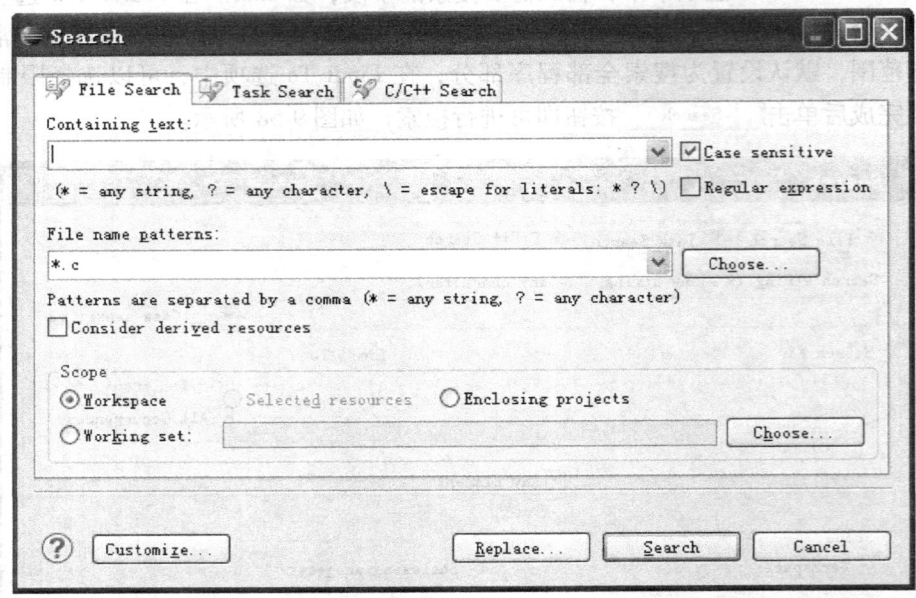

图 9-59 执行文件搜索

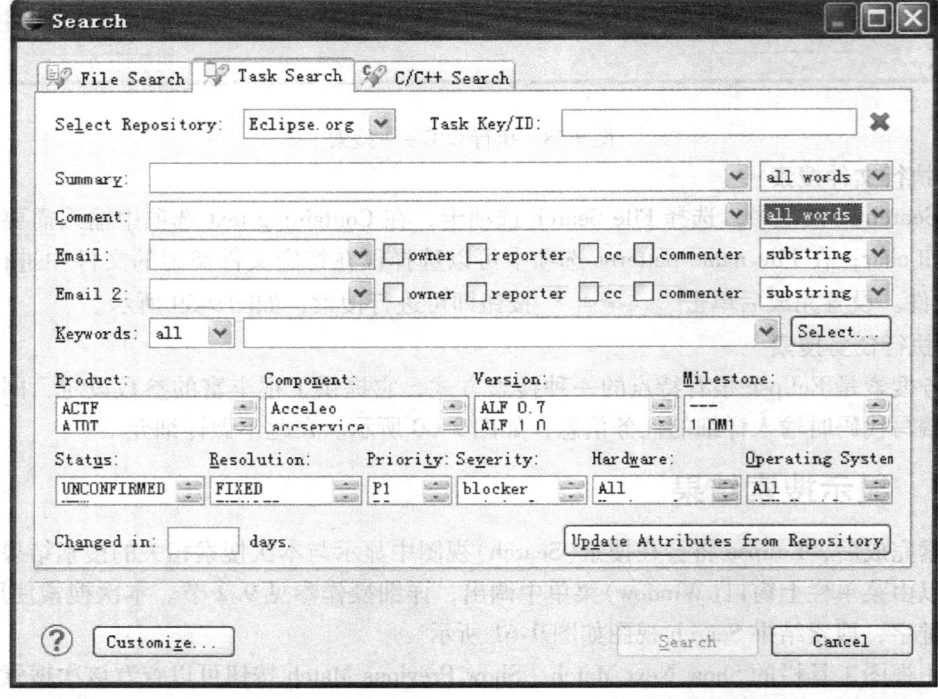

图 9-60 执行任务搜索

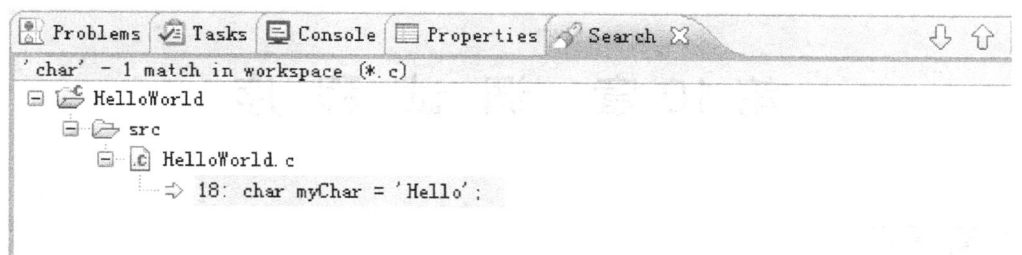

图 9-61　搜索结果

◎ 本章小结

本章介绍了 Eclipse 工作台开发 C/C++程序需要的准备工作。为了配合 C/C++的开发工作，本章详细讲解了 MinGW 的安装和使用方法。通过本章的学习，学生应该掌握一个 C/C++程序从新建项目、新建相关文件夹、新建类到编译和运行的整个过程的所有操作细节。另外，本章还介绍了 Eclipse 重构功能、Eclipse 搜索功能和多种不同的搜索方式。

本章重点是使用 Eclipse 进行 C/C++开发的方法；使用 Eclipse 重构功能；使用 Eclipse 搜索功能。

本章难点是使用 Eclipse 进行 C/C++开发。

◎ 练习题

1. 关于 MinGW 的描述中不正确的是（　　）。
A. MinGW 支持在 Linux 平台运行
B. MinGW 可以用来编译 Java 程序
C. MinGW 可以用来运行 C 语言程序
D. MinGW 包含了 C++语言库文件
2. 重命名变量位于菜单栏中的_____菜单项中。
3. Eclipse 提供的重构功能本质上是什么？
4. 简述抽取方法的含义与意义。
5. 简述 Eclipse 搜索的类型及使用方式。
6. 在 Eclipse 中，新建一个 C/C++项目，编写一个 C 语言类，实现以下功能：输入一个正整数，判断它是否是素数。

第 10 章 调 试 程 序

◎ 内容提要

程序调试指编写的程序投入实际运行前,通过调试工具或者手工方法进行测试,修正语法错误和逻辑错误的过程。它是程序设计过程中不可缺少的步骤,其重要性甚至超过学习一门语言。

本章介绍了 C 语言调试工具 GDB 和调试相关的概念,详细说明了如何利用调试工具进行 C 程序的调试。

10.1 安装 GDB

10.1.1 GDB 简介

GDB 是 GNU 开源组织发布的一个强大的 UNIX(不仅限于 UNIX)下的 C/C++ 程序调试工具。它搭配 MinGW 使用,可以使用户完成整个 C/C++ 程序的编译和运行工作。有了 GDB,用户可以在调试本地的 C 程序时不需要第三方 C/C++ 工具。

一般来说,GDB 可以帮助用户实现如下几个功能。

1) 启动 C/C++ 程序,可以按照用户的自定义的要求运行和暂停程序。
2) 可让被调试的程序在用户所指定的调试的断点处停住。
3) 当程序被停住时,用户可以检查此时引起程序中断的原因。
4) 动态地改变程序的执行环境。
5) 单步调试程序,在每个断点显示程序中各个变量的状态和值。

10.1.2 下载并安装 GDB

为了能够使用 Eclipse CDT 调试 C/C++ 程序,必须要安装一个 C/C++ 调试器,本书使用的是 GDB 调试器。

GDB 调试器的下载地址为 http://sourceforge.net,本书使用的 GDB 版本为 GDB-7.0。

第一步:打开浏览器,在地址栏中输入上述地址,打开如图 10-1 所示的界面,选择上方的 Files 标签,进入下一步。

第二步:在 Files 标签下包含了诸如 GCC、GDB 等软件的各个版本下载列表,在列表中找到 gdb-7.0-mingw32-bin.tar.gz,注意选择 bin 文件而不是 src 文件进行下载(在这里我们不需要 GDB 的源文件)。单击即可进入下载页面,如图 10-2 所示。

第三步:若用户的机器中安装了下载工具,则会自动弹出下载对话框,否则 Windows 会启动下载功能,如图 10-3 所示。

图 10-1　下载页面

图 10-2　选择版本

图 10-3　启动下载

第四步：下载后的文件如图 10-4a 所示，打开 gdb-7.0-mingw32-bin.tar.gz 压缩包，进入 bin 文件夹下找到 gdb.exe，如图 10-4b 所示。

第五步：将 gdb.exe 文件解压到 MinGW 安装目录下的 bin 文件夹中即可完成安装，如图 10-5 所示。

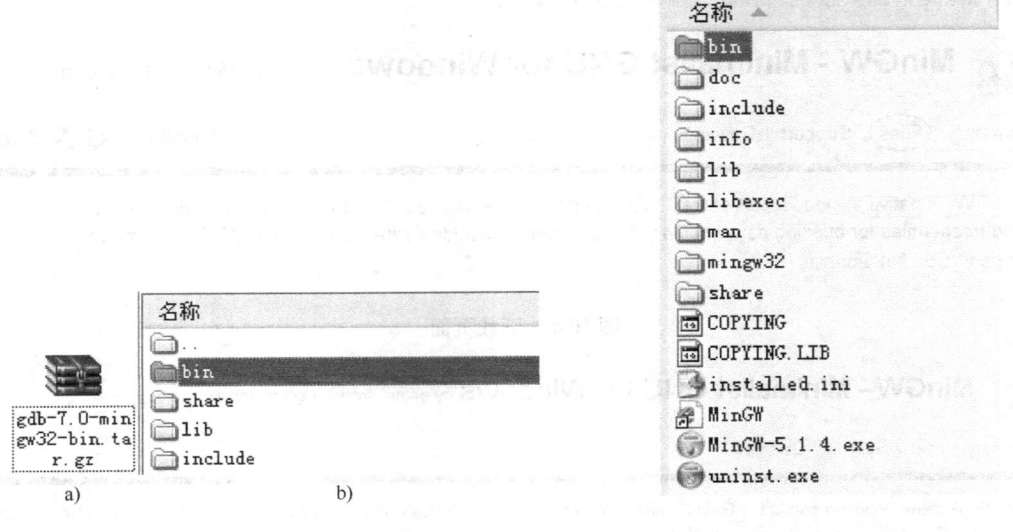

图 10-4　下载后的文件　　　　　　图 10-5　bin 文件夹位置

10.2　调试 C 程序

安装好 GDB 后即可开始调试 C 程序了。在 Eclipse CDT 中，包含了整套调试 C 程序所需要的功能及相关视图，具体内容将在下面详细介绍。

10.2.1　CDT 调试器

同其他调试器类似，Eclipse CDT 调试器允许用户使用设置断点、暂停、单步执行代码等方法来控制程序的运行过程。另外，CDT 调试器允许用户调试网络上其他机器中运行的程序（远程调试）。

Eclipse 允许用户自定义调试视图，单击菜单栏中的窗口（Window）菜单，选择首选项（Preferences）选项，在弹出的窗口左侧选择运行/调试（Run/Debug）树形菜单即可设置调试视图的相关属性，如图 10-6 所示。

在 Preferences 窗口中，主要可以设置各个事件发生时 Eclipse 的反应以及调试视图各个部分的颜色，如程序到达断点时是否激活工作台、发生变化的变量颜色等，用户可以根据自己的喜好来设定。

另一个主要的可设置点为运行/调试（Run/Debug）树形菜单下的控制台（Console）选项。在该选项中可以设置控制台视图的大小等属性，设置控制台输出缓存大小等，如图 10-7 所示。

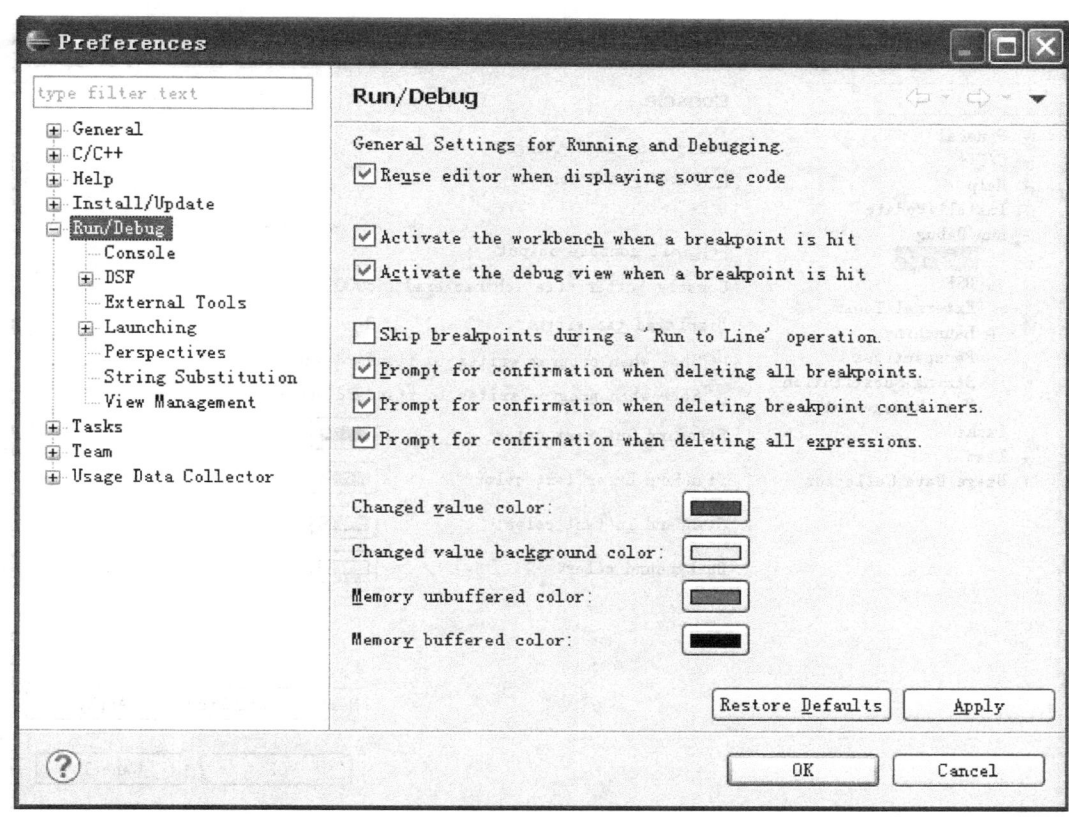

图 10-6　自定义调试视图

10.2.2　设置行断点

断点是程序调试中的重要概念。断点可以使程序在运行到断点位置时自动暂停并且显示程序当前的状态。用户可以在编辑器或者断点视图中添加或删除断点,而断点视图会清楚地显示每个断点的状态,激活状态的断点会以蓝色的圆圈显示,非激活状态的断点则是以白色透明圆圈显示。

本节以如下程序为例介绍行断点。该程序实现 1～10 求和的功能。

```
/*
==============================================================
==========
Name        :HelloWorld.c
Author      :zhou
Version     :
Copyright   :Your copyright notice
Description :Hello World in C, Ansi-style
==============================================================
==========
```

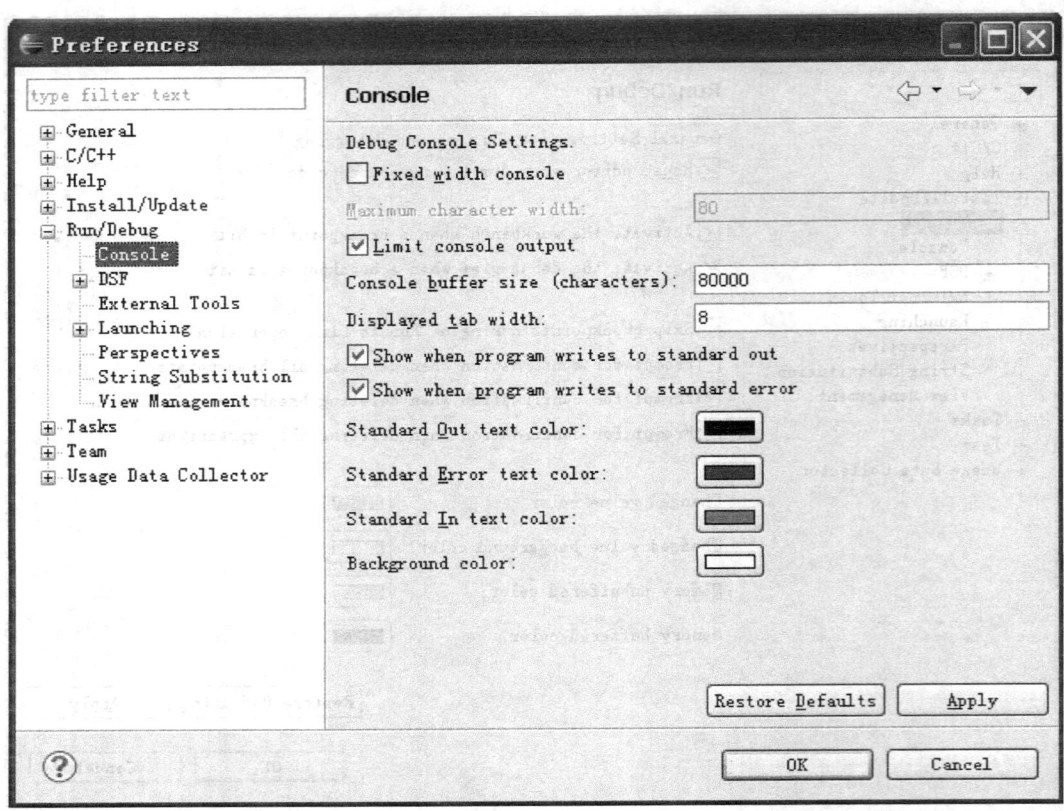

图 10-7 设置控制台属性

```
 */
#include <stdio.h>
#include <stdlib.h>
#include "HelloWorld.h"

int main(void) {
    int result, i;
    result = 0;
    for(i = 0; i <= 10; i++) {
        result = add(result, i);
    }
    printf("%d ", result);
    puts("\nHello World! ");/* prints Hello World! */
    return EXIT_SUCCESS;
}

int add(int x, int y) {
```

        return x + y;
}

1. 添加行断点

要进行调试，首先需要添加断点。在资源管理器中，打开需要调试的文件（如 HelloWorld.c），将光标移动到编辑器左侧边缘的标记区域上，用鼠标右键单击，从弹出菜单中选择 Toggle Breakpoint 即可设置一个行断点，如图 10-8 所示。设置后 Eclipse 将在标记区域上的这一行显示一个蓝色圆圈图标，如图 10-9 所示。

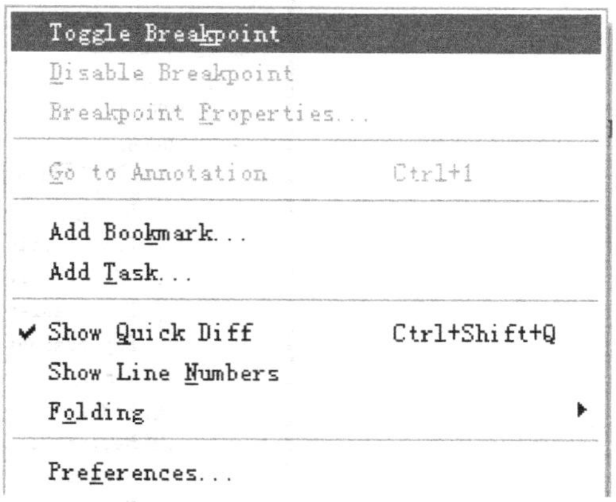

此时，单击菜单栏中的窗口（Window）菜单，在显示视图（Show View）子菜单下选择其他（Other）选项，弹出 Show View 窗口，如图 10-10 所示。

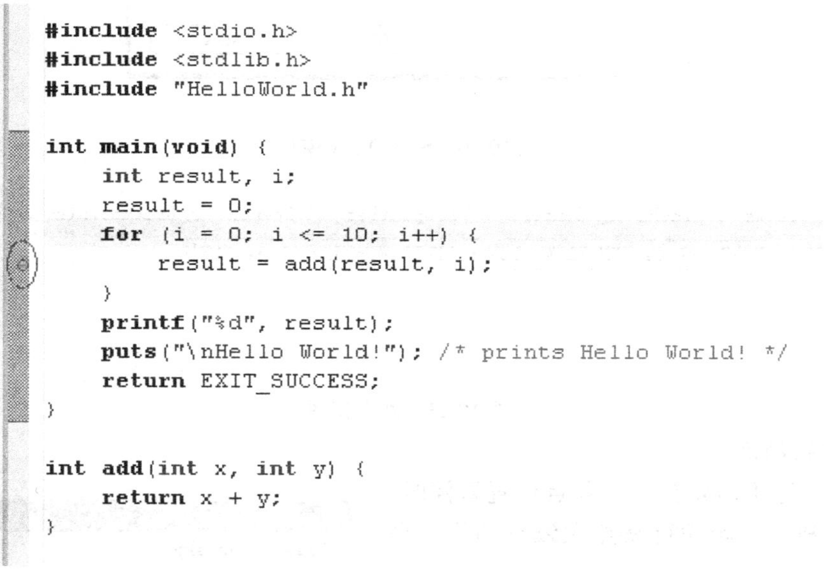

图 10-8 添加行断点

```
#include <stdio.h>
#include <stdlib.h>
#include "HelloWorld.h"

int main(void) {
    int result, i;
    result = 0;
    for (i = 0; i <= 10; i++) {
        result = add(result, i);
    }
    printf("%d", result);
    puts("\nHello World!"); /* prints Hello World! */
    return EXIT_SUCCESS;
}

int add(int x, int y) {
    return x + y;
}
```

图 10-9 行断点位置效果

在 Show View 窗口中，打开调试（Debug）文件夹，选择断点（Breakpoint）后单击 OK 按钮即可激活断点视图。一般情况下，断点视图位于 Eclipse 界面的底部区域，如图 10-11 所示。

在断点视图中，可以看到刚刚添加的行断点，位于 HelloWorld.c 文件的第 18 行。在断点视图中，可以很方便地看到每个断点和它们的状态。

除了上述方法之外，还可以用双击的方法添加行断点。将光标移动到编辑器左侧边缘的标记区域上，双击即可在光标所在行添加一个断点。

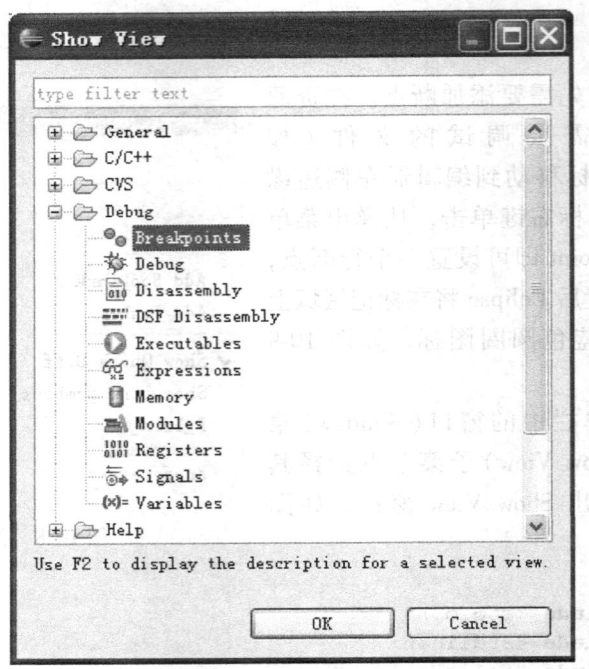

图 10-10　Show View 窗口

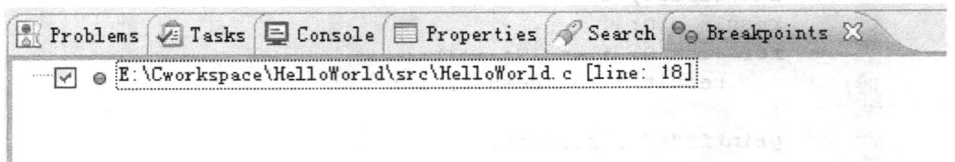

图 10-11　断点视图

2. 删除行断点

当调试程序不需要在某个断点位置暂停时，可以删除该断点。删除行断点大致有如下三种方法。

1）将光标移动到编辑器左侧边缘的标记区域上，双击需要删除的行断点即可删除该行断点。

2）将光标移动到编辑器左侧边缘的标记区域上，用鼠标右键单击需要删除的行断点，弹出如图 10-12 所示的菜单。在弹出的菜单中，选择 Toggle Breakpoint 即可删除该行断点。

3）激活断点视图（见图 10-13），选中需要删除的行断点（可多选），单击工具栏中的删除

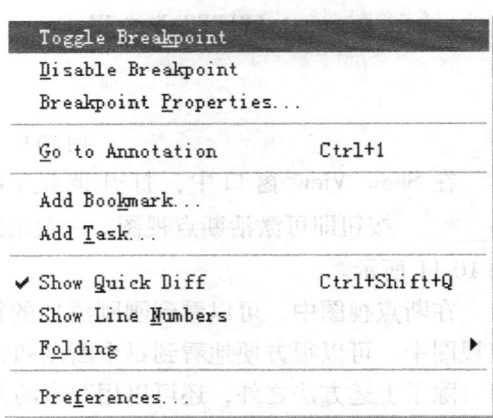

图 10-12　断点菜单

选中断点（Remove Selected Breakpoints）即可删除该行断点。

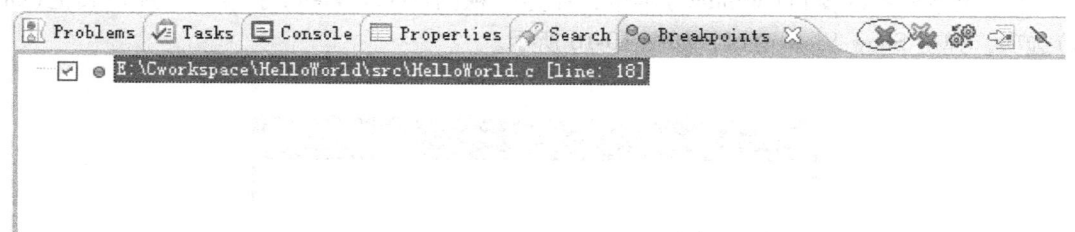

图 10-13　断点视图

3. 激活和禁用行断点

有时在调试程序时，某一行常需要建立断点和删除断点，此时可以选择禁用/激活该断点，而不必频繁地新建和删除断点。激活和禁用行断点也有两种方法。

1）将光标移动到编辑器左侧边缘的标记区域上，用鼠标右键单击需要禁用的行断点，弹出断点菜单。在弹出的菜单中，选择 Disable Breakpoint 即可禁用该行断点，如图 10-14 所示。

2）激活断点视图（见图 10-15），选中需要禁用的行断点，将该行断点左侧复选框中的勾去除，即可禁用该行断点。

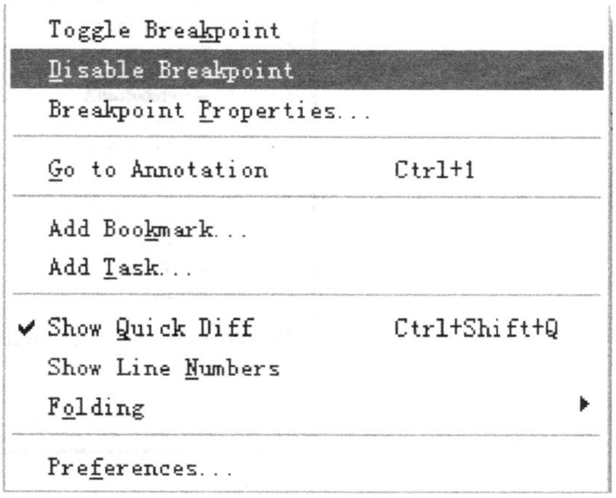

禁用后的行断点在 Eclipse 中以白色圆圈显示，调试程序时不会停留在该行断点处。激活行断点的方法和禁用相反，在此不再详细介绍。

图 10-14　禁用行断点

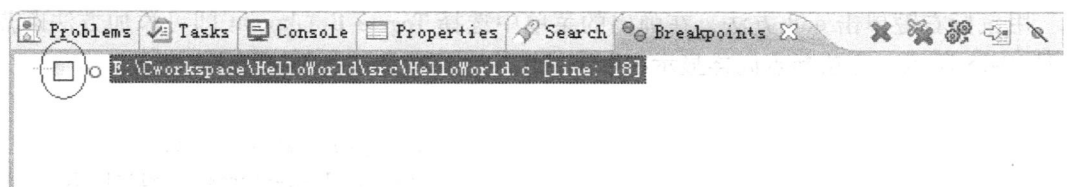

图 10-15　断点视图

10.2.3　设置方法断点

上一节详细介绍了行断点的添加、删除、激活和禁用等操作。除了行断点之外，Eclipse 还支持方法断点，也就是对某个方法或函数设置断点，在程序运行到该方法的第一行时自动暂停。

1. 添加/删除方法断点

单击菜单栏中的窗口(Window)菜单,在显示视图(Show View)子菜单下选择其他(Other)选项,弹出 Show View 窗口,如图 10-16 所示。

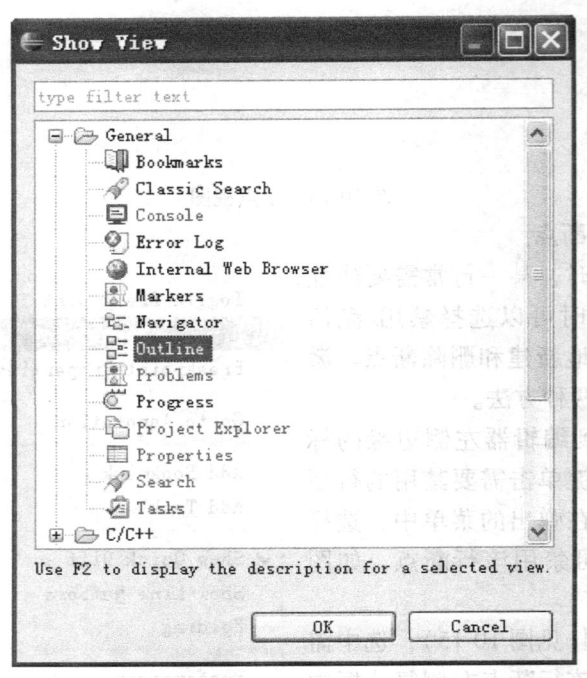

图 10-16 Show View 窗口

打开常规(General)文件夹,选择大纲(Outline)后单击 OK 按钮,即可打开大纲视图。大纲视图一般位于 Eclipse 界面的右侧。在大纲视图中,我们可以看到目前打开的程序的结构,包括所有引用和方法,如图 10-17 所示。

用鼠标右键单击 add 方法,在弹出的菜单中选择 Toggle Breakpoint 即可添加方法断点,如图 10-18 所示。方法断点同样显示在断点视图中,用蓝色箭头加圆圈图标显示。

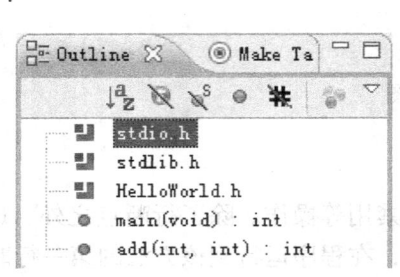

图 10-17 当前程序的结构

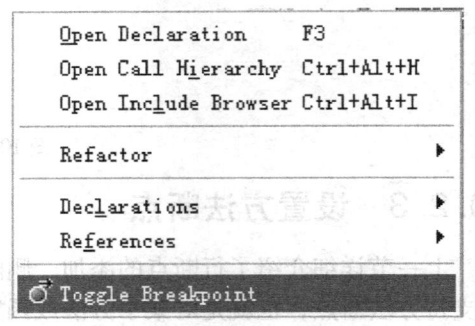

图 10-18 添加方法断点

删除方法断点与删除行断点类似,同样有三种方法,分别是双击、鼠标右键弹出菜单、在断点视图中删除,在此不再详细介绍。

2. 激活/禁用方法断点

与行断点类似,激活或禁用方法断点同样有两种方法,激活一个方法断点的操作如下。

将光标移动到编辑器左侧边缘的标记区域上,用鼠标右键单击需要激活的方法断点,弹出断点菜单。在弹出的菜单中,选择激活断点 Enable Breakpoint 即可激活该方法断点,如图10-19所示。

激活断点视图,选中需要激活的方法断点,用鼠标右键单击该方法断点弹出菜单,选择 Enable 即可激活该方法断点,如图 10-20 所示。

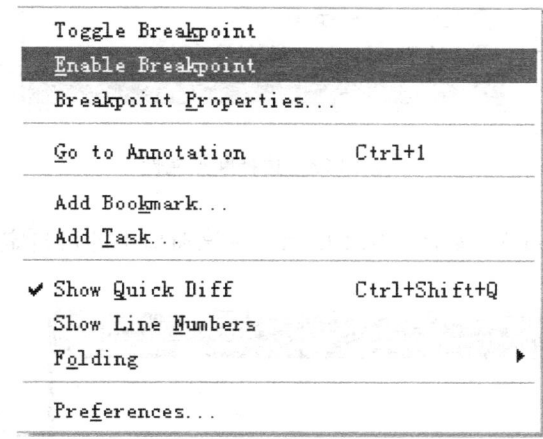

图 10-19　激活方法断点

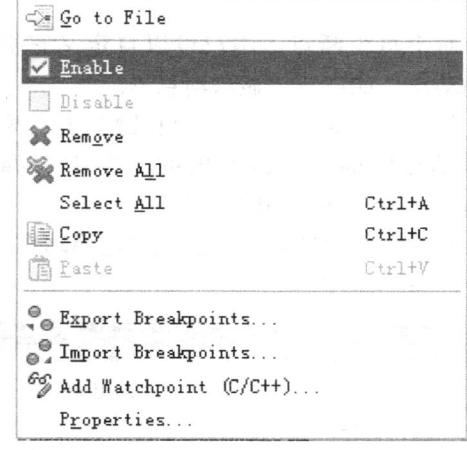

图 10-20　从断点视图中激活方法断点

10.2.4　设置事件断点

除了行断点和方法断点之外,Eclipse 还支持用户设置事件断点。所谓事件断点就是在程序运行过程中发生特定事件时(如异常触发、线程启动、线程退出等)将程序暂停。

程序运行过程中会发生多种类型的事件,包括程序运行过程时的事件,如进程和线程的

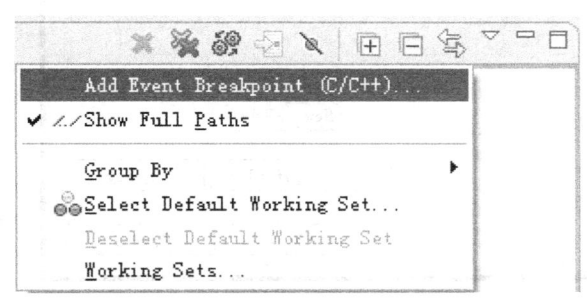

图 10-21　添加事件断点

图 10-22　在线程开始时添加事件断点

开始、暂停和退出、库文件的读取；异常事件，如抛出异常、捕获异常。

激活断点视图，单击视图上方工具栏中的视图菜单(View Menu)，在弹出的菜单中选择添加事件断点(Add Event Breakpoint)，如图 10-21 所示。

在添加事件断点对话框中有一个下拉框，本例中以线程启动事件为例，选择线程开始(Thread start)后单击 OK 按钮即可添加一个事件断点，如图 10-22 所示。

10.2.5 设置断点动作

对于每个断点，用户可以自定义它被触发时的动作，如声音、显示消息等。

打开断点视图，用鼠标右键单击需要设置断点动作的断点，在弹出的菜单中选择属性(Properties)，如图 10-23 所示。

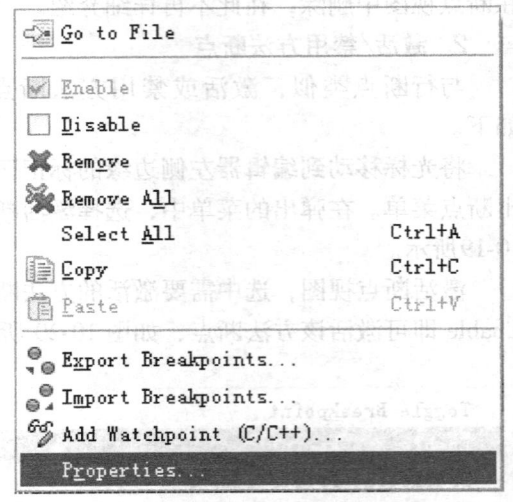

图 10-23 选择断点属性

在弹出的属性窗口中的左侧选择动作(Actions)，如图 10-24 所示。在该窗口中即可自定义此断点的动作。

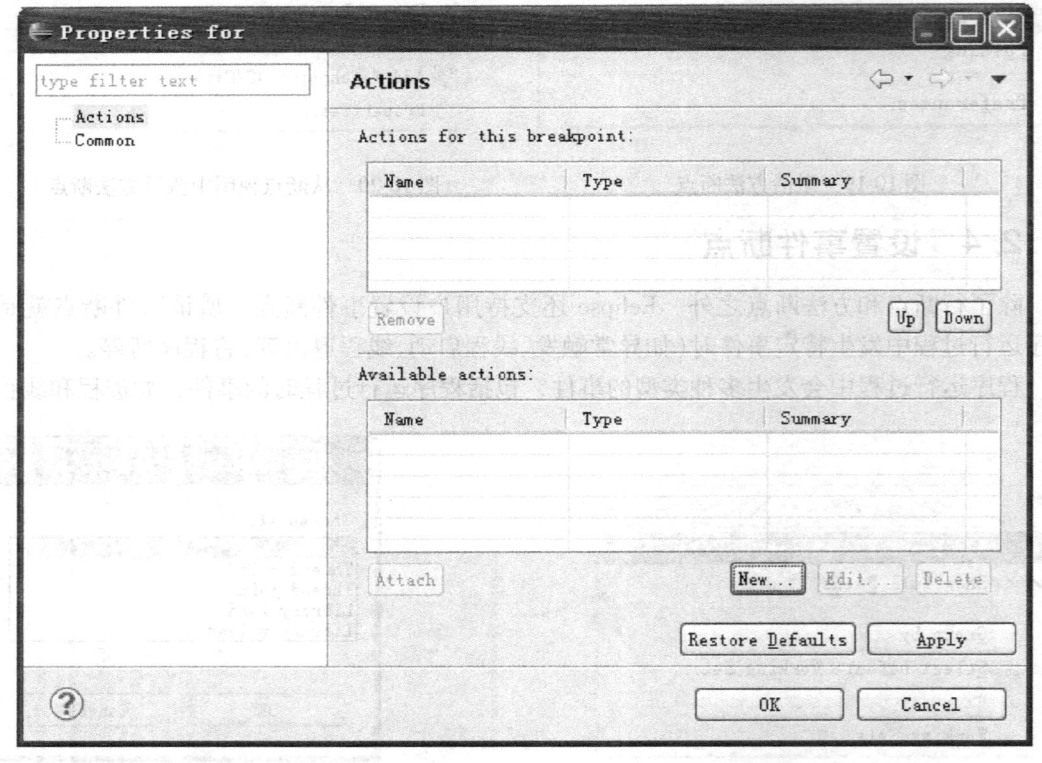

图 10-24 定义断点动作

在图 10-24 中，单击 New... 按钮可以新建一个动作，如图 10-25 所示。Eclipse 规定了四种可用动作，分别是声音动作、日志动作、重新启动程序动作和外部工具动作。本书在此不进行详细介绍，有兴趣的读者可以进一步尝试。

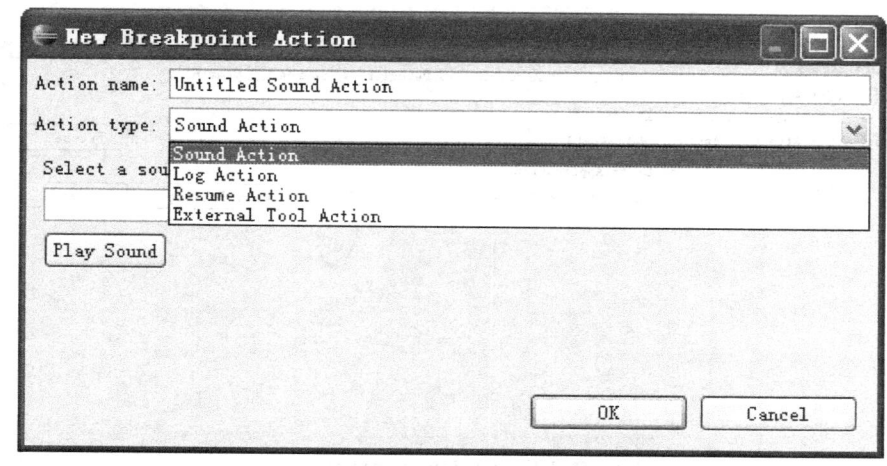

图 10-25　新建断点动作

10.2.6　调试程序

1. 调试相关配置

设置好断点后即可开始调试程序了，单击菜单栏中的运行（Run）菜单，选择（Debug Configurations）选项，如图 10-26 所示。

在 Debug Configurations 窗口左侧单击 New launch configuration，新建一个调试配置。在名称（Name）中输入调试的名字如 HelloWorld Debug，在 Main 选项卡的 Project 选项中输入 HelloWorld 即可选定被调试的项目，如图 10-27 所示。

单击 Search Project... 按钮，在弹出的对话框中，选择 HelloWorld/Debug/HelloWorld.exe，然后单击 OK 按钮即可选定需要被调试的程序，如图 10-28 所示。

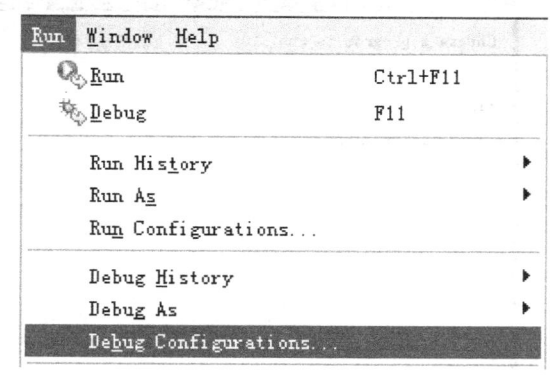

图 10-26　打开调试配置菜单

全部设置完成后回到 Eclipse 主界面，单击工具栏中的调试（Debug）图标，选择 HelloWorld Debug 即可开始调试，如图 10-29 所示。

在第一次进行调试时，Eclipse 会询问用户是否打开调试透视图，将 Remember my decision 前的复选框选上后单击 Yes 按钮进入调试透视图，如图 10-30 所示。

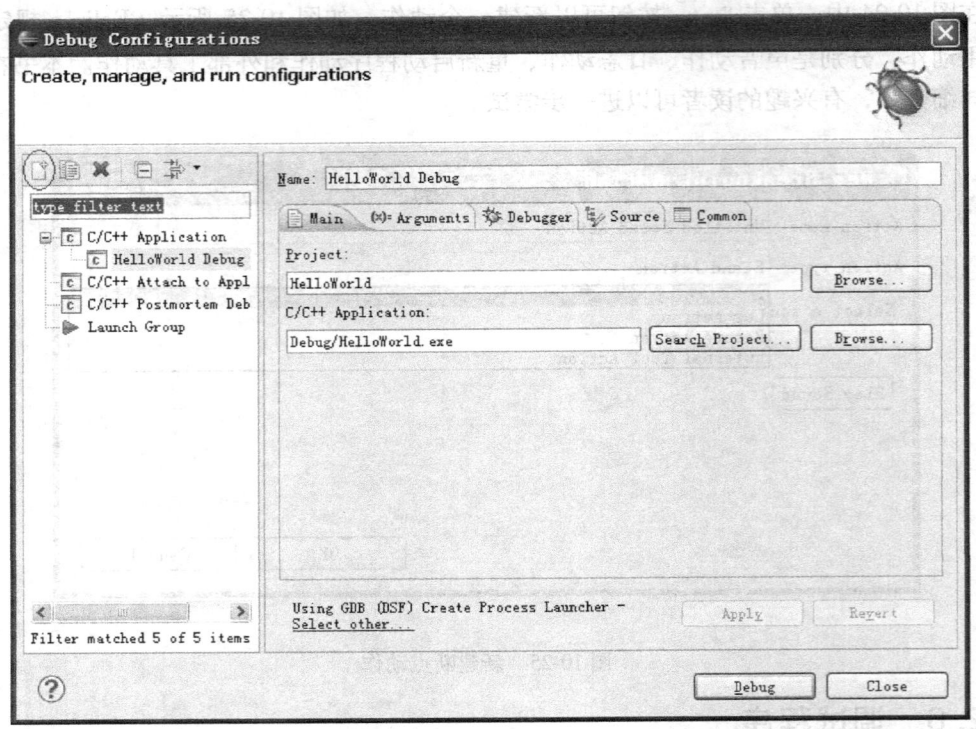

图 10-27 选定被调试的项目

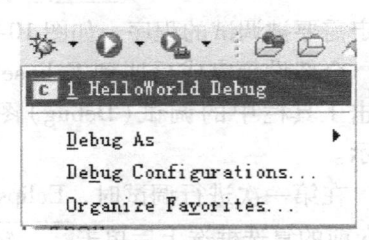

图 10-28 选定被调试的程序 　　　　　　　　　图 10-29 单击调试图标开始调试

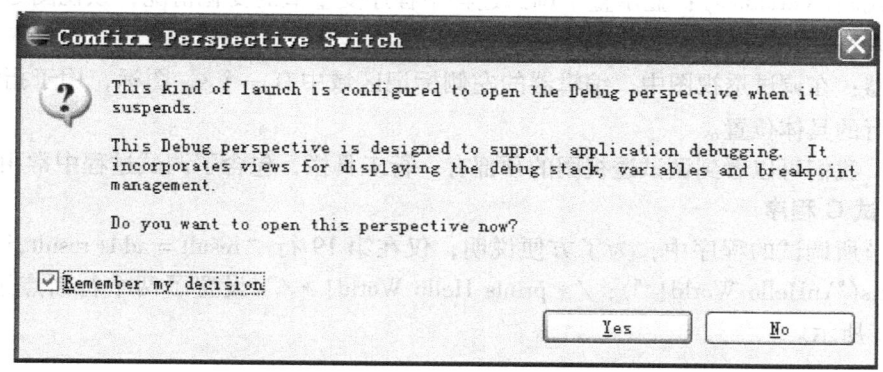

图 10-30 进入调试透视图

2. 调试透视图

图 10-31 是 Eclipse 调试透视图,它是 Eclipse 专门为调试程序设计的透视图,与其他透视图有几个明显的区别。在默认情况下,调试透视图主要包括调试视图、变量视图、断点视图、编辑器、大纲视图和控制台视图,它们的主要功能如下。

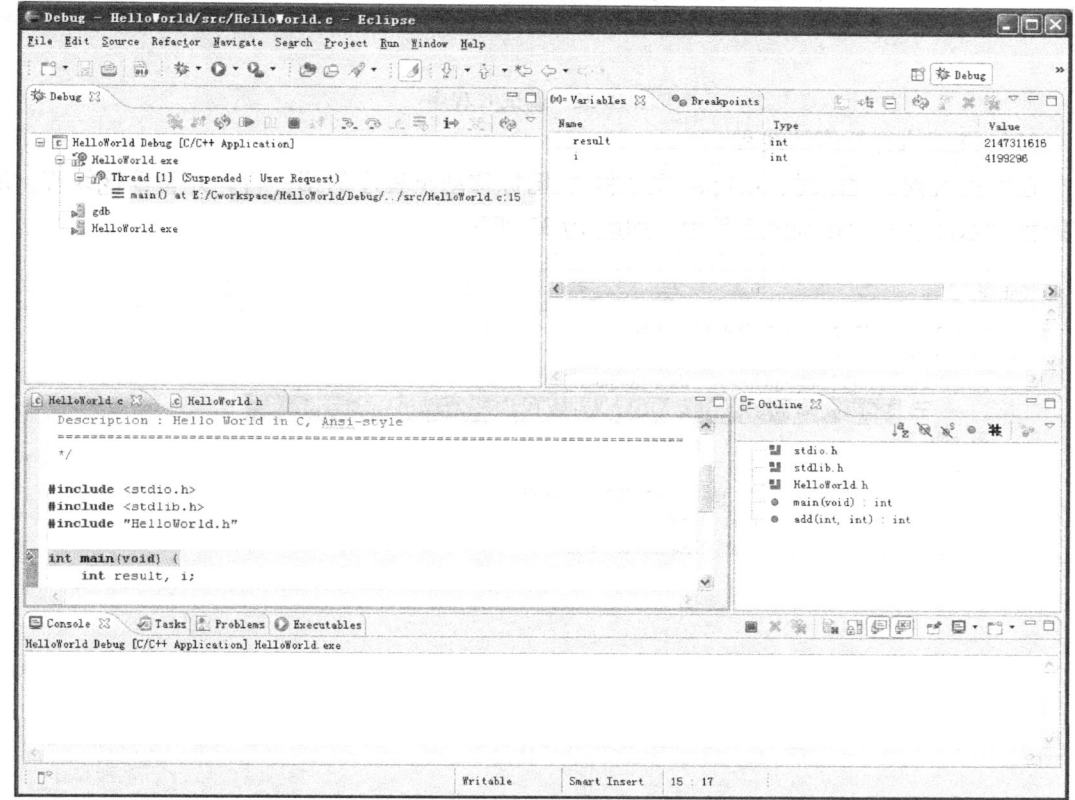

图 10-31 调试透视图

调试视图(Debug):显示当前调试的程序线程和其所处的状态。

变量视图(Variables)：显示整个调试过程中程序变量值的变化情况，该视图是帮助程序员查错和纠错的主要手段。

编辑器：在调试透视图中，编辑器的左侧标记区域中有一个 ⇨ 图标，用于指示当前调试程序执行的具体位置。

另外，我们可以看到调试透视图的顶部有一行工具栏，包含了调试过程中常用的操作。

3. 调试 C 程序

在本节所调试的程序中，为了方便说明，仅在第 19 行 "result = add(result,i);" 和第 22 行 "puts("\nHello World!");/* prints Hello World!*/" 设置了两个行断点进行调试，如图 10-32 所示。

```
int main(void) {
    int result, i;
    result = 0;
    for (i = 0; i <= 10; i++) {
        result = add(result, i);
    }
    printf("%d", result);
    puts("\nHello World!"); /* prints Hello World! */
    return EXIT_SUCCESS;
}
```

图 10-32　调试 C 程序

（1）继续执行暂停的线程

在刚进入调试视图时，Eclipse 默认将 ⇨ 图标移动至程序的第一行，并暂停该线程。所有线程状态都会显示在调试视图中，如图 10-33 所示。

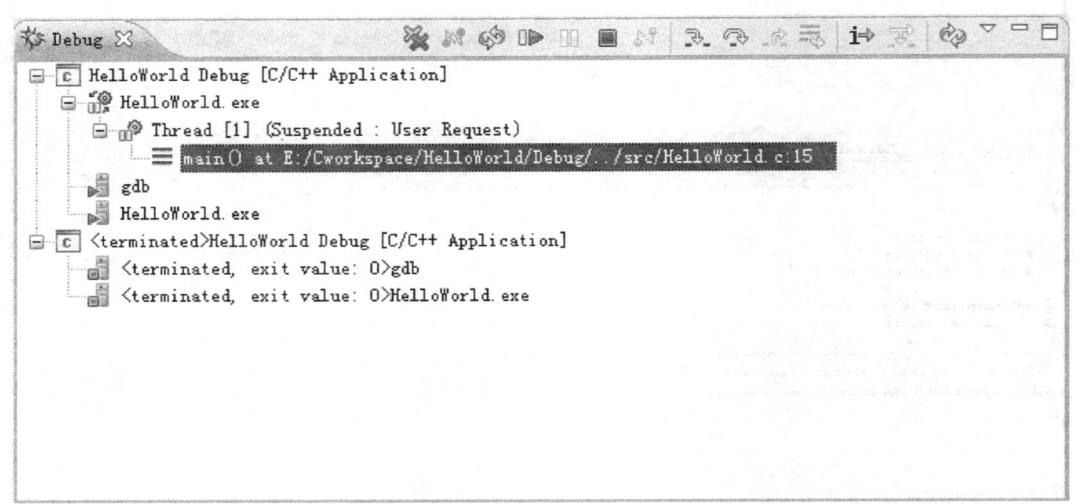

图 10-33　调试透视图中的线程状态

单击视图工具栏中的继续(Resume)按钮即可继续执行暂停的线程。此时，线程将自动执行到第一个断点处(本例中第 19 行)并停止。此时，变量视图中将显示程序中所有变量当前的值，如图 10-34 所示。

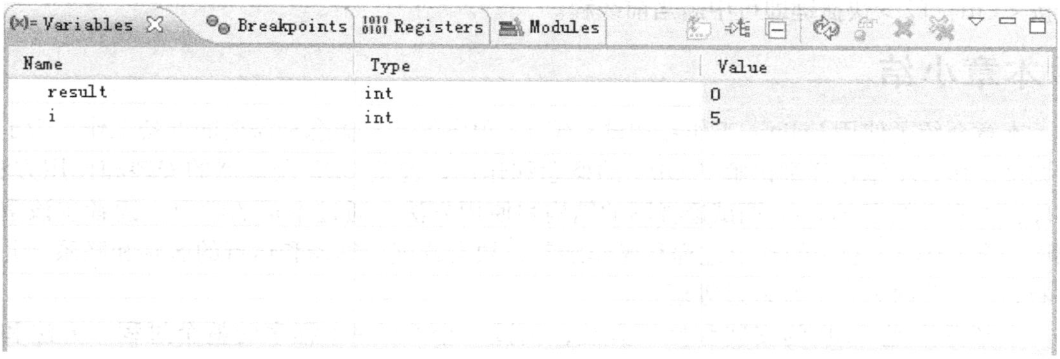

Name	Type	Value
result	int	0
i	int	5

图 10-34　断点位置的变量值

(2) 单步遍历程序

单步遍历程序可以让用户逐行地运行整个程序。在多数情况下，单步遍历调试程序可以帮助程序员解决许多程序中棘手的问题。单步遍历程序主要包括单步跳入、单步跳过和单步返回。

单步跳入：在调试视图中选择需要进行调试的线程，单击视图工具栏中的单步跳入(Step into)按钮，或按 <F5> 键即可执行单步跳入操作。此时，线程将运行所在行的程序，并在下一个可暂停位置后暂停执行，如图 10-35 所示。

图 10-35　单步跳入

单步跳过：在调试视图中选择需要进行调试的线程，单击视图工具栏中的单步跳过(Step over)按钮，或按 <F6> 键即可执行单步跳过操作。此时，线程将跳过该行并运行至下一个可暂停位置后暂停执行，如图 10-36 所示。

图 10-36　单步跳过

单步返回：在调试视图中选择需要进行调试的线程，单击视图工具栏中的单步返回(Step Return)按钮，或按 <F7> 键即可执行单步返回操作，如图 10-37 所示。单步返回仅对函数调用时有效，如当 Main 函数调用了其他子函数时，执行单步返回操作即可跳出该函数，返回 Main 函数继续进行调试。

图 10-37　单步返回

(3) 中断调试

在调试进行中且用户需要中断时，单击调试视图工具栏中的中断(Terminate)按钮，或

者按 < Ctrl + F2 > 快捷键即可中断当前线程。

◎ 本章小结

本章介绍了使用 Eclipse 工作台调试 C/C++ 程序的基本概念和需要的准备工作。为了配合调试工作，本章还详细讲解了 GDB 的概念和作用，包括 GDB 调试器的安装和使用方法。另外，本章介绍了 Eclipse 调试透视图的结构和使用方法。通过本章的学习，读者应该掌握调试一个 C/C++ 程序的整个过程和操作细节，领会调试、编译和运行的区别和联系，并了解断点、单步跳入、单步跳过等概念。

本章重点是 GDB 的安装和使用方法；调试一个 C/C++ 程序的整个过程、方法和操作细节。

本章难点是调试一个 C/C++ 程序。

◎ 练习题

1. 常见的事件断点不包括(　　)。
   A. 抛出异常　　　　B. 系统调用　　　　C. 操作系统死机　　　　D. 进程结束
2. 描述什么是断点，并简述断点的分类。
3. 单步遍历程序的作用是什么？
4. 简述 GDB 的作用和安装 GDB 的步骤。
5. 在调试程序的过程中，变量视图的作用是什么？
6. 尝试通过 GDB 调试器检查一个错误的程序。

第 11 章　Eclipse CDT 开发常用功能

◎ 内容提要

Eclipse 作为一个高度集成化的平台，除了最基本的编辑器功能之外，还提供了大量实用的个性化功能。这些功能使用户能够在最短的时间内克服因为不熟悉软件环境所带来的不便。

本章着重介绍了自定义编辑器、定制工作台、格式化代码和生成代码历史纪录等功能，为用户高效地编写程序打下了基础。

11.1　自定义编辑器

Eclipse 为用户提供了极大的个性化空间，其中对编辑器的设定可以使用户很快地熟悉平台，把主要精力放在编写程序上。

11.1.1　设置首选项

用户可以在工作台的首选项中设置 C/C++ 编辑器的各种属性，如显示比例、显示哪些内容等。

1. C/C++ 首选项设置

单击菜单栏中的窗口（Window）菜单，选择首选项（Preferences）选项，如图 11-1 所示。

在弹出的对话框左侧部分，展开 C/C++ 树形菜单，如图 11-2 所示。

可以看到 C/C++ 首选项共包含 15 项可自定义的选项，以下选取几个常用的参数设置进行讲解。

外观（Appearance）：自定义 C/C++ 编辑器的界面风格和各元素，包括显示转换单元、在资源管理器和 C/C++ 项目视图中将头文件排序等，如图 11-3 所示。

编译控制台（Build Console）：自定义控制台参数，如背景、字体颜色、最大输出行数等，如图 11-4 所示。包括是否在每次编译时自动清空控制台区域；是否在编译时自动打开控制台视图；是否在编译时将控制台置顶；限制控制台一次最多输出的消息行数，默认为 500 行；自定义控制台中各个部分和消息的颜色。

调试（Debug）：自定义 Debug 视图相关参数，包括编码方式、是否显示完整文件路径、

图 11-1　进入首选项设置

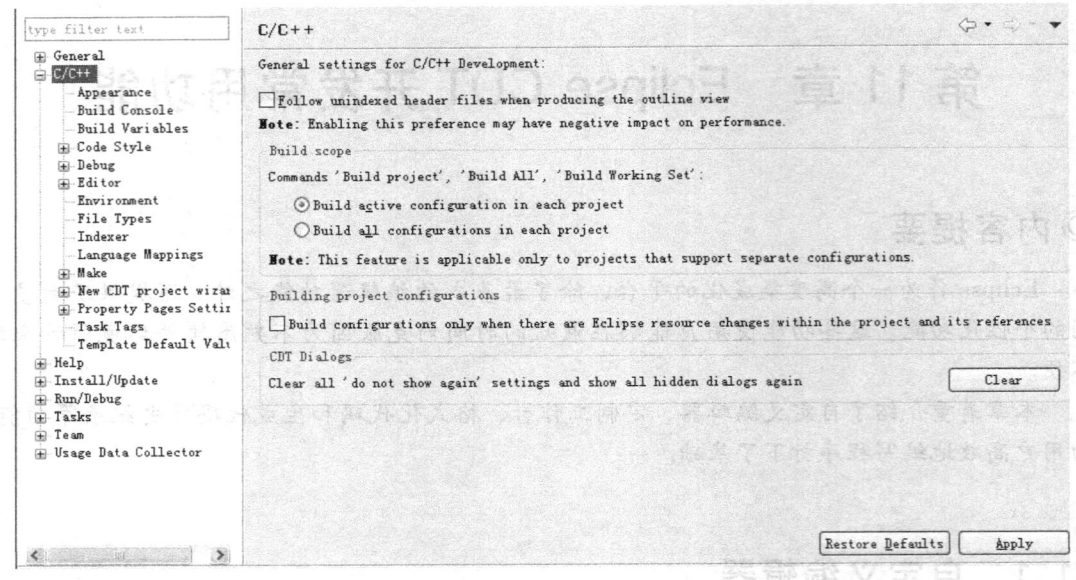

图 11-2　首选项树形菜单

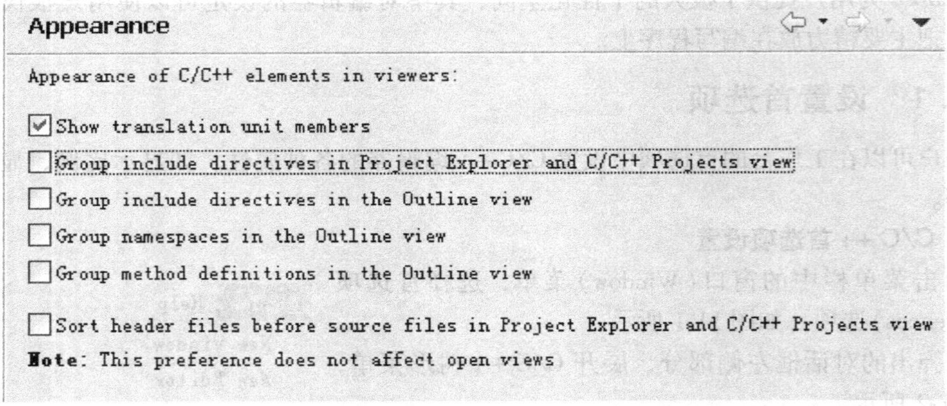

图 11-3　首选项外观设置

断点动作设置等。

　　任务标记(Task Tags)：自定义任务标签，默认的任务标签格式为 TODO Normal，在这里编辑的任务标签将会被应用到代码模板中。可以通过 New...、 Edit... 和 Remove 按钮分别新建、编辑和删除任务标签，如图 11-5 所示。

　　模板默认值(Template Default Values)：自定义新建程序的注释部分，默认值为

Message:!!! Hello world!!!

sourceDir:src

author:

copyright:Your copyright notice

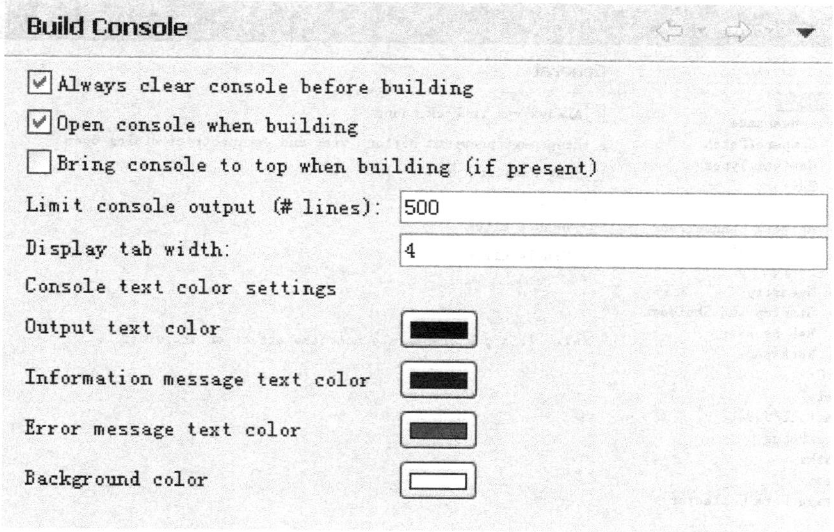

图 11-4 自定义控制台参数

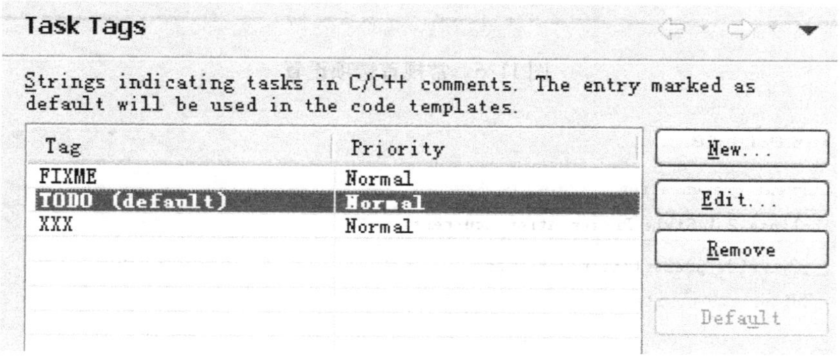

图 11-5 自定义任务标签

2. 常规首选项设置

图 11-6 是 Eclipse 的常规首选项设置窗口，可以对 Eclipse 进行一般性的设置。

外观(Appearance)：自定义整个 Eclipse 界面的风格，包括较早版本的 Eclipse 界面风格等，如图 11-7 所示。

键(Keys)：自定义快捷键相关参数。用户可以在这里自定义快捷键，并且把一批快捷键保存为自定义方案，如图 11-8 所示。

搜索(Search)：自定义搜索及视图相关参数，如是否在搜索后激活搜索视图；是否忽略可能的搜索匹配项等，如图 11-9 所示。

工作空间(Workspaces)：设置是否在启动 Eclipse 时提示选择工作空间，设置常用工作空间和个数，如图 11-10 所示。

浏览器(Web Browser)：默认的 Web 浏览器，并选择使用 Eclipse 自带浏览器或使用外部浏览器(如 IE)，如图 11-11 所示。

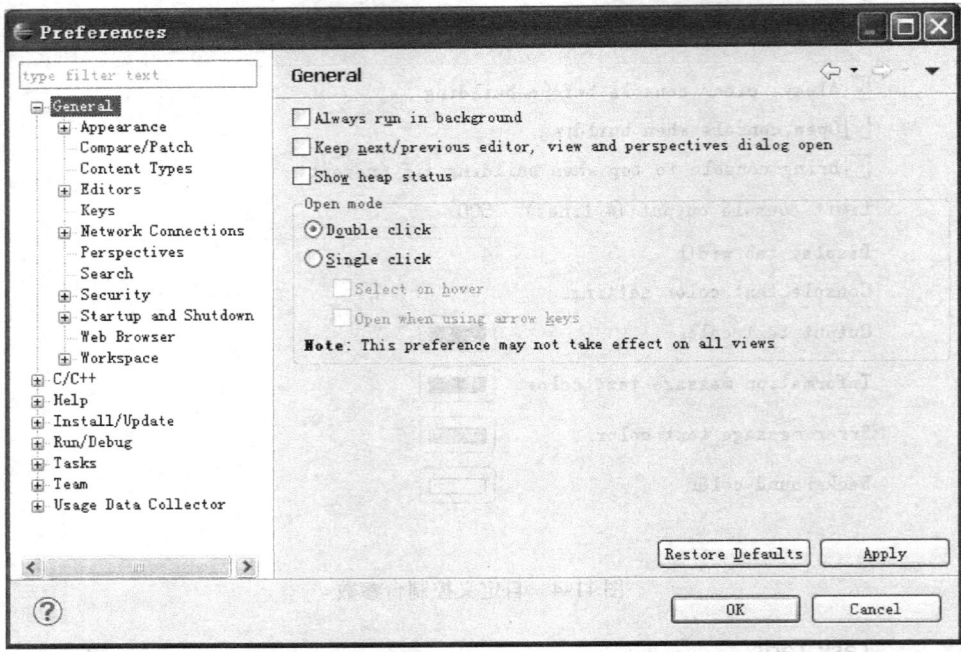

图 11-6 常规首选项设置

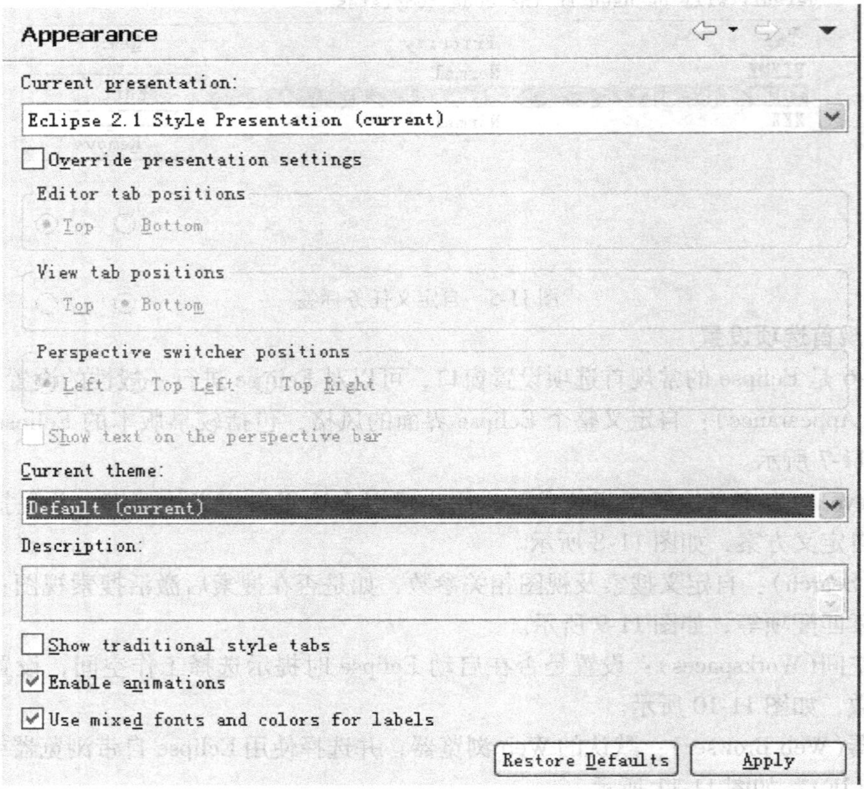

图 11-7 设置 Eclipse 界面风格

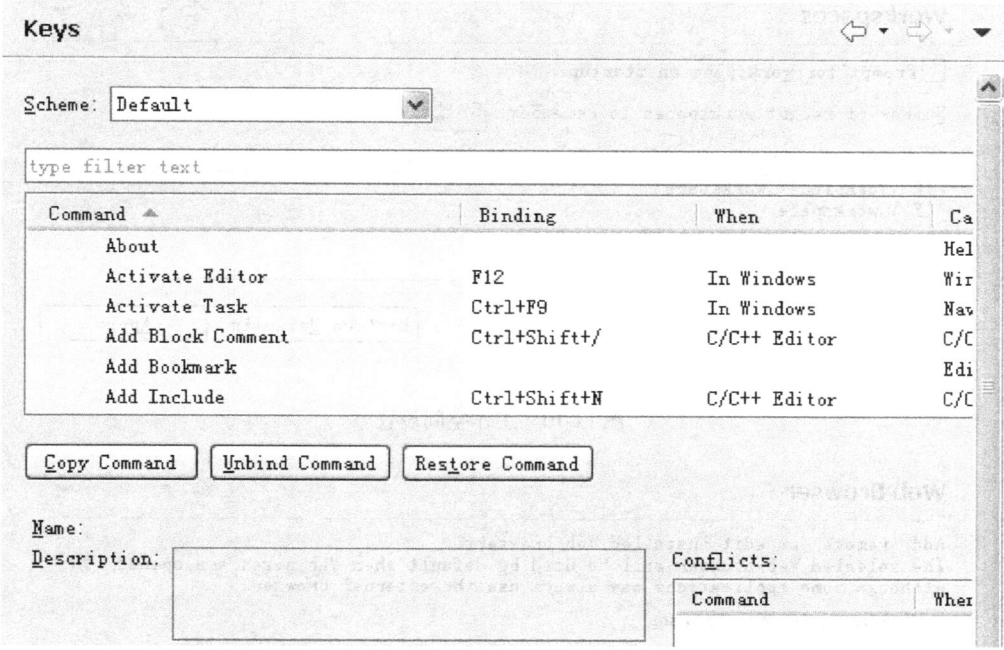

图 11-8 键设置

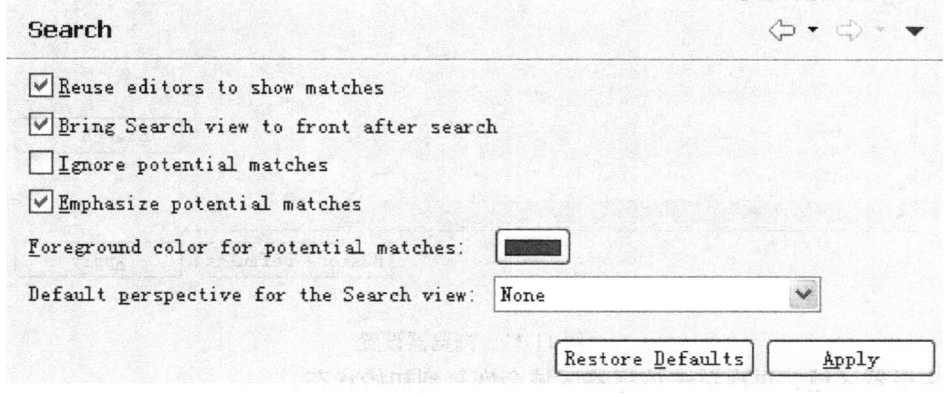

图 11-9 搜索设置

11.1.2 设置编辑器布局

在 Eclipse 平台中,任何给定的透视图中都会包含一个编辑器区域,该区域可以包含多个编辑器和多个相关的视图。编辑器与视图不同,不能被用户关闭。用户可以根据自己的需要改变编辑器在 Eclipse 界面中的位置和大小。

1. 最大/最小化显示编辑器

在编辑器中,打开一个文件(如 HelloWorld.c),双击 标签区域即可全屏

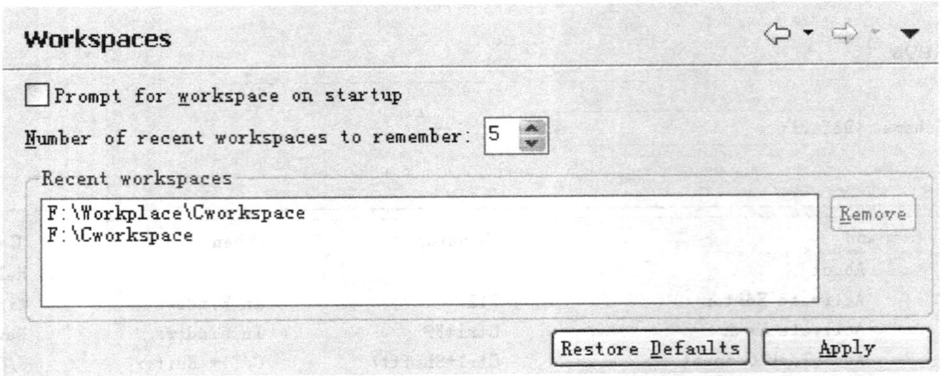

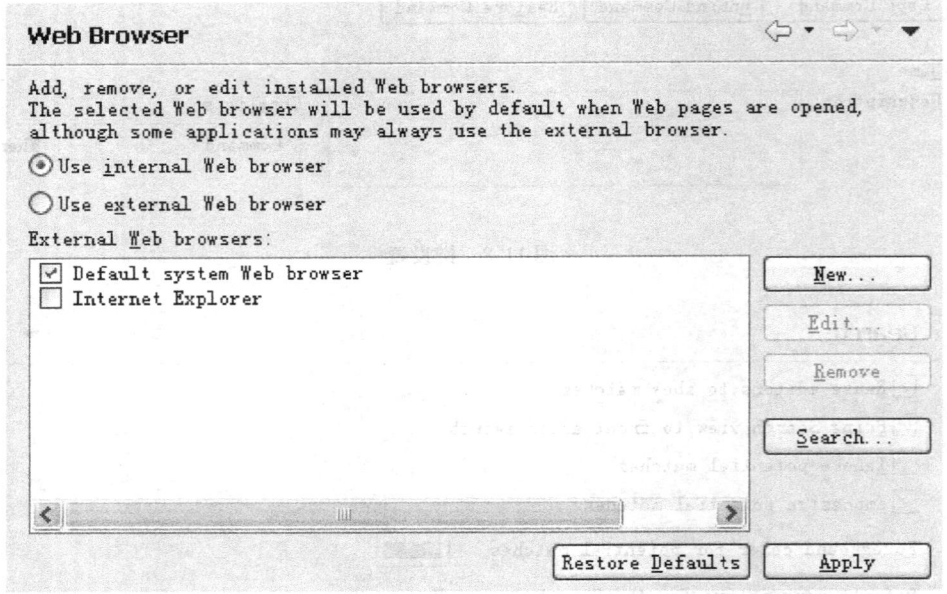

图 11-10　工作空间设置

图 11-11　浏览器设置

显示该编辑器区域，再次单击该标签区域会恢复到初始状态。

另外，用户也可以通过单击编辑器区域右上角的 □、▫ 和 ▫ 图标来最大化、恢复和最小化编辑器。

2. 定制编辑器的位置

除了可以最大/最小化显示编辑器之外，用户还可以改变编辑器在 Eclipse 中的位置。通过拖动编辑器上方的标签或者显示/隐藏周围的视图即可满足不同的需要。

11.2　定制工作台

Eclipse 允许用户自定义工作台的外观和各个操作对应的动作来满足不同用户的个性化

需要。

11.2.1 定制工具栏

前面介绍的工具栏是用户最常使用的区域之一，Eclipse 允许用户自定义工具栏的位置并且能够定制工具栏中的各个按钮。

通过观察 Eclipse 工具栏可以发现，默认情况下工具栏区域被竖直的虚线分成若干部分。此时，工具栏处于解锁状态，也就是说用户可以随意地更改工具栏的状态。图 11-12 显示了解锁状态的工具栏和锁定状态的工具栏。

在定制工具栏之前，需要确保工具栏处于解锁状态，如果未解锁，则用鼠标右键单击工具栏空白部分，在弹出的菜单中将 Lock the Toolbars 前的对勾去除即可解锁，如图 11-13 所示。

图 11-12　工具栏的状态　　　　　　　　　图 11-13　解锁
a）解锁状态　b）锁定状态

解锁后，将光标移动至垂直的虚线处，按下鼠标左键拖动该部分上下或左右移动，即可改变该部分工具栏在 Eclipse 界面中的位置，将它移动到需要放置的位置后松开鼠标即可完成定制。注意：为了防止工具栏被意外改动，定制工具栏后可以将其锁定。

不需要使用工具栏时也可以将其隐藏，用鼠标右键单击工具栏空白部分，在弹出的菜单中选择 Hide Toolbar 即可隐藏。隐藏后，Eclipse 的界面显得更加宽阔，如图 11-14 所示。

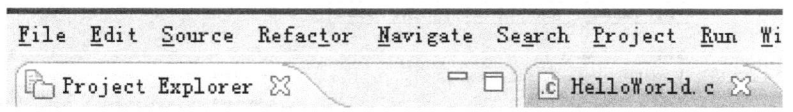

图 11-14　隐藏工具栏

当需要再次显示工具栏时，单击菜单栏中的窗口（Window）菜单，选择显示工具栏（Show Toolbar）选项即可，如图 11-15 所示。

11.2.2 定制快捷键

Eclipse 提供了一系列快捷键来方便用户的操作，第 8 章中已经介绍过常用的快捷键。除此之外，Eclipse 还允许用户自己定义鼠标、键盘以及它们的各个组合键和单击鼠标的动作。

单击菜单栏中的窗口（Window）菜单，选择首选项（Preferences）选项，如图 11-16 所示。

在弹出的窗口左侧部分树形菜单中，选择"General"→"Keys"，即可打开定制快捷键界面，如图 11-17 所示。

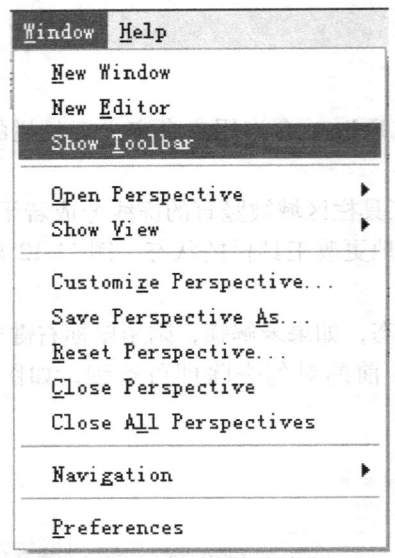
图 11-15　选择显示工具栏

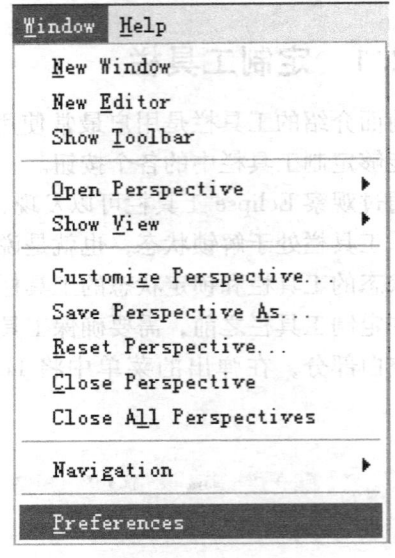
图 11-16　选择首选项

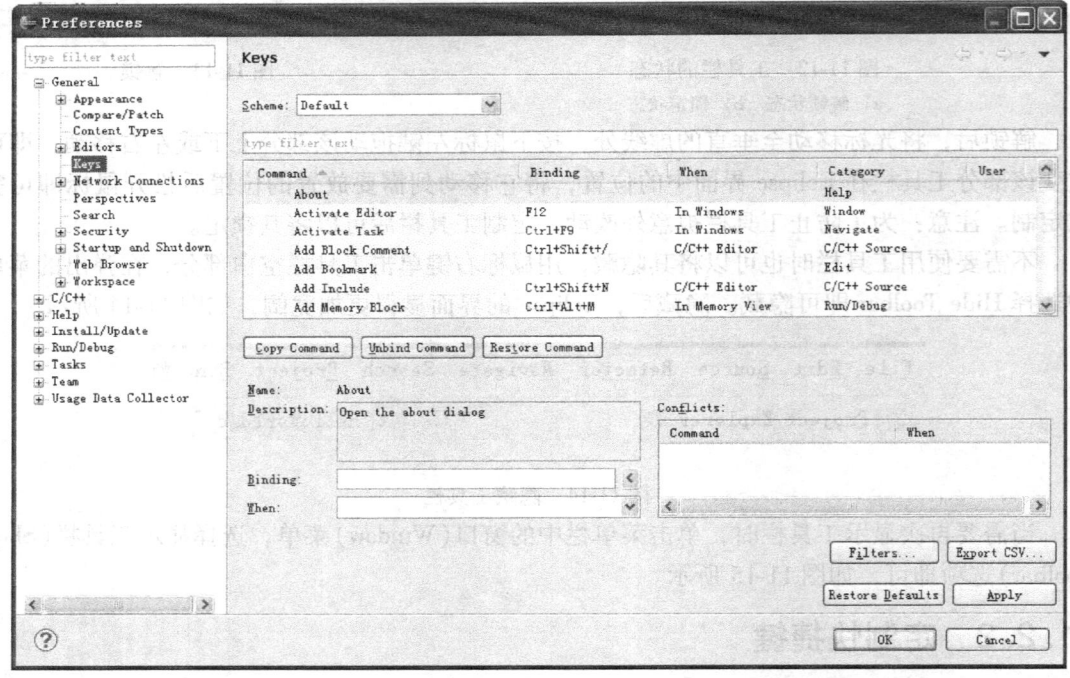
图 11-17　定制快捷键界面

在这里，我们尝试为关于（About）操作设定一个快捷键 < Ctrl + = >。首先选中 About，在描述框中会出现该功能的简短介绍——打开关于对话框（Open the about dialog）。将光标定位到绑定（Binding）输入框，同时按下键盘的 < Ctrl > 和 < = > 键即可设定成功。另外，Eclipse 还能为该快捷键设定作用范围，如仅在某个视图中生效。设定完成后结果如图 11-18

所示。

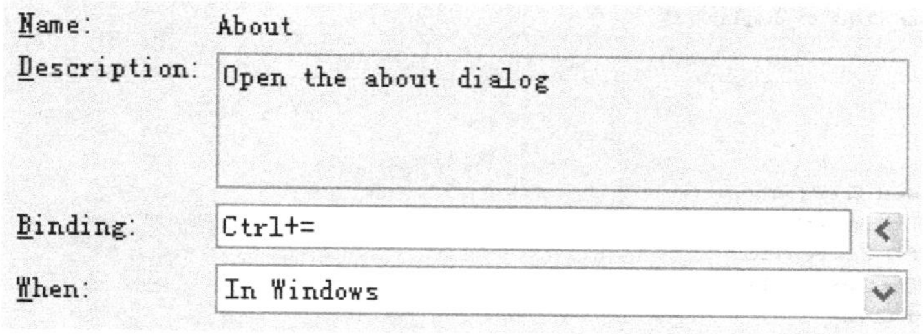

图 11-18　为 About 设定快捷键

另外，Eclipse 还提供了快捷键冲突解决方案。例如，我们将关于(About)的快捷键设定为 <Ctrl+P>。此时，冲突框中将会显示该快捷键序列的冲突情况，以提示用户更改设置，如图 11-19 所示。

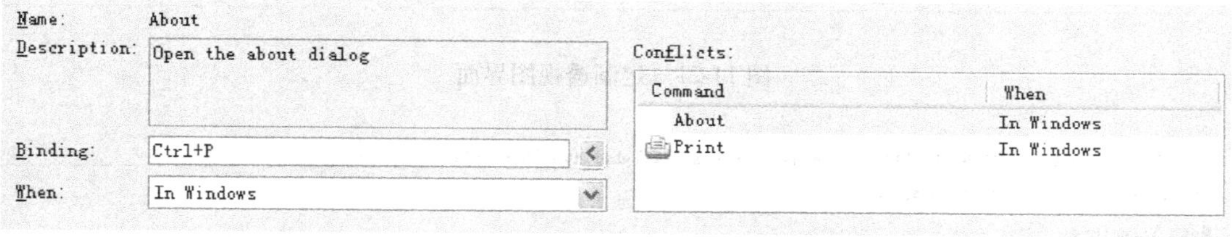

图 11-19　快捷键冲突解决

Eclipse 允许用户根据自己的需要为每个透视图设定相应的属性、布局以及显示方式以符合用户的习惯。

11.2.3　定制透视图

用鼠标右键单击工具栏空白区域，选择定制透视图(Customize Perspective)，如图 11-20 所示。

如图 11-21 所示，在打开的窗口上方可以看到四个标签，分别用来定制工具栏、菜单栏、命令组和快捷方式。当前显示的是定制工具栏的标签页面，其中包括了文件工具项、新建 C/C++ 元素工具项、编译配置工具项、搜索工具项等。工具栏的定制只会影响到当前透视图(C/C++ 透视图)。

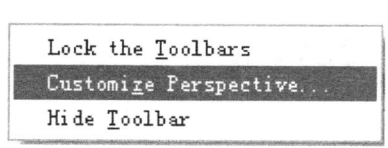

图 11-20　选择定制透视图

在图 11-21 的工具栏标签中，用户可以看到 C/C++ 透视图中可以显示的所有工具栏按钮，通过打勾的方式设定是否显示某个按钮。

图 11-22 所示是菜单项的设置，包括了 Eclipse 菜单栏中所有的菜单和子项，如文件菜单、编辑菜单、源代码菜单、重构菜单、搜索菜单等。同样，用户可以为每个菜单以及各个菜单中的子项设定显示方式。

图 11-23 所示是命令组的设置，包括了 Eclipse 中所有的命令组，如断点、编译配置等。用户选择想要添加至当前透视图的命令组，在中间和右侧两栏里将显示对应被添加至透视图的菜单栏详细信息和工具栏详细信息。

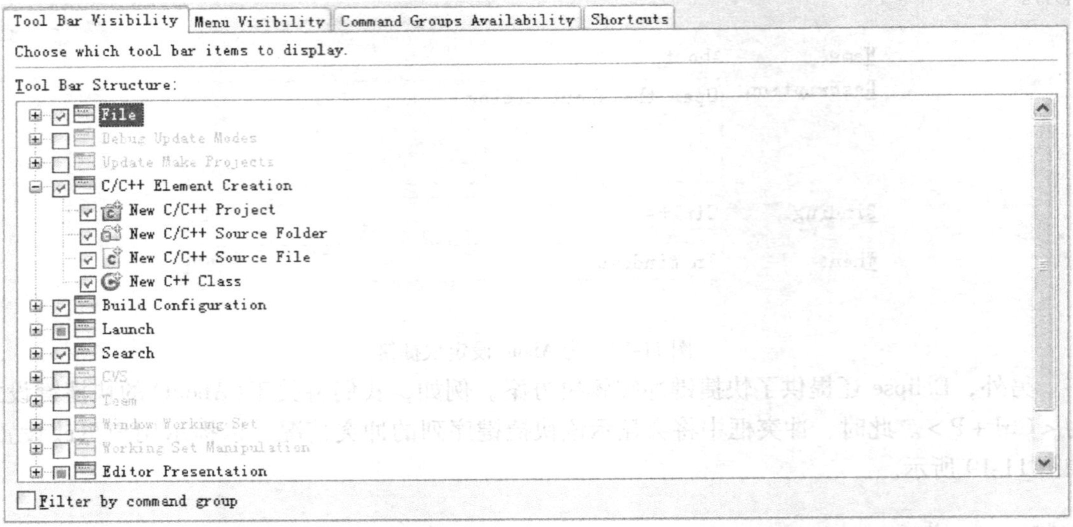

图 11-21 定制透视图界面

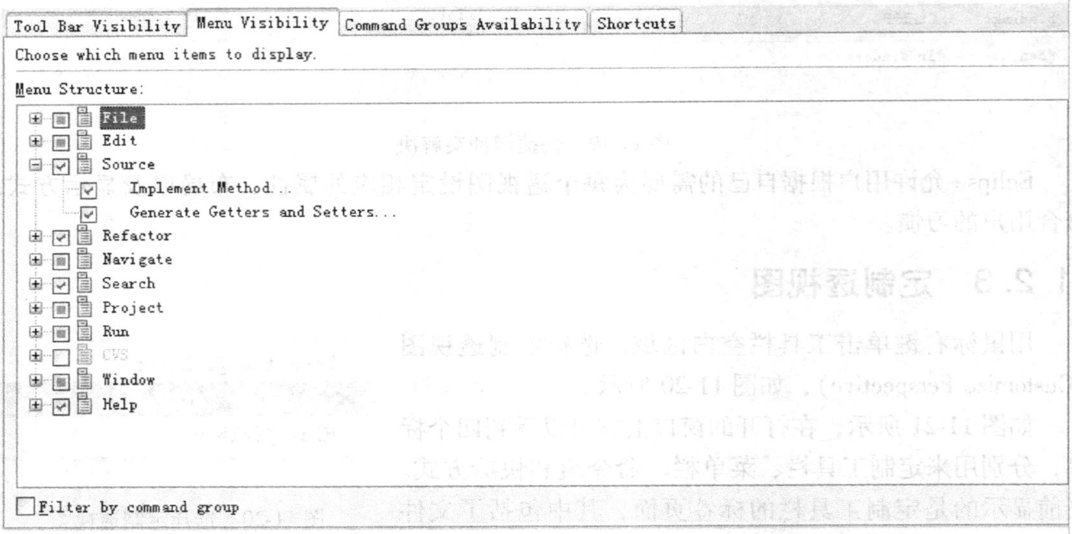

图 11-22 菜单项设置

图 11-24 所示是快捷方式的设置。用户可以为新建子菜单、打开透视图子菜单和显示视图子菜单设置快捷方式。用户通过打勾的方式选择想要添加至三个子菜单的快捷方式。同样，这些快捷方式也只会作用于当前透视图（C/C++ 透视图）。

11.2.4 复位透视图

通过前面介绍的定制透视图的方法尝试了其他设置方法后，可以通过如下的方法将透视图复位。单击菜单栏中的窗口（Window）菜单，选择复位透视图（Reset Perspective）选项，如图 11-25 所示。在弹出的询问对话框中，单击 OK 按钮即可将当前透视图复位到默认状态。

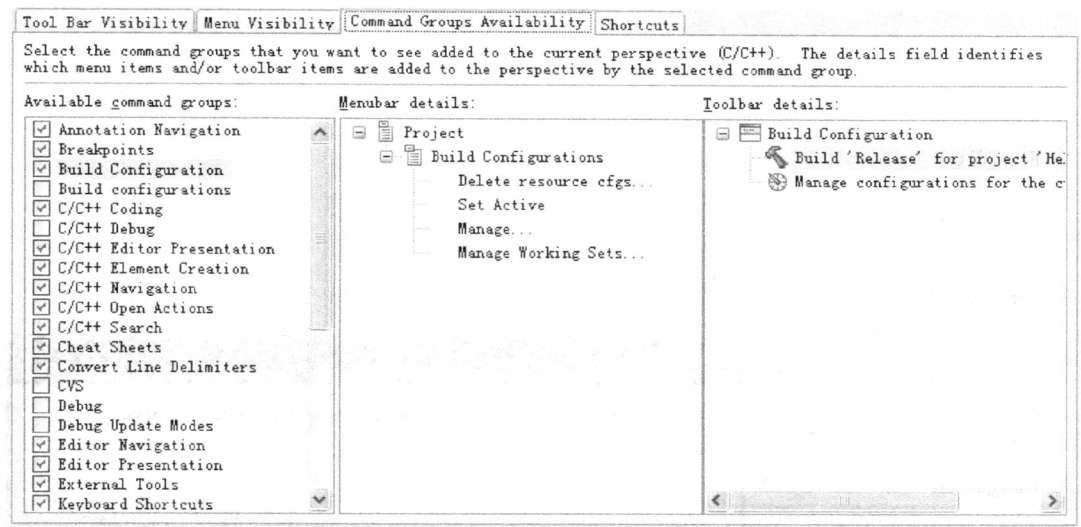

图 11-23　命令组设置

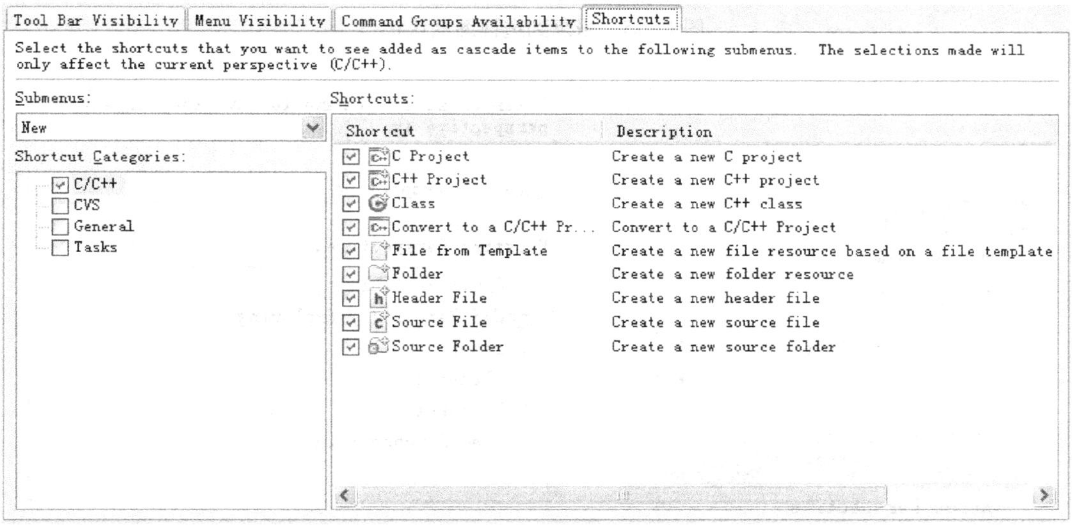

图 11-24　快捷方式设置

11.2.5　保存透视图

在用户定制完透视图后，如果希望将其保存下来，以便在以后使用的时候可以直接使用该透视图而不用重新进行定制，Eclipse 提供了方法使得用户可以通过下面的步骤实现透视图的保存。

单击菜单栏中的窗口(Window)菜单，选择保存透视图(Save Perspective As)选项，如图 11-26 所示。

在弹出"将透视图另存为"对话框中，输入透视图的名称。该名称可以使用新名称，如 MyPerspective(见图 11-27)；也可以使用已有的名称，如 Debug，但这样会覆盖现有的透视图，应当谨慎操作。

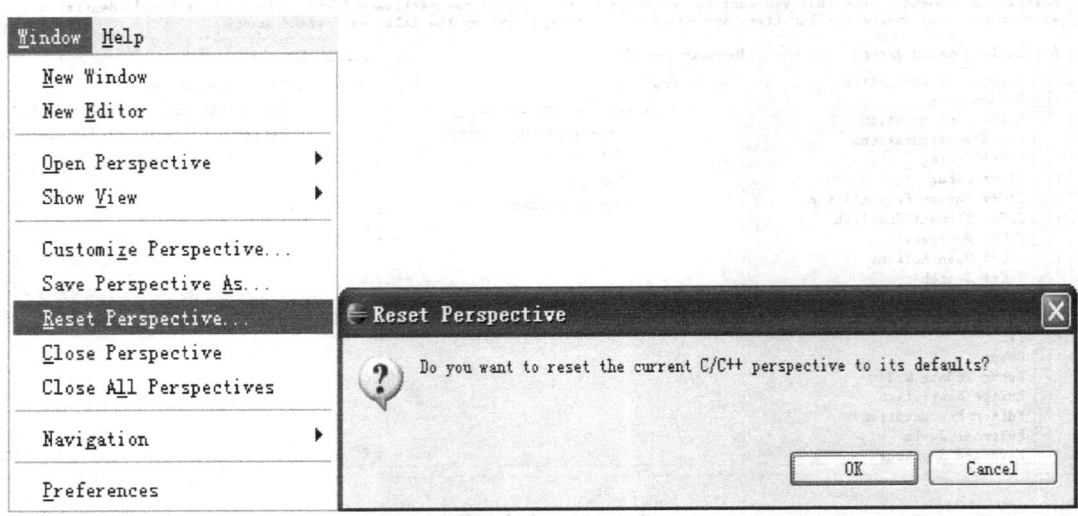

图 11-25 恢复到透视图默认状态

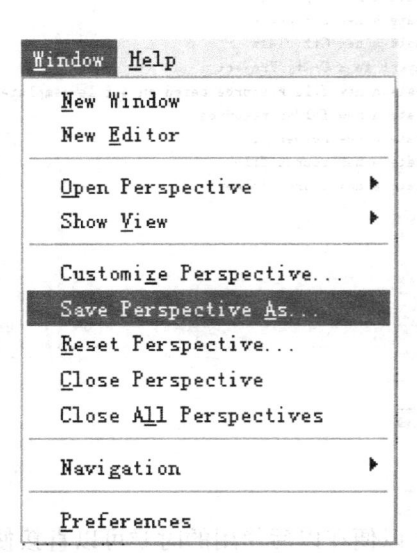

图 11-26 保存透视图

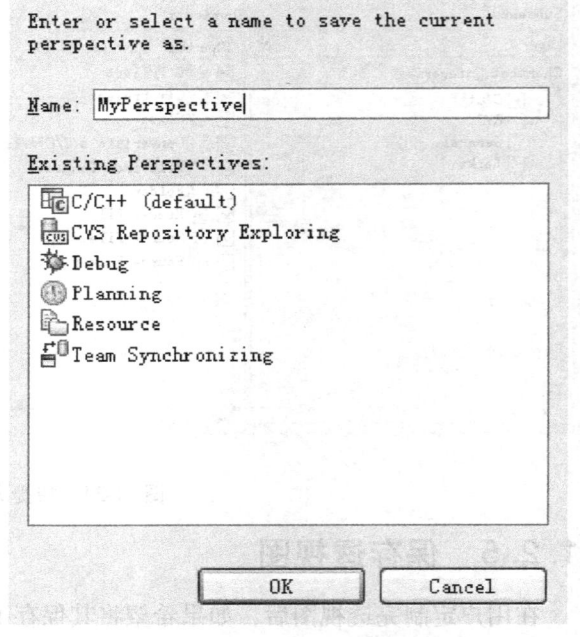

图 11-27 命名透视图设置

11.2.6 删除透视图

当不再使用某个透视图时，用户可以将其删除。

单击菜单栏中的窗口(Window)菜单，选择首选项(Preferences)选项，如图 11-28 所示。
在弹出的对话框左侧部分，展开常规(General)树形菜单，选择透视图(Perspectives)选项，如图 11-28 所示。

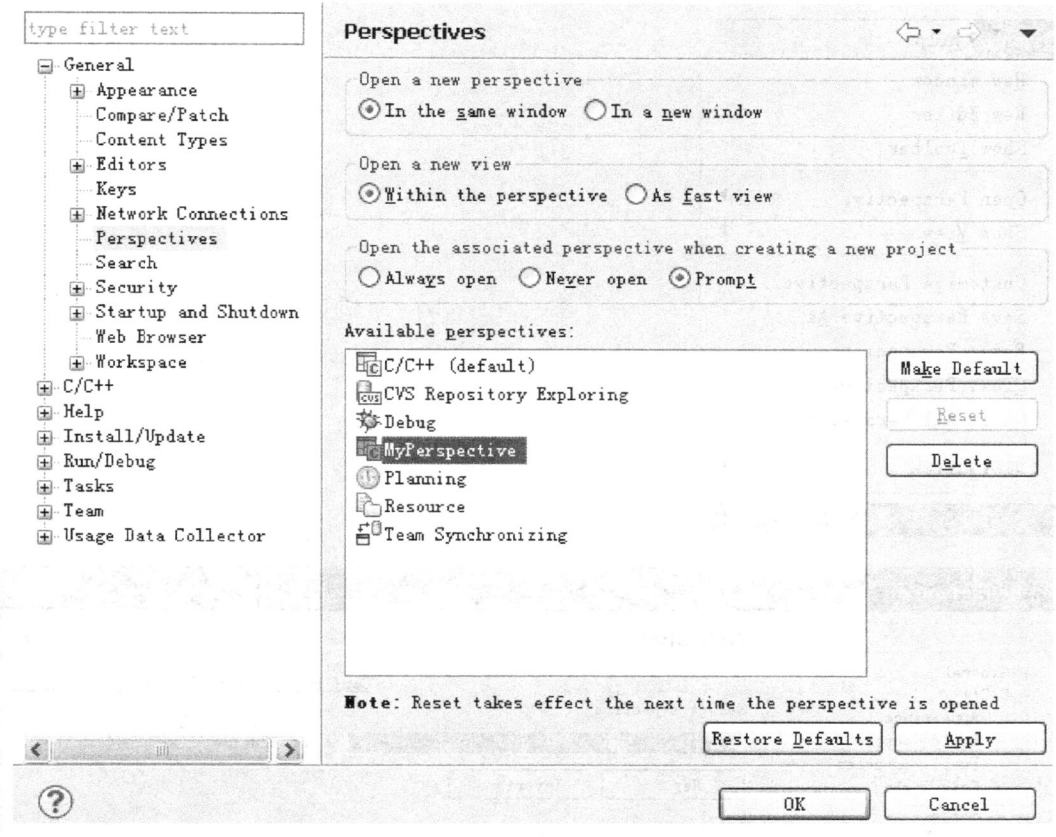

图 11-28　透视图首选项界面

选中刚才新建的 MyPerspective 透视图，单击 Delete 按钮即可删除透视图。需要注意的是，Eclipse 本身自带的透视图无法删除。

11.3　格式化代码

在编写程序过程中，书写习惯问题会导致程序代码难以阅读，同时不利于发现程序中的问题。另外，不同的程序员习惯的代码风格也不尽相同，如首字母缩进距离、大括号的位置、运算符与变量的间距等。Eclipse 提供了格式化代码的功能以帮助用户将零乱的程序代码格式化为用户习惯的排列方式。

11.3.1　设置代码格式

格式化代码之前首先需要设定代码格式。单击菜单栏中的窗口（Window）菜单，选择首选项（Preferences）选项，在弹出的对话框左侧部分，展开 C/C++ 树形菜单，选择代码格式（Code Style），如图 11-29 所示。

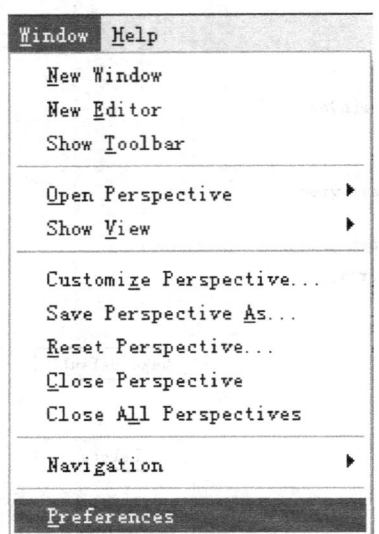

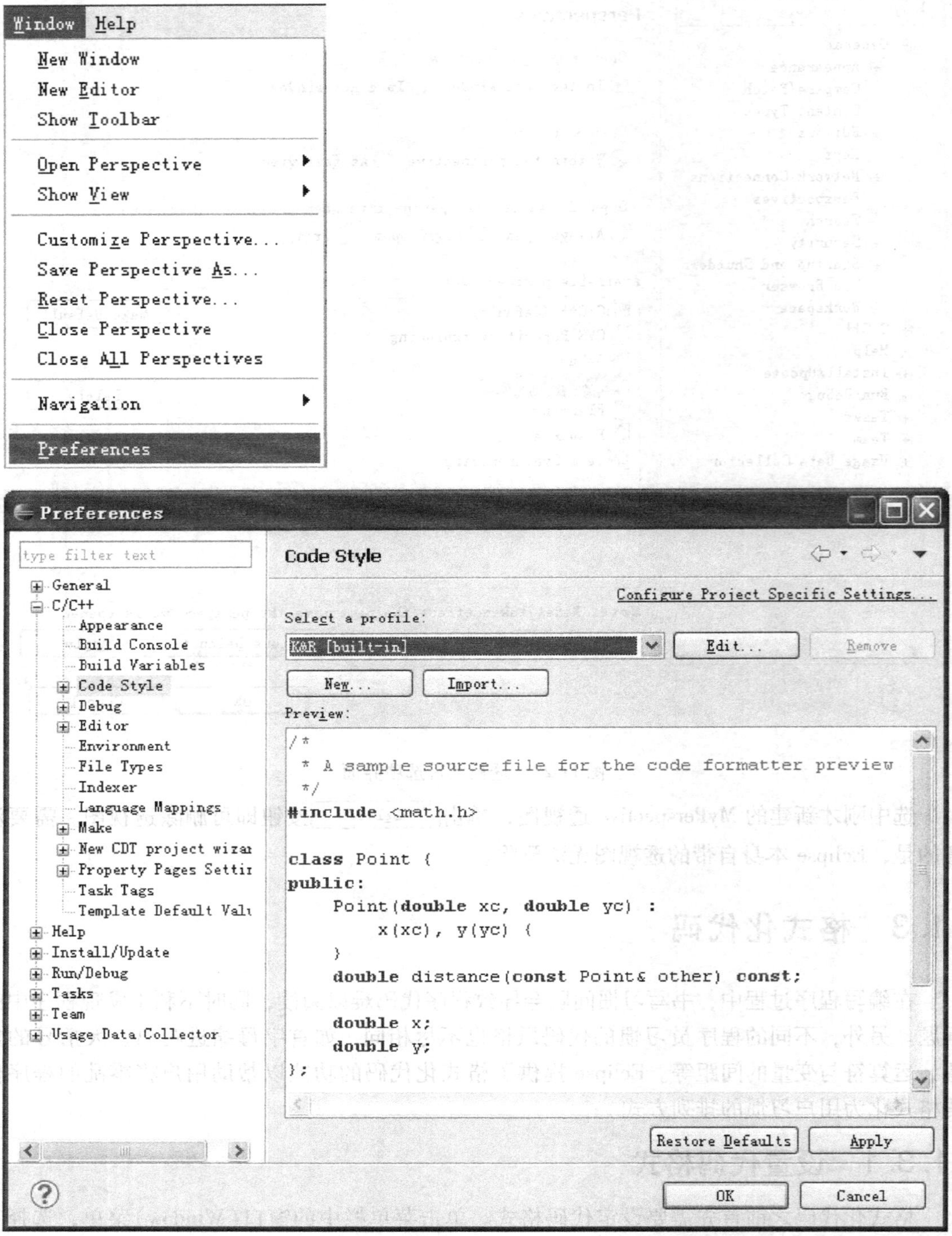

图 11-29 设置代码格式

在该代码示例中，用户可以根据自己的喜好更改格式，如花括号的位置、代码缩进的距离等。修改成功后单击保存默认设置（Restore Defaults），将该代码格式设置为默认格式。用户也可根据自己的需要新建代码格式或从外部导入已有的代码格式。

11.3.2 格式化代码

设定完成后，用户即可格式化代码。

打开需要格式化的程序，选择其中一段代码（如果未选择，则默认格式化当前编辑器中的全部代码），用鼠标右键单击空白处弹出菜单。选择源代码（Source）子菜单下的格式化（Format）选项即可，如图11-30所示。

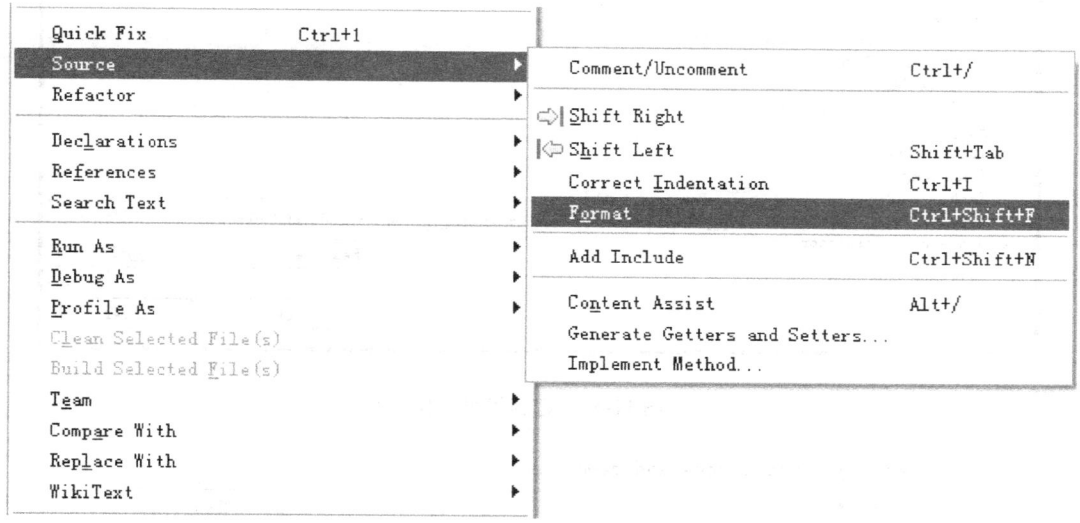

图11-30 格式化代码

11.3.3 使用代码模板

代码模板是 Eclipse 为用户提供的可自定义的结构化代码格式。使用代码模板，用户可以省去许多重复的代码编写工作。

首先需要定制代码模板。单击菜单栏中的窗口（Window）菜单，选择首选项（Preferences）选项，在弹出的对话框左侧部分，展开 C/C++ 树形菜单，选择代码格式（Code Style）中的 Code Templates，如图11-31所示。

在弹出的窗口中，可以看到 Eclipse 允许用户在注释、代码和文件三个维度设置代码模板。以文件维度为例，新建一个 C 程序代码模板。单击文件（Files）菜单，选择 C Source File，然后单击 New... 按钮，如图11-32所示。

如图11-33所示，在打开的代码模板编辑器中为 C 程序文件定制模板。

需要注意的是，变量以$开头，并用{}括起来。输入模板名称后，在模板编辑器中输入如下代码，并单击 OK 按钮。

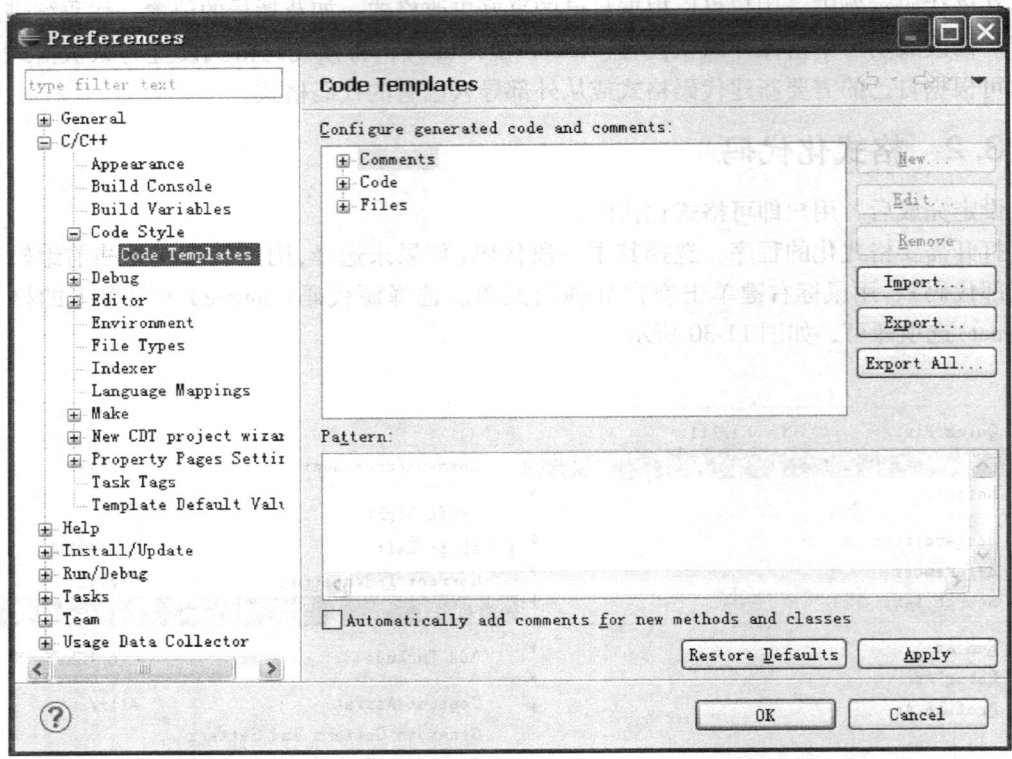

图 11-31　定制代码模板

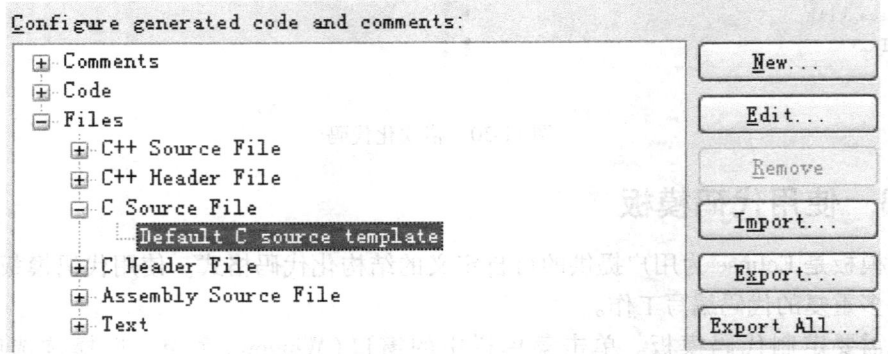

图 11-32　在文件维度新建 C 程序代码模板

${filecomment}

${declarations}

int main(void) {
    int;
    return EXIT _ SUCCESS;
}

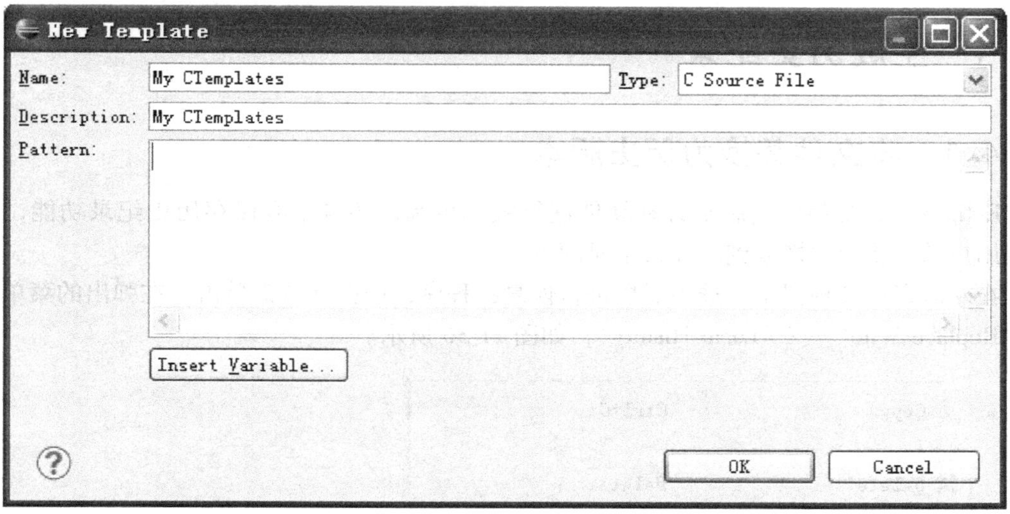

图 11-33 为 C 程序文件定制模板

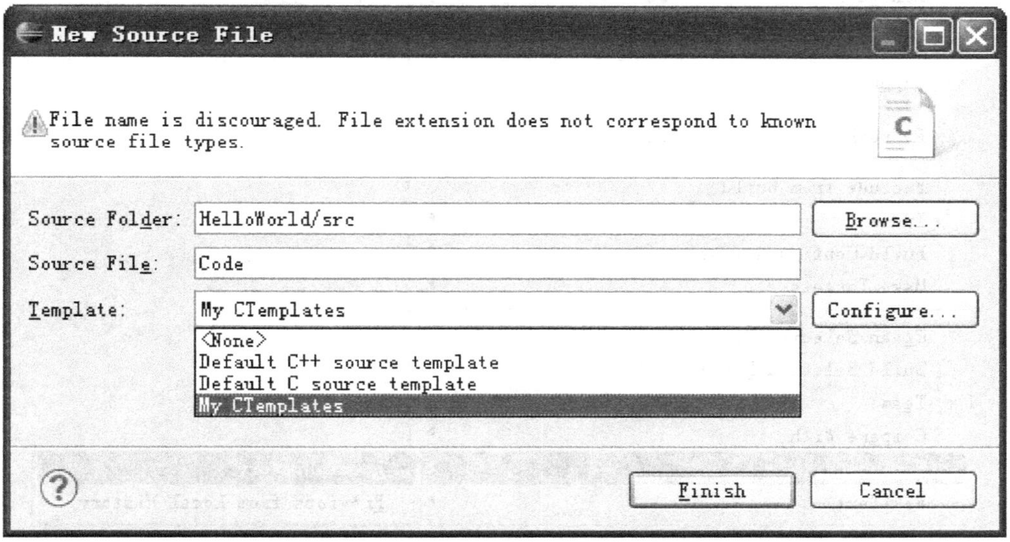

图 11-34 使用代码模板

在之后新建 C/C++ 程序源文件时，我们可以使用刚编写的代码模板，如图 11-34 所示。

此时，新建的程序如图 11-35 所示。

这样，将常用的代码形成模板可以在很大程度上减少程序员的工作量，提高效率。

```
/*
 * code.c
 *
 *  Created on: 2009-11-12
 *      Author: zhou
 */

int main(void) {
    int ;
    return EXIT_SUCCESS;
}
```

图 11-35 使用代码模板后的程序

11.4 生成历史纪录

11.4.1 将文件替换为历史版本

Eclipse 不仅支持使用版本管理软件进行版本控制，还自带有保存历史纪录功能，可以支持用户随时将程序恢复到之前某个时间点。

在左侧资源管理器中，选中需要进行恢复的程序，用鼠标右键单击，在弹出的菜单中选择"Replace With"→"Local History"，如图 11-36 所示。

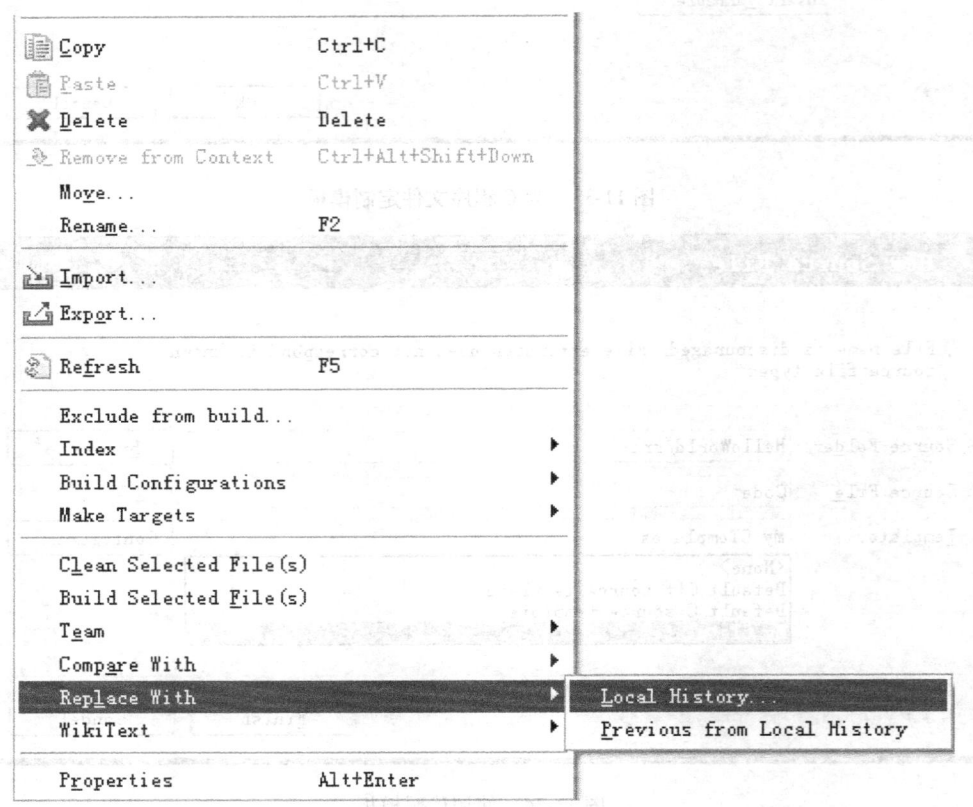

图 11-36 替换为历史纪录

在打开的界面中的 Revision Time 窗口中显示了 Eclipse 记录的该文件的所有历史版本，也就是可以恢复的文件版本，如图 11-37 所示。

选择其中一个版本，即可在底部窗口中显示该版本与目前文件的对比结果，其中的差异将会以浅绿色标记显示，如图 11-38 所示。

单击 Replace 按钮即可把该文件恢复到历史纪录的版本。需要注意的是，Eclipse 只会纪录较短时间内的文件版本，如果需要进行长期的版本控制，则需要借助类似 CVS 的版本控制软件完成。

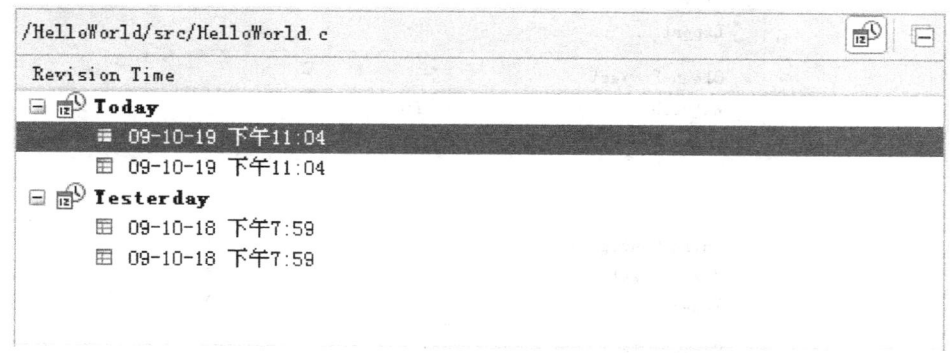

图 11-37 可恢复的文件版本列表

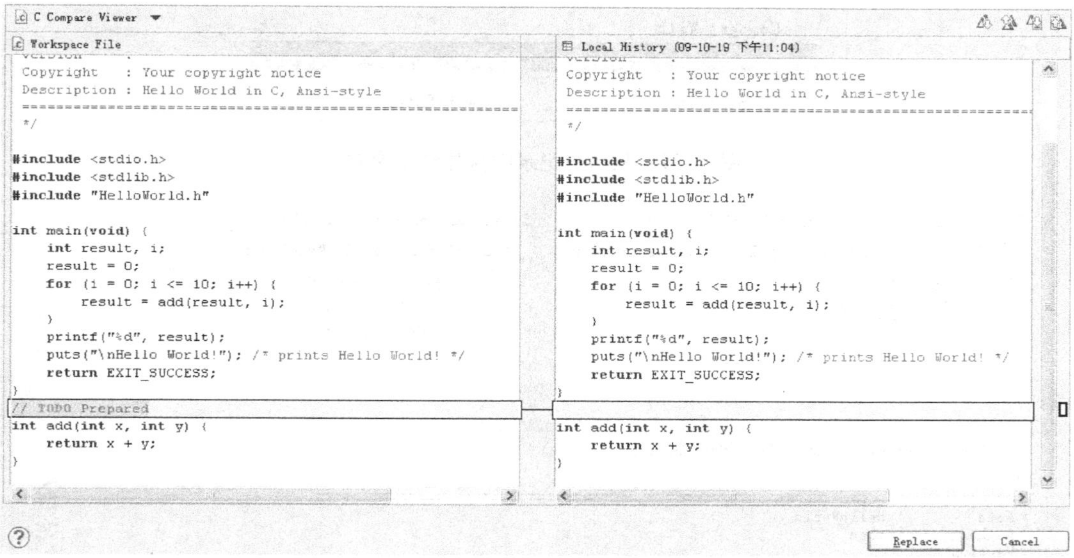

图 11-38 恢复文件与当前文件对比

11.4.2 从历史纪录中恢复已删除文件

除了可以把文件替换为较早的历史纪录之外，Eclipse 还支持用户恢复从工作台中删除的历史纪录文件。

在资源管理器中，用鼠标右键单击 HelloWorld 项目，在弹出的菜单中选择从历史纪录中恢复(Restore from Local History)，如图 11-39 所示。

在打开的窗口中，可以看到 HelloWorld 项目中曾经存在过的所有文件以及它们的各个版本。选中需要恢复的文件后单击 Restore 按钮即可完成，如图 11-40 所示。

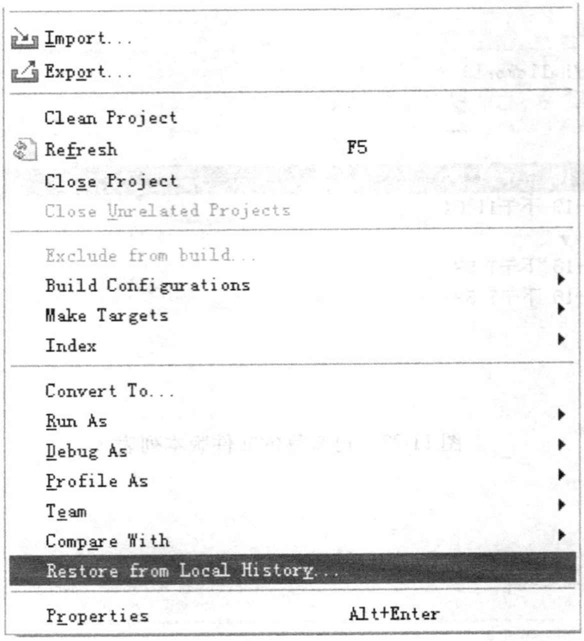

图 11-39 从历史纪录中恢复已删除文件

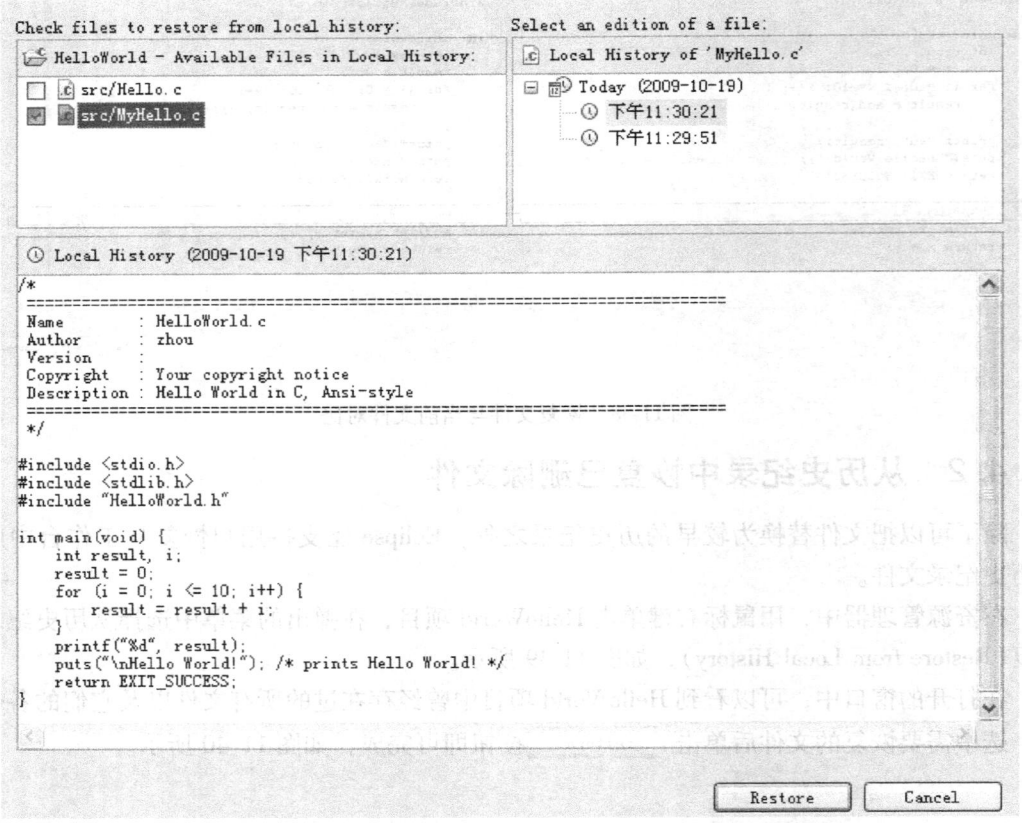

图 11-40 选择需要恢复的文件

◎ 本章小结

本章介绍了使用 Eclipse CDT 开发时的常用功能。熟练使用功能可以在日常编写代码时极大地提高工作效率，减少重复工作。通过本章的学习，读者应该掌握自定义编辑器的方法、定制工作台的方法、格式化代码的方法并掌握生成历史纪录的方法。

本章重点是自定义编辑器的方法；定制工作台的方法；格式化代码的方法；生成历史纪录的方法。

◎ 练习题

1. 以下各项中属于自定义编辑器功能的是(　　)。
   A. 修改编辑器的位置　　　　　B. 删除编辑器
   C. 跳出编辑器　　　　　　　　D. 结束编辑器
2. 简述设置首选项中外观设置的作用。
3. 是否锁定工具栏的区别在于什么？
4. 简述设置代码格式功能的操作步骤。
5. 简述生成历史纪录的作用。

第 12 章 CVS 的安装及使用

◎ 内容提要

源代码版本控制是软件开发中一个十分重要的工程手段,几乎是必需的一个过程。目前,软件开发的形式已经由传统的手工作坊方式转变为规模化、流水线式的开发方式,团队协作变得越来越重要。与此对应,对于源代码的版本管理成为了每个项目管理者需要面对的问题。

本章从热门的版本管理软件 CVS 入手,介绍了版本管理的概念,对比分析了几种常用的版本管理软件,并详细介绍了 CVS 的安装与使用方法。

12.1 CVS 介绍

随着计算机应用范围的日益广泛深入,应用软件的规模及复杂程度日趋大型化、复杂化,这就导致软件开发的方式也从早期的单兵作战式或手工作坊式渐渐转变为规模化、流水线式的团队协作开发方式。在这种开发模式中会遇到一些非常棘手的问题:需要将整个软件版本恢复到以前的某一时间的状态;控制某一程序在同一时间只能由一个开发人员修改;限制随意修改程序;对每个开发人员编写的程序质量进行评估。如何解决上述问题,管理好项目的每一步运作,成为每一位项目主管亟待解决的课题。

在开发过程中,采用版本控制软件能较好地解决上述问题。目前,一些版本控制软件能够与各种流行的开发工具进行无缝的连接,它们有机地结合在一起,能够完整地保存开发中对应用程序每一个源文件所有的修改记录。其中,并发版本系统(Concurrent Versions System——CVS)就是一个常用的代码版本控制系统。使用 CVS 可以对代码进行集中管理,记录代码所有的更改历史,提供协作开发的功能并支持多人同时修改代码文件。

充分地利用版本控制软件能够对软件开发进行卓有成效的管理,其具体表现有以下几个方面。

1. 随时将程序恢复到以前某一时间点

版本控制软件可以将某一程序恢复到以前的某一时间的状态,甚至将整个软件版本恢复到以前的某一时间的状态。它能比较程序的不同版本,方便地识别出被修改、删除或插入的具体行,可以将两个不同版本的修改合并到一个新文件中,如果一段重要的代码被删除了,它可以迅速恢复这段代码。

2. 实现程序的互斥性修改

版本控制软件能够实现某一程序在同一时间只能由一个开发人员修改。其具体实现方式如下:需要修改程序的开发人员从源文件存放处提出(Check-out)一个程序,这时其他开发人员就不可以再提出同一个程序了,只有当第一个开发人员修改测试完成后,将更新版本的代码进行放入(Check-in)操作,其他开发人员才能提出同一个程序。当然,如果有必要,现在有些版本控制软件也可以配置成允许多人修改,即同时提出同一个程序,最后可以将不同版本的修改合并到一个新程序中。

3. 对程序修改进行有效的管理

在版本控制软件中，可以将用户分为管理员和程序员两种角色，只有管理员可以将程序冻结（Freeze）和解冻（Unfreeze），被冻结的程序是不允许修改的。修改程序的流程如下。

1）用户提交需求书，程序员提交程序设计说明书，项目主管审核通过后，管理员将程序解冻。

2）由程序员提出程序。

3）程序员修改程序。

4）修改完成后程序员提交测试请求给测试小组，测试小组进行测试；如果测试不通过，转向第3步。

5）测试通过以后程序员填写本次修改解释，然后放入程序。

6）管理员将程序冻结。

在软件开发后期或者软件正式投入使用时，这种方式对保证软件的稳定运行起到非常重要的作用。

4. 将开发环境与测试环境、运行环境进行有效的隔离

比较大型的软件开发项目都有专门的测试小组。采用版本控制软件后，开发人员有自己单独的开发环境，测试人员有自己的测试环境。项目进行到一定阶段，可随时用版本控制软件生成一个新的版本，投入运行。生成运行版本时可以选择丢弃以前所有的修改记录。

5. 评估软件开发人员编写的程序质量，控制软件开发的进度

版本控制软件完整地保存了开发中对应用程序每一个源文件所有的修改记录，这些记录包括完成修改程序的开发人员、修改的时间、所进行的具体修改以及对本次修改的解释。项目主管通过调阅这些记录，对程序修改的次数、修改原因和修改情况进行统计，就能够对每一个程序员编写的程序质量进行综合评估。这些记录还能使项目主管对整个项目的进度、程序的编写修改情况有一个整体的了解。

6. 管理文档

版本控制软件不仅为各种开发软件提供了存放对象的接口，还能存放任意类型的文件。使用者可以在版本控制软件中建立专门的文件夹，用于存放软件开发过程中生成的各种文档，对于每个文档可以存放它的多个版本，以便随时查阅。

12.2 常用版本控制软件

目前，比较常用的版本控制软件可以大致归纳如下（见表12-1）。

表12-1 常用版本控制软件

名称	说明
ClearCase	重量级管理软件，功能多样
CVS	简单、易用、功能强大，且开源
Visual SourceSafe	微软公司产品，仅支持Windows系统，能力也限于team级软件

(续)

名 称	说 明
PVCS	MERANT 公司核心产品，主要支持 team 开发中的一系列管理问题
Perforce	美国 Perforce 软件公司产品，易用性强，速度快
CCC	最早的配置管理工具之一，元老级的版本控制软件
Star Team	Borland 公司的一个用于管理配置和变更的集成环境，能够与众多工具平台进行无缝集成
RCS	元老级版本控制软件，属于单一文件的版本维护系统，适用于任何正文文件的版本维护
SCCS	和 RCS 类似，也是早期的基于单一文件的版本维护系统
Hansky Firefly	Hansky 公司软件开发管理套件中的重要组件，可以轻松管理、维护整个企业的软件资产，是新兴的优秀的版本控制软件

1. Rational ClearCase

ClearCase 是 Rational 公司(2003 年被 IBM 收购)的一款重量级的软件配置管理(Software Configuration Management——SCM)工具。不同于 CVS 和 VSS，ClearCase 涵盖的范围包括版本控制、建立管理、工作空间管理和过程控制。从最初的软件配置计划到配置项的确立，从变更控制到版本控制，它贯穿于整个软件生命周期。ClearCase 支持现有的绝大多数操作系统。ClearCase 安装、配置、使用相对较复杂，需要进行团队培训。

2. Visual SourceSafe

Visual SourceSafe(VSS)是美国微软公司的产品，目前常用的版本为 12.0 版。VSS 是一种很好的入门级的配置管理工具。

易学易用是 VSS 的优点。VSS 采用标准的 Windows 操作界面，使用者只要对微软公司的产品熟悉，就能很快上手。VSS 的安装和配置非常简单，不需要外部的培训。只要参考完备的随机文档，就可以很快地用到实际的工程当中。

VSS 的配置管理功能比较基本，可以提供文件的版本跟踪功能，对于 build 和基线的管理，VSS 的打标签功能可以提供支持。VSS 提供共享(share)、分支(branch)和合并(merge)功能，支持团队开发。VSS 不提供对流程的管理功能，如对变更的流程进行控制。VSS 不能提供对异地团队开发的支持。此外，VSS 只能在 Windows 平台上运行，不能运行在其他操作系统上。

VSS 的安全性不高。VSS 的用户可以在文件夹上设置不可读、可读、可读/写、可完全控制四级权限，但由于 VSS 的文件夹要完全共享给用户后，用户才能进入，所以用户对 VSS 的文件夹都可以删除。这一点是 VSS 的一个比较大的缺点。

VSS 没有采用对许可证进行收费的方式，对用户的数目没有限制。因此，使用 VSS 的费用是较低的。

由于 VSS 是微软公司的产品，所以可以得到稳定的技术支持。

3. CVS

CVS 是开放源代码软件世界的一个伟大杰作，由于其简单易用、功能强大、跨平台、支持并发版本控制，而且免费，它在全球中小型软件企业中得到了广泛使用。其最大的遗憾就是缺少相应的技术支持，许多问题的解决需要使用者寻找资料，甚至是读源代码。CVS 是一个典型的 Client/Server 端软件，有 UNIX 版本的 CVS、Linux 版本的 CVS 和 Windows 版本的 CVS。下载的软件包中已经包含了 Server 端和 Client 端，但是因为我们在工作中一般都是使用 Windows 操作系统，所以我们可以再下载一个 Windows 版本 CVS 的 Client 端软件 WinCVS。输入网址 http://www.cvshome.org，从网站中可以获取最新版本的 CVS。CVS 支持远程管理，项目组分布开发时可使用 CVS。

4. Star Team

Borland StarTeam 是一个用于管理配置和变更的集成环境。主要特性包括改善分散式开发团队的沟通及工作表现；提高对应用软件开发生命周期的观测力和控制力；利用现有的技术投资并提高投资回报(ROI)；定制满足机构要求的解决方案。StarTeam 和 Microsoft Source Code Control 接口(API)兼容，能够与支持该接口的众多工具平台进行无缝集成。StarTeam 还可以与特定开发工具进行集成，如 Microsoft、IBM 和 Borland 的主流开发工具，包括 Borland JBuilder、Borland Delphi、Borland C++ Builder。StarTeam 还可以与很多第三方软件集成，从而充分发挥开发机构用于开发、测试和需求等活动的现有投资价值。全部软件开发资产被妥善地保存在 StarTeam Server 中，有助于减少生命周期中不同环节之间的障碍，提高团队协同工作与信息共享的效率。

5. Firefly

Firefly 是 Hansky 公司软件开发管理套件中的重要组件，可以轻松管理、维护整个企业的软件资产，包括程序代码和相关文档。Firefly 是一个功能完善、运行速度极快的软件配置管理系统，可以支持不同的操作系统和多种集成开发环境，因此它能在整个企业的不同团队、不同项目中得以应用。Firefly 基于真正的客户机/服务器体系结构，不依赖于任何特殊的网络文件系统，可以平滑地运行在不同的局域网和广域网环境中。它的安装配置过程简单易用。Firefly 可以自动、安全地保存代码的每一次变化内容，避免代码被无意中覆盖、修改。项目管理人员使用 Firefly 可以有效地组织开发力量进行并行开发和管理项目中各阶段的各种资源，使得产品发布易于管理；并可以快速地回溯到任一历史版本。系统管理员使用 Firefly 的内置工具可以方便地进行存储库的备份和恢复，而不依赖于任何第三方工具。

12.3 CVS 的安装与配置

下面用于演示的 CVS 版本为 CVSNT-2.5.03.2260，CVS 服务器端使用的是 Windows 操作系统。不同版本之间的使用差别并不是很大，如果遇到问题，可以在 CVS 主页上查阅相关的帮助文档。

12.3.1 CVS 的安装

执行 CVS 安装程序后，显示如图 12-1 所示的欢迎页面，单击 `Next >` 按钮进入下一步。选择修改(Modify)，进入下一步，如图 12-2 所示。

在图 12-3 所示的窗口中，选择需要安装的组件(建议初学者不要进行改动)，按照安装程序提示逐步单击 `Next >` 按钮即可完成安装。

12.3.2 CVS Control Panel 的设置

CVS 安装完成后，首先需要进入 CVSNT Control Panel 进行一些简单的配置。

图 12-1 开始安装 CVS

1) About 页面提供了 CVS 产品的版本、来源以及服务状态等信息,如图 12-4 所示。

图 12-5 中的 Services 显示了 CVS Server 端正在运行的服务(主要包括两个服务)及其状态,CVSNT 为主服务,CVSNT Lock 为文件的并发控制服务。一般建议保持这两个服务为打开(默认)状态。

2) CVS 资源库的设置。如图 12-6 所示,CVS 资源库即软件资源的存放地,通俗地说就是放置开发的代码并对其进行控制管理的一个文件夹。我们通过 IDE 对代码进行编辑,最终都要提交到这个文件夹中。我们可以建立一个文件夹作为资源库(本例在 F:盘建立了一个文件夹),然后在该页 Add 此文件夹,其中 Name 栏中的内容(/CVS),是在 Eclipse 中查找该资源库时所使用的名字。单击 OK 按钮,CVS 会自动对该文件夹进行一些必要的初始化。这样,一个软件资源库就创建成功了。

3) Control Panel 中的其余页。对于一般开发,使用默认的设置即可,关于这些页的功能和各参数的意义,可以查阅相关文档,这里不再赘述。

12.3.3 CVS 访问权限的设置

建立好资源库之后,我们要能够对其进行访问才能利用它来协助开发工作。然而,并不是人人都有权连接到资源库。一般是开发小组的管理者给小组成员分配一些账户,而小组成员通过这些账户对 CVS 资源库进行访问,管理员对这些账户有更改和删除的权力。通过这样的方式,也保证了软件产品的安全性。

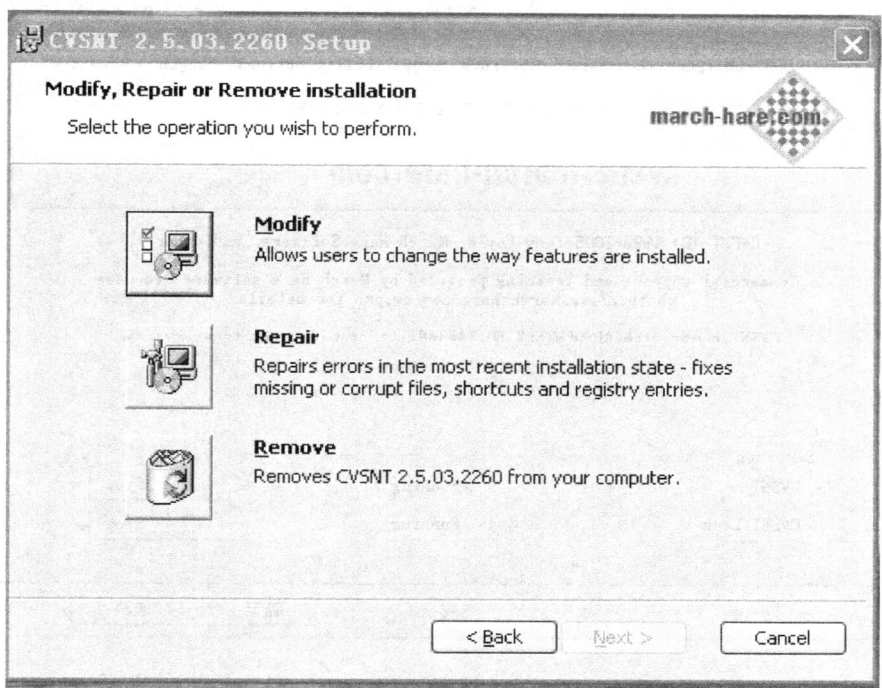

图 12-2　选择 Modify

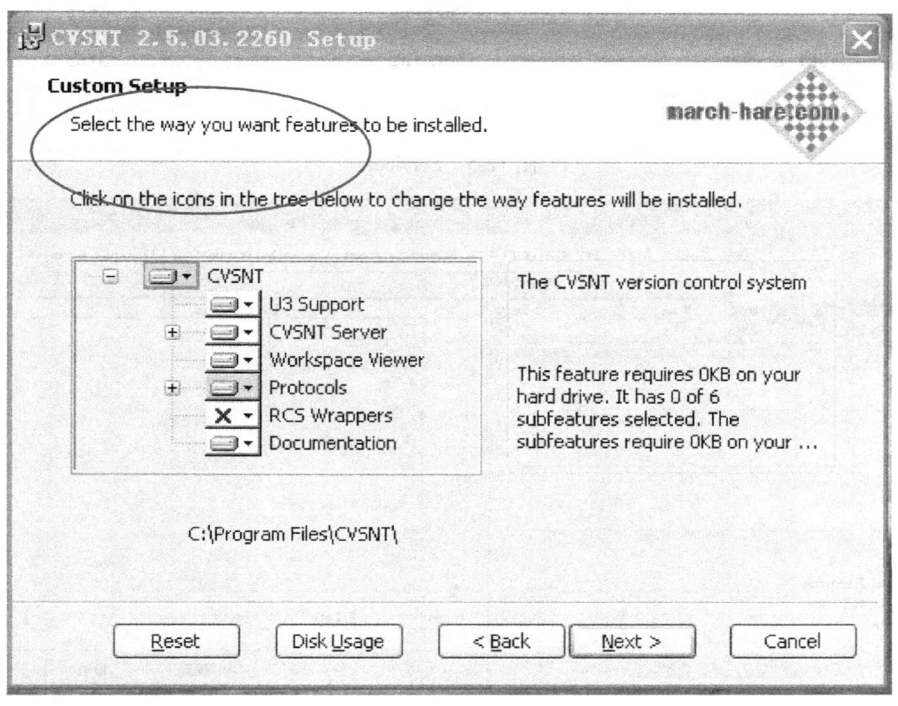

图 12-3　选择需要安装的组件

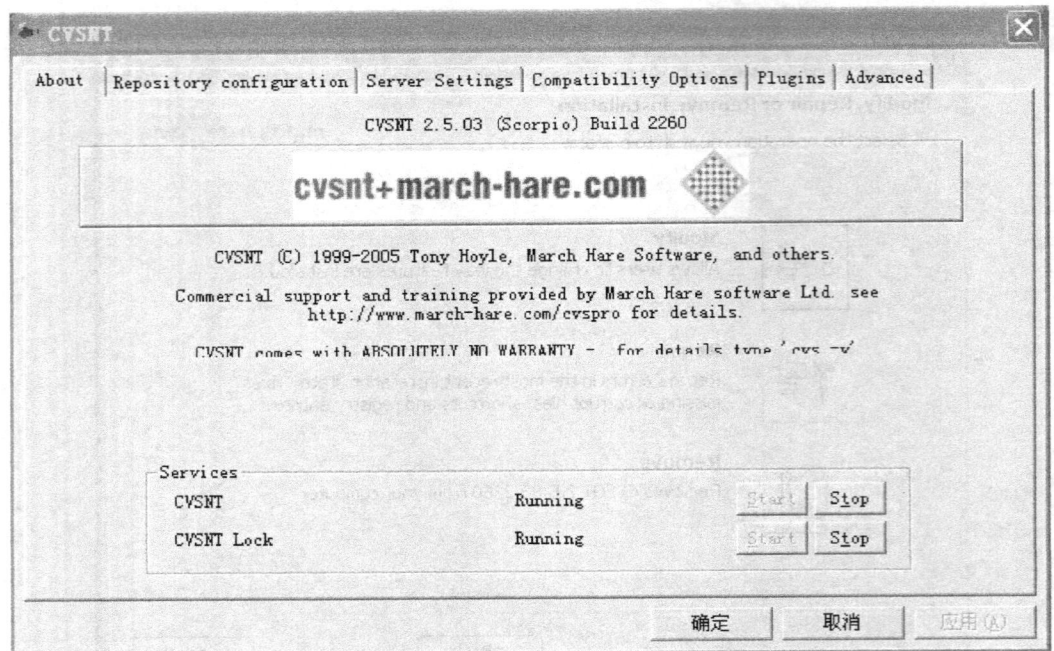

图 12-4　About 页面

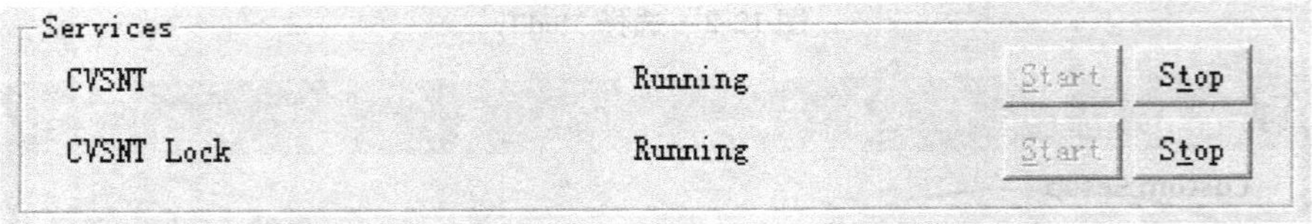

图 12-5　Services

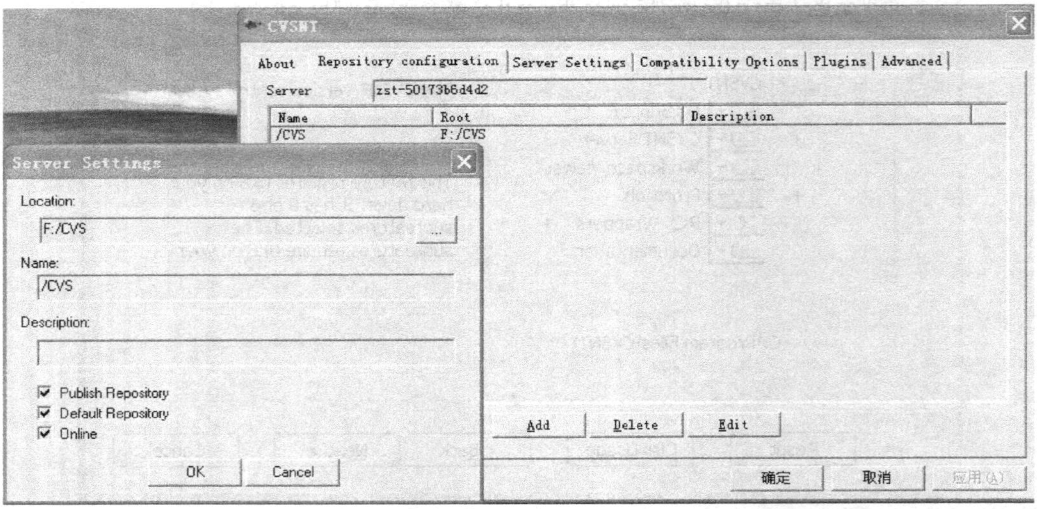

图 12-6　CVS 库设置

1. 管理员账户

简单地说，CVS 的账户权限实际上可以和操作系统的用户权限相提并论。一般来说，给机器安装 CVS 的 Windows 系统管理员，同样也拥有 CVS 管理员的权限。所以安装好 CVS 之后，实际上也就自然地出现了一个管理员账户，管理者可以直接使用该账户的用户名和密码登录到 CVS，对其进行管理维护。如果想要增加管理员，则只需要增加操作系统的管理员账户。

2. 一般用户账户

一般用户账户与操作系统的用户相对应。一般用户账户不应该拥有管理员账户那么多的权限，因为一旦用户发现自己所有的账户对 CVS 所在的系统有足够的权限，则可能会导致一些不可预计的行为。因此，我们不妨将操作系统中的来宾(Guest)账户组中的账户，分配给 CVS 的一般使用者。添加来宾账户的方法十分简单，如图 12-7 所示。选择"控制面板"→"管理工具"→"计算机管理"→"本地用户和组"→"组"，然后在其中添加账户即可。

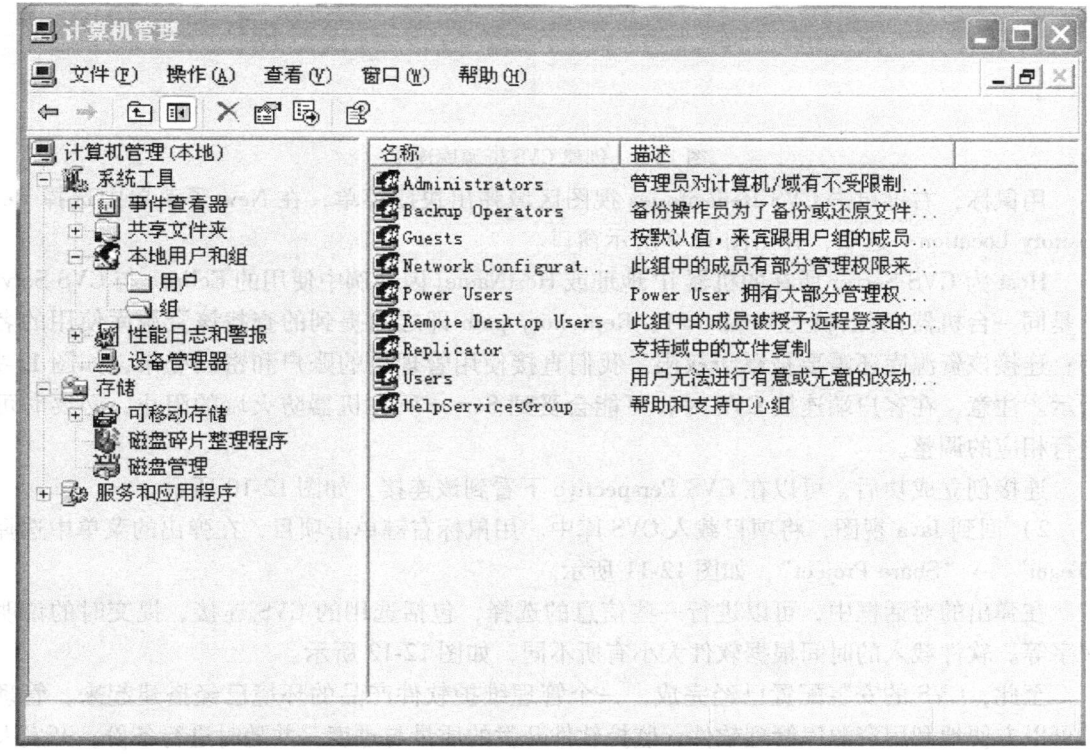

图 12-7　添加账户

12.3.4　将软件载入 CVS 资源库

在以上的准备工作都完成以后，就可以将我们的软件代码(在 Eclipse 中一般为一个或多个 project)载入其中。载入成功后，CVS 就开始对我们的代码起到管理维护作用了。具体操作步骤如下：

1）打开 Eclipse 的 CVS Perspective，创建一个新的 CVS 资源库连接，如图 12-8 所示。

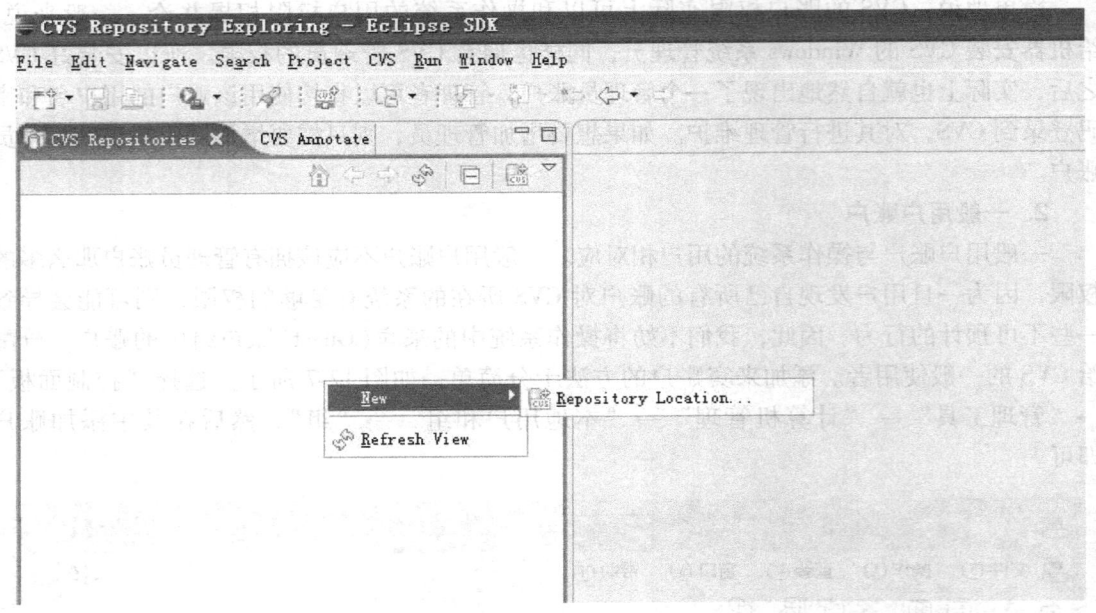

图 12-8　创建 CVS 资源库连接

用鼠标，右键单击 CVS Repositories 视图区域弹出快捷菜单，在 New 子菜单中选择 Repository Location…选项，弹出图 12-9 所示窗口。

Host 为 CVS Server 所在的机器 IP 地址或 HostName（因本例中使用的 Eclipse 与 CVS Server 是同一台机器，所以填上 localhost）；Repository path 即之前提到的查找该资源库使用的名字；连接该资源库还需要被赋予权限。我们直接使用管理员的账户和密码登录，如图 12-9 所示。注意，在客户端连接 CVS 时，可能会受到 Server 所在机器防火墙的阻止，必要时可进行相应的调整。

连接创立成功后，可以在 CVS Perspective 下看到该连接，如图 12-10 所示。

2）回到 Java 视图，将项目载入 CVS 库中。用鼠标右键单击项目，在弹出的菜单中选择"Team"→"Share Project"，如图 12-11 所示。

在弹出的对话框中，可以进行一些信息的选择，包括选用的 CVS 连接、提交时的说明文字等。软件载入的时间根据软件大小有所不同，如图 12-12 所示。

至此，CVS 的安装配置已经完成，一个管理维护软件产品的环境已经搭建起来，管理员可以方便地利用资源库管理软件，监控软件开发的质量与进度，并随时进行备份。开发人员也能放心地编辑代码，而不必过多地将注意力放在同步和并发的细节上。

12.3.5　CVS 的日常使用

在日常的使用中，CVS 的操作也是简单易学的。下面以一个全新的 IDE 环境为例进行介绍。

1. 提出（Check Out）

首先，我们要从 CVS 资源库中复制一个软件镜像到本机的 workspace 中，在复制过来的这一时刻，代码和 CVS 上的代码是一致的。然后，你可以在这份代码的基础上进行修改，

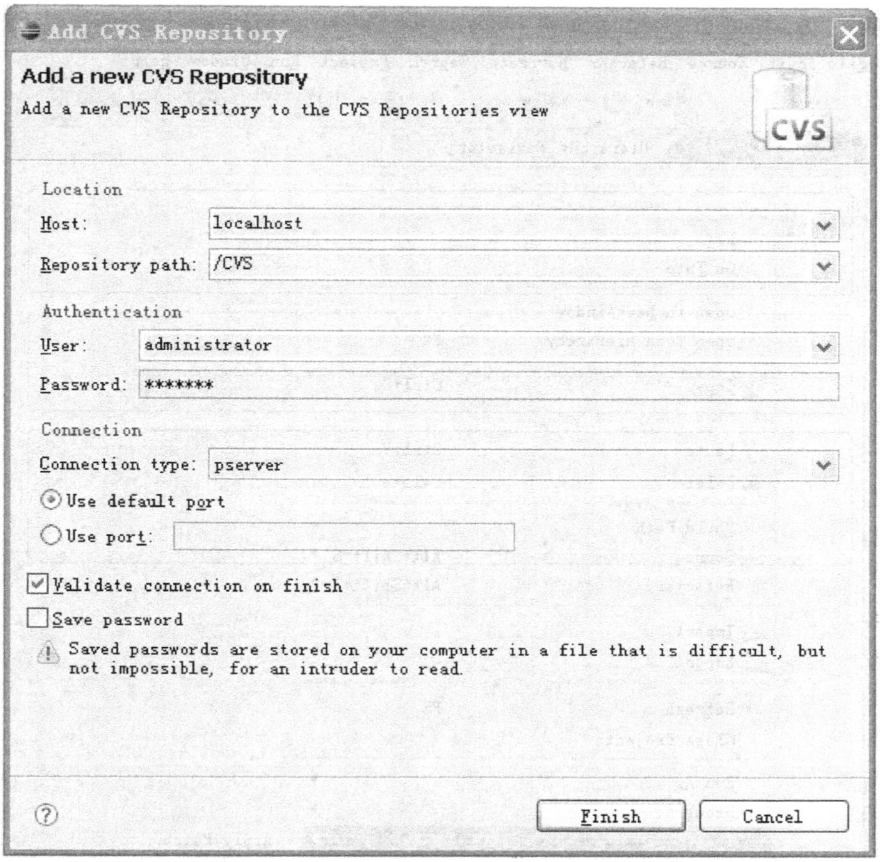

图 12-9　登录资源库

图 12-10　CVS Perspective 中的 CVS 连接

CVS 能分辨出两者之间的区别，当提交代码时，需要进行一些融合的工作。这项操作的术语称为 Check Out。

我们可以在创建一个新的项目时直接从 CVS 中导入，或者在 CVS 连接中选择想要 Check Out 的项目，将其 Check Out 到现有的项目中。图 12-13 显示的是前一种情况。

2. 代码同步（Synchronize）

经过一段时间的开发，本地的代码和 CVS 资源库的代码可能会产生差别，这种差别可能是本地代码与资源库代码之间存在增减或冲突等关系。此时，如果想要将本地代码与资源库代码保持一致，就需要选择"Team"→"Synchronize with Repository"，如图 12-14 所示。

同步时 Eclipse 会提示打开同步视图，在该视图下可以方便地观察两处代码的差异。一般同步工作完成后会出现三种状态：Incoming（蓝色向左的箭头）、Outgoing（黑色向右的箭

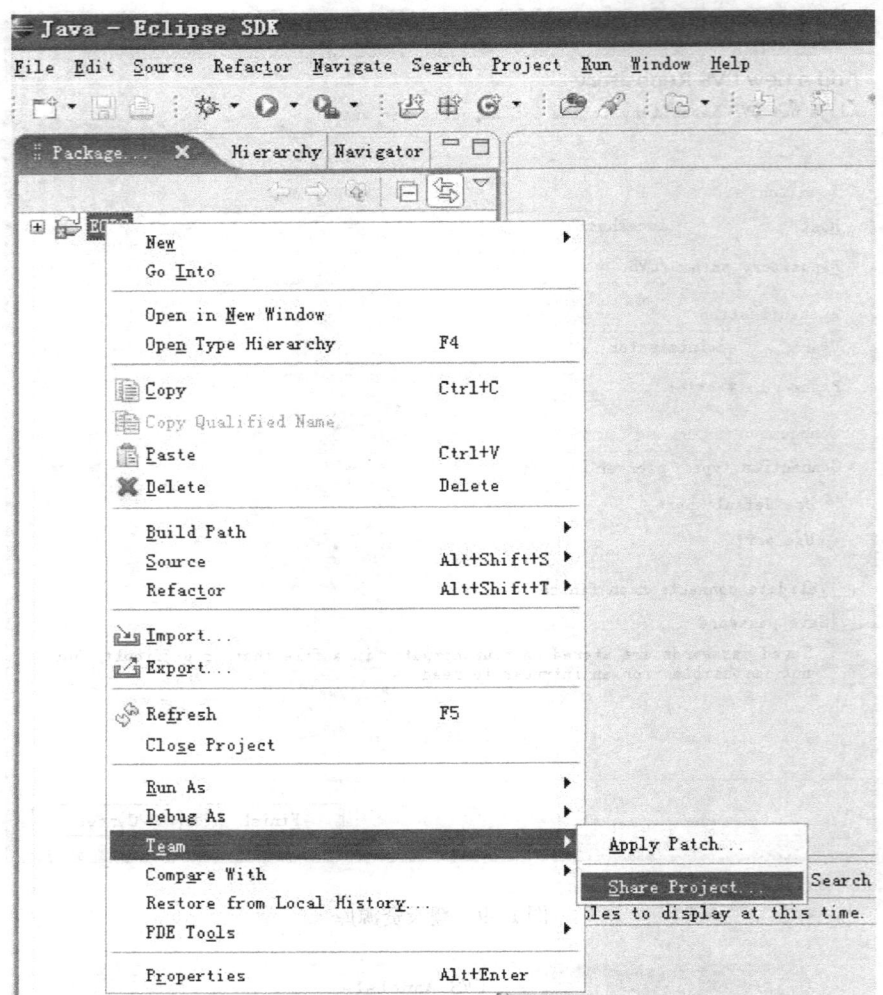

图 12-11　往 CVS 库装入项目

头），Conflict（红色双向箭头）。这三种状态都是针对一个文件而言的，依次代表 CVS 上的文件有更改而本地的文件没有；本地文件有更改而 CVS 上的文件没有；本地文件和 CVS 上的文件都有更改，这可能会造成代码冲突，开发人员对这类状态的文件要特别留意。对于这三种文件状态，我们该如何进行同步呢？在同步视图下，我们打开任何一个文件，Eclipse 会同时显示出本地与 CVS 资源库上的内容以方便对照，如图 12-15 所示。详细的说明如下。

（1）更新本地文件（Update）

对于 Incoming 的文件，CVS 资源库上的文件完全包含了本地文件的代码，并拥有新的代码。这可能是其他开发人员更新过 CVS 资源库，在确认代码正确后，我们可以用鼠标右键单击该文件，选择 Update，这样就将本地文件更新成与 CVS 一致的状态了。

（2）提交本地文件（Commit）

对于 Outgoing 的文件，本地文件包含了 CVS 上该文件的所有代码，并且有新的代码添加，开发人员确认以后可以用鼠标右键单击该文件，选择 Commit 命令，这样 CVS 上的文件

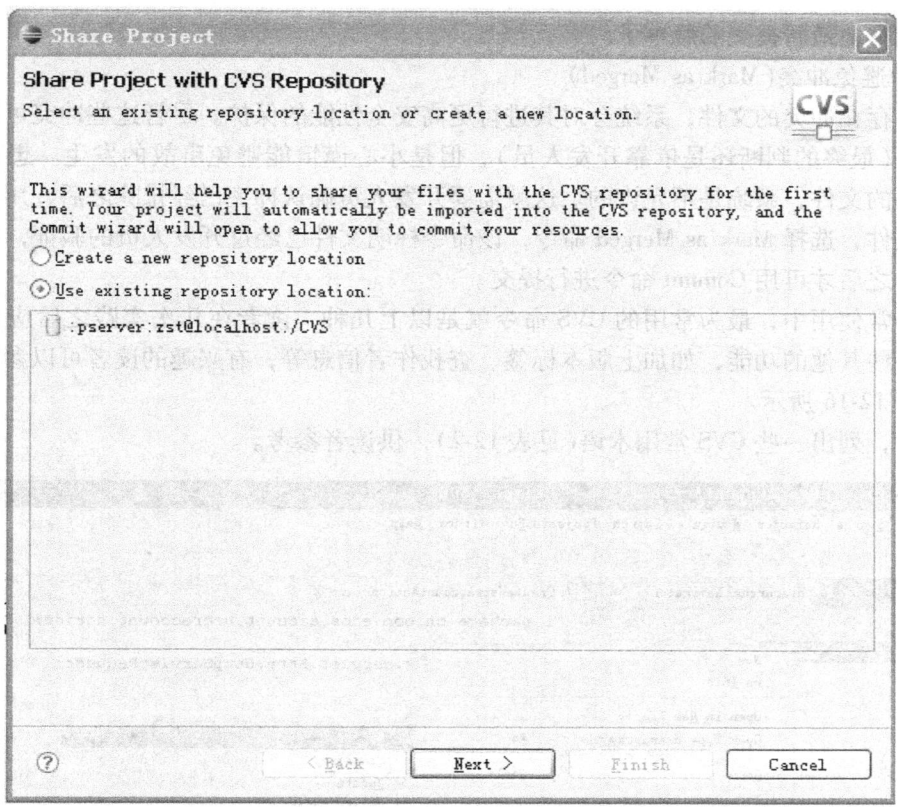

图 12-12　载入过程中的信息选择

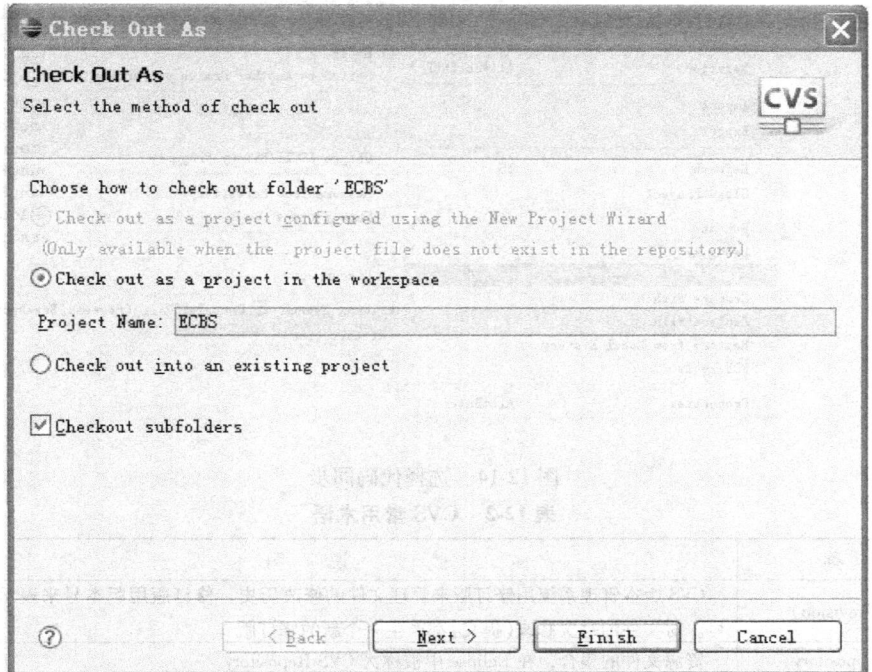

图 12-13　创建项目时直接从 CVS 导入

就更新成本地最新提交的版本了。

(3) 避免冲突(Mark as Merged)

如果存在冲突的文件,系统会对其进行更高安全性能的保护。尽管这些冲突可能实际上并不存在(最终的判断还是依靠开发人员),但是小心谨慎能避免事故的发生。想直接提供存在冲突的文件,系统是不允许的。这就需要开发人员确认冲突已经排除之后,用鼠标右键单击该文件,选择 Mark as Merged 命令,该命令标明文件已经过开发人员的验证,冲突已经被避免。之后才可用 Commit 命令进行提交。

在日常使用中,最为常用的 CVS 命令就是以上几种,读者在几次实践之后应当很容易掌握。一些其他的功能,如加上版本标签、查找作者信息等,有兴趣的读者可以参考相关文档,如图 12-16 所示。

最后,列出一些 CVS 常用术语(见表 12-2),供读者参考。

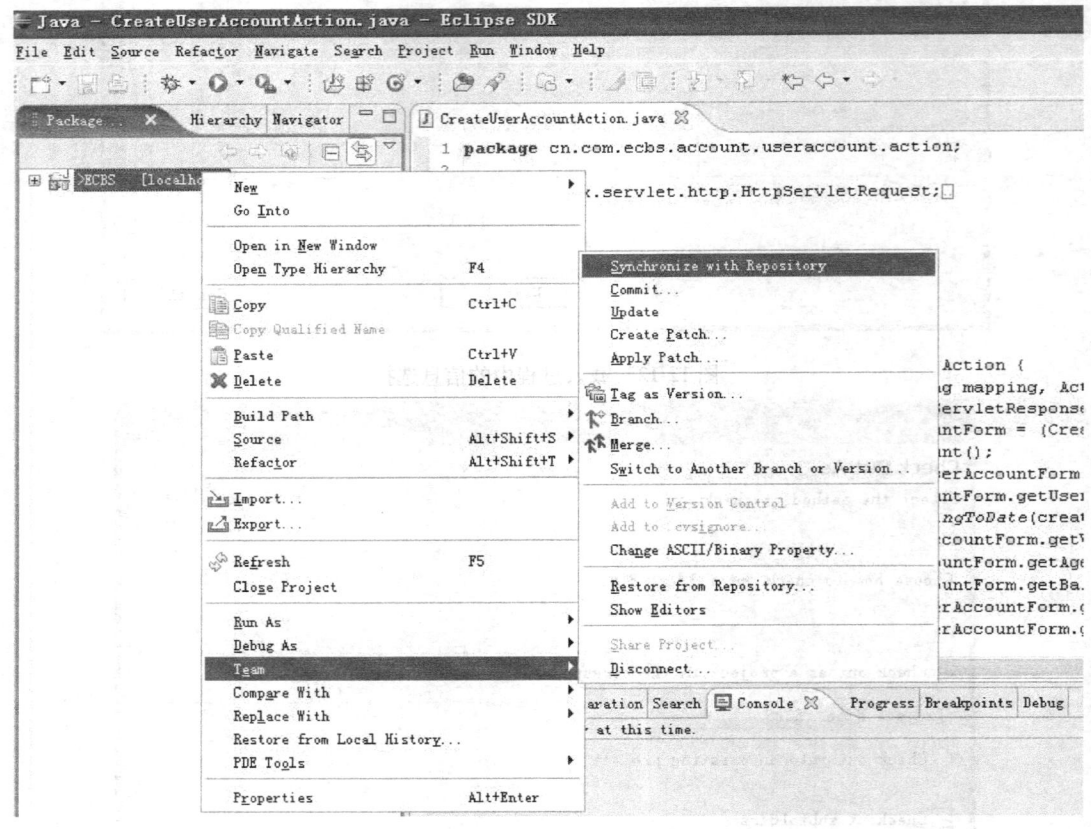

图 12-14　选择代码同步

表 12-2　CVS 常用术语

名　称	说　明
修订版(revision)	CVS 版本管理系统用修订版来管理文件的修改历史,修订版用版本号来表示,即修订版号。对文件的每次修改(提交)都产生一个新的修订版
资源库(repository)	资源文件的集合,在 Eclipse 中被称为 CVS Repository
模块(module)	资源文件的组织形式,在版本管理系统中的表现形式为目录(树形结构,可以嵌套)

（续）

名 称	说 明
输入（import）	将处于资源库之外的软件模块登录到资源库
输出（export）	从资源库中取出模块。使用 export 方式取出的模块复制不包含版本管理的相关信息，对该模块复制的修改也不能反映到资源库
工作备份（working copy）	用户对资源的修改不是直接在 Server 端进行的，而是根据资源库的内容创建一个本地的工作备份，用户在工作备份中工作，工作完成后再将修改的内容提交到资源库
签出（check out）	获得工作备份的操作
提交（commit）	将对工作备份的修改反映到资源库中的操作
更新（update）	将资源库中的最新状态反映到工作备份的操作
冲突（conflict）	在资源库与工作备份之间状态不一致的状态下进行签入或更新操作时，版本管理系统可能会尽量进行合并，如果版本管理系统不能完全处理上述不一致，就称之为产生了冲突
快照（snapshot）	在某一时刻，模块中文件状态（包括文件内容及其版本管理元信息）的静态影像
标签（tag）	标签与版本是同义词。对某个时刻的快照赋予一个标识名称，标识名称就被称为标签。将来通过标签就可以获得模块在该时刻的快照
分支（branch）	分支是一种特殊的标签。从分支中签出的资源是可以被修改的。引入分支是为了更好地支持项目的并行开发过程

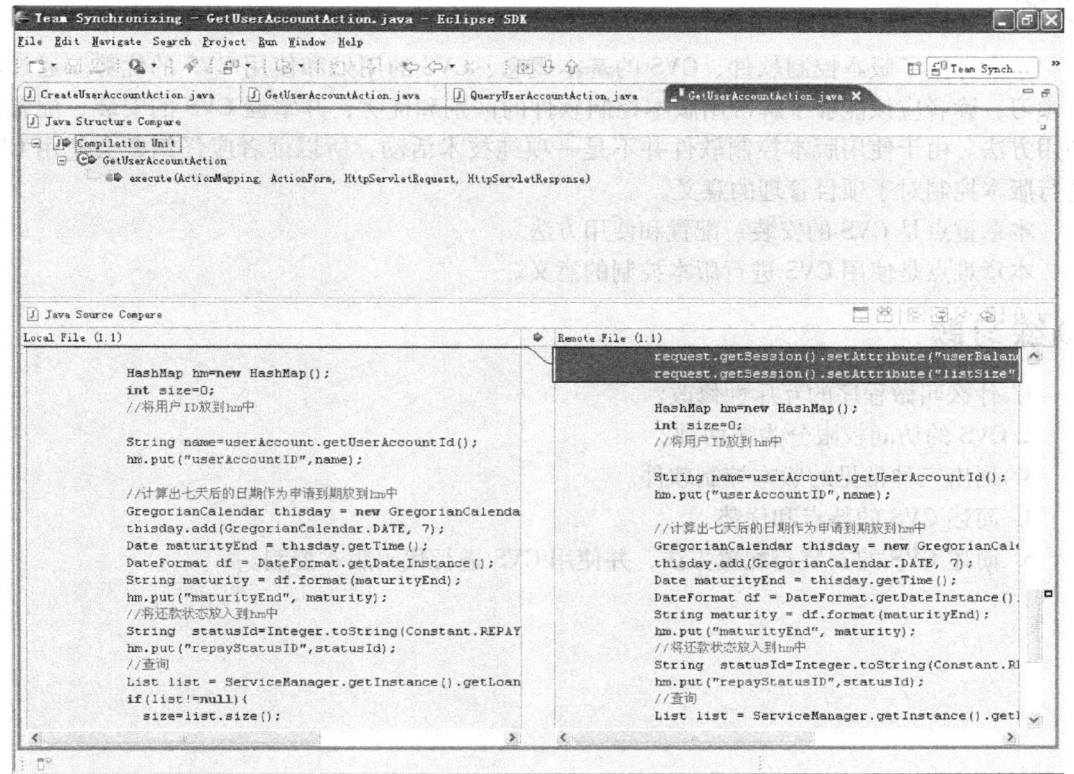

图 12-15　同步的代码

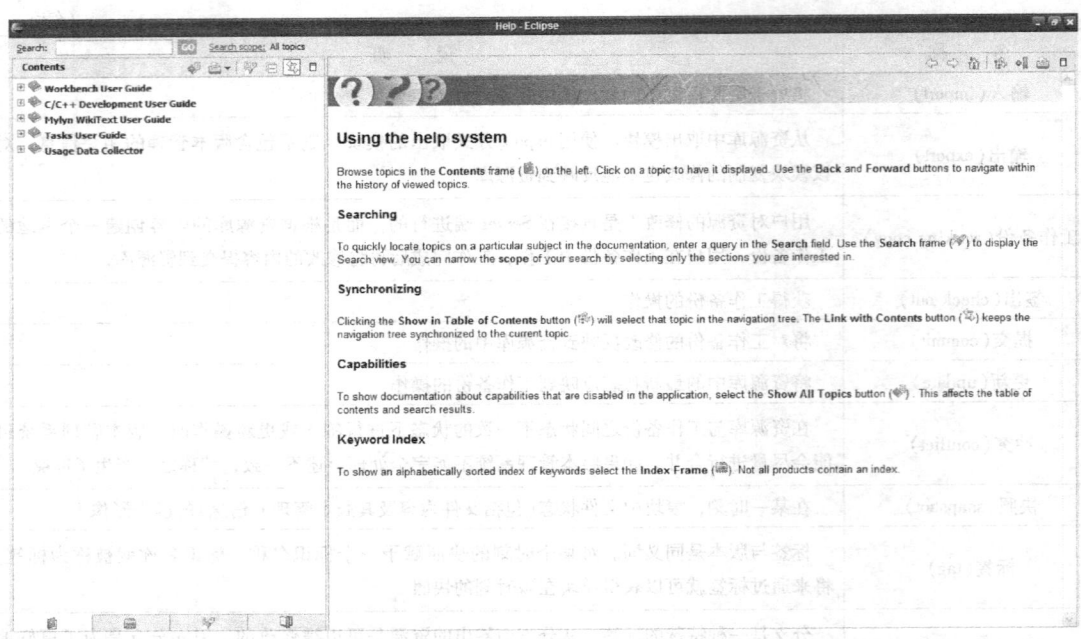

图 12-16　帮助文档

◎ 本章小结

本章介绍了版本控制软件、CVS 的基本概念、CVS 的用处和使用 CVS 的优势。通过本章学习，读者应该能够了解常用版本控制软件的区别和优劣，并掌握 CVS 的安装、配置和使用方法。由于使用版本控制软件并不是一项纯技术活动，所以读者应仔细领会使用 CVS 进行版本控制对于项目管理的意义。

本章重点是 CVS 的安装、配置和使用方法。

本章难点是使用 CVS 进行版本控制的意义。

◎ 练习题

1. 什么叫做程序的互斥性修改？
2. CVS 的访问权限分为哪两种？
3. 列出三种常见的版本控制软件。
4. 简述 CVS 的特点和优势。
5. 简述 CVS 的安装与配置方法，并使用 CVS 进行代码版本控制。

第 13 章　Eclipse 插件的使用与开发

◎ 内容提要

如果说 Eclipse 是一幅大拼图，那么插件（plug-in）就像是拼图中的每一小片，它是 Eclipse 的最小扩展单元。插件之间相互连接的边界称为扩展点（Extension Points），它为插件提供连接到另一个插件上的接口。每一个插件都是在现有的扩展点上开发，并且也可以定义自己的扩展点，以供其他插件连接。

本章由插件的定义和构成入手，介绍了使用 Eclipse PDE 的基本操作和进行插件开发的方法。另外，本章还介绍了几个常用的 Eclipse 插件。

13.1　插件简介

13.1.1　插件的定义

插件是一种遵循其所依附的软件的接口规范所编写出来的程序。插件实际上是对原有软件的扩展，替应用程序增加一些所需要的特定的功能。插件的功能多种多样，它们被用来满足用户的不同需求。除了运行时的内核外，Eclipse 都是由若干插件组成的。插件使得 Eclipse 平台可以无限制地扩展下去，让 Eclipse 的使用者拥有个性化的工作环境，给 Eclipse 平台带来较高的运行效率和较好的用户体验，可以说基于插件的体系结构是 Eclipse 最有魅力的地方。目前，各式各样的插件不断被开发出来，丰富着 Eclipse 平台。

13.1.2　插件的构成

每个插件都是由一个插件清单文件（plugin.xml）和一些可选文件组成。插件清单文件描述了插件的名字、版本号、使用的或者本身定义的扩展点等信息。

一个典型的插件文件夹中一般包括以下文件。

- plugin.xml

插件清单文件，主要有 plugin、runtime、requires 和 extension 四个标签。其中，plugin 标签的属性提供的是插件的基本信息，除了 name、version、provider-name 等，最重要的是 id，它要求不能和现有的 Eclipse 插件 id 有冲突。requires 标签中所列出的是需要的插件。runtime 标签指明的是该插件所在 JAR 包的文件名。extension 标签是插件扩展点的信息。

- plugin.properties

插件的一般信息，记录插件的属性设置，容纳被 plugin.xml 引用的字符串。

- about.html

记录证书信息。

- *.jar

插件需要的类文件。
- lib

容纳第三方 JAR 包。
- icons

容纳 icon 文件，通常是 GIF 格式。
- 其他需要的文件。

Eclipse 在首次启动时，会扫描并查找 plugins 目录下的已被定义的插件。如果发现某个插件有多个版本，只有一个(通常是高版本号)将被使用。在扫描过程中，Eclipse 建立一个称为 plug-in registry 的插件列表。在 Eclipse 启动时，仅加载必要的核心，而其他的功能插件在实际使用时才加载进来，这一惰性导入机制对于基于上百个插件的 Eclipse 系统是非常重要的，它节省了大量的导入和初始化插件的时间，这也就是基于插件的体系结构给 Eclipse 平台带来较高的运行效率的原因。在 Eclipse3.0 正式版中，新的平台内核支持插件的自动导出功能。

13.2 使用 PDE 进行插件开发

13.2.1 PDE 简介

随着插件功能的不断发展，插件清单文件(plugin.xml)可能会有上百行，开发者需要自己来协调不同插件的命名和属性设置等问题，所以插件开发环境(Plug-in Development Environment——PDE)就应运而生。PDE 新增了透视图来帮助开发者创建、开发、测试、调试和部署插件。除此以外，PDE 还包括开发片段、功能部件和更新站点的工具，协助开发者完成插件开发的全过程。

13.2.2 PDE 基本操作

下面介绍 PDE 的一些基本使用。在默认的资源透视图中，单击"窗口"→"打开透视图"→"其他"，出现"打开透视图"窗口，如图 13-1 所示。

从列表中选择"插件开发"，单击 确定 按钮打开 PDE 透视图。PDE 透视图主要包括清单编辑器和插件大纲两部分，如图 13-2 所示。

1. 清单编辑器

清单编辑器是一个多页编辑器，在这里我们可以很容易地对插件文件进行编辑。清单编辑器主要由六个页面组成。

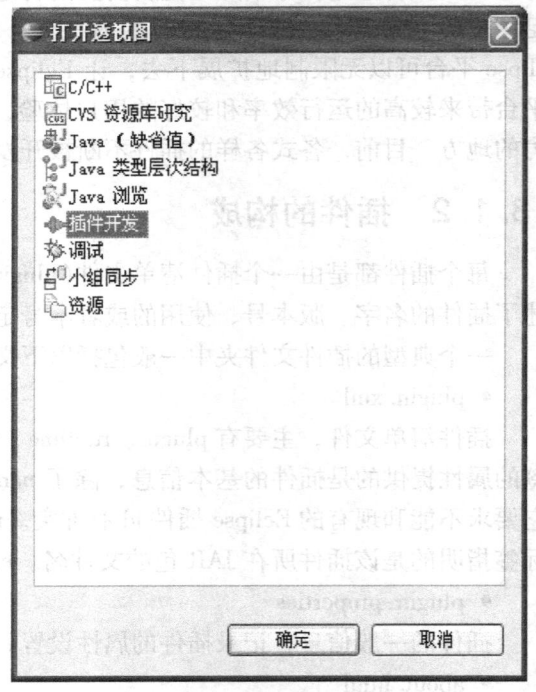

图 13-1 "打开透视图"窗口

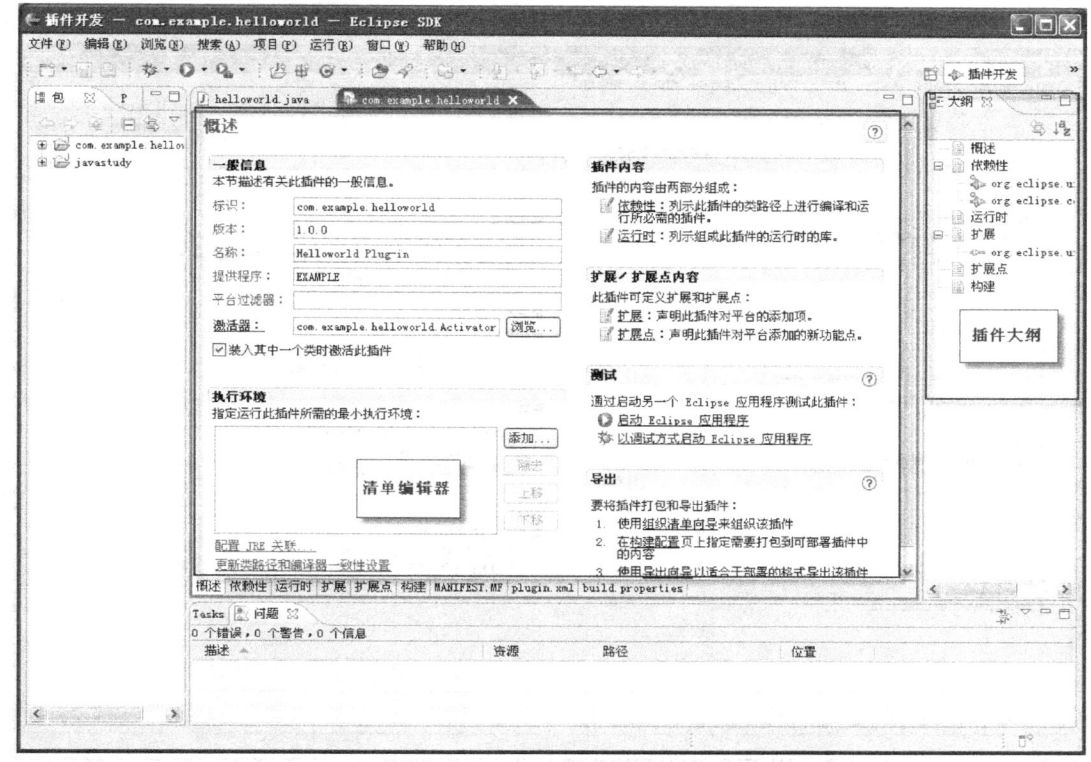

图 13-2 PDE 透视图

(1) 概述(Overview)页面

该页面(见图 13-3)有两个用途。

1) 此页面由"一般信息"和"执行环境"两个主要部分组成,它们定义了重要的插件属性。

2) 通过"插件内容"、"扩展/扩展点内容"、"测试"和"导出"部分,提供了有关如何开发、测试和部署插件的快速参考。这些部分提供了超链接,当单击这些超链接时,将转到其他各页面或调用命令。单击"测试"部分中的两个超链接,可以分别以运行模式和调试模式启动测试平台。在"导出"部分,可以通过 Manifests 文件组织向导来组织插件,可以跳转到配置页面确定需要将哪些内容部署到插件中,还可以通过调用导出向导来导出插件。

(2) 依赖性(Dependencies)页面

该页面指定了当前插件运行时所需的插件列表。PDE 的重要任务是要准确地反映运行时的类路径,以保证插件开发运行的准确性。一旦保存了清单文件,PDE 会自动更新项目的类路径,反映依赖性的变化。

1) "必需的插件"部分通过显式地列举其他插件来指定插件项目对那些插件的依赖情况,如图 13-4 所示。在运行时,如果缺少或无法解析任何插件依赖项,就无法解析或运行你的插件。

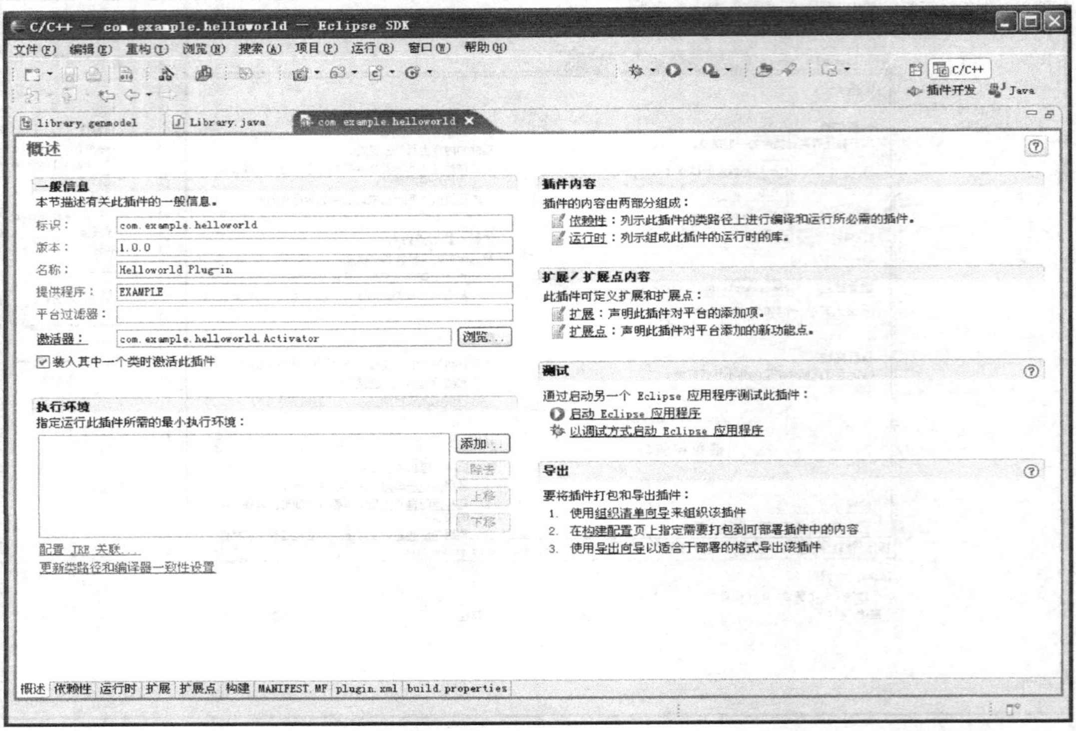

图 13-3 概述(Overview)页面

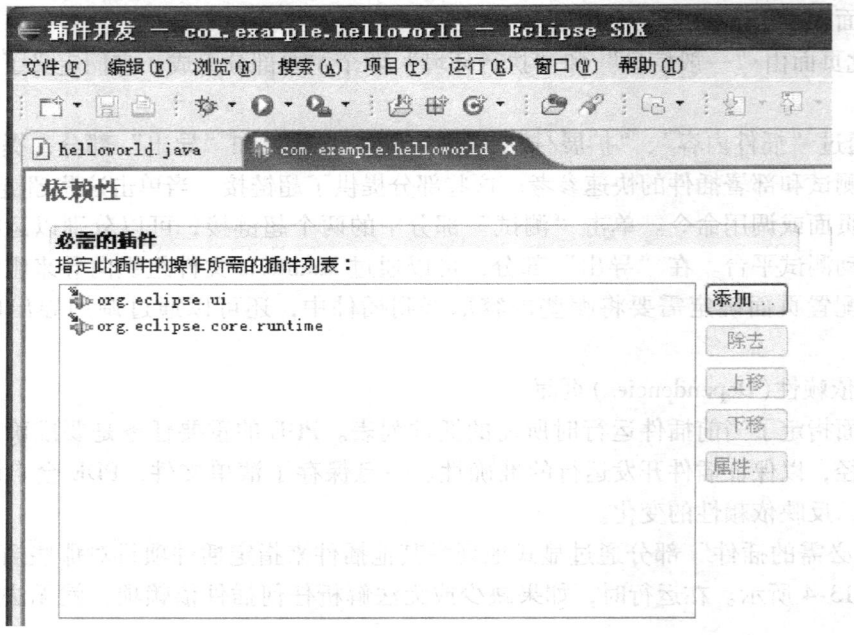

图 13-4 依赖性页面"必需的插件"部分

单击 添加... 按钮以浏览你的插件所依赖的所有插件的列表。列表中的插件顺序非常重要，此顺序指定了运行时的类装入顺序。因此，应使用"上移"和"下移"按钮来正确地组织此列表。

① 可以通过选择插件并单击"属性"按钮来对每个插件依赖项设置一些属性。

② 可以通过选中"可选"选项来使插件依赖项成为可选的。当此选项处于启用状态时，它向 Eclipse 指出，即使缺少或无法解析可选插件依赖项，也应该运行你的插件。

③ 可以选择"重新导出此依赖项"选项以重新导出依赖项，以使它自动地对任何需要它的下游插件可视。注意，仅当插件公布了给定插件依赖项中的一个或多个 API 时，才应该重新导出该依赖项。

④ 还可以指定插件依赖项的"最低版本"和"最高版本"。

2)"已导入的包"在 Eclipse 运行时使你能够灵活地指定依赖于一个包，而不必明确地标识它来源于哪个插件。这些包将列举在"已导入的包"部分中。

图 13-5 是依赖性页面"已导入的包"部分。

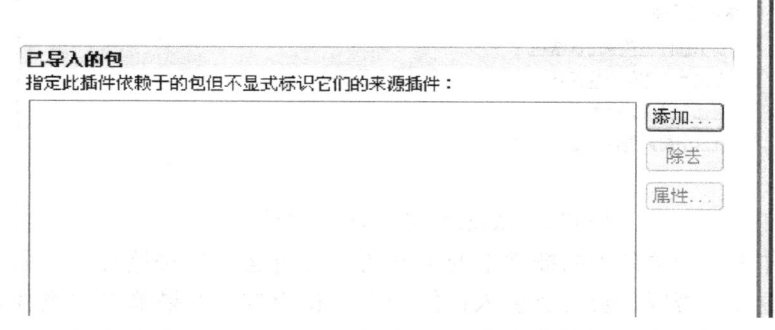

图 13-5 依赖性页面"已导入的包"部分

单击 添加... 按钮以浏览插件可导入的包的列表。PDE 将过滤掉由已存在于插件类路径中的插件添加的包。

① 可以对每个包依赖项设置一些属性。

② 可以通过选中"可选"选项来使包依赖项成为可选的。当此选项处于启用状态时，它在运行时指出，即使缺少包依赖项，也应该运行你的插件。

③ 可以指定所需包的"最低版本"和"最高版本"。

3)"自动管理依赖性"部分提供灵活的新工作流程，如图 13-6 所示。此工作流程允许首先进行插件编码，然后让 PDE 分析代码并自动生成插件依赖项列表。

单击 添加... 按钮，可以将插件添加到列表中。因此，此操作将相应地扩充开发构建路径和内容辅助范围。

虽然不会立即将这些依赖项添加到 MANIFEST.MF 文件中，但可以立即开始进行编码，就像它们已在该文件中一样。随时可以通过单击"添加依赖项"超链接来让 PDE 分析代码并通过 Require-Bundle 或 Import-Package 在 MANIFEST.MF 文件中生成正确的依赖项列表。

4)"依赖项分析"部分提供了几项有用的功能，它们帮助检查和优化插件依赖项以提高插件的运行效率，如图 13-7 所示。

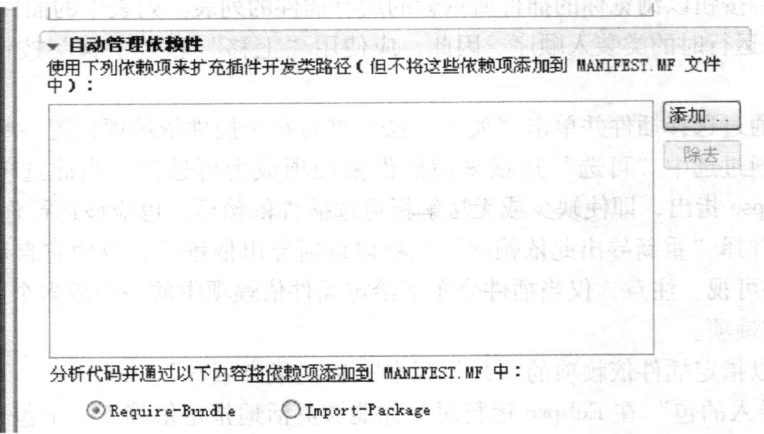

图 13-6 依赖性页面"自动管理依赖性"部分

图 13-7 依赖性页面"依赖项分析"部分

由于所有作为依赖项列出的插件中的 JAR 都在插件运行时类路径中,所以列出非必需的依赖项十分重要。否则,会对类装入性能产生不良影响。如果单击"查找未使用的依赖项"超链接,PDE 就会在必需的插件和已导入的包列表中查找未使用的和冗余的条目,并允许除去它们。

(3) 运行时(Runtime)页面

该页面显示插件提供给其他插件使用的所有包,以及插件运行时类路径中的库和文件夹。

1)"已导出的包"部分列出插件要向下游客户机公布的所有包。

图 13-8 是运行时页面"已导出的包"和"包可视性"部分。

单击 属性... 按钮,可以对每个导出的包设置"版本"。

单击 添加... 按钮,可以查看可以导出但未包含在列表中的包列表。

可以在"包可视性"部分中控制每个包对下游客户机的可视性。

2)"类路径"部分列出运行时在装入此插件中的类时要搜索的所有位置,如图 13-9 所示。

单击 新建... 按钮,可以添加尚未构建的库的名称。

单击 添加... 按钮,可以浏览当前插件项目,以及将现有的 JAR 或文件夹添加到类路径中。

表条目的顺序指定了类装入顺序。因此,应使用"上移"和"下移"按钮来适当地组织类路径。

(4) 扩展(Extensions)页面

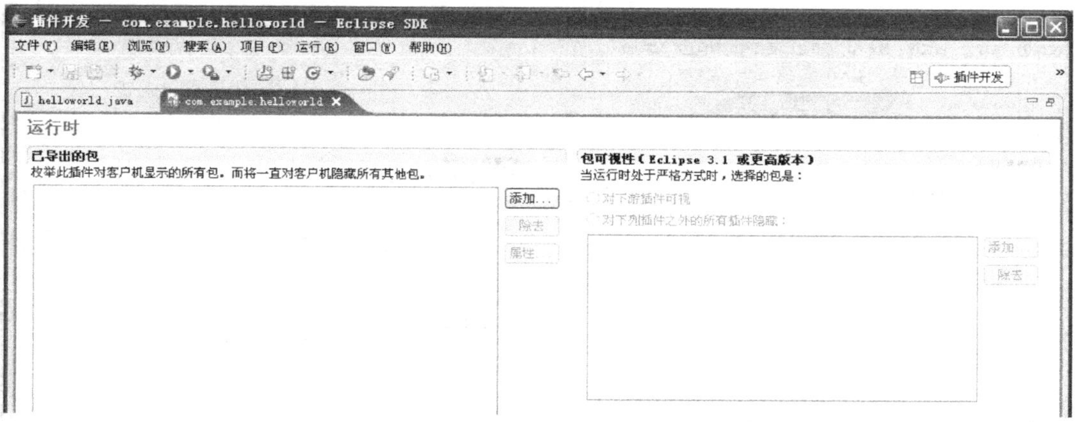

图 13-8 运行时页面"已导出的包"和"包可视性"部分

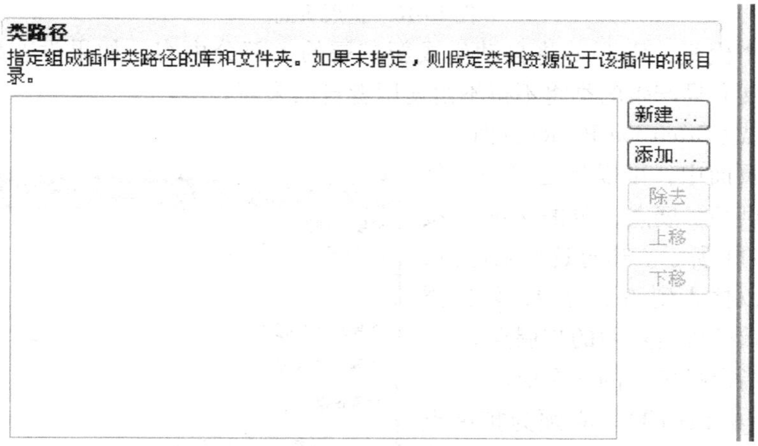

图 13-9 运行时页面"类路径"部分

该页面从总体上显示了当前插件可用的扩展点，如图 13-10 所示。扩展是用于向平台添加行为的中央机制，可以添加、除去和修改插件向平台添加的扩展。

在"所有扩展"部分中，单击 添加... 按钮，可以查看所有可扩展的可用扩展点。每个扩展点都带有用于指定语法的 XML 模式。当选择新扩展时，PDE 将抽取相应扩展点的语法，并使用可创建的有效子元素列表来填充"所有扩展"查看器中选择的每个元素的上下文菜单。而且，对于扩展主体中的每个所选元素，PDE 将使用该元素的所有有效属性来填充"扩展详细信息"部分。必需属性标有星号。

如果让光标悬停在属性名上，就会出现工具提示框，该提示框显示了该属性的描述。

如果属性需要 Java 类名作为值(如上面的 class 属性)，则单击该属性的名称时将打开指定的 Java 文件(如果该文件存在)。如果该文件不存在，则单击 class 链接时将打开 JDT 的"新建类"向导，以便快速创建新的 Java 类。

如果想为插件添加某项功能，可以为该扩展点定义另外的扩展模板。如果选择了这样一个扩展点，那么该模板将出现在可用模板部分(ExtensionWizards 页面上这些模版的大纲)。

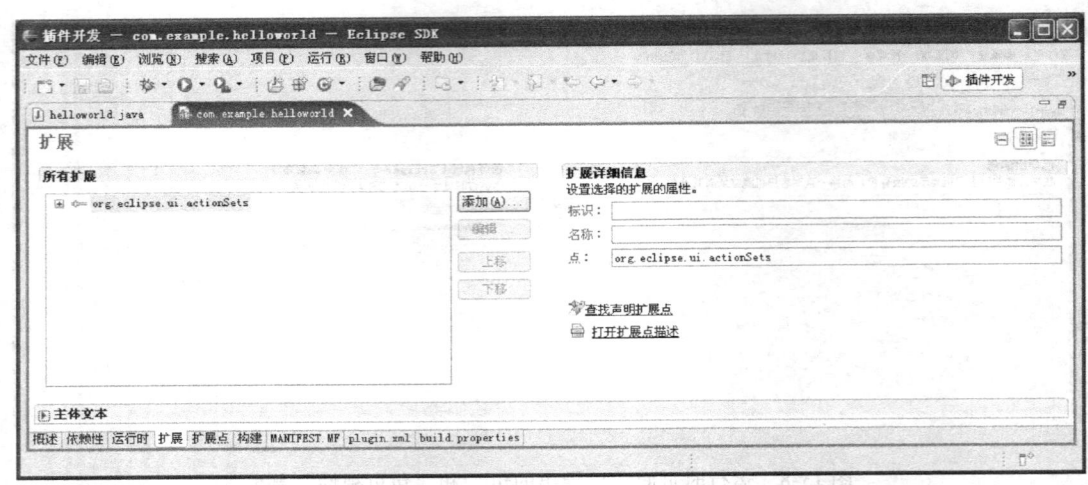

图 13-10 扩展页面

若从中选择一个模板,Eclipse 将自动生成新扩展的大部分内容。如果没有模板可供选择,绝大部分由扩展向导产生的类将不得不由使用者自己来写。

(5) 扩展点(Extension Point)页面

在扩展点页面中,可以指定当前插件为其他插件提供的扩展点,单击 添加(A)... 按钮后,如图 13-11 所示。通过这些功能点,其他插件就可以插入到该平台中,可以添加、除去和编辑插件所声明的扩展点。

我们需要指定扩展点的三个值。

1) 扩展点标识(ID)。必须为扩展点指定一个 ID,并保证此 ID 是唯一的。其他插件在引用某个扩展点时,可以使用该 ID 来引用此扩展点。例如,如果指定了插件 vEdit 中的扩展点 vFilter,那么其他插件就可以通过 vEdit.vFilter 的 ID 来引用该扩展点。

一些大的插件可能会定义几百甚至几千个扩展点,此时我们设定的 ID 长度不应过长。短的 ID 可以获得较快的处理速度,同时只需要较少的资源。

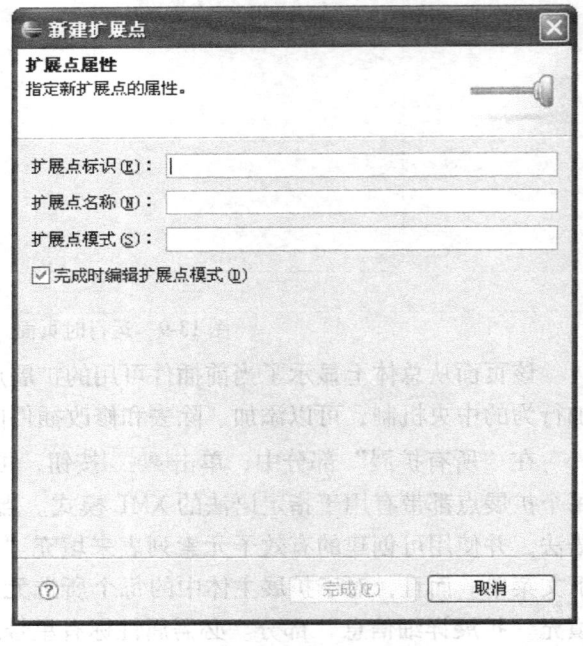

图 13-11 扩展点页面

2) 扩展点名称。扩展点名称用于展示该扩展点的作用,如我们可以将某扩展点名称设为 Video Effect Filter。

3) 扩展点模式。最后,需要为每个已定义的扩展点设定模式。该模式可作为扩展点使用者的向导。此外,在配置插件时,它可以提示输入所需要的参数。我们可以指定一个现有的模式,也可以输入一个新模式的名称。对于前面这个例子,Eclipse 将自动建议采用模式

schema/vFilter.exsd。

(6) 构建(Build)页面

该页面包含构建、打包和导出插件时所需的所有信息,如图 13-12 所示。虽然它在插件清单编辑器中显示为一页,但是 PDE 会将对其所作的更改写入插件的 build.properties 文件。build.properties 文件仅用于指导完成构建过程。

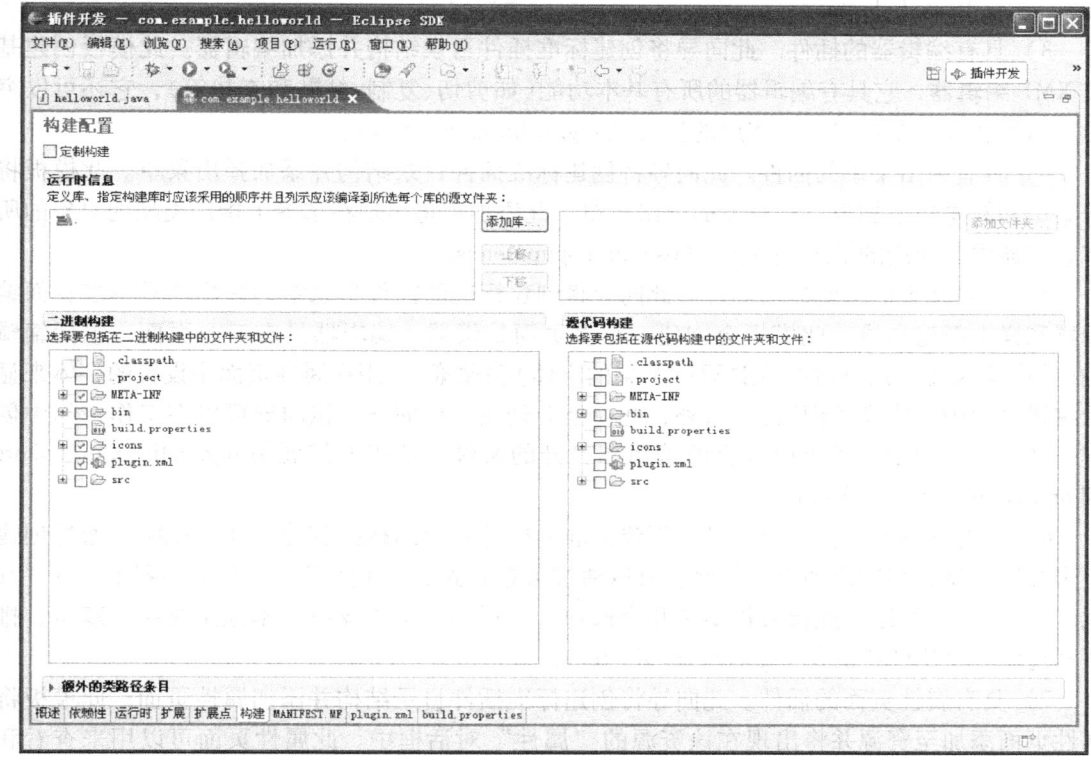

图 13-12 构建页面

1)"运行时信息"部分列出所有要构建的库。对于每个库,必须列出将编译到库中的源代码文件夹。如果插件声明了多个库,则应使用"上移"和"下移"按钮正确地将它们排序。这将确保按正确的顺序编译它们。

2)"二进制构建"部分用于选择在打包的插件中要包括的所有文件和文件夹。

3)"源代码构建"部分具有专门的用途,它并不常用,一般用户不需要使用此部分。仅当需要在独立的插件和功能部件中交付源代码,而不是在二进制插件中交付源代码时,才需要使用此部分。

4)额外的类路径条目。如果在要编译的源代码的构建路径中需要额外的库,则可在"额外的类路径条目"部分中添加这些必需的 JAR。

注意,应该使用此部分来添加插件运行时类路径中非必需的库。

2. 插件模版

PDE 为平台的常用扩展点提供了复杂性和功能均有所不同的模板。每个模板都可以生成功能全面的插件。PDE 提供以下几类插件模板。

1) Hello, world 模板。此向导将创建标准的插件目录结构并创建一个简单的操作集，它将样本菜单添加至菜单栏并将一个按钮添加至工具栏。新菜单中的菜单项和按钮都会调用同一个样本操作，其作用是打开一个具有你选择的消息的简单消息对话框。使用的扩展是 org.eclipse.ui.actionSets。

2) 带有样本帮助内容的插件。此向导创建带有样本独立或集成目录的插件。使用的扩展是 org.eclipse.help.toc。

3) 具有编辑器的插件。此向导将创建标准插件目录结构并添加编辑器。此模板创建基本 XML 编辑器，它具有编辑器的所有基本功能（如剪切、复制、粘贴和查找等），它还可以突出显示语法并且支持双击。使用的扩展是 org.eclipse.ui.editors。

4) 具有弹出菜单的插件。此向导将创建标准插件目录结构并添加弹出菜单。此模板将子菜单和新操作添加至目标对象的弹出菜单，此添加项将出现在选择了指定类型的对象的所有查看器中。使用的扩展是 org.eclipse.ui.popupMenus。

5) 具有多页面编辑器的插件。此向导将创建标准的插件目录结构并添加样本多页面编辑器和样本新建向导。此模板会创建一个多页面编辑器，编辑器具有三个页面，包括编辑（在其中输入文本）、属性（允许更改结果的字体）和预览（使用在属性页面中设置的字体来显示编辑页面中已排序的词语）。另外，此模板会创建一个向导，该向导可以在工作空间中创建新文件。它用于生成可由多页面编辑器打开的文件。使用的扩展是 org.eclipse.ui.editors 和 org.eclipse.ui.newWizards。

6) 具有视图的插件。此向导将创建标准的插件目录结构并创建工作台视图。通过创建一个类别来将此视图添加至工作台。可以通过菜单栏选择"窗口"→"显示视图"→"其他…"来打开视图。此模板提供了几个选项，包括弹出菜单支持、本地工具栏、双击、排序和过滤。使用的扩展是 org.eclipse.ui.views。

7) 具有属性页面的插件。此向导将创建标准插件目录结构并添加属性页面。此模板将属性页面添加至资源并将出现在该资源的"属性"对话框中。此属性页面可以用来查看和设置资源特定于应用程序的属性。使用的扩展是 org.eclipse.ui.propertyPages。

8) 具有增量项目构建器的插件。此向导将创建标准的插件目录结构并添加样本增量项目构建器、样本项目性质、样本问题标记和样本弹出菜单操作。样本构建器检查项目中的 XML 文件并将问题标记添加至格式不好的文件。样本项目性质拥有构建器，构建器针对样本性质的项目运行。构建器使用样本问题标记子类型来标记错误。项目上下文菜单中的操作允许对工作空间项目添加或除去样本性质。使用的扩展是 org.eclipse.core.resources.builders、org.eclipse.core.resources.markers、org.eclipse.core.resources.natures 和 org.eclipse.ui.popupMenus。

13.3 常用插件扩展点

在 Eclipse 中，常用的扩展点很多，本节选取 Eclipse 用户界面的三个基本构成元素：视图、编辑器和透视图的扩展点进行介绍。

13.3.1 视图扩展点

视图支持编辑器并提供浏览工作台中信息的方法。当用户选择工作台中的不同对象时，就有相应的视图来显示所选择的内容。在 Eclipse 中，同一时间只能显示一个编辑器，但是可以显示多个视图，这是视图和编辑器最显著的区别。

org.eclipse.ui.views 扩展点用于为工作台定义更多视图。视图是工作台页面内的可视组件。通常用于浏览信息的层次结构（如工作空间）、打开编辑器或显示活动编辑器的属性。用户可以选择"窗口"→"显示视图"菜单显示视图，也可以从视图局部标题栏中关闭视图。

为了减少"显示视图"对话框中的视觉混乱，所以使用类别将视图分组。

下面是扩展点在 plugin.xml 文件中定义的一个简单例子。代码如下。

```
<extension point = " org.eclipse.ui.views" >
    <category
        id = " com.xyz.views.XYZviews"
        name = " XYZ" />
    <view
        id = " com.xyz.views.XYZView"
        name = " XYZ View"
        category = " com.xyz.views.XYZviews"
        class = " com.xyz.views.XYZView"
        icon = " icons/XYZ.gif" />
</extension>
```

org.eclipse.ui.views 扩展点用于为工作台定义更多的视图。

< extension point = " org.eclipse.ui.views" > 中 point 是目标扩展点的标准标识；还可以增加 id 来标识扩展实例的可选标识；使用 name 来标识扩展实例的可选名称。

< category id = " com.xyz.views.XYZviews" name = " XYZ" /> 中 id 用于标识此类别的唯一名称；name 用于在 UI 中表示此类别的可翻译名称。

还可以用 parentCategory 创建类别层次结构，包含到其父类的完整路径。路径中的类别通过"/"来分隔。

```
<view
    id = " com.xyz.views.XYZView"
    name = " XYZ View"
    category = " com.xyz.views.XYZviews"
    class = " com.xyz.views.XYZView"
    icon = " icons/XYZ.gif" />
```

其中，
- id 用于标识此视图的唯一名称；
- name 用于在 UI 中表示此视图的可翻译名称；
- category 由以"/"分隔的类别标识组成的可选属性。引用的每个类别都必须在相应的 category 元素中声明；
- class 实现 org. eclipse. ui. IViewPart 的类的标准名称。常用的做法是成为 org. eclipse. ui. part. ViewPart 的子类以继承默认功能；
- icon 与视图相关联的图标的相对名称。

还可以增加 <! ELEMENT description (#PCDATA) > 这个可选的子元素为视图提供简短描述的文本，增加 <! ELEMENT stickyView EMPTY > 来标识粘滞视图等，这里就不再详述了，如有需要可以参考 Eclipse 帮助文档。

Eclipse 平台提供了许多标准视图，包括"导航器"、"属性"、"大纲"和"任务"视图。从用户的角度看，这些视图与插件所提供的任何其他视图没有什么差别。可以从"窗口"菜单的"显示视图"子菜单中显示所有视图。视图的位置是持久保存的，当关闭视图时会保存该位置，而在单个会话中重新打开视图时就会恢复它。该位置在各工作台会话之间也是不变的。

13.3.2 编辑器扩展点

编辑器也是工作台一个重要的组成部分，编辑器扩展点也是用户在开发中最常用的扩展点之一。通过扩展 org. eclipse. ui. editors 来将新编辑器添加至工作台。编辑器是工作台页面内的可视组件。它通常用于编辑或浏览文档或输入对象。要打开编辑器，用户通常将对 IFile 调用"打开"命令。当执行此操作时，PDE 将查阅工作台注册表以便为文件类型确定适当的编辑器，然后创建编辑器类型的新实例。实际结果取决于编辑器的类型。工作台能够创建内部编辑器(它已紧密集成到工作台中)和外部编辑器(它是在单独的框架窗口中启动的)。这些编辑器之间还具有各种级别的集成。

工作台窗口与编辑器部件之间可以实现紧密集成。工作台菜单和工具栏预装入了许多公共操作(如剪切、复制和粘贴)。活动的部件(视图或编辑器)应会提供这些操作的实现。内部编辑器还可定义出现在工作台窗口中的新操作。仅当编辑器活动时，这些操作才会出现。

工作台与外部编辑器之间的集成则更为松散。在这种情况下，工作台可以启动编辑器，但以后，除了通过文件系统之外，它再没有任何办法确定外部编辑器的状态或与它合作。

以下是内部编辑器扩展定义的一个示例。

```
<extension point = " org. eclipse. ui. editors" >
    <editor
        id = " com. xyz. XMLEditor"
        name = " Fancy XYZ XML editor"
        icon = " ./icons/XMLEditor. gif"
        extensions = " xml"
        class = " com. xyz. XMLEditor"
        contributorClass = " com. xyz. XMLEditorContributor"
        symbolicFontName = " org. eclipse. jface. textfont"
        default = " false" >
    </editor>
</extension>
```

<extension point = " org. eclipse. ui. editors" >中 point 是目标扩展点的标准标识；还可以增加 id 来标识扩展实例的可选标识；使用 name 来标识扩展实例的可选名称。
　　<editor
　　　　　　id = " com. xyz. XMLEditor"
　　　　　　name = " Fancy XYZ XML editor"
　　　　　　icon = " ./icons/XMLEditor. gif"
　　　　　　extensions = " xml"
　　　　　　class = " com. xyz. XMLEditor"
　　　　　　contributorClass = " com. xyz. XMLEditorContributor"
　　　　　　symbolicFontName = " org. eclipse. jface. textfont"
　　　　　default = " false" >
　　</editor>
其中，
- id 用于标识此编辑器的唯一名称；
- name 用于在 UI 中表示此编辑器的可翻译名称；
- icon 用于与指定扩展匹配的所有资源的图标的相对名称。如果指定了命令而不是类，则不需要图标。在这种情况下，工作台将使用操作系统提供的图标。
- extensions 包含编辑器理解的文件类型列表的可选字段。这是一个包含用逗号分隔的文件扩展名的字符串。例如，理解超文本文档的编辑器可能会对"htm，html"注册。
- class 实现 org. eclipse. ui. IEditorPart 的类的名称。class、command 和 launcher 属性是互斥的。如果定义了此属性，则还应定义 contributorClass。
- command 要运行以启动外部编辑器的命令。可执行命令必须位于系统路径上或者位于插件的目录中。class、command 和 launcher 属性是互斥的。
- launcher 实现 org. eclipse. ui. IEditorLauncher 的类的名称。启动程序将打开外部编辑器。class、command 和 launcher 属性是互斥的。
- contributorClass 实现 org. eclipse. ui. IEditorActionBarContributor 的类的名称。仅当定义了 class 属性时才定义此属性。此类用于将新的操作添加至反映编辑器类型的功能的工作台菜单和工具栏。
- default 如果为 true，则此编辑器将用做该类型的默认编辑器。这仅在对同一类型注册了多个编辑器的情况下才适用。如果某个编辑器不是该类型的默认编辑器，仍可使用所选资源的"打开方式..."子菜单来启动。
- symbolicFontName 字体的符号名称。符号字体名必须是已定义字体的标识（参阅 org. eclipse. ui. fontDefinitions）。如果缺少此属性或者此属性无效，则字体名是编辑器的首选项库中 org. eclipse. jface. textfont 的值。如果不存在首选项库或者未定义该键，则将使用 JFace 文本字体。编辑器实现决定它是否使用此符号字体名来设置字体。

　　如果使用 command 属性，则会将它视为将以与平台有关的方式执行的外部程序命令行。
　　如果使用 launcher 属性，则也会将编辑器视为外部程序。在这种情况下，指定的类必须实现 org. eclipse. ui. IEditorLauncher。将实例化启动程序，然后将调用 open(IFile file)来启动编辑器。

如果使用 class 属性，则工作台将假定该编辑器是内部编辑器，而指定的类必须实现 org.eclipse.ui.IEditorPart。最常见的做法是在定义新的编辑器类型时执行 subclass org.eclipse.ui.EditorPart。还需要定义 contributorClass 属性。指定的类必须实现 org.eclipse.ui.IEditorActionBarContributor，并且用于将新的操作添加至反映编辑器类型的功能的工作台菜单和工具栏。

在工作台中，可能具有多个特定类型的已打开的编辑器。为了避免创建重复的操作和操作映像，编辑器在概念上分为两种。IEditorActionBarContributor 负责创建操作，其他编辑器负责操作的实现。而且，添加程序供每个打开的编辑器共享。这种设计的结果是，一个或多个已打开的编辑器只具有一组操作。

添加程序将把新的操作添加至反映编辑器类型的工作台菜单和工具栏。这些操作是共享的，且当调用它们时，它们对活动编辑器起作用。通过调用 IEditorActionBarContributor.setActiveEditor，活动编辑器被传递至添加程序。工作台窗口中的操作和主组的标识是在 org.eclipse.ui.IWorkbenchActionConstants 中定义的。这些应该用做添加新操作的参考点。顶级菜单是通过使用 path 属性的 additions（表示"窗口"菜单左边的组）来创建的。

仅当相关联的编辑器处于活动状态时，添加到这些路径中的操作和菜单才会显示出来。在关闭编辑器时，将会除去菜单和操作。

工作台提供了"缺省文本编辑器"。最终用户产品可能包含其他编辑器，作为交付捆绑软件的一部分。在该情况下，将使用上述语法将编辑器注册为扩展。

13.3.3 透视图扩展点

透视图就是将已有的视图、操作集及编辑器进行组合和布局，从而支持特定的用户需求，如 Eclipse 平台的资源透视图、Java 开发工具定义的 Java 透视图、上面介绍过的插件开发透视图等。通过扩展 org.eclipse.ui.perspective 将透视图工厂添加至工作台。透视图工厂用于定义透视图的初始布局和可视操作集。用户可通过调用"窗口"菜单的"打开透视图"子菜单来选择透视图。

以下是透视图扩展的一个示例。

```
<extension  point = " org.eclipse.ui.perspectives"  >
    <perspective
    id = " org.eclipse.ui.resourcePerspective"
    name = " Resource"
    class = " org.eclipse.ui.internal.ResourcePerspective"
    icon = " icons/MyIcon.gif"
    fixed = " false"  >
    </perspective>
</extension>
```

<extension point = " org.eclipse.ui.perspectives" > 这部分与视图、编辑器扩展点相同，就不再解释了，主要解释一下 perspective 标签中的含义。

- id 用于标识此透视图的唯一名称；
- name 在工作台窗口菜单栏中，用于表示此透视图的可翻译名称；

- class 实现 org. eclipse. ui. IPerspectiveFactory 接口的类的标准名称。class 属性的值必须是用于实现 org. eclipse. ui. IPerspectiveFactory 的类的标准名称。当工作台请求时，类必须提供透视图的初始布局。
- icon 是与此透视图相关联的图标的相对名称。
- fixed 指示透视图的布局是否是固定的。如果为 true，则由透视图工厂创建的视图是不可关闭的，并且是不能移动的。默认值为 false。

同样，也可以增加 <! ELEMENT description（#PCDATA）> 为透视图提供简短描述的文本。

plugin_ customization. ini 文件用于定义默认透视图。默认透视图是安装产品之后启动时将出现的第一个透视图。当不使用指定的透视图来打开页面或窗口时，也会使用该透视图。默认透视图被定义为 plugin_ customization. ini 中的一种属性，defaultPerspectiveId = org. eclipse. ui. resourcePerspective，用户还可以在工作台透视图首选项页面中覆盖此透视图。

出现在"打开透视图"菜单中的透视图是透视图选择的快捷方式。此设置由活动透视图本身定义，而扩展是通过 perspectiveExtensions 扩展点建立的。工作台提供了资源透视图。插件可添加其他透视图，使用"窗口"菜单的"打开透视图"子菜单就可以进行选择。

13.4 常用插件介绍与使用

目前，Eclipse 的插件发展迅速，全球数以百万计的开发者奉献了数目巨大的插件，功能范围也非常广。常用插件见表 13-1。

表 13-1 常用插件

插件名称	类别	功用
C/C++ Development Tools (CDT)	代码类	提供功能完全的 C/C++ 集成开发环境
Model Development Tools (MDT)	建模类	它用于创建工业标准原型，并提供了基于原型来开发模型的仿真工具
PHP Development Tools (PDT)	语言类	PDT 为 Eclipse 平台提供一个 PHP 开发工具框架。它包含了开发 PHP 的所有开发组件，并且易于扩展
Visual Editor (VE)	UI 类	允许通过一个完全的 WYSIWYG（所见即所得）图形化编辑器来创建 SWT/AWT/Swing 应用程序
Eclipse Modeling Framework (EMF)	建模类	EMF 是用于定义和实现结构化模型的框架
Graphical Editing Framework (GEF)	UI 类	GEF 是一个功能强大的可视化模型编辑框架，用于快速开发图形编辑器
XMLBuddy	XML 类	用于编辑 XML 文件
Code Analysis	代码分析类	分析 Java 工程的依赖性，它拥有自己的透视图，以清晰的方式通过一系列图表来显示分析结果
Log4E	代码管理类	为了更好地配置项目日志

(续)

插件名称	类别	功用
Lomboz	J2EE 类	将很多 Java 应用服务器、J2EE 组件和 Web 应用开发集成到 Eclipse 中，可以帮助开发者使用 Eclipse 建立、测试、部署 J2EE 应用
DBEdit	数据库类	能提供视图、数据库编辑和设计功能
Raman VideoPlayer, Eclipse games	娱乐类	提供视频和游戏类插件

13.4.1　EMF 插件

EMF（Eclipse Modeling Framework）是 Eclipse 的建模框架。EMF 自发布以来一直受到 Eclipse 使用者的热情拥护，目前很多 Eclipse 的子项目都是基于它开发的。要完全掌握 EMF，就要对模型驱动开发（MDA）有一定的了解，而 EMF 可以看做是 Eclipse 上的 MDA 的一个实现（代码生成是 MDA 的重要组成部分之一），它能够生成 Eclipse 上执行的代码。

MDA 把模型和应用系统实现分开。模型是最重要的部分，定义好模型就成功了一半。在 EMF 中，模型是由元模型（Meta Model）定义的，如 UML 里"类"和"属性"这些概念是在 UML 的元模型里定义的。EMF 定义了一套 Ecore 元模型，该模型是 EMOF 的一个实现，这是一个自描述的模型。用 Ecore 元模型可以定义 ecore 模型，也就是 .ecore 文件。用 EMF 创建一个应用的步骤为①构造模型，通过 UML 类图、Java 接口或 XML Schema 等方式定义；②生成代码，可以选择只生成模型部分的代码，也可以同时生成编辑器部分的代码。

在 MDA 中，UML 图可以直观地了解对象间的关系，但在开发过程中，UML 图里的定义很可能被修改，如果这一修改没有及时反映到 UML 图，UML 图就会逐渐失去它的作用。但是，保持代码和 UML 图的一致是一件很烦琐的工作，比较好的解决办法就是让代码由 UML 图直接生成。模型需要修改时也要修改 UML 图，并重新生成代码，这就是 EMF 的专长。

使用 EMF 可以实现以下四个功能。

1）代码生成。所有基于模型的代码都可以自动生成，EMF 生成的代码都是从模板文件生成，且可读性比较好的代码。另外，用户生成的代码是可以定制的，且用户在生成代码的基础上所做的修改不会因为重新生成而丢失。

2）输入。用户能通过模型定制文件作为代码生成的输入文件，包括 Rational Rose 的模型文件、Java 的接口文件和 XML Schema 等。

3）默认的持久化机制。EMF 能够保存和加载 XML 的模型文件，这些模型文件是 XML 格式的，EMF 也允许用户把模型持久化为其他格式。

4）模型编辑器。EMF 能为用户生成模型编辑器，通过编辑器用户能查看和编辑模型文件。另外，用户还能定义模型编辑器。

13.4.2　Visual Editor 插件

Visual Editor（VE）项目的目标是构建一个用于构建工具的工具，它的功能是允许使用者通过一个完全的所见即所得的图形化编辑器来创建 SWT/AWT/Swing 应用程序。

Eclipse 中 Visual Editor 采用最常见的工具是图形化编辑框架（Graphical Editing Framework，GEF）。GEF 提供标准的模型-视图-控制模式（Model-View-Control——MVC）结构，开发人员无须自己设计直接利用 GEF 来完成上述功能。GEF 允许开发人员以图形化的方式展示和编辑模型，所见即所得，所以比一般文本编辑器更容易操作，从而提升用户体验。其中模型是使用 XML 元数据交换（XMI）在内部存储的。GEF 在后台使用 EMF，EMF 可以确保模型、类与图形之间的映射都是一对一的，所以尽管 XMI 可以被认为是模型的标准表示，但是在代码和图形之间来回切换并不会丢失任何信息。这就是为什么 Visual Editor 只需要保存模型的一种表示，以及开发人员可以自由地在图形化编辑器之外编辑该源代码的原因。

◎ 本章小结

本章介绍了 Eclipse 插件的基本概念和开发工具，包括常用的插件。通过本章的学习，读者应能掌握使用 PDE 进行插件开发的方法；了解 Eclipse 常用插件扩展点。掌握常用插件以及它们的使用方法。

本章重点是了解插件的构成；掌握使用 PDE 进行插件开发的方法；掌握常用插件以及它们的使用方法。

本章难点是掌握使用 PDE 进行插件开发的方法；掌握常用插件以及它们的使用方法。

◎ 练习题

1. 什么是插件？
2. 以下关于插件开发环境的简称正确的是（　　）。
   A. DDE
   B. PDE
   C. PDT
   D. PPT
3. 列举三种常用的 Eclipse 插件。
4. 列出典型的插件文件夹中包含的文件。
5. 简述清单编辑器中概述页面的用途。

第 14 章 常用建模工具

◎ 内容提要

统一建模语言(Unified Modeling Language——UML)是一种面向对象的建模语言,它提供了描述软件系统模型的概念和图形表示法,同时由于它采用面向对象的技术和方法,所以能准确方便地表达面向对象的概念,体现面向对象的分析与设计风格。它可以实现大型复杂系统各种成分描述的可视化、说明并构造系统模型,以及建立各种所需的文档,是一种定义良好、易于表达、功能强大且普遍适用的建模语言。

本章从 UML 的相关概念入手,着重介绍了使用 Rational Rose 和 EclipseUML 建模的方法。

14.1 UML 建模介绍

14.1.1 面向对象方法基础

1. 面向对象方法的出现和发展

当前人们所要开发的信息系统不同于以前,它们在功能等诸多方面都变得很复杂且灵活多变,系统的边界也更加难以界定。复杂性、多样性和相互关联性是各个信息系统的重要特征。于是,面向对象方法应运而生。

面向对象概念认为客观世界的任何事物都是"对象"。或者说对象是客观世界的抽象。

在程序设计中,对象表达为被描述事物的数据和对数据的处理的统一整体,也称为封装。把对象按相同(相似)特征区分称为类,类具有层次性,子类可以继承父类的所有数据和操作,由于对象是封装的,对象间的联系是通过传递信息实现的。面向对象的这些基本思想使其能解决以往开发中的一些问题。

面向对象方法简称为 OO 方法,它由面向对象分析(OOA)、面向对象设计(OOD)和面向对象程序设计(OOP)组成,在近年来引起了国内外广泛关注。它起源于面向对象的编程语言,强调对现实世界的理解和模拟,把现实世界到信息世界的转化工作减少到最小,所以特别适用于系统分析和系统设计。

2. 面向对象的一些概念

面向对象分析方法带来了一系列新的概念。深刻理解这些概念是掌握面向对象方法的关键。

对象:对象是一些属性及操作行为的封装体,它是问题空间中一些东西的抽象。从一般意义上讲,对象就是问题空间中的事物,它具有一组属性和一组操作。这些属性的值刻画了一个对象的状态,而这些操作是对象的行为,通过它们改变对象的状态。对象用于自然而灵活地模拟现实世界中的事物,数据和操作封装于统一体中使得对象具有较强的独立性和自治性，具有很好的模块性，为组件重用奠定了良好的基础。

类：类是对一组几乎相同的对象的描述。从一组对象中抽象出公共数据与方法，并将它们保存在一类中，类是面向对象功能的核心。类是创建对象的框架，而对象是类的实例。在同一类中的对象也可根据其他相似特征而分成子类，所以类具有层次特征。

属性：属性是以静态的数据组成，用以描述类和对象所固有的特征，是类和对象的性质，并以此来区分不同的类和对象。属性是较为稳定的数据，是对客观世界实体所具有的性质的抽象。

抽象：抽象是人们认识客观世界中复杂性的一种基本方法。抽象是事物或现象的简括描述，突出事物或现象之间的共性，而暂不考虑它们之间的差异。

封装：封装即信息隐藏。对象就实现了很好的封装，它向外提供了一组数据结构和一组操作，而把内部的细节隐藏起来。封装使一个对象形成两个部分：接口部分和实现部分。对于用户来说，接口部分是可见的，而具体实现部分则不可见。封装为组件的定义和划分提供了依据。

方法：方法是驻留在对象中的过程。方法是当对象接受消息时执行的操作，方法还能发送消息至其他请求动作或信息的对象。

继承：继承指对象继承它所在类的结构。操作和约束也指一个类（子类）继承另一个类（父类）的结构。继承体现了父类和子类之间的共享机制。继承的作用在于信息组织和分类，简化对象及类的创建工作量。子类可以继承其父类的特性，同时可以有自己的新特性和新方法。

消息与多态：在面向对象方法中，完成一件事情的方法就是向有关对象发送消息。消息体现了对象的自治性和独立性，对象间可以通过消息实现交互，模拟现实世界。接收对象收到消息后，调用自己的操作来改变状态或返回结果，因此同样的输入参数可能因对象的初始状态不同而得到不同的终态。多态指不同事物具有不同表现形式的能力，多态机制使具有不同内部结构的对象可以共享相同的外部接口，这样又很好地支持了消息机制，而不同对象接收到同一个消息可产生完全不同的结果也是多态的一种体现形式。

3. 面向对象方法与传统方法

与传统的开发方法相比，面向对象方法具有显著的优点，它解决了信息系统工程中的两个主要问题：软件维护的复杂性和提高生产效率。同时，它所表现出来的灵活性和各种性能使软件开发的风险降低、知识重用度提高。

面向对象方法更加接近于自然，这在将客观世界的实际信息需求和解决方案转化为信息世界中的软件系统功能的过程中具有极大的优势，实现更迅速，交互性更好，还易于维护。

可以看出，面向对象分析法是一种全新的、不同于面向过程的分析方法，它更侧重于建模而非分析流程。随着面向对象分析法的进一步研究与发展，人们越来越需要一种能够有效表达系统分析人员思想的建模语言，来配合面向对象方法。而 UML 正是基于这个目的被开发出来，并且已成为面向对象方法的重要建模工具。

4. 面向对象方法的基本过程

面向对象过程一般由四个步骤组成。

1）标识和定义对象及类；
2）组织类间的关系；

3）在类层中构造框架；

4）建立可重用的类库和应用程序框架。

面向对象过程也是循环的。系统开发人员开始有一个类库，然后扩充、修改和汇编这些类以形成应用程序的一个原型。然后系统开发人员对原型进行修改和进一步的修改。经过这样多次循环，类得以细化并被重新组织。

5. 面向对象的系统分析设计方法

至今为止，已有许多专家将面向对象方法引入到软件开发的分析设计阶段，这主要是因为：第一，面向对象方法所表现出来的强大功能使得它的应用日渐广泛；第二，当前的信息应用系统越来越复杂和大型化，系统的分析与设计变得越来越重要；最重要的是，面向对象方法更加接近于自然，利于多次迭代和更新维护，这使得将面向对象方法引入到信息系统的分析设计阶段成为水到渠成的事情。

（1）Booch 方法

Booch 方法是一种实用的面向对象概念模型。在该方法中建立了一套从分析、设计到实现的平滑过渡的实用的机制。它可操作性强，可直接用于系统开发和 CASE 工具。Booch 方法包括四个步骤：

1）确定对象和划分类。Booch 按不同性质把对象分成一般类、抽象类、参数化类和类属等。类间的关系有结合、继承、拥有、使用和例示等。

2）确定类和对象的含义。在 Booch 方法中，类和对象的含义用模板来标识，在类模板中标出类的并发性、持久性。在对象模板中，标明该对象所属的类、持久性、操作的对象、同步性和消息的发送等。在这里还使用状态转换图描述类因事件驱动所表现的行为。

3）确认类和对象间的关系。Booch 方法中用三种图来确认类和对象间的关系。组件图用于表示物理设计时分配给不同组件的类和对象的分布情况。过程图用于描述物理设计中分配给处理器的过程情况。时序图用于描述一个对象图中不同对象间的动态的相互影响。

4）说明类和对象的界面和实现。这个步骤是对类和对象定义的细化和完善，说明每一个类的界面和实现，并将类和对象分配到不同的模块中，将可同时执行的进程分配到各个处理机上。

（2）OMT 方法

对象建模技术（Object Modeling Technology——OMT）方法是由 James Rumbaugh 等人提出的一整套面向对象概念的图形模型方法。该模型从分析、设计到对象实现的整个过程保持一致，是一种十分简便的方法。OMT 方法的开发过程分三个步骤。

1）需求描述。在 OMT 中，使用对象模型、动态模型和功能模型进行需求描述。对象模型用于描述对象、类之间的静态数据结构。动态模型用于描述系统内对象的相互作用。功能模型描述系统内的数据变化。

2）系统设计。完成子系统的划分。

3）对象设计。对象的细节确定以便进一步实现。

（3）Coad/Yourdon 方法

Coad 和 Yourdon 是软件方法学的著名专家，他们首创的结构开发方法对软件开发影响极大。他们对面向对象的概念、理论和开发步骤进行了深入的讨论。Coad/Yourdon 的系统分析分五个步骤。

1) 标识对象。从问题域中分析、找出和筛选对象。
2) 标识结构。标识对象间的关系。
3) 标识主题。从较高的层次来描述系统总体模型。
4) 定义属性。对象的数据。
5) 定义服务。对象的操作。

Coad/Yourdon 的系统设计分四个步骤。
1) 问题领域的设计。在分析基础上，面向实现的工作。
2) 人机接口的设计。确定人机接口的各细节。
3) 任务管理的设计。确定对象并发或互斥，设计管理方案。
4) 数据管理的设计。对象中数据和操作的设计。

(4) OOSE 方法

由 Jacobson 提出的面向对象的软件工程(Object-Oriented Software Engineering——OOSE)方法为对象的标识提供了一种简单而有效的思路，它从每个角色(Actors)出发，把使用过程看做角色的应用事件，从这个思路来构造系统。OOSE 方法包括区分系统、识别系统、外部角色、与系统相关的其他类别。

14.1.2 组件思想

组件是一个可重用的软件构件，一个预先构建的封装的代码模块，它能够与其他组件或硬编码一道很快地生成定制的应用程序。组件的目标是粗粒度的复用，它的核心是接口。一个组件的外观应该是简单的、清晰的、没有冗余的东西、也没有无关紧要的东西，它的外观通过接口来描述，接口中可以发布事件、属性和方法。组件技术是近几年来才开始日益普及的最新软件开发技术，简单地说组件是指软件的内在单元，可以提供相关的功能和服务。

组件技术是建立在对象技术之上，它是对象技术的进一步发展，类这个概念仍然是组件技术中一个基础的概念，但是组件技术更核心的概念是接口。组件技术的主要目标是复用，这不是类的复用，而是组件的复用。一个组件可以有一个类或多个类及其他元素组成，但是组件有个很明显的特征，即它是一个独立的物理单元，经常以非源码的形式存在。一个完整的组件中一般有一个主类，而其他类和元素都是为了支持该类的功能实现而存在的。

14.1.3 UML 语言与建模工具

上面列举的四种著名的软件开发方法也都还存在一些缺陷和不足，如 Booch 方法对模型中规则完全正确应用的难度，OMT 方法中对语言环境考虑太少等问题。Rational 公司召集了一批专家经过多年的努力，终于在 1997 年提出了著名的"统一建模语言(UML)"。

UML 不仅是一个标准和制定一套"统一"的符号，还包含了许多新的概念，有些概念以前在其他面向对象组织中还没有讨论过，如怎样在建模语言中描述和使用模板等。我们学习 UML 的意义不仅是学习它的符号和符号表达的意思，还是学习一种"艺术的"面向对象模型的建模思想。它的作用域不限于支持面向对象的分析与设计，还支持从需求分析开始的软件开发的全过程。利用 UML，建模人员能够为所有的既有静态结构又有动态行为的结构进行通用建模。项目可以依赖 UML 作为一种标准语言来表达项目需求、系统设计、部署说明和代码结构。UML 专业人员能够利用可视化工具捕获各种思想，与其他人分享这些思想，并且对各种变化进行有效的响应。总之，UML 的作用就是从静态和动态方面用模型图来从各个角度全面描述要开发的系统，为人们提供一套功能强大的捕获信息技术要点的工具。

1. UML 的产生

Booch 和 Rumbaugh 在 Rational 公司开始 UML 工作是在 1994 年，目标是建立一种新的方法，即"统一方法"。他们将 Booch 方法和 Rumbaugh 领导开发的 OMT-2 方法。1995 年，提出 OOSE 方法的 Jacobson 加入到他们中间。UML 开发者更加明确了他们工作的目标，那就是建立一个标准的建模语言，他们把这个成果改名为"统一建模语言"。

2. UML 的应用

UML 的目标是用于多种系统。也就是说，它的应用并不局限于软件开发。例如，UML 可以应用在以下几种系统中。

1）信息系统，存储、加工、传送和提交信息给用户。

2）技术系统，操纵和控制技术部件如电话通信、军队系统或工业过程。

3）嵌入式实时系统，把一些单个的硬件嵌入到一些其他部件中。

4）分布系统，由多台机器分布设置组成网，数据能容易地从一台机器传到另一台机器。它需要机器的通信在时间上保证一致，通常由一些对象机器组成。

5）系统软件是指控制和协调计算机及外部设备，支持应用软件开发和运行的基础框架，如操作系统、数据库和用户界面。

6）商务系统，由目标、资源（人、计算机等）、规则（法律、商务战略、政策等）和商务实际工作等内容组成。

3. UML 与系统开发

UML 把系统开发分成五个阶段：需求分析、分析、设计、编程和测试。

1）需求分析。UML 用 Use—Case 模型来获取客户需求。使用事件是通过了解对系统有兴趣的外部人员对系统的功能的需求，把这些需求抽象为事件，再分析与使用相关的事件来建模。在 UML 中用 Use—Case 图描述。

2）分析。分析阶段涉及基本抽象（识别类和对象）和问题领域中的机制。在模型中，标识类和类间的相互关系在 UML 中由类图描述，而使用事件与类之间的协作关系通常由 UML 中的动态模型描述。

3）设计。在设计阶段，分析的结果要从技术上得到解决方案。要增加新的类作为技术基础，如用户界面、用数据库存储对象、与其他系统通信、系统中的界面驱动等。设计阶段的一项重要工作是把从分析得来的问题类"嵌入"到基础技术类中，使问题领域和技术两者结合一起形成系统方案。设计的成果是为编程阶段提供详细说明书。

4）编程。在编程阶段，要把从设计阶段获得的类变换成面向对象编程语言的程序代码。工作的难易程度要看所用的语言的功能。如果分析和设计是用 UML 建模，则可避免手工从模型转换成代码。

5）测试。系统建成后需要经过单元测试、集成测试、系统测试和验收测试。单元测试是针对单个的类或一组类，通常由程序员完成测试。集成测试是集成各部件和类，以确认它们之间的连接的正确性。系统测试时把系统看做一个"黑盒"，通过处理完整的业务来测试系统是否具有最终用户期望的功能。验收测试是由用户进行的，以检查系统是否满足需求，验收测试类似于系统测试。

4. UML 基本内容

UML 的组成包括视图、图表、模型元素、基本机制。

（1）视图

视图是从不同角度来观察待建模的系统。视图不是一张图，而是由多个图表组成的抽象体。只有通过定义视图来反映系统的某个特别层面，才能从中获取该层面的完整"照片"。视图还与建模语言保持联系，为系统开发选择方法或过程。

1）用例视图（Use—Case View）。该视图是从系统外部使用者对系统的需求来描述该系统工程所应具备和完成的功能。它是 UML 的核心视图，一般包括用例图、活动图和顺序图等。

2）逻辑视图（Logical View）。该视图用于描述系统内实现的逻辑功能。它既描述了系统的静态结构关系，也描述了系统内的动态协作关系。静态关系有对象图描述；动态关系则由状态图、时序图、协作图和活动图来描述。

3）组件视图（Component View）。该视图从系统实现的角度来描述模型对象间的关系。由组件图组成。

4）配置视图（Deployment View）。该视图用于说明系统的物理配置，如所用的计算机和设备以及相互间的连接关系。由配置图组成。

（2）图表

图表是描述视图内容的图。UML 有 9 类图表用于系统不同的视图，但有些图表可以用于不同的视图。从而，在不同的系统中可以得到不同的图表。下面逐个介绍这些图表。

1）用例图（Use—Case Diagram）用于描述外部项与系统提供的使用事件之间的联系。一个使用事件是系统提供的功能的具体描述，是系统分析人员从用户使用角度描述系统的功能，是功能与功能之间以及功能与用户之间的关系。用例图只描述外部用户对系统的看法，而不是系统内部功能的实现方式。使用事件定义了系统的功能需求。

2）类图（Class Diagram）用于描述系统的静态结构。类可以用不同方式连接，主要包括联合、依赖、独立或包装。一个系统一般有多张类图，一个类可在不同的视图中出现。

3）对象图（Object Diagram）用于表述系统的静态结构，它使用与类图一样的符号表示，但并不是同一种图。不同之处在于对象图表示的是类中的许多对象实例，而不是类本身。对象图也可作为协作图的一个部分，说明一组对象之间的动态协作关系。

4）状态图（State Diagram）用于说明类中的对象可能具有的状态，以及由事件引起的状态的改变。状态的改变称为转换（transition），一次转换也可由相关的行动引起。状态图也可以以系统的整体形式画在一张图上。

5）顺序图（Sequence Diagram）用于描述对象间的动态协作关系。表达了对象间发送消息的时序，同时也表达出对象间的相互作用，以及当系统执行到某个特定位置时可能会发生的事。顺序图是由一条纵线上的一些对象组成，以时间流动为方向，表达对象间消息的交换。

6）协作图（Collaboration Diagram）用于描述对象的动态协作关系。在表达协作关系时，通常可视情况选择使用序列图或协作图。另外，在表达消息交换时，协作图还可以用于描述对象及它们之间的关系。协作图画法与对象图一样，但强调对象间的关系（使用的符号与对象/类图一样）。协作图还可表达活动对象以及一起执行的其他活动对象。

7）活动图（Activity Diagram）用于描述系统活动的流程。可以在一张活动图中表达多个活动的流程，也可以在一张图中表达一个操作所完成的所有活动。活动图由动作状态组成，它包含将完成的活动的说明。当一个动作完成时，激发一个明确的事件并转到一个新的状态。它可以描述并行执行的活动。另外，它还包括了当动作部分完成时收到或发出的消息的说明。

8）组件图（Component Diagram）用于描述组件代码的物理结构。它可以是代码组件、二进制组件或一个任意可执行的组件，其中包含类的逻辑和类的实现等信息。它建立了一个从逻辑视图到物理视图的映射。同时，它还描述了组件的依赖关系，可以用来分析一个组件的变化对另一个组件所产生的影响。

9）配置图（Deployment Diagram）用于描述系统中软件和硬件的物理结构。它可以描述计算机或其他节点设备、相互间的连接关系，以及连接的类型，还可描述组件间的依赖关系。

（3）模型元素

简而言之，各种图表中所用的概念符号称为模型元素。它是按语义定义的，具有一致的视图含义，用图形或符号来表达。一种模型元素可以在不同类型的图中出现，但遵从该类图的规则。另外，作为元素间关系的连接描述也称为模型元素，主要有联合、概括、依赖和聚合。此外，模型元素还描述为消息、动作、类型等。在 UML 建模中，每种模型元素都有已规定好的语法规则。

（4）基本机制

UML 的基本机制表现为各种图标上的附加信息，用于描述那些模型元素无法表达的内容。有修饰、注释和说明三种方式。

1）修饰。通过特定的修饰把一些语义加到模型元素上。

2）注释。UML 提供增加注释的方式以表达那些模型元素无法表示的信息。注释可放置于图中的任何位置上，可包括任何信息。

3）说明。用于增加无法正式在图中表示的元素实例的附加说明，可以由文本的形式对图中相应部分的责任和权限加以说明。这些说明并不正式表示在图中，在一些软件中当使用鼠标双击某个元素时这些说明就会出现[8]。

14.2 Rational Rose 建模工具介绍

14.2.1 Rational 公司简介

Rational 公司是提供面向对象的解决方案的大型软件公司，它的门下有许多世界著名的面向对象技术和计算机软件工程领域的专家，包括 Grady Booch、Jim Rumbaugh、Ivar Jacobson 等，由 Paul Levy 和 Mike Devlin 于 1991 年在硅谷成立，总部设在美国加州，在世界各地设有分支机构。1997 年 7 月 Rational 公司与太平洋技术软件（中国）有限公司合作组建了 Rational 中国公司。2002 年 12 月被 IBM 收购。

Rational Rose 是该公司的主要产品，畅销全世界，它是面向对象的可视化建模的软件工具，包括面向对象的分析、设计、建模和组构。

Rational Rose 在采用的符号和过程方面早期采用的是 Booch 方法，它使用一种称为"云图"的建模符号和一种迭代方法,让分析和设计阶段的所有活动以交互和重复的开发方式进行。

1994 年,最早提出 OMT 方法的 James Rumbaugh 加盟 Rational 公司,Rational Rose 开始支持 OMT 和 Booch 方法。

1995 年,发明 OOSE 方法的 Ivar Jacobson 加入 Rational 公司,他的 OOSE 方法是一种侧重于工程的方法,从系统分析到测试执行系统开发全过程的驱动,能帮助人们很快地建造出理想的系统。

1997 年,Rational 公司经过三年的努力,终于提出了一个重要的模型语言——统一建模语言(Unified Modeling Language——UML),它被确定为面向对象开发的行业标准语言,得到了诸如微软、ORACLE、IBM、HP、Texas Instruments 等大厂商的支持和认证。

UML 是一种通用的、统一的图形模型语言,成为面向对象软件开发分析设计的重要工具。

14.2.2 面向对象的分析设计和 Rational Rose

这里我们主要学习有关用 Rational Rose 建模的知识。首先,对于复杂的软件开发项目,采用建模的方法是一个捷径,这毋庸讳言,而建模的出发点,可以从"分而治之"入手,这主要是对整个软件系统的体系结构的把握。

1) 就软件系统的整体结构而言,当前应用最多的还是客户机/服务器方式。当然,浏览器/应用服务器/数据服务器方式也是当前较为流行的体系结构。Rational Rose 采用的三层解决方案,是由用户接口层、事务处理原则层和数据层组成的应用模型。这种较抽象的分层结构满足了当前应用的需求。

2) 建模的过程主要如下:①确认应用系统的功能需求,并为事务处理原则建模;②对抽象的对象映射需求,提供设计模板并创建惯用的模板;③分辨和设计对象或划分三层模型的服务;④对软件的组成部分映射成对象并设计组件在网络上如何分布。

3) 采用 Rational Rose 实现建模,主要有几个问题。

① 何时需要建模。事实上,在软件系统开发的任何阶段进行建模工作都是可以的。然而,在不同的设计阶段,建模的重点是不同的。在软件开发的初期进行的建模工作相对而言较为重要。另外,Rational Rose 支持双向的建模,所以在系统开发的中期进行建模也是可以的。

② 兼容性问题。Rational Rose 为较大型的软件开发提供了灵活性较强的解决方案。支持用户自定义的数据类型等功能,保证了软件一定程度上的兼容性。

③ 对 UML 的支持程度。Rational Rose 提供了对已成为工业标准 UML 的完全支持。Rational Rose 对 UML 提供的支持包括使用事件模型、类和对象模型、组件模型、分布处理模型。另外,它还支持其他标准。

④ 对大型项目的特殊支持。Rational Rose 支持绝大多数软件工程师常见的个人或公共工作平台。在所编制软件共享之前,软件工程师都可以在个人工作平台修改自己的源代码和已建立的模型。

⑤ 采用可视化建模。Rational Rose 完全采用可视化建模。

14.2.3 Rational Rose 可视化建模的特点

使用 Rational Rose 进行可视化建模的特点如下。

1）支持 UML 的建模。提供了一整套基于 UML 的建模图表，主要有使用事件图、序列图、协作图、类图、状态图、组件图和配置图。

2）采用基于组件的开发。这可以让用户为系统迅速有效地进行逆向工程、重用、可视化、改编、获得和创造组件。

3）支持多语言开发。Rational Rose 支持 C++、Java、Smalltalk 和 Ada，以及第四代程序设计语言如 Visual Basic、PowerBuilder 和 Forte。

4）支持双向工程。这使得使用者可以很容易地完成从系统分析到系统实现，然后再从系统实现到系统分析的迭代过程。

5）全面的团队支持。

6）简单易用。风格一致，支持图形对象操作。

7）提供可视化的差异比较以及合并工具。

8）提供框架向导。系统可以默认地提供一些模板。

9）提供扩展接口，以实现定制的 Rose。

10）基本报告生成。可以生成数据词典。

11）COBRA/IDL 生成。

12）数据库模式生成。能够消除面向对象技术和关系型数据库之间的差异。

13）微软存储库集成。可以从存储库中引进模型命令。

14）实现 Oracle 8 的正向和逆向工程。

15）支持 Forte 附加项，以实现在此环境下的分析、构建企业级应用。

14.3 使用 Rational Rose 建模

使用 UML 建模时一般分为用例视图设计、逻辑设计和物理设计三大部分。用例视图设计主要是借助用例图、活动图、状态图来了解用户的需求。逻辑设计要用到类图、顺序图和交互图，主要通过设计相应的类和对象实现前面用例所定义的用户需求，其中可以用类图来表现出系统的静态信息，用顺序图、交互图等表现出系统的动态信息。在系统物理设计阶段，要借助部署图等视图，确定系统的物理体系结构，而物理体系结构揭示了系统硬件的结构，其中包括各个不同的结点，并指出这些结点是如何连接在一起，以及系统的物理结构和软件之间的依赖关系。

本章将通过一个特定的地铁售票信息系统开发实例，对整个 UML 建模过程进行详细的讲解。要求整个信息系统项目从文档、模型到最终的程序形成一个紧密联系的统一的整体，使得 UML 在整个信息系统的生命周期中起到一种指导信息系统开发、规范开发过程的作用。

14.3.1 初识 Rational Rose

运行 Rational Rose，第一个界面是让用户选择编程语言。Rational Rose 拥有强大的正向生成程序代码框架功能，可以让用户建模后不必再自行编写程序代码框架，如图 14-1 所示。

Rational Rose 主界面主要包括五个部分，顶部是菜单栏和工具栏对整个平台进行控制；中间的主要部分左右分别是 UML 工程的树形目录结构和画图面板，树形目录包含了用例视图、逻辑视图等五个主要视图，画图面板则是编辑每个图的工具；底部则是系统日志，如图 14-2 所示。

14.3.2 需求分析

地铁售票信息系统是一种可以为地铁乘客提供出行便利，为车站管理人员提供可靠便捷的工具。

实现地铁的自动售票信息系统功

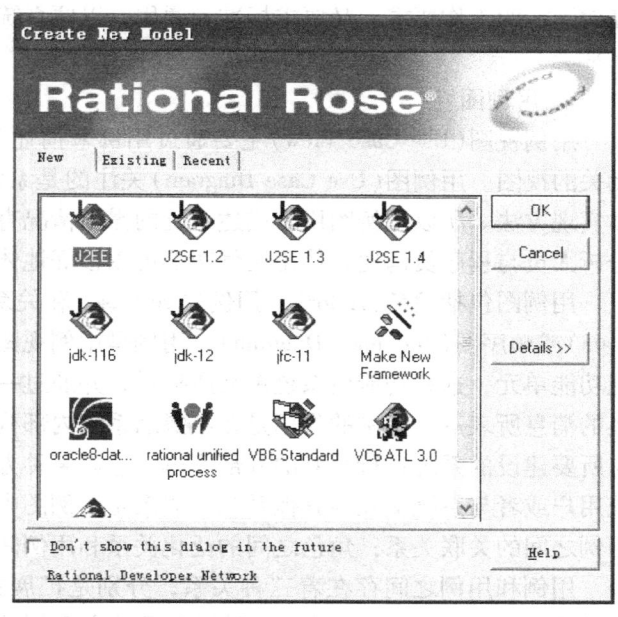

图 14-1 选择编程语言

能管理是本次设计的基本任务，通过实现票务信息的计算机管理，以提高售票的工作效率。一个地铁站的售票信息管理过程应达到的目标就是尽可能地提供及时、广泛的信息服务，加快信息检索的效率，实时灵活的查询，减轻管理人员管理负担。而且系统既要保证支持日常

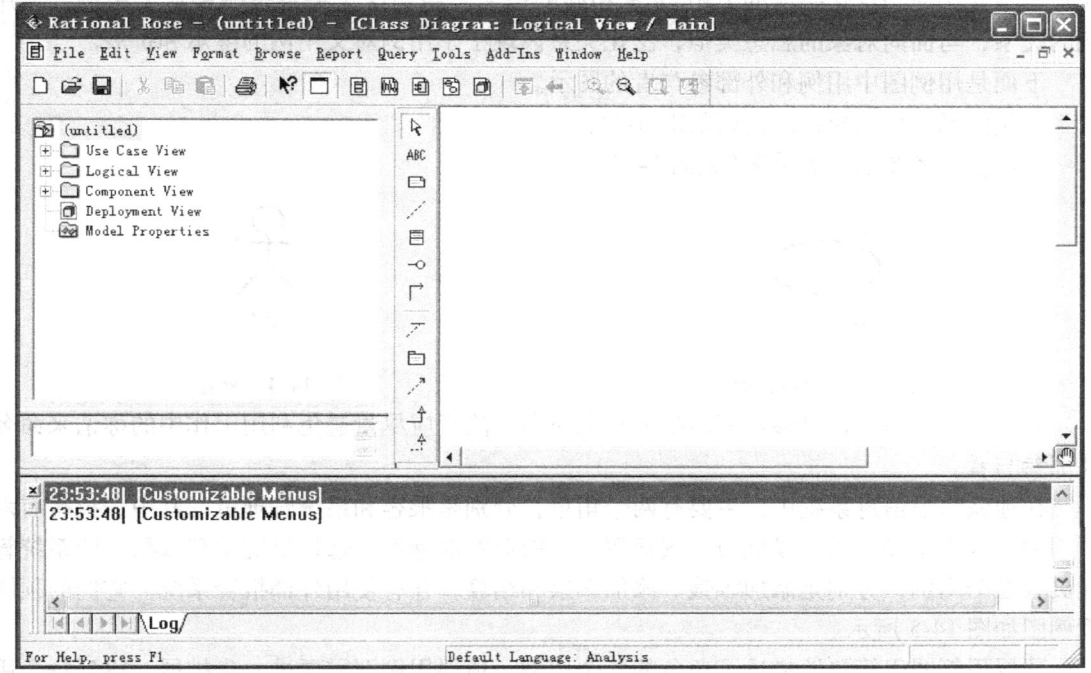

图 14-2 Rational Rose 主界面

高效运行的工作要求,又要求标准和通用,以便系统扩充,方便统一联网与管理,提高管理水平。

1. 用例图

用例视图(Use Case View)主要通过用例来描述系统的功能性需求,它是系统中与实现无关的视图。用例图(Use Case Diagram)关注的是系统功能的高层形状,而不关注系统的具体实现方法。所以用例图用来描述系统的需求情况直观明了,不管是用户与分析人员,还是分析人员与程序员沟通,使用用例图都可以很好地体现双方的思想。

用例图包括角色(Actor)、用例(Use Case)和关系,还可能包括一些活动图(Activity Diagram)或顺序图(Sequence Diagram)。用例是用例视图的主要组成部分。用例是外部可见的系统功能单元,这些功能由系统单元所提供,并通过一系列系统单元与一个或多个角色之间交换的消息所表达,用例的作用是在不揭示系统内部构造的前提下定义连贯的行为。角色是将与所要建设的系统进行交互的外部实体,它以某种方式参与用例的执行过程。角色可以是系统用户或者与系统交互的其他系统。关系是用例图中实体间的直接或间接联系,包括角色和用例之间的关联关系;角色之间的泛化关系和用例间的关系。

用例和用例之间存在着三种关系,分别是扩展关系(Extend)、包含关系(Include)和泛化关系(Generalization)。扩展关系指出了某个用例的行为可能是由另一个用例进行扩展的。扩展关系把新的行为增加到被扩展的用例中。一般来说,当被扩展用例可能存在非常规动作时,使用扩展用例进行扩展,要注意的是被扩展用例的定义要独立于扩展用例。包含关系指如果两个以上的用例具有大量公共行为,那么就可以将这些行为放在一个单独的用例中建模,然后其他用例包含这个用例即可。包含关系很好地体现了组件抽取的思想。泛化关系遵从与其他允许使用泛化关系的 UML 元素相同的语义。用例泛化关系是一种从子用例到父用例的关系,与面向对象的思想类似,泛化关系体现了子用例对父用例的继承和扩展。

下面是用例图中用例和外部参与者的图示。

用例图示,如选择目的地(见图14-3)。

外部参与者图示,如乘客(见图14-4)。

图 14-3　选择目的地　　　　　　　　　　　　图 14-4　乘客

外部参与者通常以该参与者所处的角色命名。注意应尽量避免利用工作中的称谓来命名外部参与者。

在地铁售票信息系统中,主要有两个角色,分别是乘客和系统管理员。其中,乘客有六个用例,分别是投硬币、投纸币、选择票数、取消本次操作、选择目的地和取票。而系统管理员有三个用例,分别是添加零钱、添加车票和结算,并有使用外部报警系统。它们的顶层用例图如图14-5所示。

顶层用例图很简要地描述了角色的各个用例。顶层用例图需要进一步扩展,得到每个用例触发时可能触发的用例、及关联触发的用例和可以抽象出来的用例,也就是之前所说的扩

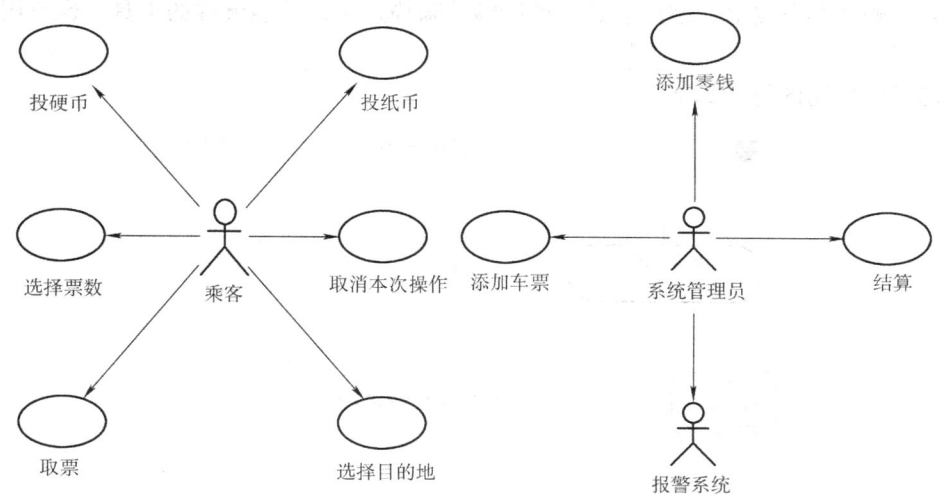

图 14-5 顶层用例图

展关系、包含关系和泛化关系。进一步扩展后的乘客用例图如图 14-6 所示。

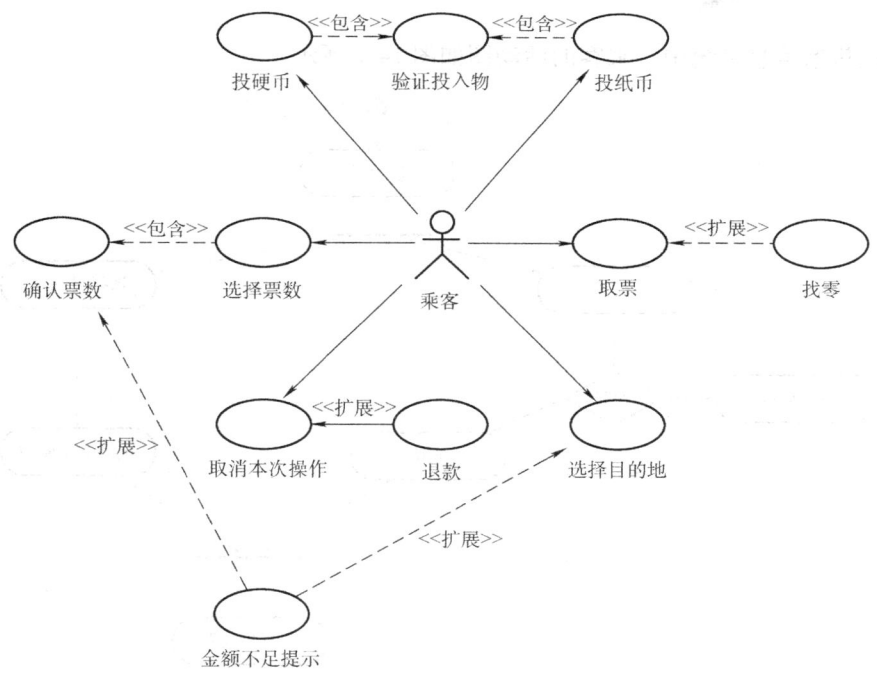

图 14-6 扩展后的乘客用例图

2. 活动图

用例图主要是为了了解外部角色与系统的交互关系，优点在于其全面性和整体性，但对于用例与用例之间的时间上的先后顺序却缺乏描述。另外，在需求描述中，虽然可以用用例图描述系统执行的动作，但对于较为复杂的系统，只用用例图是不够的，应当配上能描述系统执行顺序的图——活动图。活动图在本质上就是流程图，它很好地描述了系统的活动、判定点、先后顺序和分支等，因此它是一种能够清晰描述系统功能流程的工具，也是用例图的很好补充。

活动图中所用的符号如下。

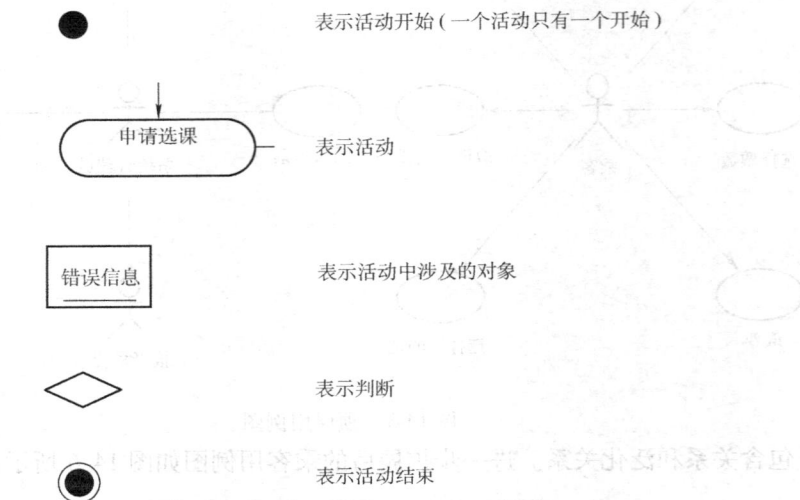

在地铁售票信息系统中，乘客的活动图如图14-7所示。

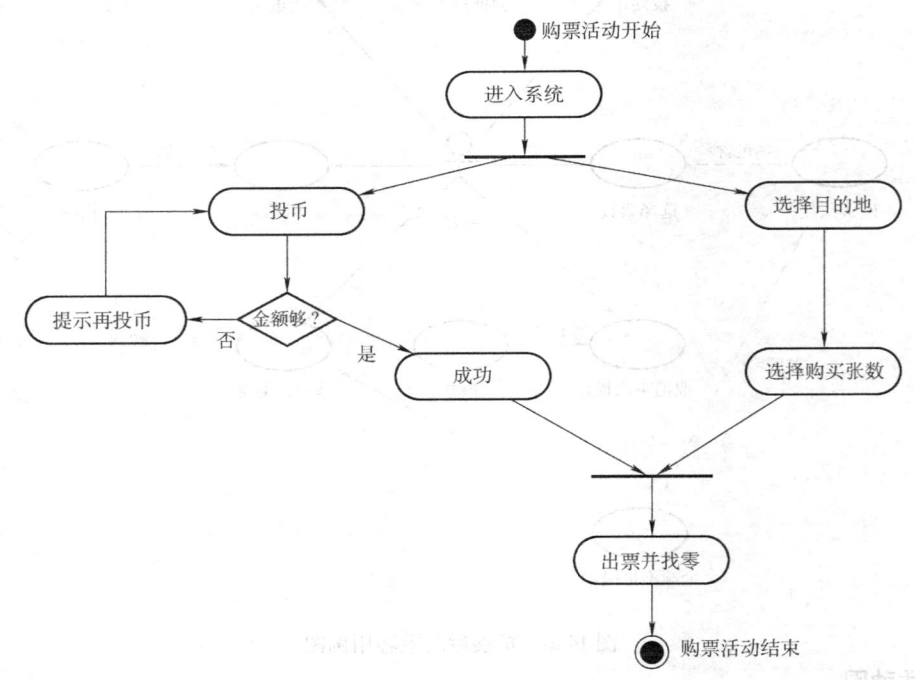

图14-7 乘客活动图

乘客的活动流程是，首先登录系统，然后投币并选择目的地，选择购买的张数后系统判断投入金额是否足够，如果不够则提示乘客再投币，否则购票成功，最后系统出票并找零。

在地铁售票信息系统中，系统管理员的活动图如图14-8所示。

14.3.3 系统分析与设计

使用用例图和活动图以及相关文档分析用户的需求后,要将得到的需求报告进行分析和整理,进行详细的系统分析。在用 UML 建模过程中,系统分析阶段用交互图描述系统数据流的流向。交互图包括顺序图和协作图,它们从不同角度对系统的数据流向进行描述。

系统分析是迈向设计的桥梁,在整个系统建设过程中起着至关重要的作用。下面将分别介绍顺序图和协作图。

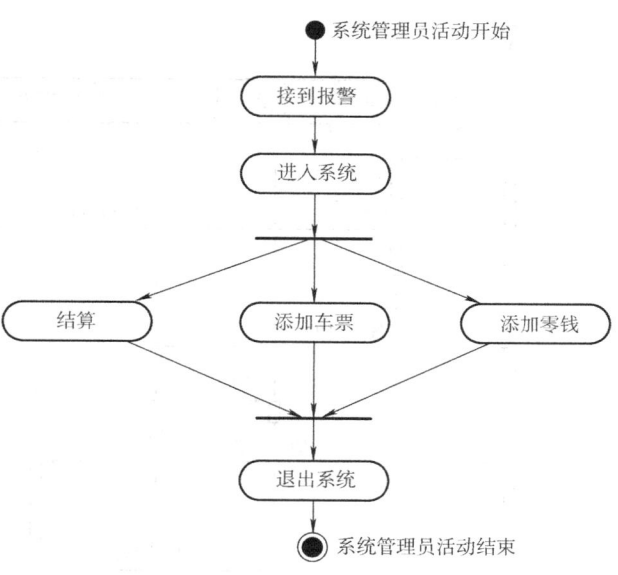

图 14-8 系统管理员活动图

1. 顺序图

顺序图是强调消息时间顺序的交互图。顺序图描述类系统中类和类之间的交互,它将这些交互建模成消息交换。换句话说,顺序图描述了类以及类之间相互交换以完成期望行为的消息。顺序图的特点是清晰,一个设计很好地顺序图从左至右、从上至下可以很好地表示出系统数据的流向,为接下来的系统设计做好铺垫。

顺序图中的图示如下。

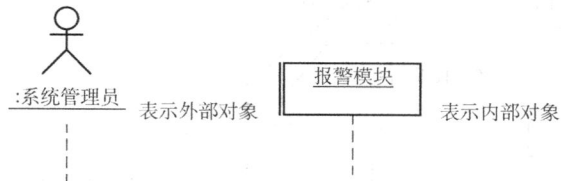

图 14-9 是售票过程的顺序图,由上至下可以看到系统数据流向,首先是乘客投币,然后由投币模块验证投入物,如果有假币则发送报警信息至系统管理员,然后系统间依次传递目的地信息、购票数信息、车票不足信息和各类提示信息。

2. 协作图

协作图是强调参加交互的各对象的组织。协作图只对相互间有交互作用的对象和这些对象间的关系建模。协作图与顺序图是从两个不同的角度描述系统的数据流向情况。图 14-10 是购票活动的协作图。

3. 组件图

系统设计的目的是把系统分析后得到的地铁售票信息系统的具体需求转换为设计文档。一般来说,系统设计分为概要设计和详细设计。概要设计就是设计软件的结构,包括组成模块、模块的层次结构、模块的调用关系、每个模块的功能等。详细设计阶段的目标是确定怎样具体地实现所要求的系统。也就是说,经过这个阶段的设计工作,应该得出对目标系统的精确描述。在 UML 建模过程中,系统设计相关的主要视图为类图和组件图。

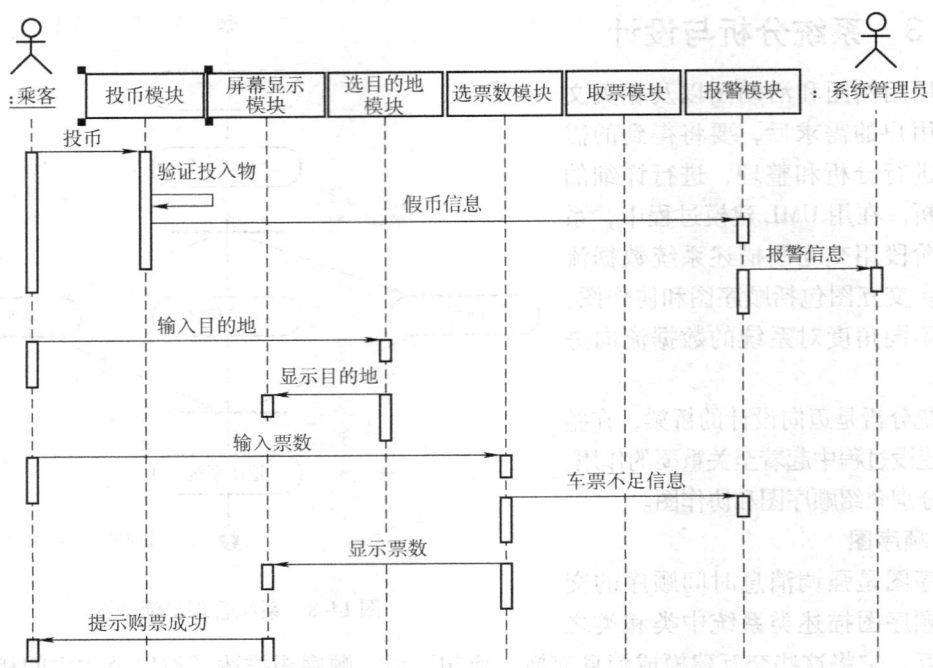

图 14-9　售票过程顺序图

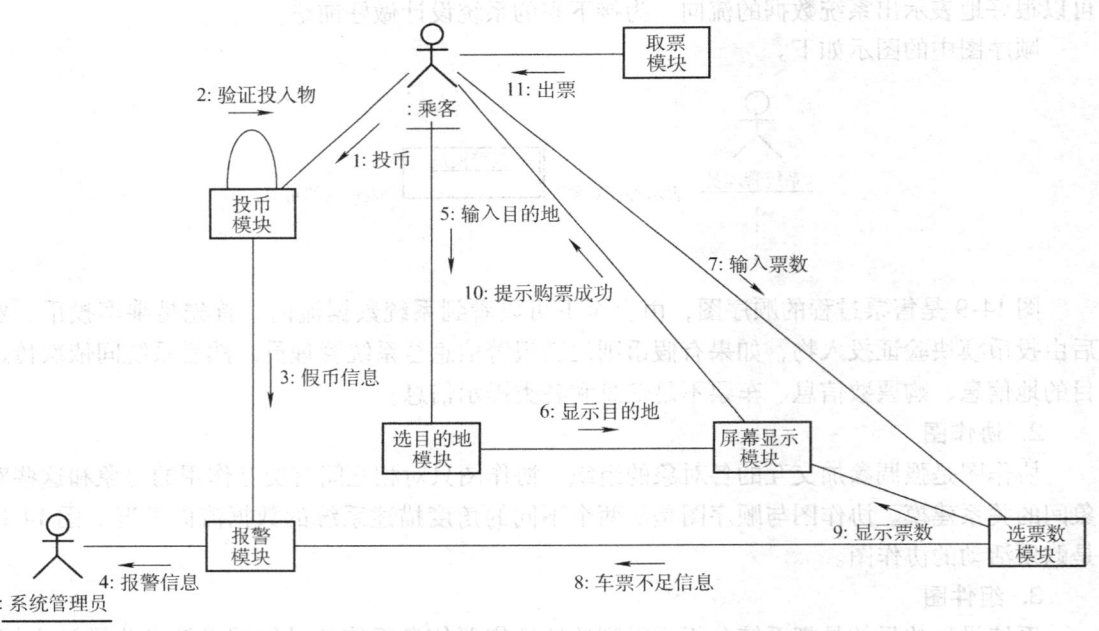

图 14-10　购票活动协作图

系统组件图描述了软件的各种组件和它们之间的依赖关系。组件图通常包含三种元素，即组件、接口和依赖关系。每个组件实现一些接口，并使用另一些接口。组件图是面向对象设计中体现可重用思想的最好工具，通过组件图可以很清晰地看到整个系统的组件分布情况和重用情况。

图 14-11 是地铁售票信息系统的投币组件图，由于该系统是用 J2EE 技术开发的，所以主要模块均由 JSP、Servlet 和 EJB 完成。图 14-11 中前端显示组件首先接到用户发来的请求，然后把请求转交给 Servlet 控制器组件，由 Servlet 控制器组件决定使用哪个组件进行工作，然后投币组件一边调用外部验钞接口，一边重用计数器组件，并通过计数器组件对数据库进行修改操作。其中，计数器组件和连接数据库组件是这个系统中被重用次数很多的两个组件。

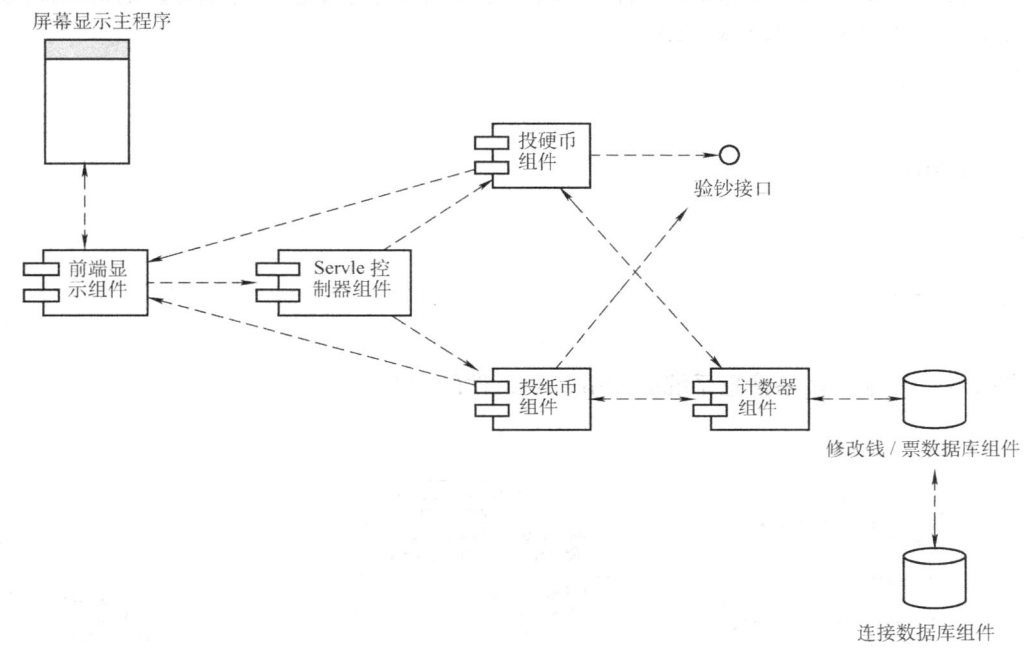

图 14-11　地铁售票信息系统的投币组件图

4. 类图

类图是根据系统中的类以及各个类之间的关系描述系统的静态视图。类图不仅显示系统内信息的结构，还描述系统内这些信息的行为。类图的一个目的是为其他图（如顺序图、交互图）定义一个基础。类图由多个类以及这些类之间的关系组成。类由三部分组成，分别是类名称、类属性和操作。类的名称来自于系统的问题域，用于唯一表示此类。属性是与类相关联的信息，它用于描述对象的特征。操作又称为方法，用于操作属性或执行其他动作、功能。

类和类之间存在几种关系，在面向对象设计中，主要的关系是泛化关系和关联关系。泛化关系是一种存在于一般类别和特殊类别之间的分类关系。泛化允许把类细化为一些新类，同时又维持该父类的关键元素不变。泛化关系适于描述复杂系统中复杂的且相互之间具有继承性关系的类。关联关系则是一种结构关系，它指明一个事物的对象与另一个事物的对象之间的联系。也就是说，关联描述了系统中对象或实例间的离散连接。

在系统设计阶段，类图直接指导面向对象的编程语言实现类。类图是生成代码的核心要图。如果类图设计得好，整个系统的代码框架可以由类图自动生成，大大简化了系统编码所耗费的时间。而且由此可以进一步推演出：利用类图，使得代码的编写变成一种自动化工作，而整个信息系统的建设中心都可以集中到分析设计上来。

图例：

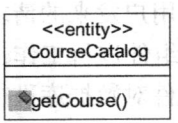

在框图的最上端，显示的是该类的类名，下面标明该类所具有的属性，最下面是该类所具有的方法。类和类之间的关系通过实线与虚线来表示。

图14-12是地铁售票信息系统的投币EJB组件的类图。

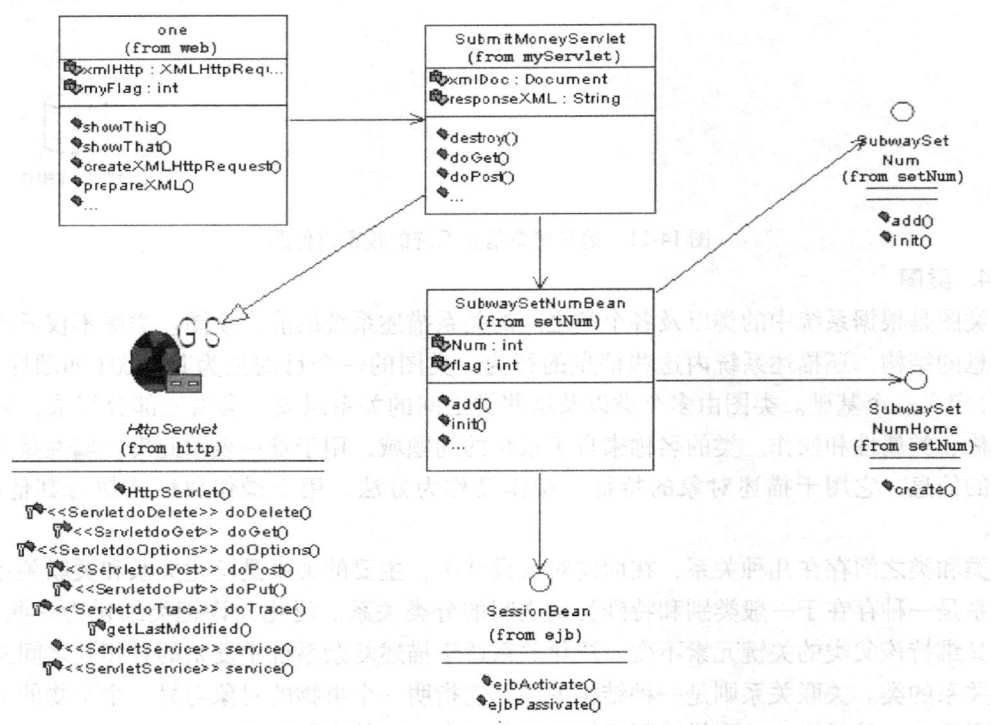

图 14-12 地铁售票信息系统的投币 EJB 组件的类图

利用类图不仅很好地描述了每个类中的属性和方法，而且清晰地展示了类与类之间的联系，为代码编写提供了便利。

14.3.4 系统实施与配置图

地铁售票信息系统大体采用了五层结构，分别是自动售票机界面、前端 AJAX 层、Servlet 控制层、EJB 业务逻辑层和数据库服务器层。

这样的层次结构具有安全性高、可移植性好、各层相对独立等优点，使得系统易于维护和修改，并且适合复杂系统的开发，很好地解决了两层系统代码的维护工作困难、安全性低和三层系统复杂性难以支持和不易移植的弊端。

配置图可以很好地描述实施时整个系统的结构与层次，并且描述系统中软件和硬件的物理结构。它可以描述计算机或其他结点设备相互间的互联，以及连接的类型，还可描述组件间的依赖关系。

地铁售票信息系统的配置图如图 14-13 所示。

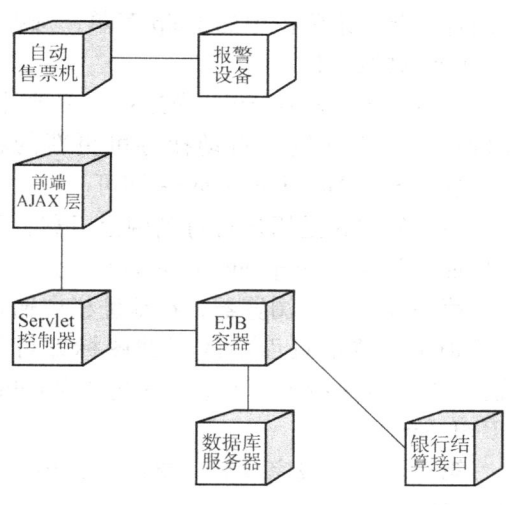

图 14-13　地铁售票信息系统配置图

14.4　EclipseUML 建模工具介绍及使用

14.4.1　安装 EclipseUML

EclipseUML 是 Eclipse 提供的用于 UML 建模的一整套插件。通过 EclipseUML，用户可以轻松地运用 UML 进行系统分析与设计。EclipseUML 自发布以来一直受到 Eclipse 使用人员的

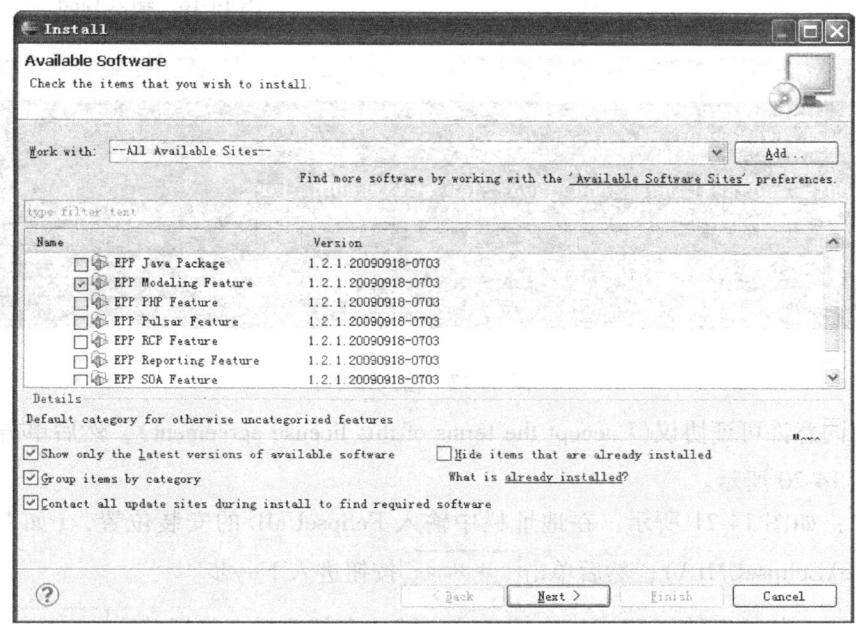

图 14-14　安装新软件

热情拥护，目前很多 Eclipse 的子项目都是基于它开发的。

安装 EclipseUML 有多种方式，一种方式是用户可以利用 Eclipse 提供的自动升级程序安装组件。单击菜单栏中的 Help 菜单，选择安装新软件 Install new Software 选项，弹出如图 14-14 所示的窗口。

在地址栏(Work with)中选择全部地址，Eclipse 平台将在网上自动搜寻可更新的程序，选择 EPP Modeling Feature 即可。

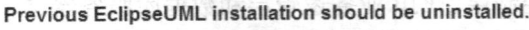

另一种方式是用户自行到网上下载，下载地址为 http://eclipsedownload.com/。

第一步：打开浏览器，在地址栏中输入上述地址，单击页面中的下载图标即可下载，如图 14-15 所示。下载后的文件为 eclipseUML.jar。

图 14-15　单击下载图标下载

第二步：下载完成后，单击"开始"→"运行"，在弹出的对话框中输入 cmd，如图 14-16 所示。

在命令提示符界面中，进入下载文件夹，输入命令 java-jar eclipseUML.jar 进行安装，如图 14-17 所示。

第三步：输入安装命令后显示如图 14-18 所示的界面，在界面中选择安装语言，默认为英语(English)，然后单击 Ok 按钮进入下一步。直接单击 Next 按钮进入下一步，如图 14-19 所示。

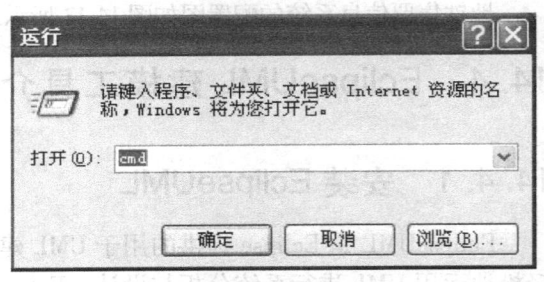

图 14-16　输入 Cmd

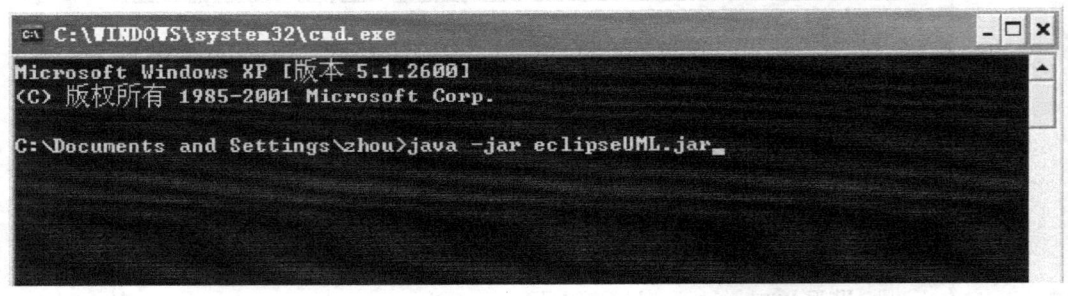

图 14-17　输入命令

单击我同意许可证协议(I accept the terms of this license agreement)，然后单击 Next 按钮，如图 14-20 所示。

第四步：如图 14-21 所示，在地址栏中输入 EclipseUML 的安装位置，(如 D:\Program Files\Eclipse\EclipseUML\)，然后单击 Next 按钮进入下一步。

选择需要安装的组件(GEF、MEF、UML2)，默认全部选择，然后单击 Next 按钮进入

图 14-18　选择安装语言

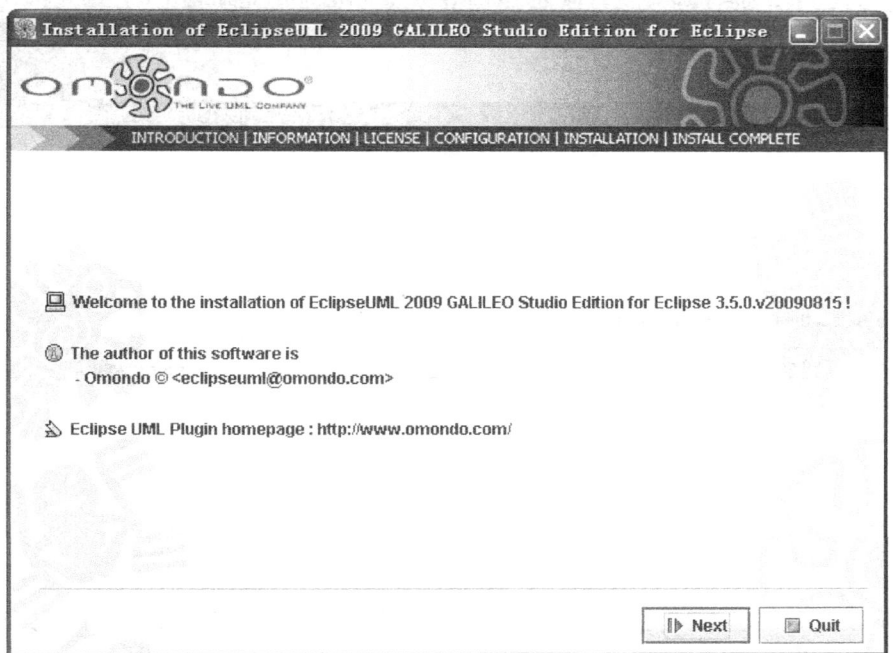

图 14-19　开始安装

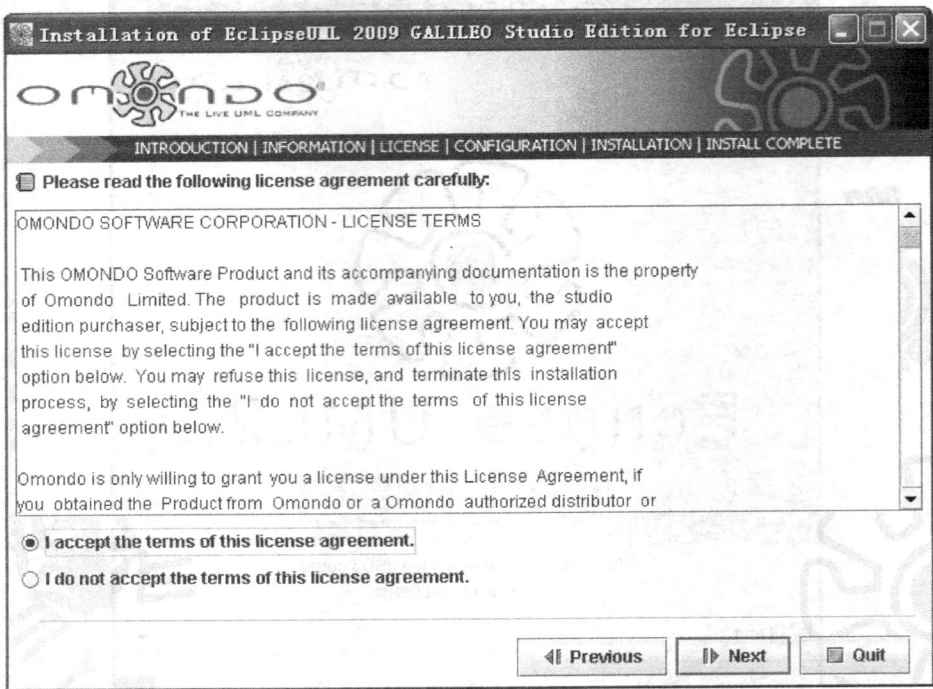

图 14-20 同意许可证协议

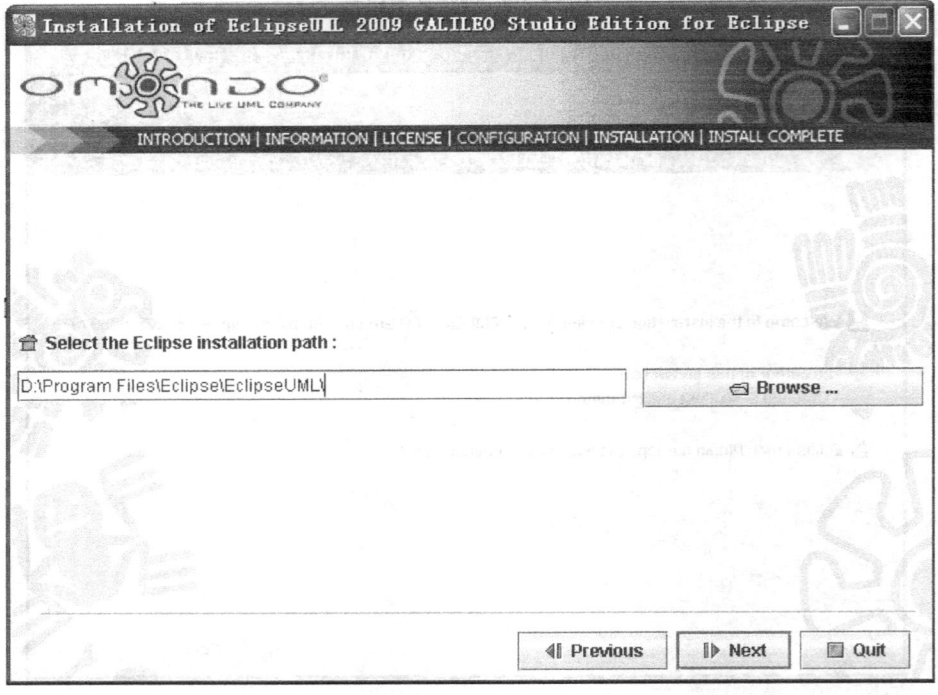

图 14-21 选择安装路径

下一步，如图 14-22 所示。

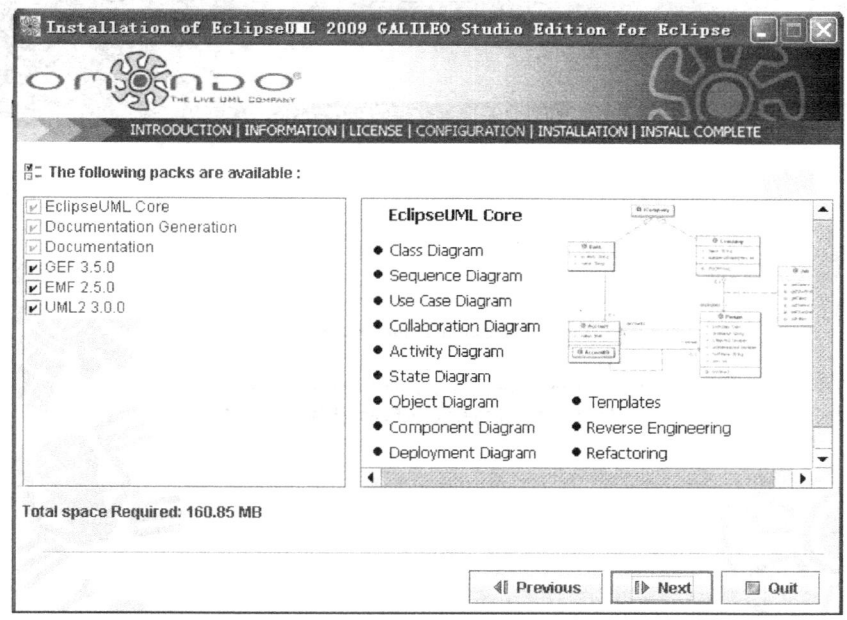

图 14-22　选择需要安装的组件

第五步：如图 14-23 所示，等待一段时间后，安装程序即可完成安装。图 14-24 是安装成功界面。

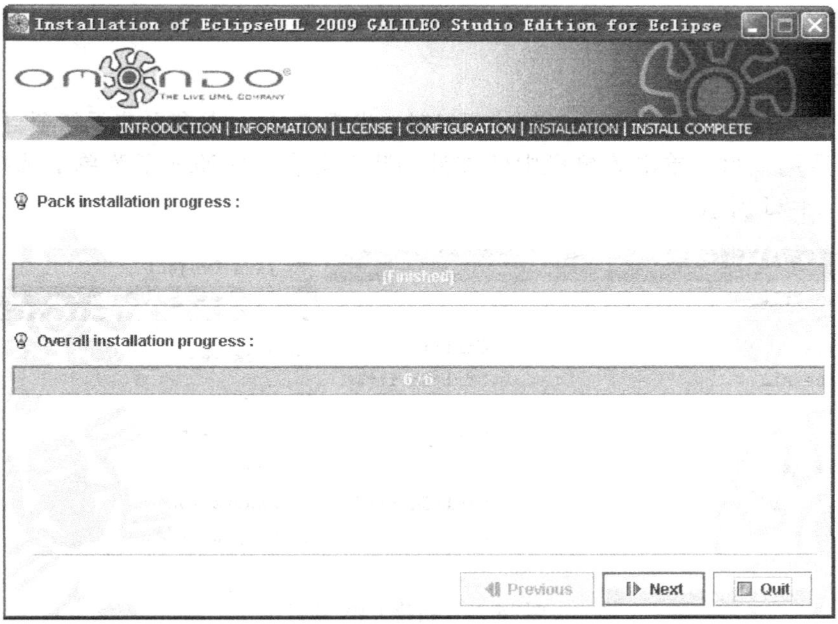

图 14-23　安装中

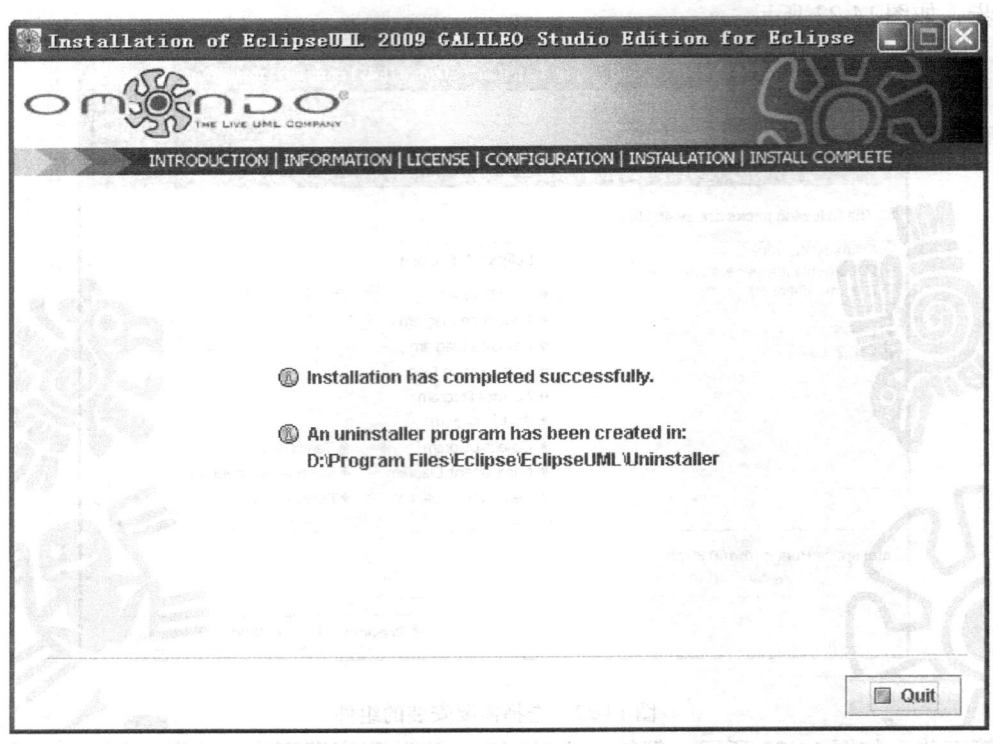

图 14-24　安装成功

14.4.2　使用 EclipseUML 进行建模

1. 新建 UML 项目

重新打开 Eclipse 工作台，此时新建项目时会发现 Eclipse 中多出若干新项目，在这里我们新建一个通用项目。单击菜单栏中的文件(File)菜单，在 New 子菜单下选择项目(Project)，如图 14-25 所示。

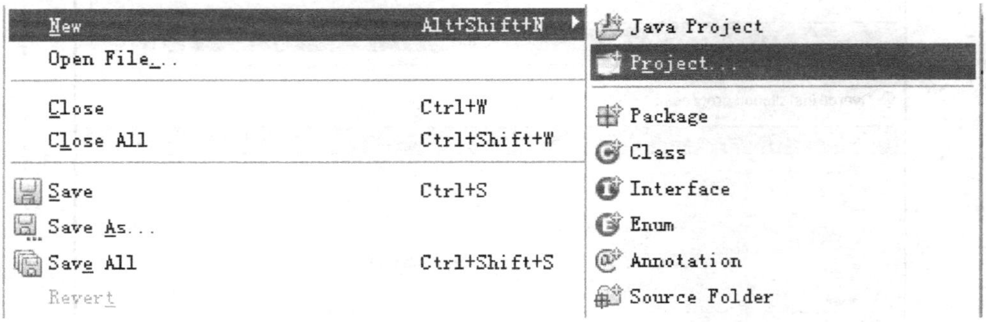

图 14-25　新建 UML 项目

图 14-26 显示了安装 EclipseUML 后多出的项目类型，包括了 Ecore Tools、Eclipse Modeling Framework、Graphical Modeling Framework 等。这些都是使用 Eclipse 进行 UML 建模时需要的插件。

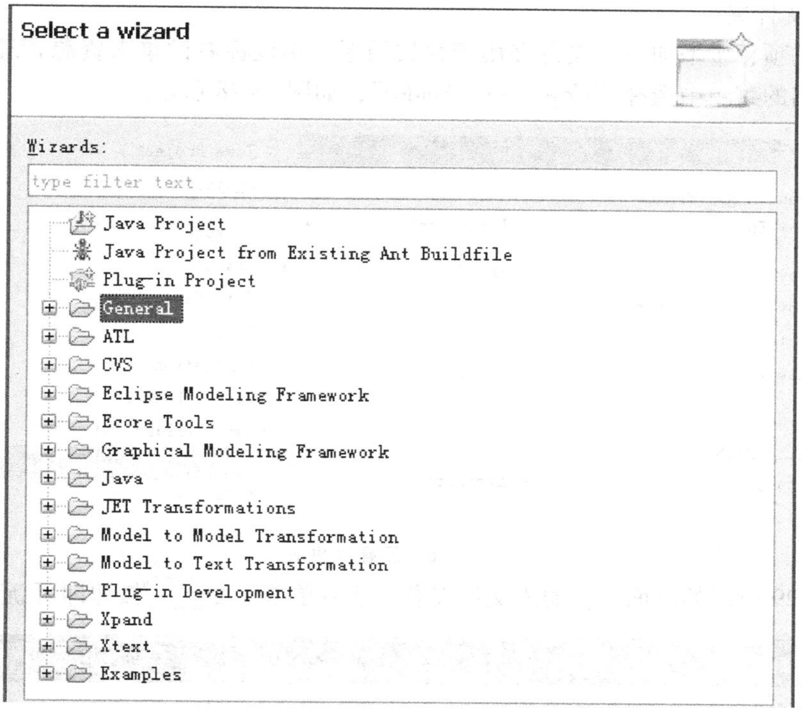

图 14-26　安装 EclipseUML 后多出的项目类型

选择常规(General)文件夹下的 Project，进入下一步，如图 14-27 所示。

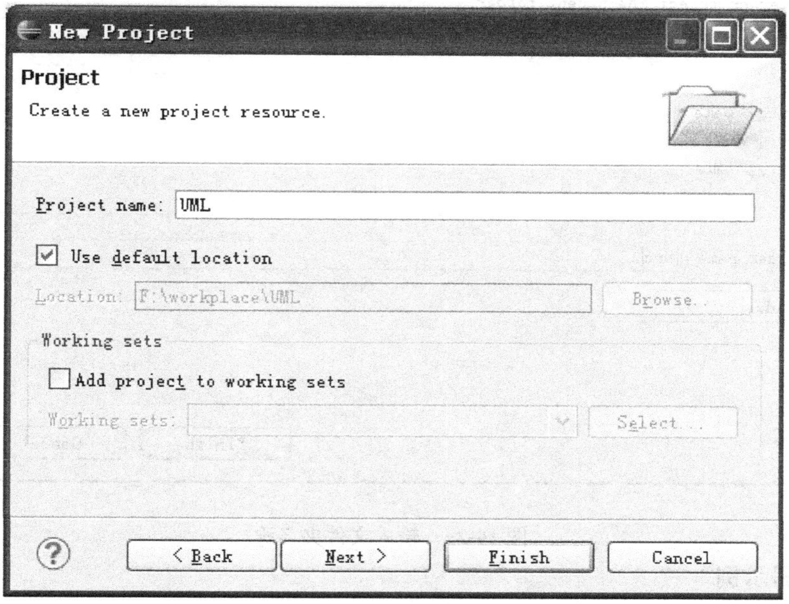

图 14-27　选择项目类型

输入项目名称后，单击 Finish 按钮即可新建项目。

2. 新建文件夹

在新建的项目中增加一个文件夹用于存放图形。用鼠标右键单击资源管理器中的 UML 项目，在弹出的菜单中选择"New"→"Folder"，如图 14-28 所示。

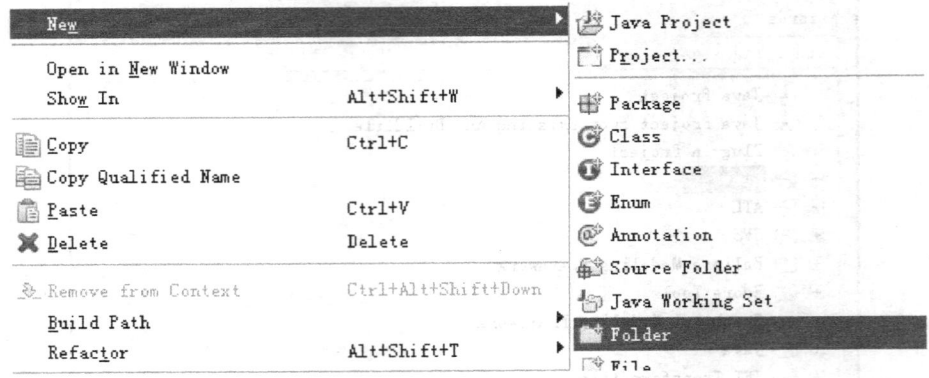

图 14-28 新建文件夹

在图 14-29 所示的界面中，输入文件夹名，然后单击 Finish 按钮即可新建文件夹。

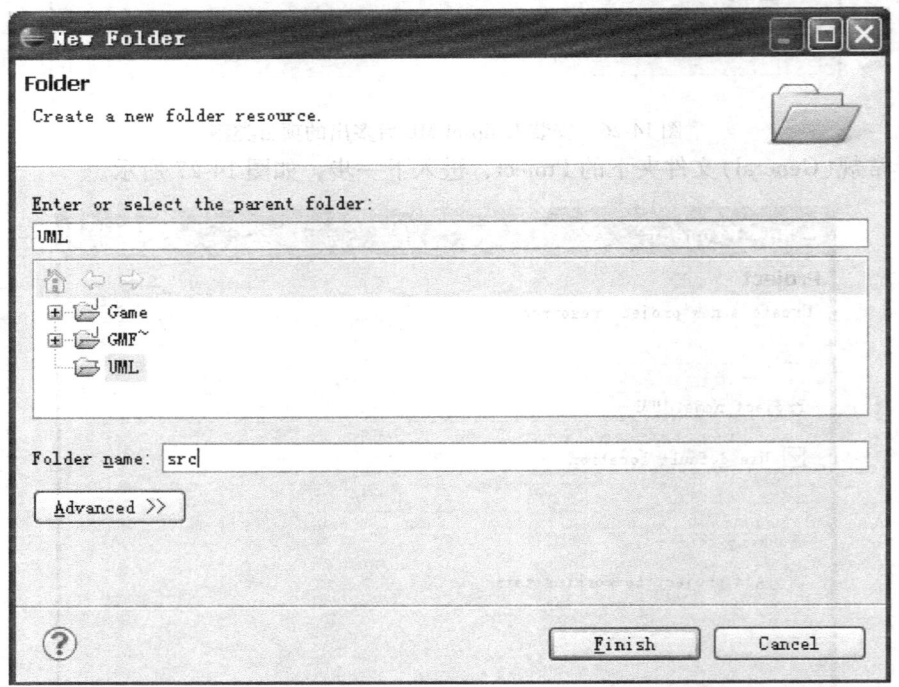

图 14-29 输入文件夹名称

3. 用例图示例

下面将选取若干 UML 图进行简单的介绍。

首先新建一个用例图。用鼠标右键单击资源管理器中的 UML 项目的 src 文件夹，在弹出的菜单中选择"New"→"Other"，如图 14-30 所示。

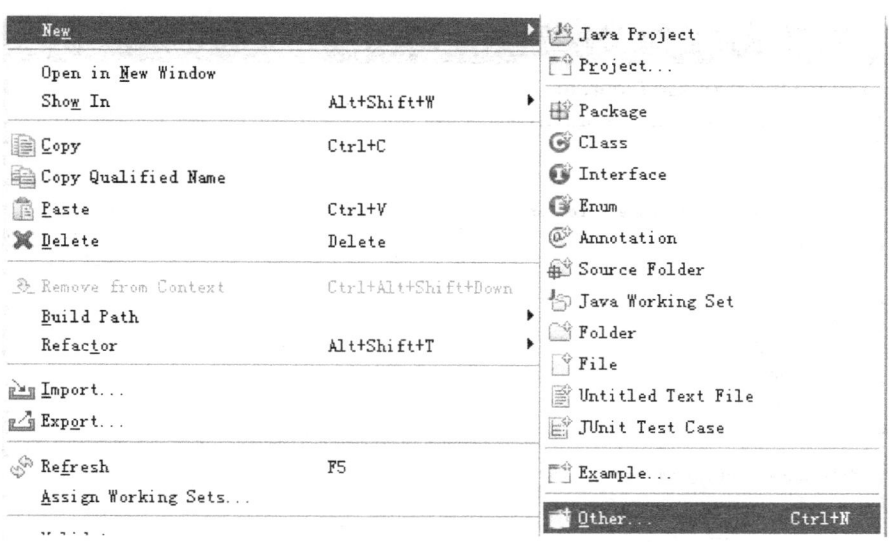

图 14-30　新建用例图

在弹出的窗口中，找到 UML 2.1 Diagrams 菜单下的 Use Case Diagram，单击 Next> 按钮，如图 14-31 所示。

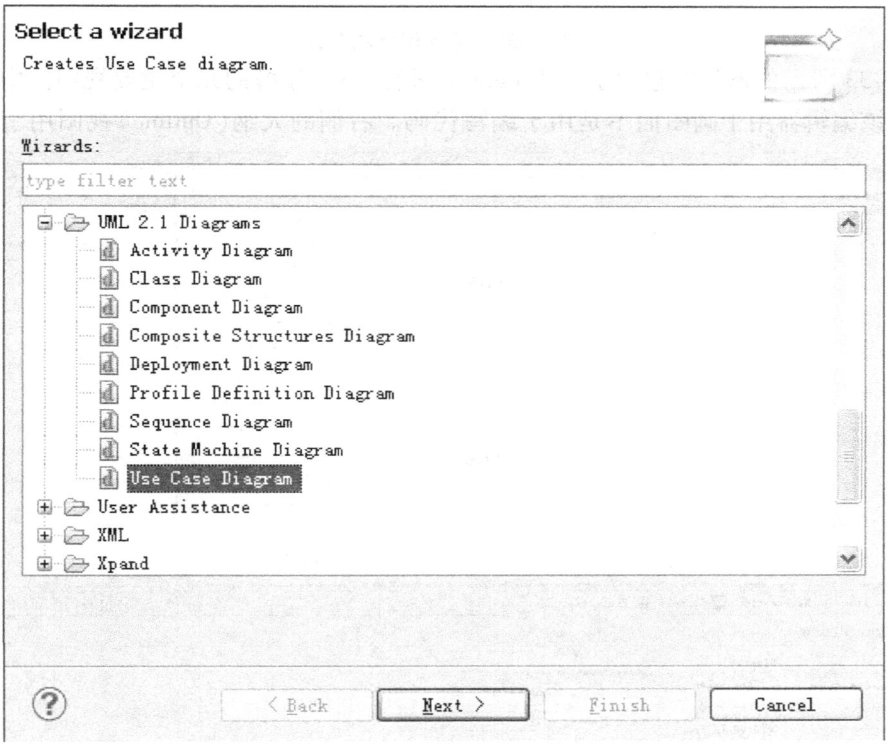

图 14-31　选择图标类型

下一步输入用例图的名称后单击 Finish 按钮即可，如图 14-32 所示。

256

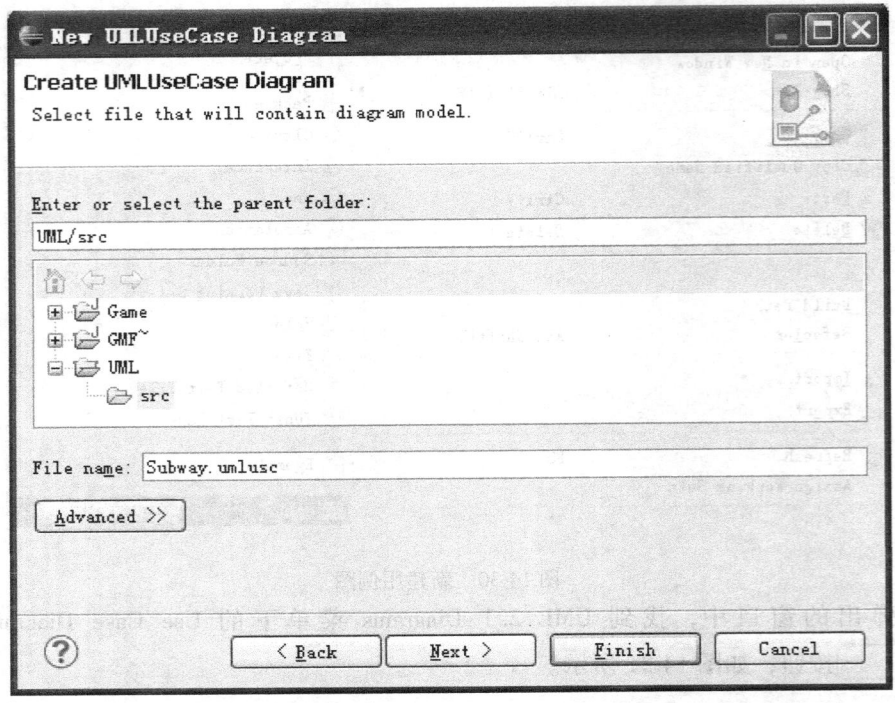

图 14-32 输入用例图名称

图 14-33 所示的透视图包含了使用 Eclipse 进行 UML 建模的几个主要视图。中间部分是编辑器，该编辑器用于画图而不是用于编写代码。右侧的大纲（Outline）视图用于查看整个

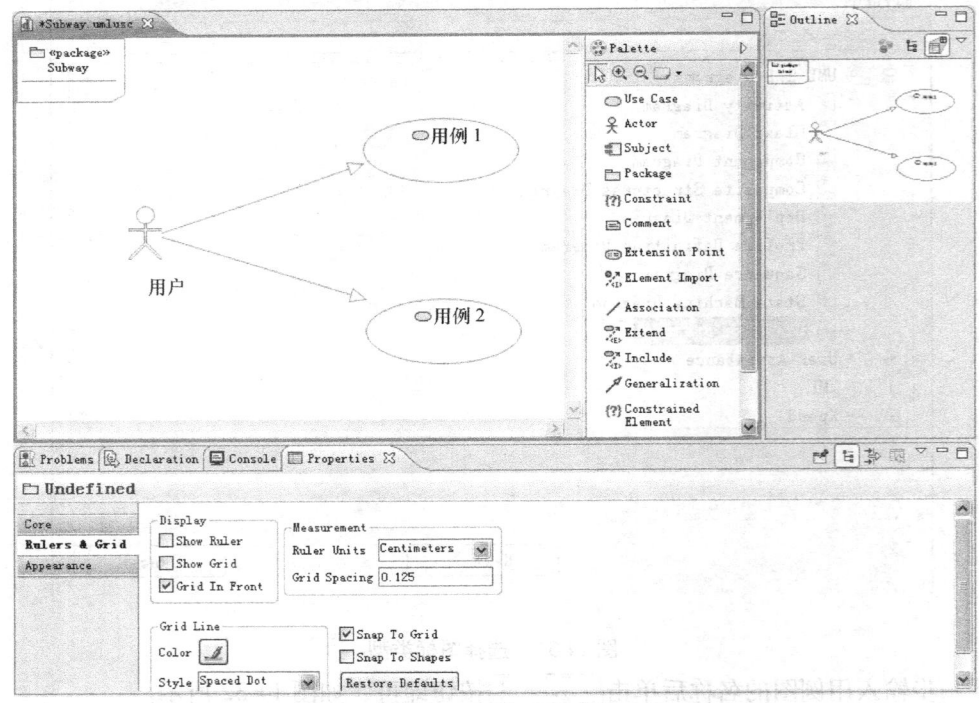

图 14-33 Eclipse UML 主界面

用例图的全貌。底部属性(Properties)视图中包含了用例图的各个属性和它们的设置途径。下面分别介绍各个部分。

UML 编辑器和普通编辑器的主要区别是它被分成了两部分，如图 14-34 所示。左侧是画图面板，右侧是各个图形元素。选择其中一个图形元素，然后将鼠标移动到画图面板上单击即可添加一个图形。

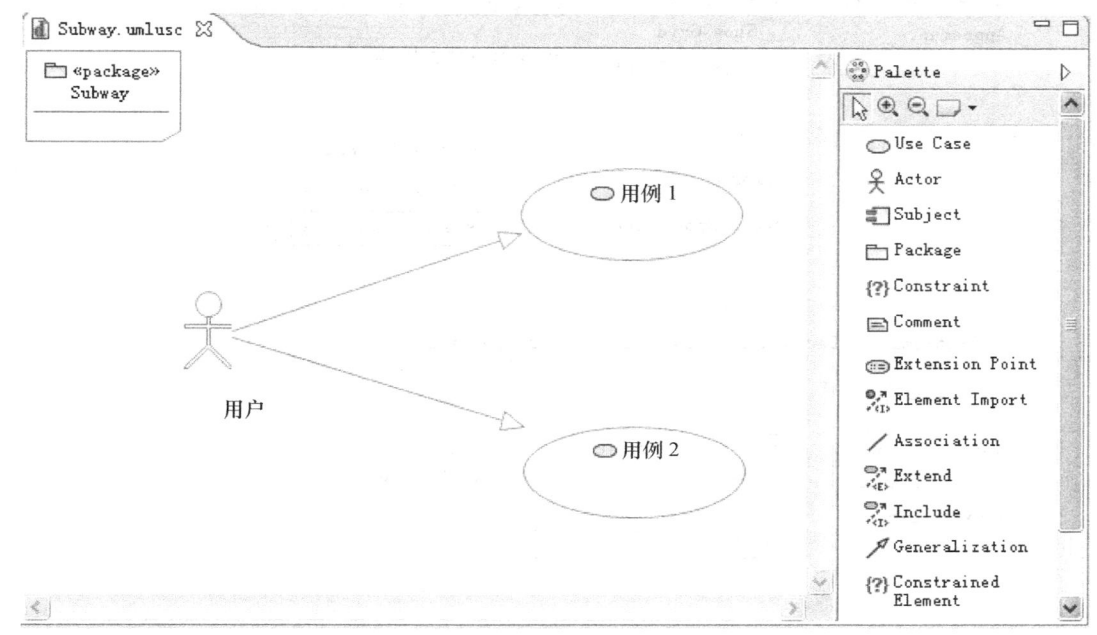

图 14-34　添加图形

另外，将鼠标在画图面板上停留 2s，会自动弹出快捷工具栏，其中包括主要的图形元素，选择一个也可添加图形，如图 14-35 所示。

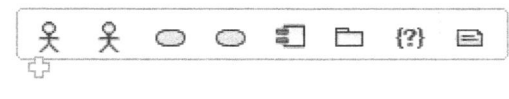

图 14-35　主要的图形元素

将鼠标停留在一个图形上(如用例)，2s 后会出现扩展关系的箭头标志，拖动箭头即可与其他用例或角色建立联系，如图 14-36 所示。

图 14-37 是属性视图的一部分，在这里可以设置用例图的各个属性，包括字体、各部分的颜色等。

4. 类图示例

下面简单介绍类图。新建类图的步骤与用例图类似，请读者自己完成。

图 14-38 是类图的基本界面。请读者尝试使用 Eclipse 画出该类图。

5. 状态图示例

下面简单介绍状态图。新建状态图的步骤与用例图类似，请读者自己完成。

图 14-39 是状态图的基本界面。请读者尝试使用 Eclipse 画出该状态图。

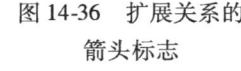

图 14-36　扩展关系的箭头标志

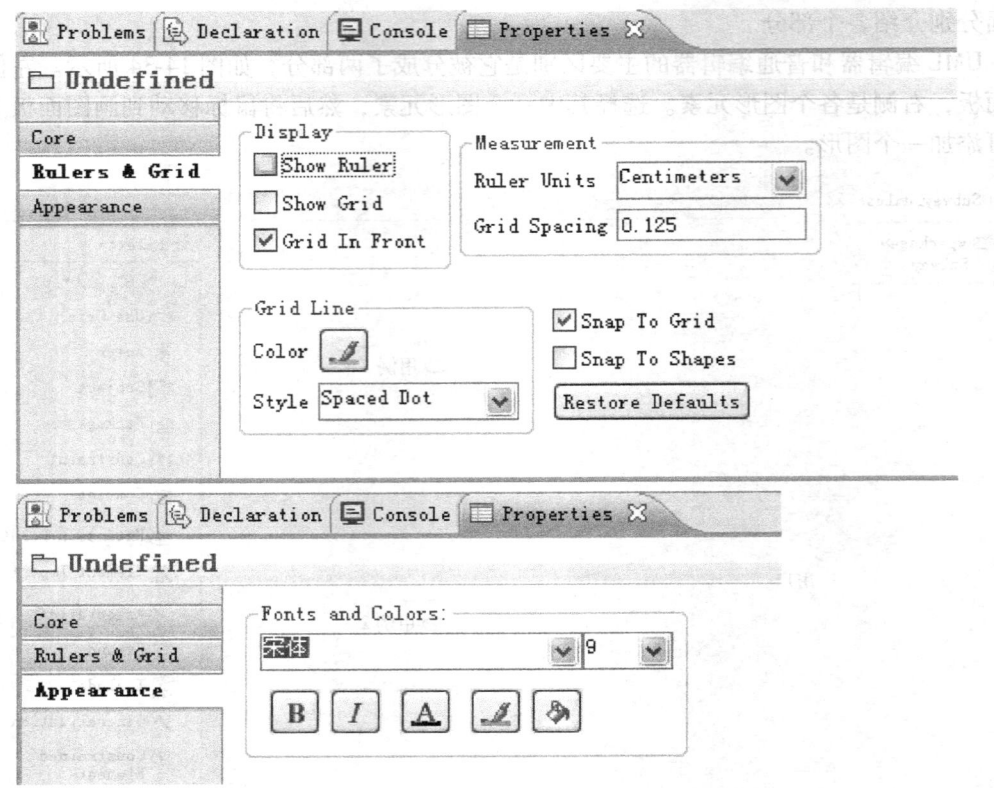

图 14-37　属性视图

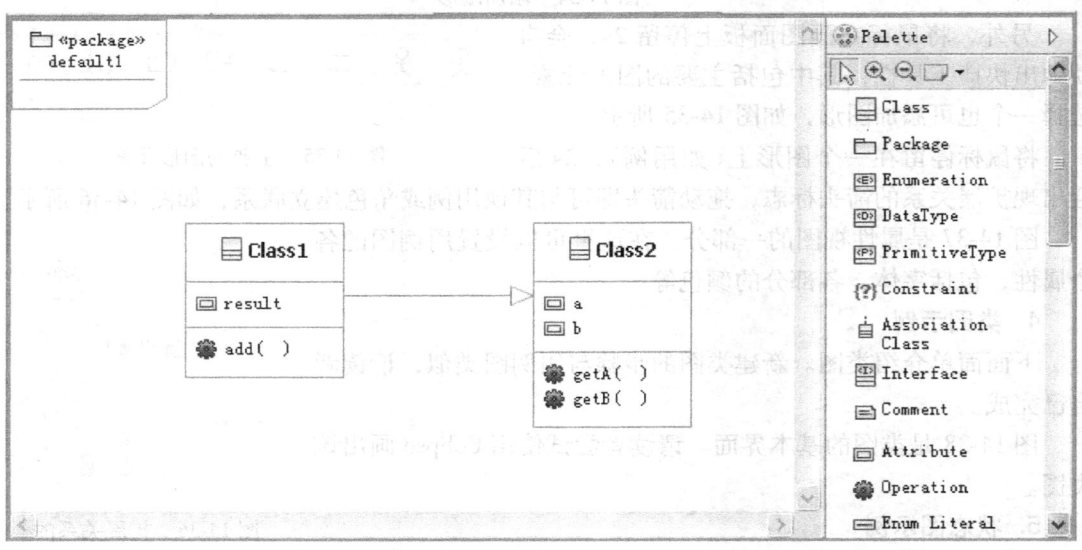

图 14-38　类图的基本界面

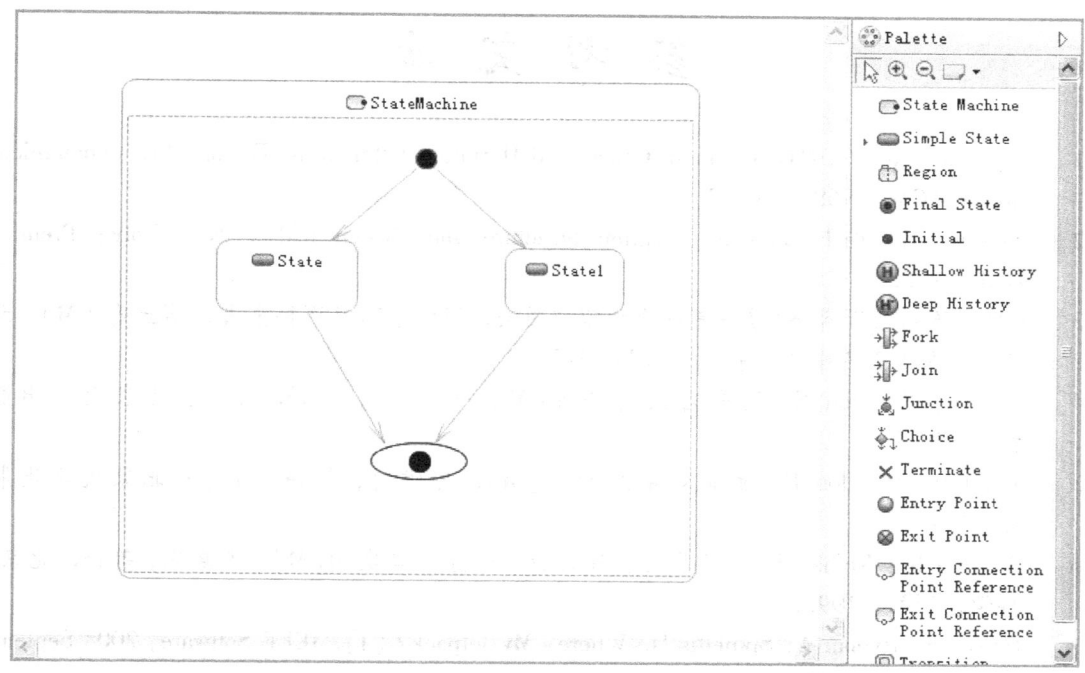

图 14-39　状态图的基本界面

◎ 本章小结

本章介绍了 UML 建模的基本概念和常用的建模工具，包括 Rational Rose 和 Eclipse UML 建模工具。通过本章的学习，读者应该掌握 Rational Rose 的使用方法，能够使用 Rational Rose 完成中小型项目的建模工作；掌握 EclipseUML 的安装和使用方法。另外，本章还详细讲解了用例图、活动图、顺序图、协作图、组件图、类图的基本概念、作用和意义，并通过地铁售票信息系统实例，讲解了整个 UML 的建模过程。

本章重点是 Rational Rose 的使用方法；EclipseUML 的安装和使用方法；建模对于软件开发的意义。

本章难点是 Rational Rose 的使用方法；EclipseUML 的安装和使用方法。

◎ 练习题

1. 简述面向对象方法与传统方法的区别。
2. 简述用例图、类图、顺序图的含义。
3. 简述组件的定义和它对于程序设计的意义。
4. 简述活动图的作用。
5. 软件开发的生命周期包含需求分析、_____、_____ 和_____。
6. 试用 EclipseUML 对地铁售票信息系统建模。

参 考 文 献

[1] Dijkstra E W. GO-TO Statement Considered Harmful, letter to the Editor [J]. Communication of ACM, 1968(3): 5-7.

[2] Yourdon E. Techniques on Program Structure and Design [M]. New York: Prentice Hall, 1975.

[3] 《简明不列颠百科全书》中美联合编审委员会. 简明不列颠百科全书, 第三卷 [M]. 北京: 中国大百科全书出版社, 1985: 413.

[4] Coad P, Yourdon E. 面向对象的分析[M]. 邵维忠, 等译. 北京: 北京大学出版社, 1994.

[5] Coad P, Yourdon E. 面向对象的设计[M]. 邵维忠, 等译. 北京: 北京大学出版社, 1994.

[6] Brown J R, Kenian S. 用户界面程序设计——原理与实例[M]. 尤晓东, 等译. 北京: 科学出版社, 1992.

[7] Helsen S, Ryman A, Spinellis D. Where's My Jetpack? [J]. IEEE Software, 2008 September/October: 18-21.

[8] 蔡敏, 徐慧慧, 黄炳强. UML基础与Rose建模教程[M]. 北京: 人民邮电出版社, 2006.